CICIR 中国现代国际关系研究院反恐怖研究中心
ZHONG GUO XIAN DAI GUO JI GUAN XI YAN JIU YUAN FAN KONG BU YAN JIU ZHONG XIN

国际恐怖主义与反恐怖斗争年鉴

（2015）

时 事 出 版 社

总策划： 季志业　杨明杰

主　编： 傅小强

编　委（按姓氏笔画）：

邓门佳	王海霞	李　伟	李希若	孙　渤
余文胜	陈庆鸿	严　帅	杨明杰	宋清润
严　谨	林一鸣	季志业	郭春梅	符春华
傅小强				

目　录

第一部分　国际恐怖主义与反恐怖斗争形势综述

第二部分　国际恐怖主义组织

第三部分　国际重大恐怖活动案例分析

第四部分　国际恐怖活动与反恐怖斗争大事记

第一部分

国际恐怖主义与反恐怖斗争形势综述

第一章 2015年国际反恐步入历史新阶段

2015年，全球暴恐活动进入新一轮扩张期。“伊斯兰国”加速扩张，跨亚、非、欧的国际暴恐网渐趋成形。“基地”与“伊斯兰国”展开全面争夺，索马里“青年党”等分支力量复苏。西方成暴恐袭击主攻目标，欧洲本土反恐防线连遭突破。美牵头组建的打击“伊斯兰国”国际联盟内部矛盾重重，反恐虚多实少。随着俄罗斯展开对叙空袭，国际反恐阵营或在重新洗牌后进入新阶段。

第一节 “伊斯兰国”跨国威胁进一步扩大

“伊斯兰国”在伊拉克和叙利亚以外的中东、北非、南亚、中亚和东南亚地区拉同伙、建分舵、结联盟，对其效忠和支持的地区暴恐团伙逾30个，恐患扩散加剧，不仅借助各地盟友大搞恐怖袭击，还加紧向美欧本土渗透并制造多起暴恐大案。

一、“伊斯兰国”在伊叙的扩张势头虽受到遏制，但暴恐实力未遭明显削弱

首先，有生力量未受大的折损。2015年11月12日，美国国务卿克里宣称，美国主导的打恐联盟过去一年对“伊斯兰国”展开了超过8000次空袭，打击“伊斯兰国”的战斗取得重大进展。[①] 美国副国务卿布林肯6月表示，联军自2014年8月以来，已击毙大约1万名“伊斯兰国”武装分子，平均每月击毙千人，但是由于“伊斯兰国”能够持续招募数量更多的新人补齐损失，因此其成员数量仍在2万—3万人之间。[②] 不过，联军的斩首行动对“伊斯兰国”领导层施加了很大压力。联军自2015年5月以来消灭大约70名“伊斯兰国”高层头目，包括该组织第二号人物阿布·穆塔兹·夸拉希，他在8月的一次美国空袭行动中死亡。还有消息称，“伊斯兰国”头目巴格达迪10月在一次空袭中负伤，目前正在接受治疗。

其次，面临的军事打击压力增大，战场态势由攻转守，“领土”面积小幅缩水。“伊斯兰国”曾一度控制约1/3伊拉克国土和1/2叙利亚国土，控制区总人口超千万。至2015年10月，“伊斯兰国”在伊叙两国所占据的领土面积比一年前少了30%。在伊拉克，联军帮助伊政府军守住首都巴格达和北部库尔德自治区首府埃尔比勒，夺回伊最大水坝摩苏尔大坝。联军下一个目标是伊中部安巴尔省首府拉马迪。在叙利亚北部地区，联军已经

---

① “美国推出叙利亚战略，与俄展开外交角力”，2015年11月14日，http：//news.xinhuanet.com/mil/2015－11/14/c_128428959.htm。

② Sean D. Naylor，“Airstrikes Killing Thousands of Islamic State Fighters，but It Just Recruits More”，http：//foreignpolicy.com/2015/06/09/airstrikes-killing-thousands-of-islamic-state-fighters-but-it-just-recruits-more/.

夺回该组织控制着的叙利亚与土耳其85%边境线。[①] 同时，俄罗斯从9月30日开始对叙利亚境内“伊斯兰国”武装力量进行空袭，重创“伊斯兰国”。10月20日，俄总参谋部作战管理总局局长卡尔塔波罗夫表示，已摧毁约四成“伊斯兰国”基础设施，迫使恐怖分子躲进难以接近的山林地和居民区。“伊斯兰国”损失惨重，已经不再进行主动的战术行动转而采取防御策略。在俄空袭支持下，叙军方也在阿勒颇、伊德利卜、拉塔基亚以及霍姆斯等省份发起攻势，并且重新控制了数十个城镇和村庄。[②]

再次，资金仍较为充裕。虽然美国领导的联盟加大了对“伊斯兰国”控制的石油设施的打击力度，但其石油买卖并未受到太大影响，每年石油收入仍在5亿美元左右，为其暴恐活动提供了强力支撑。[③] 英国《阿拉伯人报》8月报道称，“伊斯兰国”已控制了伊北部和叙东北部一些粮食作物产区，攫取了100多万吨小麦。同时，它还控制着叙棉花产量的75%。“伊斯兰国”把大量小麦从伊转运到叙磨成面粉出售，并像其出售石油那样，通过“过境土耳其”向其他地区出售，每年获利约2亿美元。[④] 此外，“伊斯兰国”在控制区的“税收”每年也有数亿美元。

二、加速域外扩张，构筑国际暴恐新版图

首先，全面推进“三环”扩张战略。美“战争研究所”反恐专家哈

① “美副国务卿：联军对抗伊斯兰国组织取得进展”，2015年10月30日，http：//www. zaobao. com/news/world/story20151102－544183。

② “俄军方：空袭一个月摧毁超1600处恐怖分子设施”，2015年10月31日，http：//news. xinhuanet. com/world/2015－10/31/c _ 128378796. htm。

③ “＄500M a Year in Oil Revenue Buoys Islamic State Fighters”，October 24，2015，http：//triblive. com/usworld/world/9315904－74/oil-isis-syria＃axzz3rXtoXA1c.

④ “外媒：IS掠夺小麦挣大钱”，2015年8月5日，http：//news. xinhuanet. com/world/2015－08/05/c _ 128095000. htm。

林·甘比尔称，“伊斯兰国”正在伊叙以外广大区域开展有计划的扩张行动，减轻其在伊叙核心控制区的作战压力，并向外界证明其仍保持着顽强的生命力。目前，“伊斯兰国”已形成“内环”、“近环”和“远环”的恐怖扩张网，在伊叙之外宣称已建立10个“省”。在以伊叙为核心的“内环”，其基本任务是保守领土，应对地面围剿和美欧俄空袭，并以控制地盘治理和血腥恐怖威胁加强控制；在“近环”，埃及“耶路撒冷支持者”、阿尔及利亚“哈里发战士”、利比亚“伊斯兰青年协商会议”、尼日利亚“博科圣地”等中东、北非、南亚地区暴恐组织宣布加入“伊斯兰国”；在以美欧为主的“远环”，“伊斯兰国”主要通过恐袭和网络招募向美欧本土渗透，法国、丹麦等国连连遭受“伊斯兰国”报复性恐袭。据称，“伊斯兰国”还新建一座战斗营，全由讲英语的武装人员构成，以美籍恐怖大亨安瓦尔·奥拉基命名，专门训练死士奔袭美欧。

其次，大肆通过互联网宣传煽动，传播暴恐思想。“伊斯兰国”暴力极端思想的全球蔓延对国际社会构成重大长期威胁，尤其互联网已成其宣教、募人、勾连甚至策动恐袭的有力平台。美联邦调查局局长詹姆斯·科米表示，“伊斯兰国”已经影响一部分易受蛊惑的美国公民的思想，其对美国构成的威胁甚于“基地”组织的外部袭击威胁。《纽约时报》分析称，“伊斯兰国”思想蔓延使得美面临一场“旷日持久和分布极广的反恐斗争”。据美布鲁金斯学会统计，“伊斯兰国”在“推特”上的英文账号有2万多粉丝，而美境内就有2000人在“推特”协助“伊斯兰国”宣传。“卡内基中东中心”主任琳娜·哈提卜6月表示，“伊斯兰国”品牌效应不断增大，各国涌现自发的追随者，并随时以“伊斯兰国”名义发动袭击，这类袭击突发性强，规模较小，防范难度大。

再次，暴恐模式引发广泛效尤。本·拉登建立的“基地”组织开创了恐怖主义的现代化模式，而“伊斯兰国”则继承并升级了这一模式，使恐怖主义模式进入新的时代。“如果‘基地’组织是‘聚友网’

(Myspace)，那么‘伊斯兰国’就是‘脸谱’（Facebook）。”[①] 一方面，“伊斯兰国”2014年6月成功建立“哈里发国家”，设立完整的、上下一体的国家机构“治理”控制区，已然是一个国家而非仅仅是恐怖组织。“伊斯兰国”把控制区的治理分为两大类：行政和服务。行政类包括宗教宣传、执法、教育和公共关系，例如，设立宗教警察和法庭，惩罚那些违反其严苛规定的行为。服务类包括提供人道主义援助、建设和维持水、电、交通基础设施，以及提供食品，甚至运营管理大坝等大型工业设施。同时，“伊斯兰国”还重视开展辖区民众的思想工作，通过宣传证明其统治的合法性。[②] 目前，“伊斯兰国”建政行动引起多个国际暴恐组织的兴趣。利比亚极端组织便仿效“伊斯兰国”实行严苛的教法统治，接管东部城市德尔纳的法院、行政机构、学校和广播设施，筹资金、囤军火、建营地。同时，“伊斯兰国”暴恐手法更加极端和残暴。2015年，“伊斯兰国”多次绑架并斩首人质搞“恐怖营销”，引发国际关注，彰显实力，吸引拥护者入伙。受其影响，利比亚恐怖组织2月处决21名埃及科普特人，4月杀害30名埃塞人质。法国人质也在阿尔及利亚遭绑架和杀害。8月已效忠“伊斯兰国”的埃及“耶路撒冷支持者”也在开罗绑架一克罗地亚人质将其斩首。

最后，从手段上看，在中东、北非、南亚的扩张过程中，着力挑拨宗教冲突，从中渔利。“伊斯兰国”的发展壮大得益于教派冲突。随着域外扩张，“伊斯兰国”开始大肆在其他国家“复制”该手法，图谋挑起各国什叶派和逊尼派以及基督教和伊斯兰教之间的矛盾，趁乱坐大。2015

① Steve Coll，“If Al-Qaeda Is Myspace，ISIS Is Facebook”，Business Week，December 4，2014.

② Charles C. Caris & Samuel Reynolds，“ISIS Governance in Syria”，July 2014，http：//www. understandingwar. org/report/isis-governance-syria.

年6月23日，“伊斯兰国”发言人阿德拉尼发布音频，煽动“世界各地的‘圣战士’，行动起来，让斋月成‘异教徒’的灾月”。2015年以来，多国“伊斯兰国”极端分子对什叶派清真寺发动多次恐怖打击，例如，沙特和也门两座什叶派清真寺5月22日遭袭，造成百余人死伤；在阿富汗也发动多起针对什叶派的恐袭及破坏圣墓事件。同时，“伊斯兰国”及其同盟在域外频繁袭击酒店等人群密集的“软目标”。在域外扩张初期，“伊斯兰国”力避与当地安全部队正面冲突，通常选择清真寺、酒店、博物馆等人群密集的场所为袭击目标。突尼斯6月酒店袭击案中，死者绝大多数是来自英、德、法等国的西方游客。

三、外籍“圣战”分子威胁加剧

美国国会9月29日发布的一份报告称，外籍“圣战”分子对国际社会构成严峻而日益上升的威胁，他们不仅增加了“伊斯兰国”等组织的有生力量，而且其中有些人正在策划袭击西方并煽动新一代极端分子。外籍“圣战”分子的人数不断增加，从2014年的1.8万人，来自90多个国家，增加到2015年的2.5万人，来自100多个国家，其中突尼斯5000人、沙特2275人、约旦2000人、俄罗斯1700人、法国1550人、土耳其1400人、摩洛哥1200人、黎巴嫩900人、德国700人、英国700人。2015年以来，美欧“圣战”分子回流母国的人数不断增加，伺机策动恐袭，成为美、德、法、英、澳等国心头大患。[①]而北非等地面临的形势则更加严峻。从历史经验看，“圣战”分子重回原籍国后，不少成为当地恐怖活动的骨干力量，并掀起恐怖主义浪潮。据统计，目前在中东的非洲籍“圣战”分子约1万人，多来自突尼斯、利比亚、摩洛哥、

① US House Homeland Security Committee, “Combating Terrorist And Foreign Fighter Travel”, September 2015.

阿尔及利亚等国。近期，在伊叙参战的非洲籍“圣战”分子回流母国的人数越来越多。以突尼斯为例，该国国家安全研究机构官员曾透露，自叙利亚战争爆发以来，已有400余人陆续返回突尼斯，他们分散在全国各地，而南部撒哈拉沙漠、中部山区和部分北部城镇均已被列入恐怖活动的高危省份。2015年2月7日，突尼斯逮捕32名恐怖分子，其中一些便是从叙利亚返回的“圣战”分子，他们已经密谋袭击突尼斯多个重要的战略目标，不仅包括首都市中心具有国家独立象征意义的“布尔吉巴大街”、市内多个大型公共设施，还包括南部一些重要城市的政府机构等。①

第二节　全球暴恐活动进入扩张周期

“伊斯兰国”与“基地”的全面争夺致全球暴恐活动再度活跃。南亚因美撤军及“阿塔”内讧加剧，巴阿暴恐活动升级；东南亚随伊叙回流“圣战”分子频发恐袭，恐情呈复苏迹象；中亚成南亚及“伊斯兰国”暴恐势力竞相争夺之地，恐情恶化；非洲“博科圣地”暴恐威胁持续，严重冲击地区稳定。

一、南亚地区暴恐格局生变

一是巴阿暴恐势力加速从巴向阿转移，阿有再度成为暴恐天堂之虞。一方面，巴基斯坦“利剑行动”力度不减，“基地”、“巴塔”、“乌伊运”、“伊斯兰圣战联盟”等窝藏在巴的暴恐势力被迫向阿逃生，开始在

① “突尼斯：挫败重大袭击图谋，反恐形势依然严峻”，2015年2月10日，http://world.people.com.cn/n/2015/0210/c1002－26540773.html。

阿北部的库纳尔省和努尔斯坦省等地建立营地，向多地扩散，并与“阿塔”搭建武装同盟，共同在阿搞恐袭。另一方面，“阿塔”陷入分裂，阿安全局势严重恶化，为暴恐分子渗透提供土壤。7月底，“阿塔”原“最高领袖”奥马尔死讯确认，阿赫塔尔·穆罕默德·曼苏尔成“阿塔”新任头目。但曼苏尔“圣战”资历、人格魅力难与奥比肩，且近两年频繁以奥名义发号施令，欺骗“阿塔”中下层官兵，缺乏信誉，其上任曾遭到巨大争议。奥马尔家族（包括奥弟弟马南、长子雅各布等）、“阿塔”多哈办公室前负责人塔伊布·阿迦、前财政部长穆塔希姆等人都曾明确反对曼苏尔接班。后经曼苏尔极力斡旋，方获多数支持，奥马尔家族也表态对其效忠。曼苏尔上位后，借用武力树威和巩固权力，连续在首都喀布尔和昆都士等地搞自杀式连环爆炸和武装袭击，致阿和平进程受阻，安全局势明显恶化。目前，“阿塔”已夺取阿境内36县，并向另外38县发起进攻，造成大量人员伤亡。① 但11月4日，“阿塔”扎布尔分支头目曼苏尔·达杜拉等人宣布选举毛拉穆罕默德·拉苏尔为“最高首领”，公开与“阿塔”现任头目阿赫塔尔·穆罕默德·曼苏尔决裂。拉苏尔随后在演讲中称“曼苏尔上台后杀害和绑架大量‘阿塔’成员，并与美私下接触，已将‘阿塔’带向歧路”。② 11月8—10日，双方支持者在阿南部扎布尔省的阿甘达卜等三县兵戎相见，此次冲突也是近几月来“阿塔”内部首次大规模对抗，造成至少80人死亡。随着“阿塔”内讧加剧，争权夺地将成各派首要任务，届时各自为战、竞相以武力彰显存在或更为

---

① BILL ROGGIO AND CALEB WEISS，“Taliban controls or contests scores of districts in Afghanistan”，http：//www. longwarjournal. org/archives/2015/10/taliban-controls-or-contests-scores-of-districts-in-afghanistan.

② “The Taliban Turn On Each Other，But That May Not Be Good News”，http：//www. thedailybeast. com/articles/2015/11/10/the-taliban-turn-on-each-other-but-that-may-not-be-good-news. html.

突出，阿安全局势将更趋混乱。二是“伊斯兰国”与南亚本土暴恐势力对抗加剧。“伊斯兰国”对南亚渗透剧烈，在巴基斯坦、孟加拉国、阿富汗和印度都有活动。1月11日，一些从“巴塔”、“阿塔”等暴恐组织脱离的成员发布视频称成立“呼罗珊武装”，效忠“伊斯兰国”头目巴格达迪。1月26日，巴格达迪发布视频接受效忠并将该武装整编为“伊斯兰国”在南亚的分支势力，并宣称建立名义上的“呼罗珊省”。2月1日，该武装与“巴塔”、“伊斯兰军”和“自由党”结为军事同盟，四方成立军事委员会，进行人员交流和武器互补，共同应对巴军围剿。奥马尔死后，“伊斯兰国”更是广建联系、频发视频，不断招兵买马。“伊斯兰国”的强硬扩张引发“阿塔”、“基地”等暴恐势力的强烈反弹，先是“巴塔”退出与“伊斯兰国”的联盟，接着“阿塔”又宣布对“伊斯兰国”开战，后“基地”也宣称效忠“阿塔”新任头目曼苏尔，推动地区极端武装重组，协调“巴塔”内部化干戈为玉帛，联手应对“伊斯兰国”。8月，原与“基地”、“阿塔”等关系密切的“乌伊运”改弦易辙，宣称效忠“伊斯兰国”。双方的竞争使南亚恐情更为复杂。

二、东南亚恐情有复苏迹象，缅甸涉恐威胁增大

一是伊叙“圣战”效应逐步发酵。“9·11”事件后，在阿富汗参战的东南亚“圣战”分子回流，致印尼、泰国和马来西亚等国恐声鹤唳，大案频发。现“伊斯兰国”浪潮或对该地构成更大危害。伊叙的东南亚“圣战士”近千，不少已回流潜伏，“伊斯兰国”当地粉丝与日俱增，甚至军政官员也投奔其中，包括当地的“伊斯兰祈祷团”和“阿布萨耶夫组织”等多个暴恐团伙也宣誓效忠。“伊斯兰国”在东南亚建有营地，马来西亚、印尼和新加坡已逮捕上百名与之相关的疑犯，不少人还图谋搞“人弹”恐袭。新家坡总

理李显龙警告称，"'伊斯兰国'已成东南亚最大恐患"。[①] 此外，东南亚还成为赴伊叙的重要中转通道，大量"圣战士"经此赴中东参战。二是罗兴亚遭国际暴恐势力染指。2012 年 6 月，缅甸若开邦地区佛教徒和信仰伊斯兰教的罗兴亚人发生冲突后，"基地"等国际暴恐势力纷纷介入，企图扩大影响，打通连接南亚东南亚的缅甸—斯里兰卡—孟加拉国和印度暴恐要道。"基地"旗下杂志《复兴》多次提及缅甸，新建的"次大陆分支"明确将缅纳入势力范围，并建立缅语媒介招募人员搞恐袭。"伊斯兰国"头目巴格达迪将缅视为未来的"圣战场"，认为罗兴亚人与维族人一样饱受压迫，极力挑唆教派冲突加强渗透。2014 年 11 月，印度逮捕一名在西孟加拉邦企图搞恐袭的罗兴亚恐怖分子。此外，"巴塔"、"阿塔"和"乌伊运"也多次发声，叫嚣为罗兴亚人复仇。三是缅印（度）边境暴恐活动增多。印东北乱军"波多民族民主阵线"、"阿萨姆联合解放阵线"与"那加民族社会主义委员会（卡普朗派）"等共组伞状联盟"东南西部联合解放阵线"，该联盟在缅印边境扩增营地，大肆从事武器、物品走私，偷渡人口，与克钦独立军往来密切，借此跨道前往孟加拉国和中国，并深入印度搞恐袭。该联盟在缅境内营地由原有 5—15 公里扩展至需步行 5—7 天，6 月 4 日在曼尼普尔邦伏击印军，印军 18 人死亡。

三、中亚遭暴恐势力两面夹击，费尔干纳受到冲击

一是"伊斯兰国"渗透已具规模。"伊斯兰国"在中亚大肆扩张，线上地下搞宣传，派遣中亚裔"圣战"分子回窜肇事，拉拢当地分支开辟

① "ISIS could pose serious threat to whole of Southeast Asia：PM Lee at Shangri-La Dialogue"，http：//www. channelnewsasia. com/news/singapore/isis-could-pose-serious/1880506. html.

中亚新战线。目前，“伊斯兰国”沿阿富汗北上，在阿塔（吉克斯坦）、阿土（库曼斯坦）边境兴建营地，塔、吉、乌等国抓获多名返乡的“伊斯兰国”分子，“萨布里—扎马阿特”和“伊玛目布哈里旅”等当地暴恐组织均宣称效忠“伊斯兰国”。目前，中亚各国已破获多起与“伊斯兰国”有关的暴恐案，未来其威胁恐逐步发酵。二是南亚暴恐势力向中亚扩张。随美从阿撤军，巴“利剑”行动力度加大，“乌伊运”和“伊斯兰圣战联盟”经阿富汗北部逃往中亚，“乌伊运”在塔建“安拉战士”分支，并勾连“伊斯兰国”在塔等地集结成势，培训当地武装。“阿塔”裹挟中亚裔成员沿东西两路向中亚扩张，东部与塔接壤的昆都士省、巴达赫尚省和塔哈尔省已集结数千名武装分子；西部沿阿土边境向土境内扩张，在靠近土边境的法利亚布、巴德吉斯和朱兹詹等省十分活跃。三是费尔干纳恐情有恶化之虞。费尔干纳地处吉、塔、乌三国交界，地势险要，经济落后，民族冲突剧烈，暴恐氛围深厚，恐怖势力常孳势滋长，恐重新沦为暴恐策源地。一方面，“伊斯兰国”等欲在该地举事；另一方面，塔、吉边防薄弱，暴恐分子可轻易突破。中亚籍恐怖分子或以小组方式越过塔边境，向费尔干纳地区渗透，恶化该地安全形势。

四、非洲暴恐势力活跃，严重冲击地区稳定

一是“博科圣地”威胁最为突出。其一，武装割据，连肇暴恐大案。“博科圣地”实力辐射全国，在全国大部分地区均建有据点，且恐袭手段残忍，袭击重点由军警目标转向平民，袭学校、绑师生，暴力屠城。2015 年 1 月，该组织在东北部巴加镇烧毁 4000 多座建筑物，屠杀平民上千人。因“博科圣地”的暴行，本应于 2015 年初举行的尼日利亚大选被迫推迟，新任总统布哈里上台后，虽制定一系列剿恐措施，仍无法阻

止其扩张态势。其二，谋建中西非暴恐策源地。尼日利亚东北部与喀麦隆、尼日尔和乍得三国交界，“博科圣地”常跨境流窜作案，开辟后勤补给通道，逐步将喀麦隆打造成后方基地，并在尼日尔发展力量，抢占乍得湖要地，趁中非乱局加紧扩展，成为地区的重大威胁。其三，效忠“伊斯兰国”，获取支持。“博科圣地”冀望得到“伊斯兰国”的军事援助和财政帮扶，效仿其暴恐路线和管理模式，威胁骤增。二是索马里“青年党”力量复苏，加速融入国际暴恐网络。其一，暴恐力量重新聚集。为应对非盟及索政府打击，“青年党”暂时退居索中部、南部农村及边远地区，数千人主力保存完好，以游击战、地雷战等手段进行周旋，让人难以防范。其二，地区性威胁加大。该组织在索及周边的肯尼亚、乌干达和埃塞俄比亚等地活动，并因地实行不同暴恐战术，威胁增大。肯尼亚成为重灾区，2015 年 4 月，肯加里萨市莫伊大学遭“青年党”袭击，造成近 150 人死亡、百余人受伤。其三，“基地”组织加大了对该组织的扶持。随着“基地”组织与“伊斯兰国”竞争的加剧，为防“青年党”效仿“博科圣地”投靠“伊斯兰国”，“基地”组织开始进一步扩张其在非组织网络，安插人员进入“青年党”高层，给予更多财物和人员援助，帮助策划袭击西方等外国目标的行动。三是“基地”北非分支持续扩张，威胁西方。一方面，“北非分支”持续在广袤的撒哈拉腹地建立自己的基地，团结当地的穆斯林群体，在马里、尼日尔、毛里塔尼亚等国扩张，并在马里北部等地大搞恐怖袭击；另一方面，绑架北非的外国人，策划以袭击西方为主要目标的恐怖行动，以此捞取赎金，扩大财源。该组织尤其针对法国。2015 年 1 月，法国巴黎《查理周刊》总部遇袭后，该组织发表视频威胁称将对法国发动更为严重的恐怖袭击。此后，法国又有多名人员被绑架或杀害。

第三节　国际反恐合作有共识无共举

国际暴恐活动升级促国际社会就打击“伊斯兰国”等暴恐势力不断出台新政并加强沟通协调，但各国在打恐问题上仍各取所需、虚多实少，严重桎梏国际反恐合作。

一、欧美本土反恐防线连遭突破，国际反恐共识不断提升

首先，西方成新一轮暴恐袭击的主攻目标。自2015年1月初法国巴黎《查理周刊》杂志社发生恐袭事件以来，法国接连发生恐袭案，尤其11月13日遭遇恶性恐袭。欧洲多国也屡遭极端分子威胁。一是“伊斯兰国”威胁巨大。“伊斯兰国”已将欧美列为主攻目标，或派遣“圣战士”直接赴欧美搞恐袭，甚至利用欧洲难民潮涌入欧洲，或鼓动在伊叙的欧美籍人士回流，或者直接教唆引诱其支持者自发搞恐袭，欧美各国防不胜防，已发生多起相关案例。11月13日，“伊斯兰国”对法国巴黎发动特大连环恐袭，表明“伊斯兰国”对美欧威胁进入新的阶段。二是“基地”组织袭击美西方的意图强烈。美西方仍然是“基地”组织的首要攻击目标。2015年1月，法国巴黎暴恐案中，“基地”组织半岛分支就是幕后黑手之一。同时，“基地”组织在其英文网络杂志上发布了一份“刺杀名单”，重点斩杀比尔·盖茨等商界名流，以此打击美国经济，实现其“经济圣战”的目的。三是欧美穆斯林群体与白人主流群体两大族群矛盾滋生极端主义发展。以法国为例，法有欧洲国家中最庞大的穆斯林人口，约占全国6000多万人口的1/10，但因文化和宗教差异，穆斯林移民与主流社会长期对立，2005年曾引发大规模骚乱。近年来，经济

不振更使法社会排外情绪增强。法政府为抢选票推进“政教分离”，立法禁止公众场合出现伊斯兰教标志，如佩戴头巾和穿“罩袍”，要求穆斯林移民“来了就得像法国人”，警方也常对移民搞各类例行检查，穆斯林与白人对立加剧陷入恶性循环。在这种背景下，法国巴黎《查理周刊》总部遇袭案成为穆斯林移民与本土白人两大族群长期积怨的暴恐宣泄。

因此，国际社会的反恐共识不断提升。1月11日，来自欧、非及中东等地区的60余位领导人和法国总统奥朗德并肩参加反恐大游行。4月，欧盟与地中海南岸外长召开会议商讨加强国际反恐合作。此次巴黎恐袭案后，G20峰会呼吁国际社会重视查处恐怖黑金，加强边境管控及航空安全等领域合作。

二、国际社会纷纷出台反恐新政

首先，美调整反恐策略，减负避祸。当前，美国以防范“伊斯兰国”为契机，顺势调整反恐政策和部署，包括扶持伊叙安全重建，运筹反恐伙伴关系，借力多边合作机制，主推国际反恐新议程等。但万变不离其宗，此轮调整凸显美国安全与对外战略结合，名为反恐、实为避祸，重在内筑防线、外构同盟，防止再陷反恐战争泥潭。一是拼凑同盟，分担责任。自2014年9月出台打击“伊斯兰国”战略以来，美国已拼凑60余国参加反恐联盟，逐步变“美反恐战”为“同盟反恐战”。美国既拉欧洲和中东盟友参战，也压土耳其入伙，甚至通过伊核协议争取伊朗配合。美国国家情报总监办公室发布的《全球威胁评估》报告强调，“伊斯兰国”现象有地区动乱和逊尼派暴力极端主义发展失控的大背景，需统筹地区力量协调应对。美国强调共同分担反恐责任，敦促法、英等国加大空袭和投入。美国为伊拉克提供训练拨款的法案明确规定，他国援助金额达6亿美元后，美国才拨付16亿美元援助资金。对中东等恐患重灾区，美国强调增强地区国家自身反恐能力。美国多次向中东盟友强调，打恐非美一己之责，“伊斯兰国”斗争焦点指向地区国家（“近敌”），反恐成败取决于伙伴国自身的打恐能力。二是反恐收缩，以夷制夷。美国坚持反恐收缩，力避再卷入另一场反恐战争。2015 年 7 月奥巴马重申，打击“伊斯兰国”须靠伊叙安全部队。为此，美国积极推动伊拉克安全重建，新建咨询、协助和培训中心，增派 450 名军事顾问（总数逾 3500 人），整训和装备伊军（拟训 2.5 万人），筹建国民警卫队和警察，加强各省安全。美国还成立跨部门联合工作组，加紧培训叙反对派武装，拟与土、沙特、卡塔尔 3 年内训成 1.5 万人，以充实打击“伊斯兰国”的地面力量，从而依靠伊叙安全部队遏制“伊斯兰国”扩张。同时，针对国际恐患升级态势难遏，美仍坚持反恐收缩为主线，但相应调整了叙伊作战战略，并放缓了阿富汗撤军进程。受“伊斯兰国”威胁上升趋势难遏及俄罗斯出兵叙利亚打恐压力，10 月 30 日奥巴马授权派遣不足 50 人的特种部队赴叙利亚北部，协调当地地面部队打击“伊斯兰国”，突破原不进驻地面作战部队底线。但白宫强调特种部队只是担当训练和顾问角色，不会领导反对派作战，也不代表美国对付“伊斯兰国”的政策改变。出于对近期塔利班暴力活动升级的担忧，10 月 15 日奥巴马公开宣称放缓阿富汗撤军进程，至 2016 年底保持 9800 名美军，至 2017 年奥巴马离任时保留 5500 人军力。相较于 2014 年宣布的完成全部撤军计划、仅留 1000 人确保美驻阿使馆安全的承诺，其撤军步伐大幅放缓。[①] 三是力推新议程。美国期望借力多边平台，就相关反恐议题加强多国协调与合作，寻求联合国安理会支持的意愿增大。2014 年 9 月以来，美国通过全球反

① “Obama Changes Afghan Strategy, Will Keep 5,500 Troops Past 2016”, by KRISTEN WELKER and M. ALEX JOHNSON, http://www.nbcnews.com/news/us-news/obama-changes-afghan-strategy-will-keep-5－500-troops-past-n444866.

恐论坛成立外籍“圣战”分子工作组，出台文件指导成员国开展专项打击，并支持国际刑警组织设立相关数据库和数据分析小组，促进各国情报共享。此外，2015年9月末，美国在联大续推“国际反暴力极端主义峰会”，力促构建国际反恐新机制，从而引导国际以“美式标准”反恐反极端。

其次，俄罗斯组建新反恐联盟，与美角力叙利亚战场。9月30日，俄罗斯对叙利亚境内“伊斯兰国”武装力量展开空袭。相对美及其盟友在叙危机中的踟蹰不前，俄表现抢眼且战果突出。10月30日，俄总参谋部作战管理总局局长卡尔塔波罗夫表示，一个月来俄空军开展了1391架次的空袭任务，摧毁的“伊斯兰国”和“支持阵线”目标达1623处，其中包括恐怖分子的指挥中心、训练基地、弹药车间、野外营地以及防御阵地等。[①] 实际上，自8月以来，俄不断向叙政府军提供大量武器援助并增兵叙利亚，积极拉拢伊拉克，同时与中东地区的传统盟友伊朗展开密切的外交和军事合作。9月27日，俄与叙、伊朗及伊拉克建立了军事协调机制，并力推将其转变为一个新的反恐联盟。

俄出兵叙利亚出于多重安全及深层战略考量。一是遏制“伊斯兰国”威胁。车臣恐怖组织“高加索酋长国”已蹿升为国际“圣战”运动重要力量，在叙叛乱活动中发挥重要作用，“伊斯兰国”持续坐大将加剧俄安全威胁。俄塔斯社报道，目前共约2500名来自俄罗斯和7000名来自独联体国家的穆斯林极端分子加入到“伊斯兰国”，其回流威胁严峻。[②] 二是缓解与欧美紧张关系。乌克兰危机致俄陷入欧美外

---

① “俄军方：空袭一个月摧毁超1600处恐怖分子设施”，2015年10月31日，http：//news. xinhuanet. com/world/2015－10/31/c _ 128378796. htm。

② “俄罗斯总统力推国际反恐新联盟”，2015年9月30日，http：//v. ifeng. com/mil/arms/201510/0165d9a8-c28f-423a-9a34-1980d03aa9fe. shtml。

交困局。俄欲借出兵叙利亚对欧美施压，迫其放松对俄外交封锁。尤其欧洲难民危机持续恶化，国际社会打恐呼声渐高，俄选择此时出兵恰迎合国际舆论。三是确保在中东战略利益。叙利亚是俄在中东传统盟友，叙第二大港塔尔图斯港成俄重要域外海军基地，是俄在中东军事存在及掌控地中海的重要战略支点。因此，俄积极出兵确保该基地的安全。

最后，欧洲提升反恐防控与打击力度，打响“本土安全保卫战”。面对日益严峻紧迫的本土安全威胁，欧洲除武力反恐外，纷纷强化安全防控措施，重在筑高防恐墙。一是推出新安全议程。4月28日，欧盟委员会推出一项为期5年的《欧盟安全议程》，致力加强国际合作，消除极端主义滋生根源。具体包括：建立一个专门研究激进主义的卓越中心及预警网络；强化互联网反宣及国际反恐执法合作等。二是强化反恐情报与执法力量。1月21日，法国宣布未来3年将增加2680个执法和情报部门岗位以打击恐怖主义，同时增加7亿欧元的反恐经费。三是加强民航等公共交通管控措施。1月，欧委会制订了一项新的反恐计划，要求今后凡是乘飞机进出欧洲的乘客填写一份包括42项内容的个人信息数据表，并在安全部门备案5年。英国也出台新规，要求航空公司运送可能赴伊叙参战的“高危乘客”时，须获官方许可。9月，法国运行民航乘客信息注册系统，对极端分子重点人头的电话和网络活动加强监控。同时，法国政府与网络运营商合作，对公民加强网络反宣教育和引导。8月29日，法国、德国、比利时等欧洲九国在巴黎举行跨境铁路安全高级别会议，以加强铁路安保措施，包括加强各国间情报合作和交流、加大铁路身份检查和行李安检力度、增加在国际列车上联合巡逻的警力、推广列车购票实名制、研究授权铁路警方调阅数据库的可行性等一系列措施。

三、反恐阵营虚多实少，国际反恐难成合力

国际社会虽迅速形成同仇敌忾、联手加强打击“伊斯兰国”的舆论氛围，但各国在军事打击“伊斯兰国”问题上各怀心思、避重就轻，反恐效力大打折扣。

首先，宗教因素深度卷入地区博弈，加剧反恐复杂性。伊叙乱局不断升级的背后是伊斯兰教中什叶与逊尼两大教派的较量。以沙特为首的逊尼派阿拉伯国家集团与以伊朗为代表的什叶派集团间的矛盾几乎激化为一场零和竞争，甚至可能进一步加剧为一场新的“冷战”。加之，美国中东政策的失续性和两面性，不但打破了中东政治与教派生态平衡，更加剧了各派嫌隙。美发动伊战及之后的“民主转型”再度激化什叶与逊尼派间的矛盾，并成为当今全球恐怖活动升级的沃土。在也门和叙利亚战场，美看似支持沙特等阿拉伯国家代表的逊尼派势力，反对伊朗为首的什叶派力量，但在打击伊拉克境内的“伊斯兰国”行动中，美国却与伊朗处于实质上的联盟关系。

其次，伊叙主战场各方力量的利益纷争不断演化，严重钳制反恐效力。在伊拉克，打击“伊斯兰国”的主要力量为库尔德武装、政府军、什叶派和温和逊尼派民兵。政府军战力一触即溃，库尔德武装与逊尼派民兵视什叶派主导的伊中央政府为真正防范对象，更是以“自保”为上。而伊朗支持的什叶派民兵武装几乎掌握了打恐主导权。在叙利亚，反对派阵营内部鱼龙混杂，各派矛盾不断且盘根错节。美支持的叙利亚自由军内部不断传出成员倒戈极端暴恐势力的消息，作为打恐主力的库尔德武装不断受到土耳其的钳制。

再次，“伊斯兰国”成为国际与地区势力博弈工具。地缘政治的传统争夺及现实利益的紧迫追求促国际及地区力量竞相视“伊斯兰国”为打

压对手、平衡地缘势力的杠杆。名为反恐，实为谋利。在国际层面，美国无疑是打恐联盟中最卖力方，但也同样服务于美反恐收缩、保持中东利益的长远战略考量。据美解密档案透露，早在 2012 年美就已预测到“伊斯兰国”势必坐大，并不惜以牺牲伊拉克为代价，借“伊斯兰国”达到在战略上孤立阿萨德政权的目的。因此，关于美希望中东长期动荡的论调甚嚣尘上。俄罗斯出兵叙利亚更是出于获得叙利亚石油资源、确保其中东军事存在及战略地位的深层考量。在地区层面，对大多数打击“伊斯兰国”的中东参与者来说，打恐仅是次要目标，均从属于更紧迫的战略诉求。中东国家对邻里威胁的担忧远胜“伊斯兰国”。沙特作为阿拉伯国家老大，在反恐行动中的首要目标是遏制伊朗影响力并推翻其叙利亚“党羽”阿萨德政权。因此，沙特积极向叙反对派提供资金支持，有限参与叙利亚空袭行动。土耳其在内忧外患压力下，于 7 月下旬展开空袭“伊斯兰国”目标和库尔德工人党武装的行动，其参战的主要目标仍是推翻阿萨德，阻止叙利亚库尔德组织坐大并支持土境内库尔德工人党。同时，土耳其不断就在叙北部建立“安全区”议题跟美讨教还价，彰显其压制库尔德人分离运动及打压叙政权的意图。伊朗则借打击“伊斯兰国”影响力迅速攀升，不但强化了在中东新月地带的影响力，还促伊核问题取得较大进展，改善了外交环境。作为美在中东最坚定盟友的以色列，出于传统战略考量在打击“伊斯兰国”问题上十分低调，仅对叙反对派提供有限的医疗援助。其主要目标仍是限制伊朗，防范哈马斯、真主党及反以伊斯兰势力。此外，以期望“伊斯兰国”的肆虐可推动其与中东温和伊斯兰势力的情报交流与合作。

最后，美俄角力叙战场或致叙乱局长期难解。美俄在中东战场的争夺或加速美领导的打恐联盟内部分化。俄高调参战，可能使本已陷入“孤军奋战”的美主导的打恐联盟雪上加霜。《纽约时报》11 月报道，巴林的战机 2 月就停止了对叙利亚“伊斯兰国”据点的空袭。阿联酋最后一次执行空袭任务是在2015年3月，约旦是在8月，沙特9月退出空袭行动。卡塔尔的战机在叙上空巡航，但作用有限。截至11月，阿拉伯和西方盟友共参与在叙2700次空袭任务的5%，在伊5100次空袭任务的30%。如今，伊拉克欲向俄军敞开大门，甚至希望俄在打击“伊斯兰国”行动中扮演比美更重要的角色。埃及也对俄出兵持欢迎态度。此外，俄美均在打击“伊斯兰国”旗号下互相拆台。美指责俄空袭目标85%—90%为叙反对派，包括美支持的反对派武装，[①] 俄则极力否认。俄美各自领衔的两大打恐阵营将无益于叙乱局的解决。

① “Obama Sends Special Operations Forces to Help Fight ISIS in Syria”，PETER BAKER，HELENE COOPER and DAVID E. SANGER，OCT. 30，2015，http：//www. nytimes. com/2015/10/31/world/obama-will-send-forces-to-syria-to-help-fight-the-islamic-state. html? _r=0.

第二章　美国恐怖主义与反恐怖斗争形势综述

2015年以来，由于极端组织“伊斯兰国”等的大肆渗透和煽动，美国发生多起严重恐怖袭击大案，造成大量人员伤亡，标志着美国本土恐怖活动正在进入一个新的历史活跃期。美国众议院情报委员会主席德文·努内斯6月也表示，由于暴恐分子在加密网络平台的活动难以监测以及美籍“圣战”分子加速回流，美国正面临“9·11”事件以来的最大恐怖威胁。

第一节　美国恐怖主义形势

2015年5月10日，美国国土安全部部长杰·约翰逊表示，国际恐怖主义威胁已经进入一个“新阶段”，其“新”意的内涵体现在伊斯兰极端分子十分善于运用网络和社交媒体，成功吸引、招募“独狼”袭击者为其效命，而这些“独狼”袭击随时可能发生。[①] 12 月 9 日，美国联邦调查局局长詹姆斯·科米在听证会上表示，恐怖威胁已经发生了很大的变化，我们面临着网络上恐怖宣传和训练的爆炸式增长。恐怖组织不再需要向美派出恐怖分子以开展招募。盘踞在“三不管”地区的恐怖组织通过网络大肆传播有毒宣传和训练材料，吸引世界各地的困惑灵魂加入恐怖主义。[②] 12 月 6 日，美国总统奥巴马就 4 天前加州严重恐怖袭击案发表讲话称，“在过去数年，恐怖主义已经进入了新的阶段。由于我们已能更好地阻止像‘9·11’事件那样复杂多变的恐怖袭击，恐怖主义转而采用那些不那么复杂的暴力行径，随着网络消除了国与国之间的边界，我们看到恐怖分子正越来越多地在毒化诸如波士顿马拉松爆炸案袭击者和圣贝迪诺枪击案凶手那些人的思想”。[③]

一、“伊斯兰国”威胁不断发酵

2015 年，美国发生的涉及“伊斯兰国”的恐怖袭击明显增多。美国联邦调查局局长科米 7 月表示，“伊斯兰国”已经取代“基地”组织成为美国面临的最大恐怖威胁。一方面，“伊斯兰国”暴恐思想渗透空前。美军、情部门认为“伊斯兰国”暴力极端思想的蔓延构成重大长期威胁，尤其网络已成其宣教、募人、勾连甚至策动恐袭的有力平台。科米 7 月 22 日称，“伊斯兰国”通过网络对美发动“众筹恐怖主义”，蛊惑支持者

---

① “U. S. Security Chief Warns of ‘New Phase’ in Terror Threat”, May 10, 2015, http: //news. yahoo. com/us-security-chief-warns-phase-terror-threat-154452221. html.

② “Statement of James B. Comey Director Federal Bureau of Investigation before the Senate Judiciary Committee Washington, D. C. ”, December 9, 2015, http: //www. judiciary. senate. gov/imo/media/doc/12－09－15％20Comey％20Testimony. pdf.

③ “Address to the Nation by the President”, December 6, 2015, https: //www. whitehouse. gov/the-press-office/2015/12/06/address-nation-president.

在美国发动袭击。例如，1月10日，“伊斯兰国”发布视频，号召支持者在美国发动“独狼”行动，称“不能让战争轻易过去，用石头、用刀屠杀目标对象，或者开车辗过目标”。1月27日，“伊斯兰国”又发布新的视频向美国总统奥巴马示威，扬言要在白宫将奥巴马斩首，称：“你要知道，我们会在白宫砍了你的脑袋，并将美国变成一个穆斯林的省份。”3月，一个与“伊斯兰国”有关的网站发布了一份含有100名美国军人姓名、军阶和地址的猎杀名单，并呼吁支持者杀死他们。网站宣称，这些信息是由黑客入侵美军服务器和数据库之后获得的，名单中的100名美军均参与了美国打击“伊斯兰国”的任务，呼吁在美国的支持者“踏出最后一步”，“解决”他们。[①] 11月法国巴黎连环恐怖袭击发生后，“伊斯兰国”又叫嚣袭击美国大城市。《纽约时报》分析称，“伊斯兰国”思想蔓延使得美国面临一场“旷日持久和分布极广的反恐斗争”。据美国智库布鲁金斯学会统计，“伊斯兰国”在“推特”上的英文账号有2万多粉丝，而美国境内就有2000人在“推特”上协助“伊斯兰国”进行宣传。

另一方面，组建专门袭击美国的机构。据称，“伊斯兰国”已经成立了“美国伊斯兰国”机构，负责统筹袭击美国的计划。美国情报机构评估认为，“伊斯兰国”已经将袭击美国本土列为重点目标。5月5日，“美国伊斯兰国”发布声明，认领5月3日得克萨斯州发生的恐怖袭击未遂案，并扬言已有71名受过训练的战士潜伏在美国的15个州，伺机而动，并直接点名弗吉尼亚、马里兰、伊利诺、加利福尼亚、密歇根5个州，威胁将在美国本土发动“更严重和痛苦的暴力，未来半年将是令人关注的时刻”。“伊斯兰国”还专门成立了一个完全由讲英语的武装人员构成的战斗营，并下令他们在使用这一语言的西方国家发动恐怖袭击。

① “IS公布百名美军猎杀名单 详及其姓名军阶地址”，2015年3月23日，http://world.people.com.cn/n/2015/0323/c1002-26731931.html。

该战斗营名叫“安瓦尔·奥拉基营”，其唯一目标是在海外发动袭击，致力于让武装人员在训练营接受训练后“出口”西方。

同时，“伊斯兰国”秘密渗透到南美洲并企图策划对靠近墨西哥的美军基地、航空、铁路及能源设施发动袭击。7月初，美国执法部门在美墨边境地区逮捕试图发动袭击的4名“伊斯兰国”支持者。美媒分析称，“伊斯兰国”可能与拉美贩毒集团合作，寻求购买核材料并制造“脏弹”袭击美国。

此外，“伊斯兰国”作为国际“圣战”运动头号旗手的地位不断巩固。经一年多围剿，“伊斯兰国”成员仍然维持在2万多人，实力未遭重大折损。同时，“伊斯兰国”全球布局步伐加快，其在伊拉克、叙利亚以外的中东、北非、南亚、中亚和东南亚拉同伙、建分舵、结联盟，对其效忠支持的地区暴恐团伙逾30个，美国在相关地区利益面临威胁。

二、“基地”组织趁机复兴，煽动袭击美国

随着美军撤退，“基地”组织获得喘息之机，2015年以来动作频频。一方面，由于巴基斯坦的“利剑行动”反恐行动，“基地”组织不断向阿富汗转移，开始在阿北部的库纳尔省和努尔斯坦省等地建立训练营地，向多地扩散，并与阿富汗塔利班搭建武装同盟，共同在阿搞恐袭。另一方面，“基地”组织近期与阿富汗塔利班、巴基斯坦塔利班关系强化，阿富汗塔利班新头目曼苏尔等高层与“基地”关系密切，已表态继续庇护“基地”组织，未来“基地”组织将获得更多支持，实施域外袭击能力恐逐步恢复。据《今日巴基斯坦报》8月16日报道，“基地”组织网站发布的一段视频显示，本·拉登的儿子哈姆扎呼吁支持者们对西方国家发起恐怖袭击。在这段视频中，哈姆扎称应将阿富汗、伊拉克等地的战火转移到西方，号召支持者向美国及其盟国发起“独狼式圣战袭击”，他提

到了伦敦、华盛顿、巴黎和特拉维夫等特定目标，并称要打击全球犹太裔美国人的利益。哈姆扎被称为“恐怖王储”，一直被认为是“基地”组织未来领导者。这段视频也被外界认为是“基地”组织首次将其作为正式成员来对外宣传。

三、“基地”组织阿拉伯半岛分支威胁增大

“基地”暴恐网络仍将袭击美国作为首要目标，美国尤其高度警惕“基地”组织阿拉伯半岛分支的威胁。阿拉伯半岛分支趁也门乱局大肆扩张，实力壮大，在美欧作案能力上升。也门胡塞武装 2014 年 9 月武力控制了首都萨那，与政府的矛盾和摩擦加深。2015 年 1 月 20 日，胡塞武装占领总统府，两天后，总理哈立德·马赫福兹·巴哈和总统阿卜杜拉布·曼苏尔·哈迪先后辞职。英国路透社 1 月 23 日援引多名美国官员的话称，由于受到美国支持的政府下台，美方在也门的反恐行动“瘫痪”，包括无人机空袭。也门情报部门搜集阿拉伯半岛分支的情报，供美国用于空袭。另外，美国在也门南部阿奈德空军基地派驻军事教官和顾问，向也门部队提供培训和武器装备乃至空中运输，协助也门打击恐怖势力。一些分析师预测，也门局势混乱、美方被迫停止在也门的反恐行动，这给阿拉伯半岛分支恢复元气的机会，进而策划袭击美国和其他西方国家。

2015 年 7 月，美国国家情报总监克拉珀表示，阿拉伯半岛分支是最可能对美国本土发动袭击的组织，且其正研发新“鞋弹”和“内裤炸弹”，预谋袭击飞往美国的航班。不少美国情报和反恐官员也发出警告，阿拉伯半岛分支正利用也门乱局谋划远胜于从前的“大规模伤亡”恐怖袭击，包括击落可以容纳数百名乘客的大型客机。7 月，美国国家反恐中心主任尼古拉斯·拉斯穆森在接受采访时说，“美国本土受到的袭击，与‘伊斯兰国’存在关联的可能性较大。尽管如此，我们还是认为，‘基

地’组织阿拉伯半岛分支更有可能对美国本土发起较大规模的恐怖袭击，包括对飞往美国的班机采取行动”。

四、阿富汗塔利班掀起反攻浪潮

自从2014年年底美军和北约军队的任务从战斗转变成支援和培训以来，塔利班加快了在阿富汗各地的袭击行动。2016年2月14日，联合国在年度报告中宣布，2015年阿富汗伤亡平民总数达11002人，比2014年增加4%，其中死亡人数为3545人，成为自联合国2009年统计阿富汗冲突的平民死伤人数以来最血腥的一年。联合国报告直指塔利班分子在阿富汗城市发动袭击数量增加。8月7日，阿富汗首都喀布尔发生一连串炸弹袭击事件，造成至少51人丧生，超过400人受伤，成为喀布尔近年来“最血腥的一天”。

一方面，奥马尔死讯被公布，塔利班新头目掀起武装袭击浪潮。2015年7月底，阿富汗塔利班原“最高领袖”奥马尔死讯确认，阿赫塔尔·穆罕默德·曼苏尔成“阿塔”新任头目。但曼苏尔“圣战”资历、人格魅力难与奥比肩，且近两年频繁以奥名义发号施令，“欺骗”阿富汗塔利班中下层官兵，缺乏信誉，其上任曾遭到巨大争议。奥马尔家族(包括奥弟弟马南、长子雅各布等)、阿富汗塔利班多哈办公室前负责人塔伊布·阿迦、前财政部长穆塔希姆等人都曾明确反对曼苏尔接班。后经曼苏尔极力斡旋，方获多数支持，奥马尔家族也表态对其效忠。曼苏尔上位后，借用武力树威和巩固权力，连续在首都喀布尔和昆都士等地搞自杀式连环爆炸和武装袭击，致阿安全局势明显恶化。

另一方面，阿富汗和谈进程遭遇重大挫折。1月28日，白宫发言人艾瑞克·舒尔茨强调阿富汗塔利班是武装暴乱，不是恐怖组织，表明美国推动与塔利班和谈的积极立场。7月初，阿富汗政府与塔利班方面在巴基斯坦进行了双方 14 年来的首次直接和平对话，这一举动被阿富汗国内视为具有“破冰”意义，并为阿国内和平与和解带来曙光。随后，塔利班方面还以奥马尔的名义发表声明，称双方首次和平对话具有“合法性”。双方原定于 7 月底在巴基斯坦进行第二轮对话，但随着奥马尔的死讯被公之于众，阿富汗政府、巴基斯坦政府和塔利班方面先后宣称暂停和平对话。有分析人士认为，近来一系列的袭击无疑增添了双方和平对话的难度。

鉴于对近期塔利班暴力活动升级的担忧，10 月 15 日美国总统奥巴马公开宣称放缓阿富汗撤军进程，至 2016 年底保持 9800 名美军，至 2017 年奥巴马离任时保留 5500 人军力。相较于 2014 年宣布的完成全部撤军计划、仅留 1000 人确保美驻阿使馆安全的承诺，其撤军步伐大幅放缓。①

五、本土恐怖威胁不断发酵

2015 年，美国本土发生的涉及“伊斯兰国”的恐怖案件明显增多，本土暴恐威胁加剧。2015 年 5 月 3 日，两名枪手向达拉斯市郊的一处展览中心开枪，打伤 1 名保安人员。警方随后开枪还击，击毙枪手。事发时，展览中心内正在举行一场颇具争议的绘画比赛，参赛者们被要求用漫画描绘伊斯兰教先知穆罕默德的形象。调查人员发现，枪手之一在行凶前曾号召他的“推特”粉丝关注“伊斯兰国”网络活动负责人侯赛因的账号。侯赛因在枪击事件后也在“推特”发帖，称发动袭击的是“我

① Kristen Welker and M. Alex Johnson，“Obama Changes Afghan Strategy，Will Keep 5，500 Troops Past 2016”，http：//www.nbcnews.com/news/us-news/obama-changes-afghan-strategy-will-keep-5－500-troops-past-n444866.

们的两个兄弟”。[①] 该案是“伊斯兰国”在美国策动的首次袭击。7月16日，美国田纳西州两处军事设施发生枪击事件，造成4名海军陆战队员死亡，3人受伤，美国联邦调查局初步调查显示，袭击者可能为“伊斯兰国”追随者。12月2日发生的美国加州枪击案中共有14人死亡，是美国2001年“9·11”事件以来死亡人数最多的恐怖袭击，袭击者携带高杀伤性枪支以及数千发子弹，而且美国警方还在案发现场发现了三枚未爆炸的自制爆炸装置，如果被成功引爆，死亡人数恐成倍增加。

据美国福特汉姆大学国家安全中心2015年6月发布的研究报告显示，美国各州均已发生涉恐案。3月以前，美国执法部门抓获的涉恐嫌疑人多为寻求出境参战人员，而近期策划本土“圣战”案件明显增多，美国本土暴恐新生态渐趋成形。据《华盛顿时报》7月16日报道，2014年以来美国执法部门已破获62起涉嫌资助“伊斯兰国”或以其名义策划恐袭的案件，共56人被起诉。其中2014年13起，而2015年已有49起。美国国会内部文件显示，美国2015年上半年破获的恐袭案数量创“9·11”事件以来历年新高。同时，美国国会9月发布的研究报告称，在中东参战的美籍“圣战”分子升至250人，正经历从积聚到释放的回流阶段，已有约50人回流美国，本土安全形势日趋严峻。

六、网络恐怖主义威胁攀升

2015年，以“伊斯兰国”为首的恐怖组织大肆通过网络开展恐怖活动，对美国构成的威胁明显增大。“伊斯兰国”拥有专门的网络活动机构——“网络哈里发”（Cyber Caliphate），又名“伊斯兰国黑客部门”（Islamic State Hacking Division）、“伊斯兰网军”（Islamic Cyber Army），

① “‘伊斯兰国’头号黑客毙命 死于美军空袭”，2015年8月28日，http://news.xinhuanet.com/world/2015-08/28/c_128173394.htm。

前身为黑客组织，2014年底宣布向“伊斯兰国”效忠并成为该组织的网军。2015年，“网络哈里发”对美国以及欧洲多个国家的网站发动了攻击，包括黑掉网页、篡改内容以及分布式拒绝服务攻击（DDoS）。例如，1月12日，“网络哈里发”侵入美军中央司令部在“推特”和“优兔”的账户，并且发布一些支持“伊斯兰国”和威胁美国的消息。他们把账户名称改为“网络哈里发”，发布消息称，“‘伊斯兰国’已经在这儿，我们在你们的电脑里，在每一座军事基地里”。另一条称：“美军，我们来了，你们小心点。”他们还在美军中央司令部的“优兔”账户上传了“伊斯兰国”的宣传视频。直到40分钟后，美军才关闭了账户并删除了“网络哈里发”发布的信息。① 2月10日，美国马里兰州一家电视台又遭“网络哈里发”入侵，并发布消息称，“我们是‘网络哈里发’，按照真主的应允，我们来到你们这儿！我们不会怜悯你们这些异教徒的”。电视台表示，有1.6万名用户收到了此条消息。②

2015年10月14日，美国国土安全部负责基础设施保护的助理部长凯特琳·德科维奇（Caitlin Durkovich）表示，“‘伊斯兰国’已经开始部署网络攻击，但没有成功”。恐怖分子目前还没有采用最尖端的黑客工具侵入计算机系统并关闭或炸毁机器。美国联邦调查局网络部门负责人约翰·里基（John Riggi）表示，“‘伊斯兰国’的意图很明显，庆幸的是，他们目前的能力太低。不过，需要注意的是，他们会试图购买能够破坏或者成功击破电网系统的设备和技术”。事实上，在网络黑市可以买到黑客软件。联邦调查局担心“伊斯兰国”或者其支持者会购买这种可以侵

---

① Rebecca Kaplan，“CENTCOM Twitter Feed Hacked”，January 12，2015，http：//www.cbsnews.com/news/centcom-twitter-feed-hacked/.

② Alexandra Jaffe，“Newsweek Twitter，Others Hacked by Cyber Caliphate”，February 10，2015，http：//edition.cnn.com/2015/02/10/politics/isis-group-cybercaliphate-hacks-newsweek/.

入电脑或者破坏电子设备的恶意软件。[①]

除了网络袭扰之外，“伊斯兰国”还通过网络平台煽动和教唆恐怖袭击。据统计，2014年1月至2015年9月16日，“伊斯兰国”共发布了845部音视频。其中120个针对美欧国家，包括英语、俄语、法语、德国等各种语言，这些视频内容主要为战场态势、外籍“圣战”分子的采访、“哈里发国家”的治理情况、斩首行动等等。[②]美国警方调查显示，2015年12月加州案中，嫌犯在实施袭击的过程中，通过社交媒体向极端组织“伊斯兰国”宣誓效忠，案发前通过网络与多名美国认定的国际恐怖分子进行秘密联系，还浏览过“伊斯兰国”的宣传网站，“嫌犯显然因此而走向激进化”。

第二节　美国主要反恐措施

随着以“伊斯兰国”为首的暴恐威胁的加剧，美国继续通过由60多国组成的反恐联盟加大打击“伊斯兰国”的力度，并以“全球反恐论坛”等多边平台为抓手，构建并主导国际反恐新机制。

一、不断优化打击“伊斯兰国”战略

美国继续通过空袭、军援、伙伴关系、金融、宣传和培训等多种手

① Jose Pagliery，“ISIS is Attacking the U. S. Energy Grid”，October 16，2015，http：//money. cnn. com/2015/10/15/technology/isis-energy-grid/index. html.

② Javier Lesaca，“On social media，ISIS Uses Modern Cultural Images to Spread Anti-Modern Values”，September 24，2015，http：//www. brookings. edu/blogs/techtank/posts/2015/09/24-isis-social-media-engagement.

段打击“伊斯兰国”。2015 年 12 月 14 日上午，奥巴马在国防部主持召开国家安全委员会会议，美国军、警、情报等部门高官悉数出席。奥巴马会后阐述了美国的反恐战略和取得的最新进展，称美国反恐战略主要包括 4 个层面：定点猎杀恐怖分子；训练并装备伊拉克、叙利亚地面反恐力量；阻断“伊斯兰国”招募、融资和宣传行动；通过外交结束叙内战以使各方聚焦打击“伊斯兰国”。奥巴马强调，美国正采取新举措，加强打击“伊斯兰国”行动。首先，由于美国及盟国在伊拉克、叙利亚心脏地带的持续打击，“伊斯兰国”愈发难以输出恐怖和极端宣传。其次，“伊斯兰国”在伊拉克、叙利亚的控制范围不断缩小，对伊拉克人口聚居区的控制面积缩水 40%，在叙利亚丧失数千平方公里“领土”。而且国际围剿行动使该组织内部开始松动，出现成员变节、逃跑现象。再次，美国 2015 年定点清除数十名该组织高层人物，包括二号人物及杀害美公民的凶手穆罕默德·埃姆瓦齐等。奥巴马还对“伊斯兰国”高层强硬表态称，“你就是下一个”。

首先，加大空袭力度。美国领导的反恐联盟迄今已实施约 9000 次空袭，11 月次数更创单月新高，消灭、摧毁大量“伊斯兰国”成员和设施，使其丧失大规模机动能力，2015 年夏天以来未能成功实施任何重要反扑。

其次，增派咨询人员，推进伊拉克、叙利亚武装训练。2015 年 7 月美总统奥巴马重申，美国没有派兵参与直接作战的计划，打击“伊斯兰国”必须依靠伊拉克、叙利亚地面部队。为此，一方面，推动伊拉克安全重建。6 月奥巴马下令向伊拉克增派 450 名军事顾问，总人数已逾 3500 人。美国在伊拉克大力新建咨询、协助和培训中心，加强对伊军指导和培训，并提供武器装备。按计划，将训练 2.5 万人，目前已有 8000 多名伊军受训。美还促伊加快安全改革，筹建国民警卫队和警察负责各省安全事务。

另一方面，加大军事援助和培训叙反对派武装。美国成立跨部门联合工作组，协调培训叙温和派武装事宜，充实叙利亚打击“伊斯兰国”力量。按计划，土耳其、沙特、卡塔尔提供训练地点，开展为期3年、每年5400人的训练。美国国会也同意拨款5亿美元资助此计划。2月19日，美、土已签订相关框架协议。但美国的训练计划推进缓慢，7月初美国国防部长阿什顿·卡特称，共有约7000名叙利亚反对派武装人员报名参加了美军训练项目，但是实际接受培训的人员仅为60名左右。美国国防部8月3日宣布，美军战机近期在叙利亚北部地区向由其培训的叙温和反对派提供“火力掩护”，协助打击以“伊斯兰国”为首的极端势力。这是叙利亚危机爆发以来，美国首度向叙反对派直接提供军事支援。美借助“代理人”干预叙利亚问题的计划进入了新的阶段。10月12日，美国国防部宣布在叙利亚的新计划——向叙反对派武装空投50吨武器，支持其攻打“伊斯兰国”。10月31日，美国宣布向叙利亚反对派增加1亿美元援助，主要用于修复基础设施和支持温和反对派的活动。美国从2012年以来给予叙利亚反对派的援助总额已达到5亿美元。

同时，随着俄罗斯强势入叙反恐及“伊斯兰国”威胁上升，美国被迫加大军事介入力度。10月30日，奥巴马授权派遣不足50人的特种部队赴叙利亚北部，协调当地地面部队打击“伊斯兰国”，突破原不进驻地面作战部队底线。但白宫强调，特种部队只是担当训练和顾问角色，不会领导反对派作战，也不代表美国对付“伊斯兰国”的政策改变。美国国防部长阿什顿·卡特10月30日告诉媒体记者，此次派兵“很可能不是”美国打击“伊斯兰国”组织的最后一次政策调整。他没有提及这批地面部队将在叙利亚北部哪处具体地区行动，只说他们将在库尔德武装人员控制的区域活动。在这之前，美军特种部队至少在叙利亚进行了两次袭击任务：一次是2015年5月的联合行动，在叙利亚东部击毙了“伊斯兰国”高层领导人之一并俘虏了他的妻子；另外一次是2014年夏天美军试图营救被劫持的美国籍新闻记者弗莱，但是任务失败，弗莱本人后来被“伊斯兰国”所杀害。

再次，着力建立反恐伙伴关系，甩担子、避恐祸。美国坚持不派兵参战立场，逐步变“美反恐战”为“同盟反恐战”，强调打恐非美一己之责，敦促中东、欧洲盟友加大空袭和投入。美国深陷越反越恐泥潭，尽显反恐疲劳，已无心“恋战”。随着恐怖威胁来源多样化和地理分布碎片化，美国反恐成败将取决于伙伴国自身打恐能力。因此，为打击“伊斯兰国”，美牵头组建60多国组成的反恐联盟，敦促各方加大投入。例如，在美国为伊拉克提供训练拨款法案中明确规定，只有他国援助金额达到6亿美元，美国才能向伊提供16亿美元援助。但因缺少美国的强势主导和全力推进，反恐联盟仍松散无力，打击效果不彰。

美国协调主导地区国家反恐行动乏力。一是美国与伊拉克矛盾显现。美国不满伊阿巴迪政府消极动员逊尼派武装加入反恐行动，伊官员则抱怨美支持力度不足、反攻行动迟缓。阿巴迪高级助手阿里·阿拉克2015年3月初表示，如果美推迟反攻“伊斯兰国”时间，伊将不寻求美支持以解放摩苏尔和安巴尔省。二是美国与土耳其的战略目标分歧难弥合。土把推翻叙阿萨德政权列为首要目标，且对美支持库尔德武装打击“伊斯兰国”做法多有不满。美国聚焦打击“伊斯兰国”，要求土增加投入，加大打击外籍“圣战”分子流动，但土并不积极。2015年2月，美国家情报总监克拉珀在国会听证会时指责土不尽责，称“尽管有60%外籍‘圣战’分子经土入叙，但打击‘伊斯兰国’并非土首要考虑，其有其他利益”。

最后，着力反击“伊斯兰国”极端宣传。美国愈发重视打击“伊斯兰国”极端思想。2015年2月美国举行国际反恐峰会，与反恐盟友联手防范极端主义思想扩散，并宣布与阿联酋共建一个传播中心，反制“伊斯兰国”的极端宣传。

二、全面加强本土防范措施

由于美国本土恐怖袭击接连发生，恐怖主义问题日趋成为美国民众最为关注的问题之一。美国 CNN2015 年 3 月做的民调显示，高达 68%的美国人视“伊斯兰国”为严重威胁。11 月 23 日，美哥伦比亚广播公司公布民调显示，66%的美受访者认为，在打击“伊斯兰国”行动中，奥巴马政府无明确战略，创此类民调新高。为缓解民众的安全担忧，美国政府采取了一系列加强本土安全的防范措施。美国 2015 年开峰会、表姿态，动作频频，对内加强联邦调查局、国家反恐中心与其他联邦、地方及私人机构建立情报共享与预警机制，进一步动员宗教与社会力量等。

首先，美国官方 8 月初宣布，为加强国土安全，美国将对 38 个免签证国家和地区施加新的限制，以防止持有这些国家和地区护照的恐怖分子“畅通无阻”地进入美国境内。根据美国国务院的免签证计划，允许某些国家和地区的公民免签入境美国，前提条件是访美目的为旅游或商务，并且停留时间不超过 90 天。加入这一计划的国家和地区有 38 个，主要分布在欧洲。新政策并未取消免签，而是规定了一些限制条件，包括免签国家和地区的旅客必须使用嵌入芯片的电子护照，里面储存持照人的指纹等生物特征信息；免签国家和地区在飞往美国的航班上，允许增加美方乘警数量，并接受检查；免签国家和地区还必须通过数据库，和美国共享旅客的旅行记录等信息，跟踪丢失和被盗的护照；被美国列入免签计划的 38 国人士若在最近 5 年内到访被视为“高危地区”的 4 个国家——伊拉克、叙利亚、伊朗和苏丹，或者拥有 4 国之一的双重国籍，则在赴美前必须办理签证。

其次，美国改进恐怖威胁警报系统以应对“独狼”式袭击。美国国土安全部长约翰逊 12 月 16 日宣布，为应对新形势下可能发生的本土“独狼式”袭击威胁，美国政府对已有的恐怖威胁警报系统做出改进，降低了预警级别门槛。约翰逊当天在新闻发布会上说，2011 年推出的“国家威胁警报系统”只包括“升级威胁”和“迫切威胁”两个预警级别，由于只有在至少出现“具体、可信的”国家安全威胁时才会被启用，因此从未被启用过。此次，国土安全部对该系统新增了“国家安全威胁公报”，以求在威胁级别没有达到“升级威胁”和“迫切威胁”的情况下，同样能向美国公众说明一定时间内恐怖主义威胁的大体发展趋势和走向。美国土安全部当天发布了第一份公报警告说，目前全球恐怖主义威胁进入了一个新阶段，恐怖组织目前更多地使用网络在全球范围内煽动和招募个体发动难以预防的“独狼式”袭击。

最后，美国司法部 10 月设立“本土恐怖问题顾问”新职，赋予其强势权力，以负责协调预防、应对国内恐怖袭击和对恐怖分子嫌疑人的起诉等。美国司法部负责国家安全事务的助理部长约翰·卡林表示，美国国内恐怖行为和极端主义分子是“清楚、现实”的威胁，美国必须在打击极端组织“伊斯兰国”等国际恐怖主义的同时，注重防范和打击美国国内的恐怖主义行为。卡林说：“应对国内恐怖主义协调员将确保国内恐怖主义事件能够得到有效应对，同时在美国司法部层面研究国内恐怖主义发展趋势，提出防范策略。”此外，美国土安全部还计划成立反暴力极端主义办公室，统筹打击暴力极端主义问题。

三、加强网络反恐行动

美国中情局局长布伦南 2015 年 3 月表示，如果美国想要阻止未来的恐怖袭击，就需要将注意力转向网络。① 随着网络恐怖威胁的上升，美国上下更加重视网络反恐行动，视其为整体反恐战略的基本要素。美国网络反恐的战略内容也更加全面和多元，不断强化防范措施，同时积极出击，与恐怖分子在网络上展开交锋。

2月10日，美国宣布成立“网络威胁情报整合中心”（Cyber Threat Intelligence Integration Center），加强网络安全威胁情报的整合与研判，其核心任务包括：对影响美国国家利益的外部网络威胁和网络事件进行统筹分析；帮助确保美国政府掌握网络威胁方面的最新的整合情报；推动和支持政府应对这些外部网络威胁。② 美国总统国土安全和反恐顾问莉萨·莫纳科（Lisa Monaco）在宣布该机构成立时表示，“我们应拥有一种统一的、全工具覆盖的方式来应对网络恐怖威胁”。作为政策制定者，可以迅速地从国家反恐中心取得最新的“线下”恐怖威胁评估，但在网络领域这却是不可能的。③ 新机构由国家情报总监办公室管辖，人员编制约50名，划拨的预算约为每年3500万美元。其作用类似美国国家反恐中心，自身并不收集信息，而是负责分析和整合国土安全部、联邦调查局、中情局、国家安全局等部门收集到的网络威胁信息，今后将成为美国政府防范和应对网络威胁的主要部门、一个全国性的网络威胁

① Julian Hattem, “CIA Chief: Cyber Terror is the Future”, March 13, 2015, http://thehill.com/policy/technology/235646-cia-chief-cyber-terror-is-the-future.

② “DNI Clapper Announces Leadership of Cyber Threat Intelligence Integration Center”, January 7, 2016, http://www.dni.gov/index.php/newsroom/press-releases/210-press-releases-2015/1299-dni-clapper-announces-leadership-of-cyber-threat-intelligence-integration-center.

③ “Remarks as Prepared for Delivery by Assistant to the President for Homeland Security and Counterterrorism Lisa O. Monaco Strengthening our Nation's Cyber Defenses”, February 10, 2015, https://www.whitehouse.gov/the-press-office/2015/02/11/remarks-prepared-delivery-assistant-president-homeland-security-and-coun.

情报中枢。此举旨在加强政府各部门之间、政府与企业之间的协调，使相关机构能尽早意识到面临的网络威胁，并采取相应对策。2015年3月6日，美国中情局局长约翰·布伦南发表了名为《我们局的未来蓝图》的讲话，宣布中情局实施重大重组计划，"数字科技能够帮助实现我们的使命，也对我们的运作和信息以及美国整体利益造成严重威胁"，中情局创立"数字创新指挥部"，使其与原有的4个指挥部（情报、秘密行动、科技、支持）并列，接受中情局局长直接领导。该指挥部负责将最新的数据、网络技术广泛应用于所有情报任务领域，加速研发大数据等新信息技术和加强网络反恐行动。[①]

首先，积极利用大数据反恐。在大数据时代，所有网络行为都会有痕迹记录，一旦从海量的数据中将相关蛛丝马迹拼凑起来，就可以形成较为完整的证据链，为执法机构提前发现网络恐怖主义活动提供线索，进而对打击恐怖主义活动提供帮助。[②] 为捕捉恐怖活动的蛛丝马迹，美国开展了以"棱镜"为代表的一系列监控项目，在据有海量全域数据的基础上，依托先进的大数据挖掘技术，抽丝剥茧锁定涉恐目标。

美国全方位搜集通信数据和网络活动记录。美国国家安全局通过接入全球移动网络，在全球范围内每天搜集约50亿份通话记录以及20亿条短信。该局还通过"上游"等计划，与国际私人光缆服务商、盟国政府合作或秘密行动，拦截海底光纤电缆数据，掌控全球网络数据。同时，美国国家安全局专门设立了"追踪金钱"项目，密切关注各类国际支付、

① "Unclassified Version of March 6，2015 Message to the Workforce from CIA Director John Brennan：Our Agency's Blueprint for the Future"，March 6，2015，https://www. cia. gov/news-information/press-releases-statements/2015-press-releases-statements/message-to-workforce-agencys-blueprint-for-the future. html.

② 康均心、虞文梁："大数据时代网络恐怖主义的法律应对"，《中州学刊》2015年10月，第61页。

银行和信用卡交易等，并成立专门的金融信息数据库。此外，美国政府通过行政命令或秘密手段，获取了雅虎、谷歌等网络科技公司的数据中心存贮的各种数据，包括文本、音频和视频数据，掌握数亿用户的信息。2015 年 5 月 8 日，美国国家安全局前雇员斯诺登披露的两份绝密级文件，内容主要涉及美国国家安全局一项名为“天网”（SkyNet）的计划，基于个人所处位置、拨打电话的地点和时间及去往相关地方的频率等大数据分析和寻找恐怖分子。项目组首先获取巴基斯坦相应电信运营商手机通话元数据，以分析手机通话数据特点，获取关于手机用户出行规律、生活方式和社交网络等方面信息，从而寻找与已知人员具有相似生活习惯的其他人员。获取的数据被储存在专用数据库中，进行数据摘要提取与分类、格式转换，以及自动化数据分析，生成关于人员出行模式、手机使用行为等情况的报告。最后，通过运用结果分析与分类呈现工具锁定恐怖分子。①

其次，反击网络极端宣传。2015 年，美国显著加大了网络反击恐怖主义宣传的行动。美国国务院 2013 年 12 月 5 日在“优兔”视频网站开设官方账号“ThinkAgain TurnAway”，发布揭露和反击恐怖组织的视频，截至 2015 年 6 月 15 日，共上传了 18 个视频，总计有逾百万人观看，取得了一定成效。② 美国国务院也在“推特”等社交平台上开设了同名账号，致力于在网上宣传“有关恐怖主义的真相”。2015 年 2 月，美国政府决定扩大国务院下属的“战略反恐宣传中心”，成立一个由 30 人组成的“信息协调中心”（Information Coordination Center），赋予其协调美国

① 杨碧瑶：“绝密文件曝光美国国家安全局‘天网’计划”，《保密科学技术》2015 年第 6 期，第 68 页。

② “ThinkAgain TurnAway”，https：//www. youtube. com/user/ThinkAgainTurn-Away.

防部、国土安全部、中情局等各联邦机构的反击恐怖宣传活动的职权，并加强与外国政府及非政府部门在该领域的合作与协调，以此加大反击“伊斯兰国”的极端宣传。掌握阿拉伯语、乌尔都语、旁遮普语、索马里语和英语等语言的雇员在相应网络平台发声反击恐怖主义宣传。①

为了打击恐怖组织通过社交媒体的宣传煽动活动，美国政府不断寻求与美国网络科技公司的合作。2016 年 1 月 8 日，美国政府召集国内网络科技公司巨头开会商议反恐策略，苹果、“脸谱”、“推特”等公司与会。据《华尔街日报》报道，美国司法部长洛蕾塔·林奇、联邦调查局局长詹姆斯·科米、国家情报总监詹姆斯·克拉珀、白宫办公厅主任丹尼斯·麦克多诺、白宫国土安全和反恐顾问莉萨·莫纳科等都出席了会议。会议期间，与会者还与华盛顿方面召开网络会议。会议有两大议题：一是科技公司如何采取措施，加大恐怖组织利用网络宣传言论并招募成员及煽动暴力的难度；二是科技公司如何帮助他人创作、发布和传播反击极端思想，从而削弱“伊斯兰国”等极端组织的网络煽动。②

再次，对恐怖组织发动网络攻击。2014 年 8 月美国发起打击“伊斯兰国”行动后，美国网战司令部开始针对部分恐怖分子使用的电脑网络及社交媒体账号发动攻击。据《洛杉矶时报》2015 年 12 月 20 日报道，五角大楼正在计划加速对“伊斯兰国”发动网络攻击的步伐，并扩大打击的范围。五角大楼方面相信，加大对“伊斯兰国”所使用的计算机、服务器及手机的网络攻击力度有助于限制其影响力，并减少潜在的恐怖

① Eric Schmitt，“U. S. Intensifies Effort to Blunt ISIS' Message”，February 16，2015，http：//www. nytimes. com/2015/02/17/world/middleeast/us-intensifies-effort-to-blunt-isis-message. html？ _r=0.

② Elizabeth Weise，“White House to Talk Terrorism with Apple，Facebook”，January 8，2016，http：//www. usatoday. com/story/tech/news/2016/01/07/white-house-officials-talk-terrorism-silicon-valley-ceos/78426726/.

袭击发生的可能。

四、通过多边打恐机制掌控国际反恐主导权

一方面，强化与盟国及区域反恐合作。美国以国家利益为导向，在继续推动国际打恐联盟国多出钱出力的基础上，着重强化在中东、南亚及非洲的几个重要反恐支点。在中东，敦促伊拉克政府吸纳更多逊尼派参与到军政体制，强化军力；在南亚，继续向巴基斯坦反恐施压，促其改善与阿富汗和印度关系；在非洲，加强地区反恐合作，协同打击“博科圣地”。另一方面，借力多边平台，推销美式反恐。美国继续就重大反恐议题寻求联合国安理会支持，寻求反恐行动合法性，增强执行力。同时，美国积极通过“全球反恐论坛”以及举办国际反恐峰会等国际反恐机制，引领国际反恐议题走向。2015 年，美国力推全球打击暴力极端主义行动。2 月 18 日，美国在华盛顿举办峰会并启动全球打击暴力极端主义进程，随后陆续在非洲、澳洲等地召开区域峰会，力促构建国际反恐新议程，引导国际以“美式标准”反恐反极端。

第三章　欧洲恐怖主义与反恐怖斗争形势综述

2015年，恐怖主义震撼欧洲，本土接连发生重大恐袭事件，安全形势异常复杂，正面临“过去十年来最严重的恐怖主义威胁”。[①] 暴恐显著“升级”，袭击深入欧洲腹地，威胁遍及欧洲公民，发生频次高，手段层出不穷，本土化、组织化趋势益发明显，令人防不胜防；“外籍圣战者”回流和难民潮裹挟的恐袭隐患，进一步放大欧洲反恐协调机制的漏洞，成为欧洲面临的严峻挑战。法国总理瓦尔斯称，欧洲正进入“超级恐怖主义时代”，大规模恐袭很难避免。[②] 欧盟机构及欧洲各国紧急应对，扩大反恐部门权限、联手反恐趋势明显，欧洲旧有的反恐模式迎来新的“破茧”期，但恐袭余波未尽，改革因冲击欧洲核心价值观、触碰成员国

---

① “Europols European Counter Terrorist Center Strengthen the EUs responds to Terror”，https：//www. europol. europa. eu/content/ectc.（上网时间：2016年1月25日）

② “Major attacks in Europe‘a certainty’，says French PM Valls”，http：//www. france24. com/en/20160213-french-pm-says-major-attacks-europe-certainty.（上网时间：2016年2月13日）

核心利益而一再遇阻，欧洲反恐说易行难，间遇超级恐袭或成欧洲恐情“新常态”。

第一节　欧洲恐怖主义形势

2015年是欧洲恐怖主义史上标志性的一年，暴恐活动的频次高、杀伤众、影响广，策划缜密、手段提升、暴恐分子目标明确、渗透性强、无孔不入，恐成为欧洲恐情新的分水岭。

一、重大恐袭事件接二连三，欧洲成“超级受害者”

2015年欧洲连续发生多起恐袭事件，举世震惊，恐情极其严峻。一是暴恐活动空前频密。1月7日，法国著名讽刺漫画杂志《查理周刊》巴黎总社突遭伊斯兰恐怖分子闯入枪击，造成12人死亡。1月9日，在围捕恐怖分子的行动中，又有4名人质在犹太超市遭遇绑架并被杀害。2月14日，丹麦连续发生两起枪击案，致2人死亡，5名警察受伤。4月27日，波黑塞族共和国东部小镇兹沃尔尼克警察局遭到一持枪男子袭击，造成1名警员死亡，2名警员受伤，袭击者属于伊斯兰极端势力“瓦哈比运动”组织。6月26日，恐怖分子驾车闯入法东部伊泽尔省一家工业气体工厂，冲撞可燃物并引发爆炸，现场两人受伤，一人死亡，死者遭残忍斩首，头部被钉于工厂大门，并覆盖具伊斯兰极端主义特征的旗帜。8月21日，法险爆火车恐袭案，一名摩洛哥裔男子持枪械登上从阿姆斯特丹开往巴黎的火车，发动恐袭未遂。11月13日，法国巴黎发生大规模恐袭案，多处地点同时发生爆炸和枪击，造成130人死亡，至少352人受伤。欧洲公民海外遭遇针对性、集体性杀戮。3月18日，突尼斯巴尔多博物馆发生恐袭案，17 名来自法意等欧洲国家的游客被杀；6 月 26 日，苏塞沙滩恐袭案致 30 名英国游客死亡，成为近十年来致最多英国公民死亡的恐袭事件。二是暴恐手段残忍，民众死伤惨重。2015 年是进入 21 世纪以来欧洲本土暴恐死亡人数次高的一年，仅次于发生“马德里地铁恐袭案”的 2004 年。其中法国巴黎“11·13”恐袭案死亡人数之巨更是法国自二战以来闻所未闻。近来暴恐活动还指向安全层级低、人员密集的场所，恐怖分子攻击的目标为餐馆、音乐厅和体育馆等“软目标”，欧洲反恐部门人手不足，对恐袭目标缺乏有效预判，预防恐怖主义袭击的难度进一步加大。恐怖分子以宗教划线，以杀伤为目的，不畏死，不谈判，直接扫射、轰炸人群，甚至以行刑姿态对伤者残忍补枪，造成重大伤亡和巨大恐慌。暴恐活动形成了“恐怖风暴”，给欧洲民众带来恐慌。“欧洲晴雨表”民调显示，认为恐怖主义是当前欧洲最大安全挑战的欧洲公民人数从 2011 年的 33%上升至 2015 年的 49%。①

二、暴恐“内外联动”愈演愈烈，恐怖主义在欧洲“安营扎寨”

首先，欧洲赴伊叙参加“圣战”的人数有增无减。据苏凡集团统计数据显示，截至 2015 年底，西欧国家赴伊叙“圣战者”比 2014 年 6 月翻了两倍，人数达 5000 余人。其中法国最多，为 1800 人；英、德次之，分别为 760 人；比利时为 470 人，来自这 4 国的圣战者即占总人数的

---

① Eurobarometer, “Europeans' Attitudes towards Security”, Special Eurobarometer Report (432), March 2015, p. 19, http://ec.europa.eu/dgs/home-affairs/e-library/documents/basic-documents/docs/20150408_1_memo_eurobarometer_april_2015_v2_en.pdf.（上网时间：2015 年 11 月 14 日）

74%。他们中有20%—30%已返回欧洲，形成了极大的暴恐隐患。① 其次，史无前例的难民危机成为恐怖分子潜入欧洲的便利掩护。2015年，欧洲出于人道主义原则，为叙利亚难民敞开边境，引发大规模难民潮。欧洲理事会主席图斯克称，2015年非法进入欧洲的难民超过150万。②难民大量涌入致欧洲边境管理失控，人员流动监管失灵，恐怖组织亦欲乘机派遣恐怖分子向欧洲大陆渗透，致难民与恐怖分子鱼龙混杂。一些恐怖分子持假身份证明混入难民营，巴黎“11·13”恐袭案即发现有恐怖分子使用假护照，伪装成难民从希腊入境欧洲。③ 事实上，“伊斯兰国”占据叙伊多座城市后，拥有了大量护照原件，为恐怖分子潜入欧洲提供“真实的假护照”易如反掌，进一步增加了欧洲反恐的安全隐患。④英国军情五处称，有证据显示“伊斯兰国”等极端组织利用利比亚港口城市苏尔特向意大利偷渡武装人员。北约秘书长斯托尔滕贝格亦表

① The Soufan Group，“Foreign Fighters，an Updated Assessment of the Flow of Foreign Fighters into Syria and Iraq”，December 2015，p. 12，http：//soufangroup. com/wp-content/uploads/2015/12/TSG _ ForeignFightersUpdate _ FINAL. pdf.（上网时间：2016年1月13日）

② Donald Tusk，“Introductory remarks by President Donald Tusk at the meeting of EU heads of state or government with Turke”，http：//www. consilium. europa. eu/en/press/press-releases/2015/11/29-introductory-remarks-eu-turkey/.（上网时间：2015年12月6日）

③ Alexia Kefalas，“L'un des terroristes du stade de France est passé par la Grèce，Le Figaro”，novembre 14，2015，http：//www. lefigaro. fr/international/2015/11/14/01003－20151114ARTFIG00248－l-un-des-terroristes-du-stade-de-france-est-passe-par-la-grece. php.（上网时间：2015年12月20日）

④ “Die Gefahr der‘echten falschen Pässe’und die Rolle des IS”，http：//www. welt. de/politik/deutschland/article150152713/Die-Gefahr-der-echten-falschen-Paesse-und-die-Rolle-des-IS. html。（上网时间：2015年12月20日）

示，“‘伊斯兰国’武装分子可能藏匿在难民船中潜入欧洲”。[①] 西巴尔干国家则日益成为奔赴叙利亚和伊拉克冲突地区作战的恐怖分子的集散和后勤中心。[②] 再次，恐怖分子内外合流，在欧洲制造恐袭更加游刃有余。目前欧洲恐袭出现了土生土长恐怖分子、返欧“圣战者”以及远程操控者三者之间的密切配合，恐袭杀伤力倍增。入籍欧洲的二、三代穆斯林深度卷入欧洲境内重大恐袭案，他们拥有欧洲身份证，有较广泛的朋友圈，通行便利、容易蛰伏隐蔽的优势突出，也将恐袭顺利引入欧洲腹地。欧洲刑警组织领导人莱特说：“我们面对的是一个真正的、资源丰富、顽固的国际恐怖组织。它正活跃在欧洲的街道上。”此外，恐怖分子还胆大妄为，在波黑北部紧邻克罗地亚的边境购买土地，将暴恐训练营直接设在欧洲境内。[③] 欧洲刑警组织警告称，恐怖组织在欧盟内部和巴尔干国家建有小型训练营，实施生存和体育技能训练，以备格斗和反讯问。[④] 崇尚自由的欧洲甚至成为恐怖主义的策源地，莫盖里尼在设在巴黎的欧盟安全研究所的会议上称，赴伊拉克和叙利亚参战的欧盟公民导致欧洲的恐怖主义

① 任彦：“打击偷渡 欧盟又遇反恐新难题”，《人民日报》2015年5月25日，http：//news. xinhuanet. com/world/2015 05/25/c _ 1115389060. htm。（上网时间：2015年9月14日）

② “Global terrorism：trends in 2014/2015”，http：//www. europarl. europa. eu/thinktank/en/document. html? reference＝EPRS _ BRI（2015）571321.（上网时间：2016年2月14日）

③ Jess Mchugh，“ISIS In Europe? Islamist Extremists Buying Land In Bosnia Herzegovina Amid Islamic State Terror Fears：Report”，http：//www. ibtimes. com/isis-europe-islamist-extremists-buying-land-bosnia-herzegovina-amid-islamic-state-2274284.（上网时间：2016年1月21日）

④ Tom Whitehead，“Islamic State setting up terror training camps in Europe，police agency warns”，http：//www. telegraph. co. uk/news/worldnews/islamic-state/12120636/Islamic-State-setting-up-terror-training-camps-in-Europe-police-agency-warns. html.（上网时间：2016年2月20日）

出口多于进口。①

三、战略战术全面升级，恐袭初具“特种作战”雏形

2015年欧洲多起恐袭案同以往相比，战略追求显著提升。此前美国“9·11”事件、西班牙马德里地铁案、英国伦敦恐袭等案件，恐怖分子是为报复西方、制造社会恐慌而实施暴恐，政治目标不明确，可称之为“报复型恐怖主义”。但如今随着“伊斯兰国”的崛起，恐怖组织战略发生了质的变化，不再停留于报复阶段，而是不断发动“进攻性圣战”，扩大极端宗教势力疆域，并试图诱发与西方的全面战斗，从而通过“末日决战”战胜“罗马大军”，可称之为“决战型恐怖主义”。为此，“伊斯兰国”四处煽风点火，积极向欧亚等地进行渗透，招募追随者，策划恐袭，鼓动各地“伊斯兰国”支持者就地发动“圣战”。可以说，2015年欧洲遭遇的一系列恐袭案是“伊斯兰国”向全球推进的一部分，是恐怖组织战略转型的体现。② 此外，恐袭战术明显“升级”，更为复杂。据欧洲刑警组织情报显示，“伊斯兰国”成立了“对外行动司令部”，专门负责培训“特种部队式”海外行动。从恐袭事后案情回顾看，这一波恐袭皆有精心策划、精确打击的特点，实施者经过初步军事训练，策划者具备“特种作战”经验，事前踩点、事后撤离都有设计规划。在巴黎“11·13”恐袭案中，“伊斯兰国”突破过去武力袭击、爆炸等单一恐袭模式，兵分多路，组成多个“独立作战单元”，携带AK－47步枪、手雷、自杀爆炸腰带等装置

---

① Federica Mogherini，“Remark at the EUISS annual conference”，http：//eeas.europa.eu/statements-eeas/2015/151009 _ 06 _ en.htm.（上网时间：2016年1月18日）

② Europol，“Changes in modus operandi of is in terrorist attacks”，https：//www.europol.europa.eu/sites/default/files/publications/changes _ in _ modus _ operandi _ of _ is _ in _ terrorist _ attacks.pdf.（上网时间：2016年1月26日）

同时袭击巴黎南部的巴塔克兰音乐厅、城中心的柬埔寨餐厅和北部的法兰西体育场等人群密集和象征性场所，乃至离法国总统及法德外长等政要仅“一墙之隔”，令警方一时方寸大乱、顾此失彼。

四、恐怖主义宣传蛊惑人心，冲击欧洲价值观

恐怖分子充分利用网络，贩卖恐怖主义。袭击巴黎《查理周刊》杂志社的恐怖分子随身带着视频录制装备，将全部作案过程拍摄后上传至网络，这些暴恐视频造成极其负面的影响。恐怖组织利用网络招募、勾连恐怖分子的手段日益隐蔽，“11·13”巴黎恐袭案中，恐怖分子即通过手机、互联网进行策划与勾连，获得武器、伪造的身份证明。恐怖分子在社交媒体中结成封闭的圈子，只有通过邀请才可加入，并且使用加密的语言进行交流，使用加密和匿名工具进行自我保护，避免遭到安全部门的监控。利用网络获取财富也是恐怖分子的新花招，为了支付购买武器、炸药、通信工具以及支付住宿交通等费用，恐怖分子需要大量资金，同时避免被相关政府部门察觉，通过网上交易违禁品、收取赎金等方式被恐怖分子广泛运用，网络虚拟货币流通迅速，交易安全性好，难以追查交易痕迹，也可能被恐怖分子用作支付手段。① 与此同时，发动网络攻击依然是恐怖主义自我宣传的重要手段。2015 年 4 月 8 日，法国电视 5 台国际频道电视台（TV5Monde）遭“伊斯兰国”黑客攻陷，攻击者在电视台社交媒体网页上谴责法国参与打击“伊斯兰国”的军事行动，并对法国军人家属发出威胁。他们在网页上公布法国军人家属的身份证和简历，说“圣战士”正在追杀这些被卖给美国人当炮灰的军人家属。事

① FATF（2015），“Emerging Terrorist Financing Risks”，FATF，Paris，http：//www. fatf-gafi. org/publications/methodsandtrends/documents/emerging-terrorist-financing- risks. html.（上网时间：2015 年 12 月 25 日）

实上，“伊斯兰国”依托网络宣传恐怖主义的体系正日益成熟，其网络宣传战意图构建一个虚拟世界中的“数字哈里发王国”，粗暴、同情、受害者情绪、战争、归属感以及乌托邦主义是其宣传惯用的六大主题。[①] 它与强调自由、平等、博爱的欧洲价值观截然相反，恐怖主义带来的仇恨和恐慌在欧洲蔓延，不仅吸引了不少青少年追随者，宣示着欧洲价值吸引力下降，而且加剧了欧洲民众保守、排外的不安全感，令右翼政党大行其道。12 月 6 日，法国“国民阵线”在大区选举第一轮投票中，于 6 个大区中（共有 13 个大区）获得领先。10 月 18 日瑞士、10 月 26 日波兰议会选举，在移民问题上持保守立场的瑞士人民党和波兰法律与公正党大获全胜，主张宽容、包容的欧洲多元文化正经受考验。

欧洲成为新的暴恐“重灾区”，地缘因素及自身制度缺陷是主要原因。一方面，欧洲紧邻中东北非地区，后者局势动荡，政府控制力下降，恐怖势力趁机坐大，欧洲深受“池鱼”之苦。2015 年欧洲遭遇多起重大恐袭，既是全球恐怖活动进入高发期的表现，也是受周边恐怖活动活跃牵连的结果。近来，国际社会加大对“伊斯兰国”的打击力度，使恐怖主义势力在叙、伊等国遭遇沉重打击，“伊斯兰国”疯狂反扑，使恐袭呈“由近及远”态势，开始对欧洲及其周边频繁实施恐怖袭击。英、法等欧洲国家高调介入中东事务，成为宗教极端势力的眼中钉。2015 年 12 月 1 日，“基地”组织头目扎瓦希里在一段视频中称：“我们要将战斗推向敌人的家园，尤其

① Charlie Winter，“The Virtual ‘Caliphate’：Understanding Islamic State's Propaganda Strategy”，http：//www. quilliamfoundation. org/wp/wp-content/uploads/publications/free/the-virtual-caliphate-understanding-islamic-states-propaganda-strategy. pdf. （上网时间：2015 年 12 月 25 日）

是欧洲和美国，因为它们是当代十字军运动的带头人。”[①] 另一方面，欧洲存在明显的安全机制漏洞。8月21日，法国火车恐袭未遂案中，摩洛哥籍男子阿尤布·哈扎尼将突击步枪、手枪、刀以及大量子弹装入一个普通旅行包中，在比利时布鲁塞尔未经行李安检，便轻易登上驶往巴黎的国际列车，显示欧洲铁路安全方面存在严重隐患，对恐怖嫌疑人流动缺乏有效控制。返欧“圣战者”成为威胁欧洲本土安全的“定时炸弹”，然而欧盟统一的“旅客姓名登记指令”至今搁浅，申根信息记录、欧洲犯罪记录信息等尚待更新改进。欧洲对滥用网络平台缺乏有效监管，欧盟各国网络监管力度参差不齐，证据搜集、司法审判难以有效进行，致恐怖主义在网络空间肆虐。

第二节 欧洲主要反恐措施

欧洲恐情的急遽恶化，令欧盟机构及欧洲各国政府紧急调整相关政策，全力以赴，应对恐怖主义威胁。欧洲反恐举措多管齐下，主要从两个方面着手：一是扩权，即扩大情报、执法部门权力，提高反恐措施实施效率，以雷霆手段打击恐怖分子气焰；二是联合，即跨国、跨地区、跨部门联手，共同应对恐怖主义威胁，以大罗地网预防惩治恐怖行为。与此同时，欧盟《里斯本条约》的过渡期结束，[②] 欧盟警务与司法合作

① Europol, “Changes in modus operandi of is in terrorist attacks”, https://www.europol.europa.eu/sites/default/files/publications/changes_in_modus_operandi_of_is_in_terrorist_attacks.pdf.（上网时间：2016年1月26日）

② European Commission, “A New Chapter for Cross-Border Criminal Justice by First-Vice President Frans Timmermans”, November 13, 2014, Speech 14/1701, http://europa.eu/rapid/press-release_SPEECH-141701_en.htm.（上网时间：2016年1月20日）

方式由原来的国家间协作转变为共同体合作，权力进一步向欧盟机构集中，由此，欧洲反恐旧有的以成员国为中心，各自为战、讲究民主、自由和人权的模式迎来新的突破。

一、紧急实施危机处理，全面提升安防水平

一是迅速动员，全力缉凶。法国《查理周刊》暴恐案发生后，法总统、总理、内政部长等高官均在第一时间赶赴现场。总统奥朗德于案发两小时后召集紧急部长联系会议商讨“坚决回击”之策。瓦尔斯总理宣布“激活由内政部长领衔的部际危机小组”，将大巴黎地区反恐警戒水平升至最高级，全力缉凶。“11·13”巴黎恐袭发生后，针对恐袭目标，法安保部门第一时间、分批次进行有序疏散和撤离，较为有效地阻止了恐袭目的的实现。随后，法国立即连续召开紧急内阁会议，宣布近60年来首个全国性“紧急状态”，实施宵禁，还一度关闭边境。警察、医护人员取消休假，调动数千名士兵增援安保，最大限度救助和疏散民众，清理街道，为当局围捕恐怖分子减少障碍。11月14日，8名作案者中6人自爆、1人击毙，仅1人逃脱。二是一体联动，欧盟各国共同清剿恐怖分子。法国恐袭发生后，意、德、比、英和瑞（士）等纷纷紧急响应，提升警戒级别，还与欧洲刑警组织持续开展大规模反恐行动，仅法警方就突袭约800次，各国拘捕和软禁恐怖嫌疑人数百人，缴获大量武器装备、交通工具及数十万欧元。比首相米歇尔称欧安全部门“完成艰巨任务”。德、英还宣布特种部队紧急待命，随时准备增援。三是强化敏感、重要目标保护。欧各国不同程度加强对公交、学校、商业中心、宗教文化场所、政府机关、国际组织、外交机构及移民聚居区等保护。比严管包括政府部门在内的公共机构室内活动，倍增街头巡逻兵力至千人，重点地段部署装甲车。英出于“安全和通信”考虑，耗资千万英镑改造首相专

机。法政府取消原定巴黎气候大会期间部分活动，如 11 月 29 日“气候游行”、学生参观会议中心等。四是安抚民众，平息恐慌情绪。巴黎恐袭后，奥朗德迅即发表电视讲话宣示“国家团结”。巴黎还将授予《查理周刊》“荣誉市民”称号。英国家反恐安全办向民众发布新版《恐袭逃生指南》，详细介绍逃生策略。法政府紧急批准军队药房向民事救护机构分发针对细菌武器的解毒药，巴黎政府派兵保护 6 处水源，并加大饮用水中氯气含量。法开通内政部危机处理专线，每小时来电数多达 400 余次。比利时还加大警方反恐行动保密度，要求媒体勿追踪行动或确指行动地点，并在每次行动完毕后统一召开发布会。法当局力保通信畅通，并通过社交网络为民众提供“报平安”平台，尽快平息大面积恐慌情绪。奥朗德还召集各党派领袖商讨形势，形成举国“同仇敌忾”氛围，强调“凝聚力是对恐怖主义的最佳回应”；重申“出于人道责任”，继续接收、安抚难民；在遭袭后数日内照常举行英法足球友谊赛、法甲新一轮联赛等大型活动，强调巴黎联合国气候大会如期开幕，并促欧足联宣布“不因恐怖主义”推迟 2016 年法主办欧洲杯。

二、加强边境联合管控，严防恐怖分子渗透

当前，恐怖分子混杂在难民潮中向欧洲渗透已成重大安全隐患，亦成为开放边境、实施自由流动的欧盟成员国关注的焦点议题，因此收紧欧盟外部边境管控成为欧盟反恐的重点。一方面，欧盟强调使用或升级已有的边检工具。比如二代申根信息系统（即“SISII”协议）和“普吕姆框架”（Pruem Framework），它们能够提供 DNA、指纹数据和机动车登记数据的比对，这对于检测犯罪和建立有效案例十分关键。但目前只有少数成员国将该网络整合进自身系统中，影响了其效用。2015 年 11 月 20 日，欧盟司法与内务部长理事会通过反恐决议，要求成员国在边境

上迅速执行必要的系统和协同检查，要在 2016 年 3 月之前升级欧盟成员国的边境控制系统，与相关国际刑警组织数据库联网，在所有外部边境入口处以及自动扫描旅行证件的机器上设立相应系统；要求成员国改善信息共享，必须将所有“外籍圣战者”疑犯的相关资料输入申根信息系统，并开展相关培训，实现“SISII”协议和“外籍圣战者”资料标准化收集与运用。欧洲理事会特别要求，成员国要对所有进入申根区的难民登记指纹，系统使用相关数据库交叉比对，特别是“SISII”协议、国际刑警组织“SLTD”数据库以及成员国警务部门的数据库；边境管理局和欧洲刑警组织要确保边境难民接收点能够配备相关技术。欧洲刑警组织将向接收点派遣临时警官，协助扫描过程，强化安全控制。[①] 另一方面，迅速推进新的边检程序，弥补制度漏洞。其一，2015 年 6 月欧委会以备忘录的形式发布了首批共同风险指数，涉及航空货物、旅客相关的航行风险、来自冲突地区的风险以及为货物装载前信息分析制定风险标准，以加强对出境欧盟公民的检查以及对“外籍圣战者”的防控，支持成员国边检机关工作。其二，号召欧盟立法机构迅速批准欧盟“乘客姓名登记”制度（PNR）。欧盟要求针对境内航班，登记的信息应保留足够长的时间，不应预设前提，其申请调用也不应只局限在跨国性质的犯罪。2015 年 12 月 10 日，欧洲议会公民自由、司法及内务委员会批准了该法案，“欧盟乘客姓名登记”草案要求，所有进入或离开欧盟的航班必须提交所有乘客信息，欧盟内成员国间的航班须应相关部门要求提供乘客信息，欧盟各成员国要成立专门“乘客信息部门”（Passenger Information

---

① Council of the EU，“Conclusions of the Council of the EU and of the Member States meeting within the Council on Counter-Terrorism”，http：//www.consilium.europa.eu/press-releases-pdf/2015/11/40802205351_en_635836435200000000.pdf.（上网时间：2016 年 1 月 26 日）

Unit)，以保存、分析、处理乘客信息。[①] 其三，计划于2016年启动“智慧边境系统”（欧盟出入境系统），使其能够追踪第三国人员的入境行为。欧委会须将欧盟成员国纳入到即将生效的智慧边境建议中，修正申根区边境法案相关条款，补充管理机关授权，以利于其打击恐怖主义和有组织犯罪。[②] 欧盟甚至讨论成立“欧盟边防军”，全面协调统一进行边境管控。

三、加大监管力度，治理“极端化”乱象

当前，欧盟穆斯林总数逾2000万，且增长迅速，极端化趋势明显。穆斯林中同情暴恐者占较大比重，成为暴恐活动的绝佳掩护和土壤。美皮尤研究中心调查显示，英、法穆斯林青年对“自杀袭击”的支持率分别达35%和42%。《查理周刊》事件后，英国广播公司（BBC）调查发现，近1/4穆斯林认为这是正义之举。据伦敦大学国王学院极端化与政治暴力国际研究中心对700名加入“伊斯兰国”的欧洲青年进行跟踪研究表明，缺乏欧洲公民身份感和社会归属感是其共同点。英国首相卡梅伦指出，一些在英国出生的穆斯林青少年对当地社会缺乏依赖，被极端主义意识形态所蛊惑。2015年2月12日，欧洲理事会发表反恐联合声明，将阻止激进化、维护价值观列为欧盟反恐计划的三大基础之一。[③]

---

① “EU Passenger Name Record Proposal: an Overview”，http://www.europarl.europa.eu/news/en/news-room/20150123BKG12902/EU-Passenger-Name-Record-(PNR)-proposal-an-overview.（上网时间：2016年1月26日）

② European Commission，“EU Agenda on Security”，http://ec.europa.eu/dgs/home-affairs/e-library/documents/basic-documents/docs/eu_agenda_on_security_en.pdf.（上网时间：2015年11月14日）

③ European Council，“Statement Fight Against Terrorism”，http://www.consilium.europa.eu/en/press/press-releases/2015/02/150212-european-council-statement-fight-against-terrorism/.（上网时间：2015年11月14日）

欧洲在应对极端化问题上认识日趋一致，手段多管齐下，从快从严遏制“极端化”现象蔓延。一是增强执法部门管控能力。法国实施并多次延长“紧急状态”，允许全体警察下班后持枪，扩大安全部门职权，可取缔涉恐团伙，关闭涉恐清真寺等，甚至“无需证据就可行动”；还拟修宪法，驱逐“具威胁”的外国人、双重国籍者，赋予政府剥夺涉恐双重国籍者之法籍的权力。① 比利时提升首都安全警戒，加强军事和警备力量，追踪、监禁极端分子，特别是回流“圣战者”，并延长“无起诉”拘留期限。英国出台“反极端主义战略”，拟5年内增拨三成开支购置安防装备和聘用情报人员，同时取消可能参赴“圣战”的青少年护照。欧盟积极强化枪支、交通管控，成立欧洲反恐中心，协调各国的司法调查和起诉，寻求将“外籍圣战者”问题纳入“反恐法”体系；② 鼓励成员国将监狱中的极端分子隔离拘押，以免激进主义在监狱中肆无忌惮地传播；③ 加强、协调和改进各成员国“金融情报部门”的合作，将该部门的网站连接起来，同欧洲刑警组织进行信息交换。二是强化主流价值观认同。英国首相卡梅伦明确提出，“英以往推行‘价值中立’，致使极端思潮泛滥，

① “Hollande accused of ‘betraying Republic’ over dual-nationality plan”, http://www.theguardian.com/world/2015/dec/24/hollande-accused-betraying-republic-dual-nationality-plan.（上网时间：2016年2月14日）

② Council of the EU, “Conclusions of the Council of the European Union and of the Member States meetingwithin the Council on enhancing the criminal justice response to radicalisation leading to terrorism and violentextremism”, Press Release 845/15, Brussels, 20.11.2015, http://www.consilium.europa.eu/en/press/pressreleases/2015/11/20-conclusions-radicalisation/.（上网时间：2016年2月14日）

③ European Parliament, “Draft report on prevention of radicalisation and recruitment of European citizens by terrorist organisations” [2015/2063（INI）], 1.6.2015, paragraph 4, http://www.europarl.europa.eu/sides/getDoc.do?pubRef=-%2F%2FEP%2F%2FNONSGML%2BCOMPARL%2BPE-551.967%2B01%2BDOC%2BPDF%2BV0%2F%2FEN.（上网时间：2015年11月14日）

新政府将彻底改变这一失败做法”。[①] 意大利颁布“移民融入协议”，将公民教育积分与居留挂钩，既增强移民对未来期待，促其主动学习主流价值观，又便于政府掌握移民融入状况。欧盟还成立了反激进化高级研究中心，加强反激进化研究和经验交流。三是加强对媒体舆论管控。法国新的《反恐法》将鼓吹、颂扬恐怖行为者入罪，驱逐宣扬原教旨主义的伊玛目，封杀涉极端网站，取缔“散布宗教仇恨”的清真寺或极端组织。英国政府严禁在大学散布极端言论，成立“脸谱士兵队”（又称“第77旅”），争夺舆论阵地。德国修订《信息与通信服务法》（俗称《多媒体法》），新成立相关工作组，加强网络舆情监管。此外，欧洲刑警组织专门成立互联网审查机构，协助成员国清除网络极端内容。[②] 四是加强与温和穆斯林的沟通与合作。德国向穆斯林难民“开放门户”，但要求其遵守德国价值观，让伊斯兰教“成为德国的一部分”。法国承认伊斯兰教公共作用，要求教会与国家在教育、社会福利等领域合作。意大利、波兰政府拒绝了强硬派限制伊斯兰教的修法要求，以免宗教争议削弱国家凝聚力。法国和德国明确表示“极端主义并非伊斯兰教”，奥朗德、默克尔等均专门出席清真寺开放日活动，推动主流社会同穆斯林群体改善关系。英、法、德等国政府设“对话论坛”，让伊斯兰组织、学者定期同政府对话。与此同时，政府加大对生活困难的穆斯林群体的经济帮扶力度。

---

① Patrick Wintour，“David Cameron to unveil new limits on extremists ‘activities in Queen's speech”，http：//www.theguardian.com/uk-news/2015/may/13/counter-terrorism-bill-extremism-disruption-orders-david-cameron.（上网时间：2015年11月14日）

② European Commission，“EU Agenda on Security”，http：//ec.europa.eu/dgs/home-affairs/e-library/documents/basic-documents/docs/eu_agenda_on_security_en.pdf.（上网时间：2015年11月14日）

四、争取国际合作，共同打击恐怖势力

欧盟领导人强调“伊斯兰国”是“人类公敌”，呼吁国际社会“携手打击”。一是加大联合军事打恐力度。法国在美、俄配合下，连续空袭“伊斯兰国”“首都”拉卡，摧毁其电力系统、指挥所等目标，“戴高乐”号航母亦“进入战争状态”，加入对“伊斯兰国”空袭。欧盟首次启动互助条款后，密集协调加大打击“伊斯兰国”事宜，陆续为法提供各种形式援助。比利时、英国、德国分别向地中海东部部署军舰，英国还宣布为法开放驻塞浦路斯军事基地，提供空中加油服务，并承诺尽快加入对“伊斯兰国”空袭。德国、西班牙和爱尔兰则考虑替法分担在非洲萨赫勒地区的维和、反恐任务。随着利比亚局势恶化，欧洲国家加大了对利比亚恐情的干预力度，一些国家的特种部队在利比亚展开行动，阻止“伊斯兰国”在利比亚的渗透和扩张。① 二是协调大国和地区关系，力推反恐“统一战线”。法国连续召开巴黎反恐会议，遍邀全球大国及中东地区主要国家领导人与会，商讨共同应对恐怖主义威胁的战略与举措。法国、英国、德国领导人均会晤俄罗斯总统普京，巴黎“11·13”恐袭事件发生后，奥朗德连访美、俄协调反恐事宜。法俄迅速接近，法国外长法比尤斯称俄“真心实意打击‘伊斯兰国’”，俄更以“盟友”呼法。两国总参谋长首次通话，表示彼此要在地中海建立军舰间联系。美加大对法反恐情报、后勤等支持。法向联合国安理会提交的反恐议案 11 月 20 日获全票通过。欧盟亦加紧寻求与沙特、卡塔尔及伊朗等国“政治合作”，并

---

① Taku Dzimwasha，“Isis in Libya：British troops to be sent to north African country to combat militants advance”，http：//www.ibtimes.co.uk/isis-libya-british-troops-be-sent-north-african-country-combat-militants-advance-1513681.（上网时间：2015 年 12 月 25 日）

促土俄“冷静、谨慎处理”军机事件，建立“最广泛反恐联盟”。匈牙利总理欧尔班还呼吁中国“支持欧盟反恐”。

在欧洲恐情急遽恶化的情况下，欧洲反恐的合作与决心得到了有力的提升。欧洲执法部门获得了更多的人力和物力投入，也获得了更多的权限，在搜集反恐情报、打击恐怖组织、反制恐怖主义宣传等方面手段更为灵活，效率得以提高，欧盟各成员国之间的合作明显加强，情报共享、统一执法标准、协调反恐行动、相互支持加强边境管控，以及欧洲反恐中心、互联网审查机构等一系列欧盟执法监管部门的成立，都显示了欧洲在共同反恐方向上不断前进。然而，欧洲所面临的挑战也是前所未有的。首先，反恐与难民危机相叠加，问题复杂性倍增。欧委会主席容克多次呼吁欧盟成员国将打击恐怖主义同收容难民问题分隔开来，称应理解“难民所逃避的正是那些犯下罪行的恐怖分子”，[①] 然而事实上许多成员国置若罔闻，波兰、斯洛伐克等国家明确拒绝欧盟有关难民配额的安排，法国国民阵线主席勒庞乘机鼓噪重新恢复边界检查，一时间“申根制度”面临生死存亡的考验。反恐与收容难民是摆在欧洲面前一道两难的选择题：是维护自身安全，拒绝难民入境，杜绝恐怖分子乘隙而入的隐患？抑或维护民主自由的价值观，敞开门户，收容难民，从而为恐怖分子提供可乘之机？欧洲很难做到两全其美。其次，欧洲联合反恐需要各成员国之间精诚合作，但事实上，各国之间尤其是情报执法部门之间仍然心存芥蒂，无法做到步调完全一致。“乘客信息登记”制度尚未提交欧洲议会全体会议讨论，且还需经各成员国批准，还有漫长的欧盟

---

① Jean-Claude Juncker，“A European Approach to Migration：Learning the Lessons of Malta”，November 22，2015，http：//independent. com. mt/articles/2015－11　22/blogs-opinions/A-European-approach-to-migration-learning-thelessons-of-Malta-6736145635.（上网时间：2015 年 12 月 14 日）

机制程序要走，但是已有一些成员国选择不参加该机制；“申根信息系统”和“普吕姆框架”能否得到有效利用，也需要看各成员国是否愿意与伙伴国共担风险，提供足够多的信息。再次，欧盟周边地区的恐怖主义风险已超出欧盟自身所能掌控的范围。中东地区的局势并未因各国加大反恐力度而日趋明朗，反而因大国插手愈演愈烈，欧盟“硬实力”有限，“软实力”近年来受经济不振、内乱频仍等因素拖累，已大不如前，新的周边战略迟迟不能出台，表明欧盟对周边局势的判断和应对举措内部仍有分歧，“快刀斩乱麻”的情景现阶段不可能在欧盟对外战略上得以体现。欧洲恐情短期内难以有效改善。

第四章　俄罗斯恐怖主义与反恐怖斗争形势综述

2015年俄罗斯反恐怖斗争形势严峻、复杂。除了以往的北高加索非法武装和“基地”组织，当前肆虐国际的极端组织“伊斯兰国”正在与上述两股极端势力合流，成为对俄国家安全和社会稳定构成严峻威胁的三股恶势力。9月30日，俄罗斯联邦委员会（上院）一致批准普京在叙利亚动用军事力量，约5小时后，俄罗斯国防部就宣布在叙利亚进行首次空袭，目标是“伊斯兰国”武装的军事设施、通信设备、军火库等。10月31日，俄罗斯科加雷姆航空公司一架从埃及沙姆沙伊赫飞往圣彼得堡的客机起飞后不久在埃及西奈半岛坠毁，机上224名乘客和机组人员全部遇难，其中多数为俄罗斯公民。“伊斯兰国”在西奈半岛的分支机构当天通过网络发布声明，宣称对坠机事件负责。西方媒体评论当前俄罗斯的反恐政策时认为：“当‘伊斯兰国’的炸弹在埃及上空导致俄罗斯一架民航客机坠毁时，普京和俄罗斯为支持阿萨德付出了代价。莫斯科遭遇类似于巴黎的恐怖袭击可能只是时间问题。”①

① “伊斯兰国”组织中的160名俄罗斯人在叙利亚参战身亡，［英］《阿拉伯圣城报》2015年11月20日。

第一节 俄罗斯恐怖主义形势

总体而言，在2015年国内外反恐形势持续恶化的背景下，俄罗斯反恐部门仍交上了一份不错的成绩单。俄联邦安全局局长博尔特尼科夫在国家反恐委员会和联邦行动指挥部的联合会议上谈及2015年的反恐成果时说："防止了恐怖主义活动的扩大，未允许他们在俄境内制造任何恐怖袭击。"

2015年俄安全机构共消灭武装分子156人，其中包括36名头目和20名宣誓效忠"伊斯兰国"（别称"达伊沙"）的恐怖分子。博尔特尼科夫指出："宣誓效忠'伊斯兰国'的组织的26名领导者中20人已被消灭。"他说，消灭这些恐怖组织的头目，瘫痪了地下匪帮的组织链，使其难以恢复原有规模和一元化领导体制，取得了很好的效果。值得一提的是，被消灭的恐怖组织头目中还包括新任"高加索酋长国"领导人之职不久的穆罕默德·苏莱曼诺夫，这表明俄反恐部门的情报预警能力和行动能力有了明显提高。[①]

一、北高加索反恐形势依然严峻

北高加索反恐形势持续恶化。除车臣在地方强力反恐政策和中央重点扶植政策下保持了基本稳定外，其他北高加索共和国则饱受车臣恐怖分子外溢和国际恐怖势力回流双重之苦。俄总理梅德韦杰夫曾表示，国际恐怖分子在这一地区"找到了自己的位置"。车臣总统卡德罗夫也表

① http：//sputniknews. cn/politics/20160129/1017884106. html＃ixzz40NihidEg.

示，从俄罗斯逃往土耳其的武装分子没有放弃资助车臣恐怖分子残余势力的企图。在2015年一年时间内，俄军警在当地共逮捕和消灭超过500名武装分子及相关协助者，其中包括30名武装团伙头目。3月11日，俄罗斯联邦安全会议秘书帕特鲁舍夫表示，俄罗斯北高加索地区的反恐形势依然严峻，社会各界应该加强对该地区反恐形势的重视。帕特鲁舍夫表示，俄罗斯北高加索地区反恐工作的进展虽然非常突出，但该地区的反恐形势依然没有得到明显改善，一些地方领导人和执法机构领导人对恐怖主义和极端主义行径的反应比较滞后。在反恐领域开展预防性行动是及时和必要的，北高加索地区地方领导人应重视执行预防恐怖主义行径国家纲领，并保证对执行这一纲领的拨款。同时，北高加索地区应发动社会各界积极参与本地区的反恐工作。帕特鲁舍夫指出，一些国外恐怖主义势力中确实有来自俄罗斯的雇佣兵，这些雇佣兵也对俄罗斯构成了很大威胁，因为他们返回俄罗斯后可能继续在俄罗斯制造恐怖主义事件，俄罗斯侦查部门应对此加强重视，做好此类恐怖事件的预防工作。

印古什：8月2日，俄国家反恐委员会表示，由8名“伊斯兰国”恐怖组织武装分子组成的团伙在印古什共和国被消灭。政府公告中说：“据安全机关现有资料显示，被消灭的匪徒不久前宣誓加入‘伊斯兰国’国际恐怖组织。”现已初步认定，恐怖分子头目阿达姆·塔吉罗夫被消灭，他是2014年攻击格罗兹尼政府机关设施的策划者。在冲突现场还收缴了大量自动枪支、手榴弹、准备好使用的自制炸弹、2000多发子弹以及药品和食品。[①]

达吉斯坦：8月11日，达吉斯坦共和国执法机构透露：“今日在温楚库尔区，4名武装分子在反恐行动框架下开展的特别行动中被击毙。经初步辨认，其中有‘高加索酋长国’的头目苏莱曼诺夫。”并表示，强

① http：//sputniknews.cn/russia/20150802/1015761781.html＃ixzz40Nvj4in3.

力人员目前还在追捕该组织的另外3名成员。12月29日，在达吉斯坦第二大城市杰尔宾特发生恐怖案件，一伙恐怖分子向游客开枪。在处置这起事件中一名联邦安全局警员牺牲，另有11人受伤。10月24日，已加入“伊斯兰国”并要炸毁伊尔噶奈水电站的组织者在达吉斯坦被击毙。国家反恐委员会称，“他是在吉姆累村的一栋房屋中被发现的，并在交火中被击毙”。12月31日，“伊斯兰国”宣称为此次袭击负责，并宣布是第一次在俄罗斯领土成功发动恐怖袭击。

卡巴尔达—巴尔卡尔：11月22日，俄罗斯国家反恐委员会表示，俄联邦安全局与内务部部队当天在卡巴尔达—巴尔卡尔共和国首府纳利奇克郊外山林地区包围了一伙宣布向“伊斯兰国”恐怖组织效忠的武装人员。该伙武装人员在被包围后一度利用地形及掩体向俄安全部队开火还击，但并未对安全人员造成伤亡。经过激战，14名武装人员被全部击毙。在现场，俄安全人员缴获若干自动武器以及2个自制爆炸装置。据情报显示，该伙武装人员主要任务是负责将当地俄公民转运至叙利亚参加恐怖活动。此外，该伙武装人员还意图在北高加索地区进行系列恐怖活动，包括在人口流动密集场所引爆自制炸弹等。①

二、莫斯科恐情频仍

俄罗斯首都莫斯科一直以来都是俄反恐形势的“晴雨表”。2015年，莫斯科恐情再次趋紧，接连发生的数起事件令俄相关部门和民众对可能面临的恐怖威胁愈加担忧。10月9日夜，俄安全部门逮捕了10名欲在莫斯科进行恐怖活动的可疑分子，在搜查过程中，安全人员发现了自制的爆炸装置，这些人全部来自中亚地区。10月11日，俄反恐人员在莫

① http://sputniknews.cn/search/#ixzz40ILl0ulW.

斯科西三环边的一栋公寓内逮捕了15名计划在莫斯科实施恐怖袭击的可疑分子，现场缴获约5公斤炸药并拆除了一个自制爆炸装置。消息人士称，执法人员逮捕的15人，其中12人来自北高加索地区，另外3人为叙利亚人。审讯结果显示，上述恐怖分子拟对莫斯科的地铁、机场等人流较大的公共场所实施恐怖袭击，目的就是报复俄罗斯对恐怖组织“伊斯兰国”的军事打击。俄将在莫斯科“列弗尔托夫斯基”法院对此次抓获的恐怖分子进行审理，他们的罪名包括3项，分别是策划恐怖袭击、非法持有武器及非法持有爆炸物。12月7日晚，莫斯科市中心波克罗夫卡大街19号附近一处公交车站发生爆炸，有不明身份者从行驶中的车辆向在公交车站候车的人群投掷爆炸物，造成5人受伤。此前俄罗斯媒体报道，爆炸物为自制爆炸装置，威力相当于50克TNT炸药。俄罗斯内务部莫斯科内务总局新闻发言人加利阿克别罗夫称，莫斯科公交车站的爆炸物不是自制炸药包，而是F－1式手榴弹。12月8日，俄警方在莫斯科发现一手提包，其内装有多件武器。俄内务部莫斯科内务总局新闻发言人加利阿克别罗夫称，手提包内包括3支卡拉什尼科夫自动步枪、3支手枪以及一些弹药。12月9日，伊朗英语新闻电视台报道指出，“伊斯兰国”斩首了5名不明身份的俄罗斯公民，称他们从事刺探该极端组织情报的间谍活动。

三、“伊斯兰国”成新威胁

2015年，出兵叙利亚打击“伊斯兰国”，成为俄罗斯反恐战略的一次重要转折。在俄境内外打击“伊斯兰国”势力，成为俄罗斯履行国际责任，同时也是切断国内外恐怖组织联系的重要目标和手段。俄罗斯总统普京认为，即使俄罗斯不参与打击“伊斯兰国”的军事行动，“伊斯兰国”也会持续向俄罗斯渗透，威胁俄罗斯的利益。俄国家反恐委员会主席助理安德里·普尔热兹多姆斯基表示，“伊斯兰国”对俄国家安全构成现实威胁。他透露，“伊斯兰国”在俄罗斯和欧洲有策划恐怖袭击的分支机构，其领导人是绰号“独臂”的艾哈迈德·切塔耶夫。当被问及在俄罗斯积极打击“伊斯兰国”时，是否担心恐怖分子会开展直接威胁俄罗斯的行动，总统新闻秘书德米特里·佩斯科夫表示，“当然，恐怖威胁处于执法部门的视线之内。反恐委员会、联邦安全局和国家领导人都在密切关注形势的发展”。显然，打击“伊斯兰国”武装客观上增加了国际恐怖组织对俄罗斯的报复威胁。从9月30日俄罗斯开始对“伊斯兰国”进行空袭以来，恐怖分子多次利用互联网声称要对俄罗斯进行报复性恐怖袭击。随着叙利亚军事行动的持续，俄遭受来自叙利亚的恐怖分子袭击的威胁正在增大。

其实，早在2015年年初，打击“伊斯兰国”的民意基础就已形成。2月，俄罗斯民调中心“列瓦达”做了一次调查，近60%的俄罗斯人认为“伊斯兰国”恐怖分子将在不远的将来对俄发动袭击。62%的人认为“伊斯兰国”将会对美国发动袭击，76%的人认为会对欧洲发动袭击。超过55%的受访者赞同政府在叙利亚的反恐行动，认为这是国家领导人试图减少在俄本土发生恐袭的举措。①

另外，土耳其无视俄罗斯要求截留、遣返俄北高加索武装分子的要求，无疑是促使普京决心出兵打击“伊斯兰国”的原因之一。普京坦言，“俄土之间的问题很早就产生了，我们曾试图通过对话的方式加以解决。例如，我们很早之前就请土方注意，在北高加索等地区与我们武力对抗的以及试图与我们武力对抗的恐怖组织成员正在渗入土耳其”。然而，“我们发现，这些恐怖分子目前在土耳其境内，居住在受情报部门和警方保护的地区，然后利用免签制度重返与我们对抗的地区。这个问题早已

① http：//www. rbc. ru/rbcfreenews/564d86769a7947b4057b42c9.

形成。我们曾多次在情报部门所谓的伙伴关系渠道、外交部及政府高层等层面提出过此问题，但遗憾的是，土方未对我们的担忧表示出伙伴国应有的反应”。①

因此，防止加入“伊斯兰国”队伍的北高加索武装分子返俄，御敌于国门之外，就成为俄打击国际恐怖主义的主要任务之一。北高加索卡巴尔达—巴尔卡尔共和国领导人尤里·科科夫认为：“国际恐怖主义队伍中有不少人来自北高加索，防止他们返俄是首要任务。‘伊斯兰国’思想歪曲伊斯兰教真正的人文价值观，我们卡巴尔达—巴尔卡尔人都知道，激进思想会导致什么，为此须付出多少代价。”他还称普京提出的建立国际反恐联盟的建议是解决中东局势的唯一途径。②

10月16日，俄罗斯武装力量总参谋部作战总局局长安德烈·卡尔塔波洛夫上将表示，每日约有100名武装分子乔装成难民穿越叙利亚与土耳其之间的边境。卡尔塔波洛夫在对外国武官和记者的新闻发布会上表示：“根据情报以及无线电截听得到的消息显示，每天夜晚约有100名‘胜利阵线’的武装极端分子从雷伊汉勒地区越境，而‘伊斯兰国’武装分子从贾拉布鲁斯地区越境。”据他称，有可靠的数据表明，武装分子通过叙利亚土耳其边境的难民通道离开作战地区。

10月31日，俄罗斯一架从埃及沙姆沙伊赫飞往俄罗斯圣彼得堡的空客A321客机遭遇炸弹袭击，导致客机在埃及西奈半岛坠毁，机上217名乘客及7名机组人员全部遇难，其中多数为俄罗斯公民。“伊斯兰国”在西奈半岛的分支机构当天通过网络发布声明，宣称对坠机事件负责。美国情报分析显示，俄罗斯客机在埃及西奈半岛坠毁极可能是极端组织“伊斯兰国”在机上放置炸弹造成的。CNN援引一名

① http：//sputniknews. cn/politics/20151201/1017205171. html＃ixzz40IJUePCc.

② http：//sputniknews. cn/politics/20150929/1016468918. html＃ixzz40JZIu7qL.

熟悉情况的匿名美国官员的话说，美情报人员几乎可以确定，“伊斯兰国”或其分支机构在一件行李中或飞机上某个部位放置了一个爆炸装置。

11月12日，“伊斯兰国”在网络上发布视频，威胁称“将很快对俄罗斯发动攻击”。这一标题为“俄罗斯全国上下很快将会血流成河”的视频时长约5分钟，以俄语的诵经作为背景音乐，画面则是“伊斯兰国”的口号以及俄罗斯的城市和建筑。该视频最初发表在与“伊斯兰国”有关的社交媒体账号上。克里姆林宫发言人佩斯科夫就这一视频回应表示，已经注意到了相关报道，俄罗斯安全部门正在围绕该视频展开深入详细的调查工作。

11月19日，俄罗斯副外长瑟罗莫罗托夫宣布，有160名参加“伊斯兰国”组织的俄罗斯人在叙利亚参战身亡。瑟罗莫罗托夫说，俄罗斯有2179人参加了“伊斯兰国”组织的战斗，其中160人死亡，73人回国并受到审判，36人被抓获。俄总统办公厅主任谢尔盖·伊万诺夫表示，加入“伊斯兰国”的俄罗斯和独联体国家公民人数不是在与日俱增，而是在与时俱增，其中有部分人已返回，应提前采取行动。伊万诺夫说，联邦委员会已批准总统有关允许在国外动用俄罗斯军队的文件。“非常遗憾，俄罗斯和独联体国家公民向恐怖组织‘伊斯兰国’靠拢的人数增长得非常快。”“其中的一些人已经返回俄罗斯联邦境内。很容易可以猜想到，他们将继续回到我们的领土。因此提前并在海外展开适当行动，而不是在俄罗斯境内遭遇该问题，这才是最主要的。”伊万诺夫强调该决定根据国家利益而做出。俄罗斯《生意人报》称，俄列瓦达民调中心公布的最新民调显示，72%的俄罗斯人支持俄军对“伊斯兰国”实施打击，只有4%坚决反对。

第二节 俄罗斯主要反恐措施

2015年，面对恐怖主义的威胁，俄罗斯继续在国际反恐合作、完善法律基础、强化技防人防措施以及加强反洗钱等领域推进反恐工作，取得了较好成绩。但另一方面，内外环境的剧变，尤其是中东地区恐情持续恶化以及国内经济大幅下滑等不利因素，都给俄罗斯的反恐工作造成了严重影响和巨大压力，使俄罗斯的反恐工作只能维持在“治标”层面，长期困扰俄罗斯反恐的“治本”工作难以取得实质性进展。与此同时，俄罗斯的反恐战略不仅是基于俄国内安全的实际需要，还服务于俄地缘政治利益的战略考量，是俄推进地缘战略的重要手段和工具，这也增加了俄反恐工作的艰巨性和复杂性。

一、继续开展多层次的反恐国际合作

俄罗斯高度重视国际反恐合作，积极完善各层次国际反恐合作。总体来看，俄罗斯的国际反恐合作主要包括三个层面：一是在独联体、集体安全条约组织、上合组织框架下与周边国家开展反恐合作，这是俄反恐国际合作中的重中之重；二是与重点国家和重要国际组织的合作，包括与联合国、美西方国家、叙利亚等进行合作，这是其维护地缘政治利益的重要手段；三是与非直接利害国家进行反恐合作。这三个层次主次鲜明，是由俄罗斯面对的反恐形势和战略利益所决定的。

（一）与独联体、集安组织和上合组织的合作

1. 独联体

独联体国家一直是俄罗斯反恐国际合作的重要对象和依靠力量。

2015 年，俄罗斯继续在各领域深化与独联体国家的反恐合作。

8 月 27 日，俄罗斯联邦总检察院新闻发言人马丽娜·格里德涅娃对外界表示，独联体国家总检察长在阿斯塔纳讨论打击腐败、贩毒、极端主义、恐怖主义和雇佣军活动。格里德涅娃说，在哈萨克斯坦首都阿斯塔纳举行的独联体国家总检察长协调委员会会议上，与会者们交流了反腐败斗争经验，讨论了在实施联合国国家反腐败公约的情况下完善刑事立法规范工作。她说，“各方讨论了打击犯罪、毒品走私、极端主义和恐怖主义现象问题，就打击极端主义组织招募公民并将他们送到战区问题交流了经验”。本次会议由重新当选独联体国家总检察长协调委员会主席的俄罗斯联邦总检察长尤里·恰伊卡主持。格里德涅娃强调，出席此次活动的有独联体 8 个成员国的总检察长。上海合作组织成员国及印度和阿富汗总检察长以观察员身份首次出席了会议。[①]

10 月 16 日，独联体国家首脑峰会在哈萨克斯坦阿克莫拉州布拉拜景区举行。与会各国首脑就进一步加强独联体国家间合作、保障各国安全、打击恐怖主义以及其他国际和地区问题交换了意见，但是反恐成为独联体各国首脑关注的重点。俄总统普京也在会上阐述了俄罗斯在反恐以及在叙利亚进行军事行动上的立场。

会议当天共对 17 个问题进行了审议并最终通过了一系列重要成果文件，其中一个最为重要的议题和成果就是各国在反恐方面达成了共识。对此，哈萨克斯坦总统纳扎尔巴耶夫表示，当前恐怖主义日益猖獗，已经严重威胁到了国际安全。所以，“独联体各国首脑一致认为，必须要采取及时有效的措施来消除恐怖主义威胁。我在不久前联合国大会发言时就曾建议，为打击恐怖主义，应该建立全球反恐网络。我们应该加强在这方面的工作并最大限度地发挥独联体反恐中心的作用。

① http：//sputniknews. cn/society/20150827/1016058789. html＃ixzz40JhJeytr.

所以，我们今天通过的‘独联体国家首脑关于联合国成立 70 周年联合声明’以及‘独联体国家首脑关于打击国际恐怖主义联合声明’是非常必要和及时的”。

俄总统普京也表示，加强反恐合作对独联体国家来说日益迫切。目前恐怖分子的影响越来越大，而且还有进一步扩大的趋势，未来中亚地区有可能成为恐怖分子的新目标，所以各国应该对此有所准备并共同进退，“根据各方面统计，目前有 5000—7000 名来自俄罗斯和独联体的恐怖分子在‘伊斯兰国’一方作战。我们决不允许他们返回后把在叙利亚获得的战斗经验在我们独联体国家进行实践”。另外，普京还向独联体各国首脑表示，俄罗斯在叙利亚的军事行动完全符合国际法，而且目前行动已经取得了显著成果，“俄罗斯动用空军和通过里海舰艇对叙境内恐怖分子进行打击完全符合国际法，因为首先俄方是在叙总统阿萨德请求的基础上展开行动的。同时，俄方的行动不是任意而为，行动所涉及的都是恐怖分子的目标，而且行动的时间都是在叙政府军向恐怖分子发起进攻期间。目前我们的行动已经取得了显著成果，大量的恐怖分子和装备以及他们的指挥所和弹药库都已经被俄军摧毁”。

俄罗斯总统新闻秘书佩斯科夫表示，在中亚国家与阿富汗的边境上设立快速反应部队的问题将在足够灵活的现有合作机制框架下进行研究。西方媒体分析称，此举或意味着，作为联合武装力量的一部分，俄罗斯军队将被部署到阿富汗边境。美国主导的联军正逐步从阿富汗撤出，届时或出现权力真空。根据独联体国家已制订的边防安全合作计划，独联体国家有可能成立由边防部队等组成的部队集群，以应对独联体国家外围边界地区的危机。此前，普京与纳扎尔巴耶夫进行了会谈，两国领导人就共同关心的国际和地区问题进行了探讨。纳扎尔巴耶夫表示，哈俄双方高度关注阿富汗、叙利亚和伊拉克等地区的现状，尤其是叙利亚局势同样威胁着中亚地区的安全。发生在这些地区的恐怖主义行为已经严重违背了伊斯兰社会所秉持的原则。因此，双方都认为有必要设立“伊斯兰反对恐怖主义”论坛，以便找到解决这一问题的方案。

2. 集安组织

集体安全组织是以俄罗斯为首的军事安全组织，下设快速反应部队，是俄罗斯协调中亚与欧洲安全事务的重要组织工具。

12月21日，集安组织峰会在莫斯科举行。会上，集安组织就建立广泛的反恐联盟达成了一致。亚美尼亚总统萨尔基相在总结集安组织峰会成果时说，集安组织主张在联合国宪章、国际法准则的基础上，形成广泛的反恐联盟。该组织成员国的国家元首认为，极端组织“伊斯兰国”对中亚的威胁在增加，制止“伊斯兰国”的恐怖活动是一项重点任务。萨尔基相表示，集安组织各成员国支持俄罗斯在土耳其击落俄战机问题上的立场。他说，“我们讨论了土耳其空军击落俄战机的问题，土方这种做法丝毫无助于打击恐怖主义、解决叙利亚危机以及维护地区和平”。苏联解体后，部分独联体国家于1992年签署独联体集体安全条约。2002年，独联体集体安全条约组织成立。目前，集安组织成员国包括俄罗斯、白俄罗斯、哈萨克斯坦、亚美尼亚、吉尔吉斯斯坦和塔吉克斯坦。[①]

3. 上合组织

上合组织一直以打击包括恐怖主义在内的三股势力为首要任务。近年来，上合组织与独联体国家及集安组织的交流与合作日趋密切，成员国之间的反恐务实合作日益深化，共同铸成维护地区安全的三根支柱，成为打击三股势力不可或缺的组织力量。

4月21日，吉尔吉斯斯坦武装力量总参谋部信息保障局发言人对俄新社称，上合组织成员国特种兵联合训练将于4月21—25日在托克马克市的52806军事基地进行。上合组织成员国的特种兵分队将展示山地条

① http：//sputniknews. cn/russia/20151205/1017257369. html＃ixzz40IHSSiYG.

件下封锁和消灭非法军事团体以及围堵室内恐怖主义组织的技能，此外还将展示如何突击、营救人质。①

7月9日，据上合组织地区反恐机构新闻中心消息，该机构各成员国在应对网络恐怖威胁方面建立了协作机制。新闻中心消息称："在组织结构内建成了防止网络恐怖主义威胁的协作机制，其中包括，对极端组织上传照片、视音频和个人在网络招募加入恐怖组织的监督。"据该组织资料，组织内部组建了联合专家组，以进行所获数据的交换和对成员国在通信技术领域打击恐怖主义协作组成部分的实时分析。②

10月8日，俄军副总参谋长谢尔盖·伊斯特拉科夫表示，上合组织所有成员国必须团结力量来防止阿富汗沦为颠覆中亚局势的工具。伊斯特拉科夫在关于阿富汗问题的国际会议上说："目前的军事与政治局势以及在中亚地区的蔓延预测表明，上合组织成员国必须团结力量来防止并消除源于阿富汗的地区安全威胁与挑战。因此，上合组织框架下能做的一切比任何时候都需要。"他说，叙利亚危机证明，西方反恐联军为打击"伊斯兰国"所采取的行动没有成果，因为联军各方的目的不尽相同，他们所做的努力也不一样，使得所有的行动都只是表演。③

10月14日，上合组织成员国主管机关在中国福建省厦门市举行了"厦门—2015"网络反恐演习，这是该组织首次举行针对互联网恐怖主义活动的联合演习。上合组织各成员国主管机关代表团及上合组织地区反恐怖机构执委会代表团共同参加本次演习，上合组织地区反恐怖机构执委会主任张新枫担任演习总指挥。演习的主要目的是完善上合组织成员国主管机关查明和阻止利用互联网从事恐怖主义、分裂主义和极端主义

① http://sputniknews.cn/military/20150421/1014492389.html#ixzz40JtzLmwS.

② http://sputniknews.cn/politics/20150709/1015463290.html#ixzz40Jpbhy65.

③ http://sputniknews.cn/society/20151009/1016582955.html#ixzz40JUgaTSs.

活动领域的合作机制；交流各成员国主管机关在打击利用互联网从事恐怖主义、分裂主义和极端主义活动中的法律程序、组织和技术能力以及工作流程。演习中，各成员国主管机关在地区反恐怖机构执委会的组织协调下，通过联合行动，及时发现了恐怖组织在互联网各个网站和社交平台上发布的宣传煽动信息，按照本国法律规定和流程处置了本国网站上的恐怖信息，查明了信息发布者的身份信息和活动地点，并对其实施了抓捕，最终消除了网络恐怖威胁。①

10月28日，上合组织地区反恐怖机构执行委员会副主任皮罗夫表示，该组织提出建设“丝绸之路经济带”框架内安全战略的建议。皮罗夫表示：“我们提出一系列保障经济带国家安全的一揽子建议已被上合组织成员国接收。”据他说，目前上合成员国相关机构在保障国家安全和在组织空间内反恐合作方面对各项建议进行法律测评。他还说，在西安举办的亚欧法律论坛上分析了实施“一带一路”战略的法律问题。②

10月21日，上合组织地区反恐机构执委会主任他表示，上合组织执法机关在建设“丝绸之路经济带”框架内着手建立新欧亚安全走廊。他表示：“地区反恐机构成员已着手实施在‘丝绸之路经济带’框架内建立执法领域合作机制的共同行动计划。”新欧亚安全走廊将通过加强有组织地打击恐怖主义、非法贩运毒品和跨境犯罪，提高“丝绸之路经济带”的效率。他还表示，在9月底于中国连云港召开的会议上，上合组织执法机关代表一致支持北京关于建立新欧亚安全走廊的倡议。③

12月29日，上合组织秘书长德米特里·梅津采夫在接受《消息报》采访时表示，该组织将通过加强安全会议秘书、国防部长、总检察长、

---

① http：//sputniknews. cn/politics/20151014/1016648381. html＃ixzz40JNbT9VJ.

② http：//sputniknews. cn/china/20151028/1016801950. html＃ixzz40JDSlfO2.

③ http：//sputniknews. cn/politics/20151021/1016717993. html＃ixzz40JFc6CRc.

最高法院院长、公安内务部长之间的合作，来应对安全威胁。上合组织地区反恐怖机构执委会主任张新枫表示，上合组织成员国在加强合作，共同打击互联网中的恐怖主义行为。他指出，上合组织成员国是首批注意到网络空间安全问题的国家，认为这已成为整个国际社会面临的重大挑战。上合组织地区反恐怖机构的消息中称，上合组织有机会在联合国反恐怖主义委员会12月16、17日在纽约召开的特别会议上，与该委员会成员交流意见。①

（二）与联合国、叙利亚和美国的反恐合作

1. 联合国

坚持在联合国主导下参与全球反恐事务，建立一个由联合国领导的广泛反恐阵线是俄外交政策的优先事项，也是俄罗斯一贯的立场和主张。尤其在反恐形势日趋复杂的今天，树立联合国的权威，坚持武力打击的法理性和公正性，对于遏制日益猖獗的国际恐怖势力继续向全球蔓延更显必要。正如俄外长拉夫罗夫表示："仅靠军事手段不可能战胜恐怖主义，也不可能解决任何其他问题，必须将武装打击与政治调解冲突、受害国家的经济重建，以及对抗极端主义意识形态结合起来。"② 俄方已向联合国安理会递交有关加强反恐协调的更新决议草案。拉夫罗夫说："我相信，必须通过联合国安理会决议，根据联合国宪章采取行动，全力遏制'伊斯兰国'，防止类似于'9·11'的事件发生。"③

5月25日，拉夫罗夫透露，俄罗斯将继续争取在联合国安理会的领导下，制定拒绝双重标准的全球反恐全面战略。他在与阿塞拜疆外长埃

① http：//sputniknews. cn/politics/20151225/1017500183. html＃ixzz40IB9DzS4.

② http：//sputniknews. cn/russia/20160211/1018033491. html＃ixzz40HxZj5cX.

③ http：//sputniknews. cn/search/＃ixzz40IR8bP00.

利马尔·马梅德亚罗夫会晤后举行的记者招待会上提醒道，莫斯科早在2014年9月就提议制定打击中东和北非恐怖主义和极端主义的持续性战略，“以避免在一种情况下因政治倾向打击恐怖分子，而在另一种情况下利用同一批恐怖分子推翻不合其意政权的双重标准”。拉夫罗夫称：“我们将坚持，只有这种全面的、得到各方同意的和拒绝双重标准的战略才能成为国际社会对该地区日益严峻的恐怖主义威胁的有效回应。”①

9月29日，俄总统普京在第70届联合国大会上发言时表示：“任何国家绕过联合国安理会所采取的任何行动都是不合法的，都有悖于联合国宪章，有悖于现代国际法，这种做法可能导致国际关系格局的瓦解。”他说：“俄罗斯在广泛共识基础上准备与所有伙伴推动联合国进一步发展。动摇联合国权威和合法性的企图非常危险。”②

9月30日，俄罗斯就建立反恐联盟向联合国安理会提交决议草案，呼吁广泛协调各国力量与恐怖主义做斗争。草案同时指出，必须经当事国同意才能在该国采取反恐行动。当时安理会成员国未能就草案达成一致。当被问及新决议草案是否保留必须同当事国合作反恐的相关条款时，俄常驻联合国代表维塔利·丘尔金说道：“我们没有删除这一条。当然，（9月）我们遇到了阻力，所以当时决定稍作等待，因为我们不想使安理会内部出现分裂。但是我们仍然认为，我们应该坚定自己的立场。”

11月19日，俄常驻联合国代表丘尔金称，俄罗斯就协同反恐向联合国安理会提交新的决议草案。他表示，决议草案是基于最近发生的事件经过重新修订的，文件主要着眼于“伊斯兰国”问题以及各国合作的必要性。决议草案中明确指出了自我防卫的方案，并对相互合作和共同抓捕并惩治恐怖分子做出一些规定。其中一些条款与安塔利亚 G20 峰会

---

① http：//sputniknews. cn/russia/20150525/1014879272. html＃ixzz40JsAC0fg.

② http：//sputniknews. cn/politics/20150929/1016462979. html＃ixzz40Ja1gkfZ.

声明中的条款相同。

12月17日，联合国安理会通过了2253号决议，这份决议的文本是俄罗斯与美国共同起草的。俄罗斯外交部发布消息说，莫斯科呼吁国际社会所有成员无条件执行联合国安理会通过的有关打击“伊斯兰国”等恐怖组织并切断对这些组织资助的决议。俄外交部表示：“文件中规定采取一系列措施加强查找和取缔非法资助‘伊斯兰国’及其相关团伙的制度，完善联合国监测和制裁机制的工作，还要积极吸引反洗钱金融行动特别工作组参与这一工作。”据悉，根据联合国章程第七章内容通过的这份决议，很大程度上延续了俄罗斯在安理会提倡取缔非法交易方面的工作，包括与“伊斯兰国”、“胜利阵线”等恐怖组织进行的非法石油交易，并重点执行2199号决议。俄外交部指出，“遗憾的是，目前并非所有国家都诚恳履行切断资助‘伊斯兰国’组织渠道的义务，‘伊斯兰国’走私的大部分石油产品仍然通过土耳其境内运输”。这份决议还责成联合国秘书长起草一份关于“伊斯兰国”组织活动的报告，包括非法资助恐怖分子的资金源。俄外交部强调：“我们希望报告中将注明具体的数据和客观评估。我们呼吁国际社会所有成员严格并无条件执行2253号决议。”①

2. 叙利亚

叙利亚是俄罗斯在中东地区的重要盟友，俄在叙利亚拥有重要的地缘政治利益。因此，俄出兵打击在叙利亚的极端势力，不仅具有战术意义，还具有重要的战略意义。

9月28日，德国电视一台称，伊拉克政府此前一天正式与俄罗斯、伊朗、叙利亚三国政府开始安全合作，共同应对地区内恐怖主义的威胁。伊拉克联合行动司令部27日发表声明说，四国的安全合作主要是为了“收集有关极端组织‘伊斯兰国’及其从属组织的信息”。分析人士称，

① http：//sputniknews. cn/russia/20151218/1017424048. html＃ixzz40IDaNV6R.

俄罗斯此举意味在叙利亚甚至在中东开始构建一个新的反恐联盟，这个新联盟的成立是微妙的，因为巴格达一直与美国合作。显然，巴格达转向了俄罗斯，从而显示以美国为首的西方联盟在打击“伊斯兰国”上的无能。另外，俄罗斯此举还把叙利亚政府引入对抗“伊斯兰国”的国际力量中。此前，西方一直宣称不承认叙利亚巴沙尔政府。

《纽约时报》称，四国建立反“伊斯兰国”的条约令美国措手不及。打击“伊斯兰国”组织的美英联军发言人沃伦称，美国反对叙利亚作为情报共享机制的一部分。此次关于交换情报数据的协议是在未通知美国的情况下签署的。《华尔街日报》则称，伊拉克加强与俄罗斯、伊朗和叙利亚的合作来打击极端组织“伊斯兰国”，这一举动将扩大克里姆林宫在中东地区的势力范围，并对美国在中东地区的影响力形成挑战。

英国《金融时报》称，虽然巴格达和莫斯科之间新协议的确切性质尚不清楚，这一公告可能会加速人们对奥巴马政府在中东地区影响力下降的批评，尤其是俄罗斯正在寻求发挥更加具有决定性的作用。

9月30日，俄总统办公厅主任伊万诺夫表示，各位参议员一致通过了在境外使用俄罗斯军队的决议。他对记者们称：“联邦委员会一致支持总统提议。162票‘赞成’，没有弃权和‘反对’票。”普京总统向上议院提交了审议在境外使用俄罗斯军队的议题，联邦委员会授予了相关许可。伊万诺夫表示，叙利亚总统巴沙尔·阿萨德请求俄罗斯提供军事援助，并表示：“当然应该联合起来打击恐怖主义，但是必须遵守国际法的准则。”

10月1日，拉夫罗夫表示，“伊斯兰国”使种族和宗教的生存遭到威胁，必须团结和协调那些在反恐上能做出实际贡献的力量，包括伊拉克和叙利亚军队、库尔德民兵以及爱国叙利亚反对派的武装队伍。他说：“在地面对抗‘伊斯兰国’的方面，基于安理会决议并遵守联合国宪章是非常重要的。在制订打击‘伊斯兰国’的共同行动计划时，须调动联合国军事参谋团这样的宪章机构力量。为最大程度与该地区国家开展有效联合反恐行动，需要听取常任理事国的军事意见。”①

10月2日，俄罗斯继续对叙利亚境内极端组织目标发动空袭。当天俄出动18架次战机，包括苏－34、苏－24M和苏－25战机。遭打击的极端组织目标共12处，主要分布于叙利亚西部和北部。据《环球时报》记者邱永峥报道，在此次俄军空袭“伊斯兰国”的12处目标中，有一处是“东突”叙利亚营，平时有近82名东突骨干和他们数百女人与儿女。此次空袭几乎将其夷为平地。

11月29日，据美联社报道，俄罗斯在对叙利亚西北部伊德利卜省的空袭行动中，击中“东突”一个位于吉斯尔舒古尔镇的办公室。该消息来源于总部位于英国的叙利亚人权观察组织。资深国际新闻记者邱永峥称，这是俄军第四次打击在叙“东突”分子。俄方此前声明发动空袭的目标是“伊斯兰国”和其他恐怖分子，但西方国家及叙利亚反对派称俄罗斯的空袭行动多集中在叙利亚中部及北部地区，“伊斯兰国”在这些地区并没有很强的势力。据美联社引用叙利亚反对派媒体报道，俄罗斯在29日的空袭中造成至少18人死亡，这一数字还将继续升高。俄罗斯从9月30日起开始对叙利亚实行空中打击，叙利亚反对派分子称俄罗斯的空袭已造成超过400人死亡。普京总统说：“从空中和海上对早些时候与叙利亚方面商定的目标采取行动，我国军人取得显著成绩。数十个指挥所、弹药库，数百名恐怖分子和大部分作战装备被销毁。与此同时，我们始终不渝地主张建立对抗极端主义和恐怖主义的最广泛联盟。”

3. 美国

“9·11”事件以来，俄美在反恐事务上的合作一直是维系俄美共同利益的重要手段，也是俄对美外交的亮点。但叙利亚冲突爆发以来，双

① http://sputniknews.cn/politics/20151001/1016495691.html#ixzz40JWCT3ny.

方在是否支持巴沙尔政府方面分歧甚大，政策走向渐行渐远，已严重影响俄美在反恐领域的合作。俄罗斯一直呼吁建立国际反恐联盟，共同应对极端组织的威胁。巴黎恐袭事件后，俄罗斯总统普京在第一时间发表声明，提出要与美国合作："即使俄美对叙利亚危机的评价存在原则性分歧，俄罗斯也希望美国领导的打击极端组织'伊斯兰国'的军事专家能够配合俄罗斯的行动。"但美国对此却始终反应平平。在此背景下，2015年，俄美反恐合作亦难有实质进展，仅维持在战术级别的合作上。与此同时，鉴于美俄在该地区地缘政治角逐中的影响力，完全中断反恐合作对双方均无益处。因此，尽量寻找共同利益，维系最低水平的反恐合作，避免在反恐军事行动中擦枪走火，只能是俄美在复杂地区形势中谋求共处之道的不二选择。

10月24日，正在约旦访问的美国国务卿克里同俄罗斯外长拉夫罗夫通电话，商讨叙利亚局势。23日，美国、俄罗斯、土耳其、沙特四国外长在奥地利维也纳举行会谈，商定最早于10月30日召开一个更大范围的会谈。"透视俄罗斯"网站将23日的四方会谈称为重启叙政治解决进程、形成打击极端组织"伊斯兰国"统一战线的第一步。美俄两国外长首先进行了闭门会晤，这也是2015年9月俄罗斯空袭叙利亚境内目标以来两国外长的首次会谈。土耳其外长瑟纳尔勒奥卢和沙特外交大臣朱拜尔随后加入。各方交换政治解决叙利亚危机的立场，并讨论合作打击"伊斯兰国"的可行性等问题。

11月16日，欧洲理事会主席图斯克在土耳其呼吁美俄在叙利亚进行"军事合作"，同日法国前总理菲永指责西方国家根本缺乏对伊斯兰国的明确战略，"没有任何人主动团结该地区包括巴沙尔当局在内所有力量对付'伊斯兰国'，并告诉他们'我们将一直战斗到伊斯兰国被彻底消灭'"。在此情形下美国不得不有所表示。而俄罗斯方面，在叙利亚进行武装干预本就有以攻为守、力争打破因乌克兰危机而造成的国际孤立的考量，巴黎恐袭给俄方提供了一个占据道义制高点的机会。

（三）与其他国家的反恐合作

在积极开展与重点国家和组织的反恐合作的前提下，俄罗斯并未忘记与其他利益相关方展开务实反恐合作，实现反恐合作网络的全方位、无死角。

10月16日，俄罗斯总统普京表示，俄正与沙特阿拉伯、阿联酋、埃及、约旦、以色列等国讨论合作打击“伊斯兰国”问题。普京在独联体国家元首理事会会议上指出：“在协调该地区反恐行动和努力方面正取得一定进展。我们已经与中东国家建立起事务联系。我们正在与沙特、阿联酋、埃及、约旦、以色列等国谈判，并试图与美国和土耳其进行合作。”

11月24日，俄罗斯金融监察局与柬埔寨国家银行金融情报机构在俄总理梅德韦杰夫访问柬埔寨期间在反洗钱和打击资助恐怖主义领域交换信息签订协议。①

二、继续完善反恐法律法制制度

俄罗斯一直十分重视反恐工作的法制化建设，力图将反恐工作纳入正规化、法制化的轨道。自第一次车臣战争以来，俄罗斯不断探索、完善适合本国特点的反恐法律法规体系建设，实现反恐法律制度的规范化和全覆盖，取得了明显成效。

1月13日，加强对恐怖分子及其同伙的惩罚力度的草案被提交给俄罗斯国家杜马，其中包括没收恐怖分子亲人财产并对其追究刑事责任。

① http：//sputniknews.cn/politics/20151124/1017115439.html.

如果恐怖分子亲人能及时把正在准备的恐怖活动告知护法机构，就能防止很多恐怖活动，挽救很多人的生命。来自车臣共和国的俄国家杜马代表坚信，家人往往知道恐怖分子的计划。2014 年 12 月 4 日在车臣首府格罗兹尼，恐怖分子袭击了“报刊之家”，并在一所学校劫持了一些人质。恐怖活动造成 15 人丧生，数十人受伤。调查显示，恐怖分子的一些亲人即使不知道袭击的细节，但还是知道可能发生的事情，然而却保持了沉默。类似的事情经常发生。有的人因为害怕而保持沉默，有的因麻木而保持沉默，而有的人认为能从中获利，因为恐怖分子制造恐怖活动可能获得一笔数目不菲的钱款。一旦他们被击毙，他们的亲人就可得到这笔钱款。

剥夺恐怖分子依靠脏钱过日的可能，把他们因在武装分子准备恐怖活动时资助过后者而当作其同伙和同谋对待——这就是车臣共和国代表的提议。俄罗斯安全、防御与治安问题研究所专家、“阿尔法”反恐老战士协会主席冈察洛夫认为，提议或许不很明确，但是方向是对的。他说：“这是现在不仅在俄罗斯，而且在其他国家提出的许多建议之一，目的就是为了打击威胁整个国际社会的恐怖主义这条多头蛇。我认为，这条建议很现实，有必要对其审视。不过我想指出的是，每次调查恐怖活动时，都应特别注意到诸如亲属关系和合伙的问题。这是一个相当细致的工作。但是我们都非常清楚，没有资金支持，就不可能有恐怖主义存在。那些帮助恐怖分子的人向他们提供资金，当然应当受到严惩。”提交给俄联邦国家杜马的草案，旨在加大扰乱社会治安罪的惩罚力度，增加刑期至 25 年，并没收罪犯财产和银行账户。这些惩罚措施既适于恐怖分子，也适于那些因以某种形式与恐怖分子合作而获得财产、资金、证券和贵重物品的成年亲属。合作的事实应当在法院得到证明。草案也考虑应没收那些因公开呼吁实施恐怖活动或公开为恐怖主义辩解而被判刑的人的财产。[①]

11月20日，俄罗斯联邦委员会（上议院）成员和国家杜马（下议院）议员在莫斯科召开反恐联合大会。大会审议通过了关于加强惩罚恐怖主义必要性的声明。消息称，发生在巴黎的连环恐怖袭击和发生在埃及的俄罗斯空客A321恐袭事件使得全球所有国家都不得不谈及严化国家法律，并和恐怖主义共同做斗争。与会者就“强化恐怖主义的刑法责任及其辅助措施，包括招募、鼓动、宣传恐怖手段的方法和做法，以及对恐怖组织提供资金或任何其他方面的支持”，加强在举办大型活动时，在公共交通或其他公众场合对民众安全的保障措施等方面提出建议。

俄罗斯国家杜马安全与反腐委员会委员阿纳托利·维博尔内向《消息报》表示，俄罗斯或将帮助恐怖主义行为与制造恐袭等量齐观。维博尔内称：“法律新条款将不再让帮助恐怖分子的行为逍遥法外。如果说过去帮助恐怖主义行为受惩处力度不如恐怖袭击，那么按照新法，每个向恐怖分子提供食物、资金和其他帮助的人都将与恐怖分子承担相同罪责。”据悉，俄罗斯国家杜马将在春季会议期间审议一揽子法律草案。[②]

11月20日，俄罗斯联邦委员会主席瓦莲京娜·马特维延科在俄罗斯议会两院联席会议上称，建议扩大情报部门权利并对恐怖主义及帮助恐怖主义的行为加大刑事责任。她表示，俄联邦委员会近来收到很多公民和专家的呼吁书，他们在其中提出了很多具体措施。马特维延科称：“建议扩大情报部门和执法机关权利并加大刑事责任——不仅针对恐怖主义本身，还针对支持恐怖主义、传播恐怖主义意识形态的行为。”同时她强调，这些措施不应影响公民的宪法权利。俄国家杜马主席谢尔盖·纳

① http://sputniknews.cn/russia/20150113/1013512874.html#ixzz40Jz6rCt8.

② http://sputniknews.cn/society/20151229/1017537759.html#ixzz40I9ynh6c.

雷什金也在两院联席会议上发言时表示，俄罗斯的反恐行动将会严格遵守宪法，不会容许出现任何闭关主义。纳雷什金称："我们将严格按照宪法行动，不会容许俄罗斯出现任何排他主义和闭关主义，像弗拉基米尔·普京强调的一样，那只是软弱的标志。期望俄罗斯变成这样的人一定会失望的。"[①]

12月12日，俄罗斯联邦委员会主席马特维延科表示，俄罗斯呼吁建立审判恐怖分子的国际法庭，以及制定出防止向恐怖组织提供财政支持的措施。她表示，俄罗斯提议在联合国指导下建立真正的、广泛的国际反恐联盟。马特维延科在出席"中立政策：为和平、安全和发展的国际合作"国际会议上表示，"我们呼吁制定出防止向仇视人类的活动提供财政支持和武器供应的措施，并在未来达成关于建立审判恐怖分子及其帮凶的国际法庭，类似纽伦堡国际法庭，以使这些再也不会重新发生"。她说，时间自身迫使所有国家必须在打击恐怖主义，并且首先在打击"伊斯兰国"（俄境内被禁止活动的恐怖组织，阿拉伯语缩写"达伊沙"）的行动中联合起来。[②]

三、高度重视反恐技防和人防建设

在高度重视反恐专业化、现代化建设的同时，俄罗斯同样重视人的因素在反恐工作中的作用。

3月13日，俄总统普京签署了关于增加外交部反恐问题副部长一职的总统令。据知情人士称，新职务很可能由联邦安全局或从属联邦安全局的国家反恐委员会代表出任。总统新闻秘书德米特里·佩斯科夫透露，新职位人选将在近期确定。佩斯科夫没有明确指出哪个部门的代表将被

---

① http：//sputniknews. cn/politics/20151120/1017075246. html＃ixzz40IMKE9t0.

② http：//sputniknews. cn/russia/20151212/1017340259. html＃ixzz40IGFbdty.

委任新职务，但他解释了外交部设立新副外长的必要性。他向报社解释称："这个议题迫切而紧要。反恐框架内国际协作的重要性与日俱增。"据《生意人报》阐明，外长谢尔盖·拉夫罗夫的新副手将首要致力于抗击恐怖集团"伊斯兰国"的国际合作问题。①

7月24日，俄"Platform—M"战斗机器人将于俄罗斯海军日在堪察加半岛首次展出。太平洋舰队新闻处处长罗曼·马尔托夫向记者表示，机器人将在反恐行动中提供火力援助。马尔托夫说："计划在海军日当天举办军事节，'Platform—M'战斗机器人将首次参加该活动。攻击性机器人'Platform—M'将与特种部队共同展示其消灭假想破坏分子的能力。"俄罗斯于2015年7月26日庆祝俄海军日。②

10月19日，俄罗斯社会院发展民间外交和支持国外同胞委员会主席叶琳娜·苏托尔米娜在接受俄新社采访时表示，用于抵制"伊斯兰国"组织招募的教材已经起草完毕，这一教材在俄罗斯和独联体国家高校的大学生中散发将持续到2015年年底。在这个问题上需要"先下手为强"。早前有报道说，独联体国家反恐中心、俄社会院和"今日俄罗斯"新闻社将编写一部打击"伊斯兰国"招募的教材，教材将在独联体国家高校内传播。苏托尔米娜说："手册已经起草完成，特工部门正在检验内容，10月底到11月初之间，我们将举办新闻发布会，向大众推介这本教材，并对内容进行讨论。我们在年底前将在各大高校进行传播。"她还说，这本教材不仅在俄罗斯境内散发，同时也将在独联体国家传播。③

11月16日，俄罗斯国家杜马宪法委员会第一副主席亚历山大·阿盖耶夫要求联邦安全局局长亚历山大·博尔特尼科夫考虑，如果"伊斯

① http：//sputniknews. cn/politics/20150313/1014082309. html＃ixzz40JupYs8h.

② http：//sputniknews. cn/search/＃ixzz40Jl7UfZg.

③ http：//sputniknews. cn/politics/20151019/1016698714. html＃ixzz40JLQbivH.

兰国”恐怖分子使用 Telegram Messenger 软件的信息被确认，则限制俄罗斯用户使用该软件的可能性。在俄新社发布的阿盖耶夫的通报中称，“据俄罗斯媒体多次报道，Telegram Messenger 软件被积极使用，以用于‘伊斯兰国’恐怖分子的宣传目的”。据阿盖耶夫介绍，恐怖分子通过 Telegram 软件散布含有极端内容的材料。他说，“可以推测，其中正在进行着招募俄罗斯公民加入‘伊斯兰国’行列的过程”。阿盖耶夫指出，一些媒体报道，在 11 月 13 日的巴黎恐袭期间，Telegram 软件已经被恐怖分子用于协调自己的行动。“因为据专家介绍，所有在 Telegram Messenger 软件中转发的信息都被自动保护，信息也经过几个层次的加密。”阿盖耶夫称，在俄罗斯活跃着许多社交网络以及在反极端主义范围内遵守俄罗斯法律的 Messenger 软件和网络服务器。他称，“我认为，这项措施（在俄罗斯限制使用 Telegram 软件）不会打击言论自由或侵犯公民的其他权利和自由”。[①]

12 月 7 日，俄罗斯开始加强对独立媒体的监管，俄检察官对据称涉及极端主义的反对派电视频道展开调查。12 月 4 日，俄罗斯检察部门发通知称，应不知名“公民”的要求对“雨”电视台展开调查，但是并未告知哪个节目涉及极端主义。“雨”电视台负责人纳塔莉亚·西蒂尼亚在“脸书”上发文称，俄罗斯地方检察官已要求电视台配合调查，以确认其是否遵守反极端主义法、执照法和劳工法。根据俄罗斯法律，被指宣传煽动极端主义内容的媒体可能面临高达 100 万卢布的巨额罚款。检察院已责令该电视台准备相关法律文件及账户记录。

12 月 11 日，反洗钱金融行动特别工作组（FATF）会议召开之际，俄金融监测局局长尤里·奇汉钦在与俄罗斯总统普京的会晤中陈述了打击资助恐怖主义框架下俄方的一系列倡议。奇汉钦说：“这是建立一份国

① http：//sputniknews. cn/russia/20151116/1017027622. html.

际统一恐怖分子名单，即参与‘伊斯兰国’者的名单。”奇汉钦表示，俄方想在FATF会议上提出的另一方面问题，是查明“伊斯兰国”使用的金融中心，对经过这些中心的资金流进行追踪。他说：“我们有一套方法，目前这套方法已经在金融情报机构领导人的领导下在独联体国家得到应用。”奇汉钦提醒说，FATF此次非例行会议的举行与前不久的G20峰会有关。他认为应冻结这些人的金融资产。奇汉钦说：“我们提议冻结经济资源，首先是石油、石油产品和珍贵文物。我们将坚持主张制定一个新标准，并坚持主张所有国家支持这一决定。”①

12月26日，普京总统签署总统令，在5个沿海城市设立反恐行动指挥部，以应对恐怖主义威胁。依据总统令，5处反恐行动指挥部分别位于西南部里海沿岸城市卡斯皮斯克、西北部北冰洋沿岸城市摩尔曼斯克、远东太平洋沿岸城市堪察加彼得罗巴甫洛夫斯克和南萨哈林斯克以及黑海沿岸城市辛菲罗波尔。据悉，俄联邦安全局地方领导人是这些指挥部的负责人，分管有组织、有计划地动用联邦和地方机构的力量和手段，预防和应对恐怖活动。卫星新闻莫斯科12月26日电，法律信息官方网站公布的总统令中说，俄罗斯总统普京下令在本国一系列沿海城市成立行动指挥部，以组织规划反恐力量。

总统令中说：“在沿海地区城市卡斯皮斯克、摩尔曼斯克、堪察加彼得罗巴甫洛夫斯克、辛菲罗波尔和南萨哈林斯克成立行动指挥部，以组织规划动用联邦机关的力量和资金打击恐怖主义，指挥反恐行动。”②

12月31日，据悉，俄首辆反恐大巴将于2016年在莫斯科启用。莫斯科地区安全和反腐局将设立监控罪犯和恐怖分子移动指挥部。莫斯科地区安全和反腐局向《消息报》表示，在MAN Lion's Coach R08大巴基

① http：//sputniknews. cn/politics/20151211/1017323553. html＃ixzz40bZ2UDL9.

② http：//sputniknews. cn/russia/20151226/1017512584. html＃ixzz40IAF73tq.

础上改装的移动指挥部将与执法机关一起在莫斯科执行预防恐怖袭击的任务。莫斯科地区安全和反腐局局长阿列克谢·马约罗夫称，俄罗斯举行大型活动时将起用此类大巴。马约罗夫强调："大巴将装配软件硬件系统、服务器、会议系统以及移动指挥部开展工作所必需的其他设备。"①

① http：//sputniknews. cn/russia/20160107/1017617583. html＃ixzz40I7UtDKK.

第五章　中亚地区恐怖主义与反恐怖斗争形势综述

2015 年，中亚各国警报频传，越来越多的中亚公民赶赴中东参加“圣战”，越来越多的“圣战者”回流，中亚地区进一步激进化似乎已成“趋势”和“潮流”。据中亚国家情报部门估计，目前约有 300 名哈萨克斯坦人、600 名吉尔吉斯斯坦人、300 多名塔吉克斯坦人和至少 200 名土库曼斯坦人在叙利亚和伊拉克参加恐怖组织，另有约 100 名“东突”分子参与其间。与此同时，由于各国国情不同，面临的恐怖主义威胁程度也不尽相同。总体看，土库曼斯坦程度较轻，吉尔吉斯斯坦和塔吉克斯坦程度较重，乌兹别克斯坦和哈萨克斯坦介于两者之间。激进思想不仅吸引那些渴望摆脱物质困境的人，也诱惑那些追求“纯正”精神生活的人。“伊斯兰国”与中亚极端势力融合，与当地反对派及有组织犯罪集团勾结，与地区糟糕政经形势结合的现实与前景，正成为各国统治者的梦魇。如何应对，各国尚无良策。

第一节　中亚地区恐怖主义形势

一、哈萨克斯坦恐怖主义情况

哈萨克斯坦是中亚地区经济和安全的“稳定器”。与中亚其他国家相比，由于经济实力和自然禀赋俱佳，哈萨克斯坦在应对来势汹汹的激进化浪潮时，拥有较多的政策工具和回旋空间。尽管如此，2015 年哈萨克斯坦的反恐形势依然较为严峻。从年初开始，哈安全机关就不断破获回流“圣战者”预谋搞恐怖袭击的案件。哈安全机关透露，目前有 150 名哈公民参加了伊叙极端组织，还有 200 名他们的亲属和追随者。自 2014 年初，有 15 名哈公民从叙利亚训练营回国，其中三人被判刑，两人处于侦察阶段，其余人因未直接参与恐怖行动被免除刑事责任。

（一）回流“圣战者”跨国联合作案趋势加强

1 月，哈安全机关副主席比利斯别科夫透露，一名从叙利亚潜回国内的“圣战者”在哈南部的奇姆肯特被抓，他是一名爆破专家。同时，吉尔吉斯斯坦安全机关也在本国抓获一名哈公民并移交哈方。此人在叙利亚接受了爆破训练，计划在哈、吉从事破坏活动。抓捕他时还缴获了爆炸物。3 月 27 日，哈萨克斯坦会同吉、乌两国安全机关联合打掉一个从叙利亚和土耳其回国的恐怖团伙，他们计划在哈、吉、乌三国搞一系列恐怖破坏活动。7 月 17 日，哈国家安全委员会就吉尔吉斯斯坦安全部门在比什凯克进行的反恐行动中，击毙两名哈萨克斯坦公民一事做出说明。据国家安全委员会相关负责人确认，16 日吉尔吉斯斯坦安全部门在比什凯克进行的反恐特别行动中，击毙两名哈萨克斯坦公民——詹波拉特·阿米洛夫和阿尔伯特·阿布赫英，此二人均为西哈萨克斯坦州居民，因受极端思想宣传的鼓动，离开哈萨克斯坦并计划前往叙利亚和伊拉克等地参与恐怖主义组织。两人分别于2014年5月和8月偷渡进入吉尔吉斯斯坦境内，企图经吉尔吉斯斯坦转道前往其他地区。同年，两人被吉尔吉斯斯坦官方逮捕，该国法院以非法越境和伪造证件等罪名，对阿布赫英和阿米洛夫分别判处4年和3年有期徒刑。5月，阿布赫英和阿米洛夫越狱出逃。在抓捕行动中，哈萨克斯坦国家安全委员会对吉尔吉斯斯坦官方提供了协助，并最终发现两人踪迹。因对警方采取拒捕和武装反抗行为，两人被先后击毙。哈国家安全委员会还表示，国内一些媒体在报道此事件时提及两人在哈萨克斯坦境内组织恐怖团伙，并在境外遥控指挥的信息不实。

（二）社交网站在招募“圣战者”中的作用突出

8月3日，因在社交网站WhatsApp上宣传恐怖主义，阿克托别法院判处8个人3—6年有期徒刑。这8人中年龄最小的21岁，最大的38岁。10月6日，阿拉木图州卡拉萨伊区法院指控两名当地居民赴叙利亚参加“伊斯兰国”并在国内宣传激进思想。他们被判处6年有期徒刑，其中一名42岁。他承认自己是激进伊斯兰思想的信徒，并赴叙利亚参加了“圣战”。2013年12月，他非法穿越土叙边界，参加了“阿布·乌别伊登”（джамаат Абу Убейды）恐怖组织，该组织是“基地”组织分支。

二、吉尔吉斯斯坦恐怖主义情况

2015年，吉尔吉斯斯坦恐情更加严峻复杂。随着吉经济社会形势的进一步恶化，吉公民赴伊叙参战的势头仍有增无减，“圣战者”回流势头日益明显，针对吉当局策动的恐怖袭击时有发生，对当局的应对能力构成严峻考验。2015 年，吉尔吉斯斯坦警方共消灭了 8 个恐怖团伙。仅前 8 个月，安全机关就办理了 264 个极端主义案件，其中 119 起立案，抓获 231 人，缴获 7000 余份极端材料。吉尔吉斯斯坦总检察长英吉拉·朱尔杜巴耶娃称，赴伊叙参战的吉公民有 500 人左右，其中 122 人为妇女。吉总检察长还称，据吉内务部和国家安全委员会统计，约 2000 人涉嫌参加了各类恐怖和极端组织及其雇佣和招募工作。她强调说，2015 年有 60 人被通缉，超过 150 人被起诉，其中包括 47 名伊叙回流“圣战者”。[①]

（一）吉反恐和反极端主义形势持续恶化

1 月 5 日，吉尔吉斯斯坦内务部新闻局表示，内务部第十局新年节日期间在吉南部地区实施了打击极端主义分子和恐怖主义分子的特别行动。行动期间，第十局联合地方内务局和国家安全机构在吉南部奥什州和贾拉拉巴德州查处了 19 宗犯罪案件，“均具极端主义和恐怖主义性质”。他们还指出，“在贾拉拉巴德州发现了 17 起煽动宗教仇恨和敌对情绪的事件”。1 月 27 日，吉安全人员在奥什抓获一个计划在吉和乌从事恐怖活动的 6 人团伙，其中 4 人在叙利亚进行过军事训练，包括一名 29 岁的招募者和一个“人体炸弹”。吉国安委代表苏莱曼诺夫称，这个团伙的目的是招募吉公民到“伊斯兰国”，但是主要的任务是破坏乌安集延州安全局大楼。苏莱曼诺夫称，1 月份，安全机关抓获的涉嫌参加极端组织的人还有 36 人。他们都在叙利亚进行过军事训练，一回国就立即开展积极的行动。他们对拒绝缴纳巨款的家属威胁报复，通过这种方式向叙利亚输送招募资金。此外，安全机关还发现了大量武器和弹药的储藏所。这证明，费尔干纳谷地越来越受到极端势力的关注。[②]

---

① http：//regnum. ru/news/polit/2010868. html.

② 中亚新闻网，2015 年 1 月 8 日电。

3月13日，奥什州一伙极端分子攻击了一座住宅。当时屋里正在举行纪念那吾鲁孜节的纪念活动。16人分乘三辆车，袭击了这座房屋。目击者称，进攻者高喊“真主至大”。警方后来抓获9人，年龄在19—23岁之间，这些人被以流氓罪起诉。

7月初，在奥什州卡拉苏区的一些社区，发现一些宗教极端分子打着叙利亚“胜利阵线”和“哈里发国”旗帜散发传单。他们号召所有穆斯林团结起来建立哈里发国家，并强烈批评吉在民族问题上的管理政策。当局对此反应迅速，抓捕了20名该区的乌族居民。

8月17日，吉尔吉斯斯坦国家金融情报局局长梅利斯·曼别特扎诺夫表示，该机构追踪到近年来几乎所有恐怖袭击的资金来源，其中包括对坎特市俄空军基地的袭击，其资金来源与“伊斯兰国”有关。曼别特扎诺夫表示：“我们注意到一个不好的现象：犯罪团伙与恐怖组织联系在一起。同时他们甚至不惜使用敲诈勒索的手段。”

10月12日，吉尔吉斯斯坦国家惩戒署发布通报说，吉尔吉斯斯坦50号监狱11日晚发生囚犯越狱事件，共有9人逃脱，5人已被抓获，仍有4人在逃。通报说，11日晚至12日凌晨，位于首都比什凯克附近楚河州的50号监狱发生骚乱，狱警试图控制局面时，几名囚犯突然袭击狱警并抢走武器，3名监狱工作人员被杀害，多人受伤，9名囚犯持枪越狱。这9名逃犯均为极端组织“马赫迪”成员。吉警方认为，“马赫迪”组织与“伊斯兰国”关系密切，他们计划在拉马丹节时在首都策划恐袭。事件发生后，吉内务部和紧急情况部队立即展开调查和搜捕工作，封锁交通要道，盘查可疑地区和有关人员。截至12日上午，共抓获5名逃犯，其余4人仍在逃。吉政府相关部门已组成联合小组，继续代号为“拦截”的逮捕行动。根据国家惩戒署公布的资料，在逃的4名越狱者均因涉嫌宗教极端主义和恐怖主义被捕入狱，其中2人已被判处无期徒刑。[①]

（二）宗教极端分子与刑事犯罪分子融合

吉著名专家马尔斯·萨利耶夫称，吉国最大的威胁来自宗教极端分子和刑事犯罪分子的融合。这种融合打破了国与国之间的界限，给跨国打击、治理带来了巨大的困难，以一国之力难以胜任，迫切要求建立全面的地区反恐反极端主义机制，共同应对新形势、新挑战。

（三）极端分子赴伊叙参战的动机各异，须区别对待

索菲亚大学德龙齐纳教授与吉护法机构合作，以30个回流“圣战者”为样本，做了一项科研调查，认真研究了吉“圣战者”的基本特征、动机诉求、影响因素。研究成果显示，参加“伊斯兰国”的吉公民的基本特征为：年龄在22－28岁，多数是南部地区农民（约占总数的95％），主要来自奥什州的卡拉苏区和阿拉万区、贾拉拉巴德州的苏扎克区、巴特肯州的克孜勒基亚市和卡达姆贾区，之前并未表现出侵略和暴力倾向。研究还显示，他们参加“伊斯兰国”的动机各异，包括：反对异教徒、追求经济利益、生活不如意、宗教希翼、寻求社会地位等。德龙齐纳教授表示，宗教和世俗教育的缺失，可能是这些“圣战”人员的共性，糟糕的经济状态不一定是这些人参加极端组织的关键动机，因此对待不同动机和背景的“圣战者”需要不同的应对方案，对症下药，切忌千篇一律。

---

① 中亚新闻网，2015年10月12日电。

（四）庞大完备的招募网络为“圣战者”参战提供了便捷条件

吉护法机构发现，有多种招募方式可为“圣战者”提供出境服务。第一，吉境内的激进宗教组织。这些激进组织与“伊斯兰国”存在千丝万缕的关系。第二，通过社交网络招募。互联网上有不少所谓的“互联网阿訇”，在互联网空间从事宣教或招募工作，这些人往往身处第三国，护法机关对其行为难以控制和打击，高度依赖第三国的执法合作。第三，“圣战”组织在吉各地都有各自的招募网络。第四，劳工移民群体。许多中亚籍“圣战者”都是在俄罗斯、土耳其和其他国家打工时被招募。

据吉内务部第十总局局长马姆别塔利耶夫介绍，目前在吉尔吉斯斯坦的“圣战者”转运线路主要有 4 条：第一条是比什凯克/奥什—土耳其—叙利亚；第二条是比什凯克—俄罗斯—土耳其—叙利亚；第三条是经乌克兰—叙利亚；第四条是经格鲁吉亚—叙利亚。值得注意的是，一些在叙利亚参加过“圣战”的“圣战者”滞留格鲁吉亚，邀请自己的亲人先到格鲁吉亚，然后再将他们送到叙利亚。这样，格鲁吉亚就成了转运和雇佣吉圣战者的中转站。马姆别塔利耶夫坦言：“我们坐在比什凯克无法切断这个通道，格鲁吉亚的同行们拿着解决这个问题的钥匙。”

（五）“圣战者”招募工作已然成为一个巨大的经济利益链条

从事招募工作的均为吉国公民，由极端分子和有组织犯罪分子合作，将吉公民带出国门并送往叙利亚。一般流程为：通过互联网与自己的亲朋好友“搭上线”，然后用金钱或“死后升天堂”的说法引诱他们出国。以内务部不久前刚破获的一个 5 人招募团伙为例，其分工为：其中一人坐镇莫斯科，负责集资、购买机票，指导这些“志愿者”前往伊斯坦布尔，之后再去叙利亚；另一个人则坐镇叙利亚，负责接待志愿者并将其送往战区；其余人主要从事招募、伪造证件、将志愿者送出吉尔吉斯斯坦的工作。[1]

（六）妇女在极端主义犯罪中的比例和作用显著提升

据吉强力部门数据，2001 年妇女在极端组织中的比例仅为 1.1%，而到了 2015 年则达到 23%。[2] 据内务部材料统计，目前已有 500 余名吉公民赴伊叙参战，其中包括 122 名妇女和 83 名儿童。研究表明，教育、社会经济和家庭状况这三个因素是影响妇女极端化的主要因素。独立以来，吉尔吉斯斯坦的世俗教育体系不断衰败，而且国家独立 24 年来从没有设立宗教课程，从而为极端势力培养了一个可随时招募的文盲加教盲群体。

三、塔吉克斯坦恐怖主义形势

2015 年，塔吉克斯坦同样面临严峻的恐怖和极端主义形势。严峻的就业形势和宗教管理的缺失，是年轻人被极端思想吸引的重要原因。塔吉克斯坦政府统计，“伊斯兰国”在塔青年群体中发展迅速，2015 年有 400 名塔青年加入“伊斯兰国”，其中有 120 人在中东战死。塔吉克斯坦国防部长谢拉里·米尔佐对地区安全形势的恶化非常担忧，他说：“塔吉克斯坦边境 70 公里附近聚集着许多恐怖分子。据塔吉克斯坦方面的评估，‘伊斯兰国’中有 3000—5000 人来自中亚各国。如果这些人与其他中亚地区的恐怖组织联合起来，将对阿富汗构成严重的安全威胁。打击恐怖主义是我们首要的任务，阿富汗的局势要求我们，必须刻不容缓地采取紧急措施，切断恐怖组织的军事、资金和物资来源，同时切断他们

---

① http：//kyrtag. kg/interview/pyat-prichin-vyezda-kyrgyzstantsev-na-voynu-v-siriyu.

② http：//antiterrortoday. com/geografiya-terrorizma.

的传播渠道。”

5 月 6 日，塔吉克斯坦总统战略研究所所长胡里克那扎尔在“发展公民社会，预防宗教激进和极端主义”研讨会上讲述了塔吉克斯坦社会极端化的原因。他认为，社会极端化的首要原因是失业、贫穷和腐败。塔吉克斯坦正处于社会转型期，贫困率高达 32.8%，这些人都是容易被人利用的易感群体。第二个原因是年轻人通过社交网络被拉进极端主义团体。外国传教士利用塔吉克斯坦年轻人文盲、法盲加教盲，向他们灌输极端思想，拉他们充当“圣战”炮灰。第三个原因是“圣战”组织对塔籍境外劳工的渗透。当前，塔吉克斯坦劳工在俄罗斯遭遇经济危机，许多劳工失业。当他们去清真寺礼拜时，被外国宣教者盯上，许以高薪诱惑，受骗去了土耳其，之后再被转运到叙利亚。在俄罗斯有来自高加索国家的黑社会组织，专门从事招募工作。他们给这些劳工买了去土耳其的机票，到了土耳其就没收了他们的护照，这些移民只得任人摆布。

（一）非法宗教学校是导致塔青年走上歧途的重要载体

据塔内务部资料显示，塔共有 4166 人在外国宗教学校学习，3178 人回国。其中 30%在库尔干—秋别州，22%在库利亚布州，18%在索格特州，20%在中央直辖区，9%在杜尚别市，1%在戈尔诺—巴达赫尚自治区。研究表明，多数宗教学校的学生没有接受过世俗教育，其世界观建立在狂热的思想之上。5%的学生年龄在 15 岁以下，20%在 20 岁以下，55%在 25 岁以下，22%大于 25 岁。塔吉克斯坦的女孩也在各种外国宗教学校学习，约占学生总数的 5%。现在有 1372 名非法留学生在外国宗教学校学习，其中 770 人在埃及，336 人在土耳其，114 人在沙特，83 人在伊朗，46 人在巴基斯坦。数据显示，90%的年轻人在外国就读于非法宗教学校或在国内非正规渠道获得宗教知识。

（二）宗教队伍良莠不齐，难以给年轻人提供正确指导

据“国际选举制度基金会”的研究资料显示，1996—2010年，塔吉克斯坦的宗教氛围越来越浓重，信众虔诚度越来越高。1996年，信徒每天做数次礼拜的受访者占27%，到了2010年这一数字提高到了63%。值得注意的是，在最新的调查中，71%的受访者说，伊斯兰教在他们的生活中发挥着重要作用。

塔吉克斯坦的年轻人多在社区清真寺接受宗教教育，但许多社区清真寺的阿訇宗教学识很低，难以满足年轻人的求知欲望。此外，这些宗教人士多数没有受过世俗高等教育，既不懂宗教也不懂政治，很容易将青年引入歧途，使年轻人成为激进团体的拥护者和参与者。与此同时，极端思想的宣教者则向人员密集的社区大举渗透，与政府支持的宗教团体争夺主导权。目前，塔吉克斯坦的主要城市和穆斯林社团均被萨拉菲分子渗透，包括杜尚别的各大集市以及库利亚布、苦盏、契卡洛夫斯克、伊斯塔拉夫尚、罗贡、古利斯坦、索蒙、希萨尔、拉什特等地。

（三）塔各类极端组织和团体十分活跃

一是本土极端组织“真主战友”频频作案。塔总检察院材料显示，“真主战友”是“乌伊运”在塔吉克斯坦的分支，由“基地”组织资助。该组织2006年建于巴基斯坦的瓦济里斯坦地区，人员来自“基地”组织中的塔吉克斯坦籍人员，2010年起开始积极活动。2月，苦盏法院起诉13名“真主战友”成员，其中12人为无业人员。3月，苦盏法院判处一名45岁的当地居民9年徒刑，罪名是参加了“真主战友”。3月31日，苦盏法院开始对参加“真主战友”组织的23人展开法律程序。5月1日，苦盏市抓获10名参加“真主战友”极端组织的人员。他们年龄在30—38岁之间，是2015年年初在俄罗斯加入“真主战友”后被逮捕的。

二是其他极端组织活动猖獗。6月21日，塔法院审判了13名萨拉菲分子，这些人的年龄从20岁到30岁不等。7月3日，塔吉克斯坦首次对“伊斯兰国”招募者判刑。6月30日，哈特龙州沙赫鲁杜兹区法院判处一名30岁男子18年徒刑。他是2015年3月在杜尚别机场从莫斯科回来时被抓获的。7月24日，塔方逮捕两名涉嫌按照“伊斯兰国”的计划策划12起恐怖案件的嫌疑人。这两人承认，接受了某个叫阿布萨义德的人的命令炸毁三个杜尚别警察局。他们在社交网站“同学”上交流，想去叙利亚参加“圣战”，但阿布说可以在塔吉克斯坦就地“圣战”。[①] 7月25日，塔护法机关称，从年初到7月底已抓获100多名极端和恐怖组织成员，其中包括18名“伊斯兰国”的拥护者。资料显示超过520人（多数是年轻人）参加了伊叙战争和“伊斯兰国”，其中150人被打死。

（四）塔前反恐部队指挥官参加“伊斯兰国”，凸显塔反恐形势严峻

5月31日，塔吉克斯坦特警指挥官古尔穆罗德·卡里莫夫上校叛逃“伊斯兰国”，引起各界关注。卡里莫夫曾接受美俄反恐特种训练。在一段视频中，卡里莫夫上校穿着“伊斯兰国”服装出现，声称3次参加在美国境内军事基地的反恐训练，并接受黑水公司举办的反恐教程，其中一次在路易斯安那州。美国国务院承认这一情况。“2003年到2014年，卡里莫夫上校在美国和塔吉克斯坦参加了5次反恐训练科目，在美国参与的是由国务院举办的外交安全/反恐协助项目。”这一项目的目的是训练各国的参训人员具备最新的反恐战术，让他们有能力反击各种恐怖主义——尤其是“伊斯兰国”，而卡里莫夫目前竟然加入了“伊斯兰国”。卡里莫夫称，他离开塔吉克斯坦是因为穆斯林的权利受到了侵害，塔当局禁止男性留大胡子，禁止女性穿罩袍。卡里莫夫还说，有10名塔吉克

---

① http：//www. interfax. ru/world/455784.

斯坦人跟着他一起离开，并要求他的部队效仿他的行动。卡里莫夫谴责塔吉克斯坦与俄罗斯的合作，称这是当了“异教徒的奴隶”。据“今日俄罗斯”网站报道，卡里莫夫在视频中还宣称要把“圣战”扩展到塔吉克斯坦、俄罗斯和美国，目前并不清楚这一视频在哪里拍摄。40 岁的卡里莫夫是塔内务部特种部队“阿蒙”的指挥官，其原本的任务是在中亚地区打击各类武装分子。在他 4 月底失踪后，警方一直试图搜索他，然而一无所获。对于卡里莫夫的叛逃，他的同事在接受采访时称此前已有征兆。这名不愿透露姓名的同事表示：2015 年初，卡里莫夫开始对“伊斯兰国”着迷，在网上阅读他们的意识形态宣传品，并和同事争论说伊斯兰是正义的。

专家担心，此人叛变不仅让“伊斯兰国”在宣传上取得胜利，他还知道各种美国在使用的反恐战术”。前美国陆军情报军官迈克尔·布林表示：“这非常危险，一个高级反恐人员加入恐怖组织简直糟透了。”前美国陆军狙击手保罗·夏尔表示，卡里莫夫不仅可以训练“伊斯兰国”武装人员，还能成为该组织的招募者，“他们明显在试图招募感兴趣的人”。夏尔曾经在阿富汗训练阿富汗士兵，他表示受训者对美国教官反戈一击并不罕见。国务院发言人在谈及此事的教训时表示：“以后在训练前有必要进行政审。”

（五）塔伊斯兰复兴党与政府关系恶化使塔安全形势更加严峻复杂

9 月 4 日清晨，一伙恐怖分子袭击了瓦赫达特市的内务部办公室、首都杜尚别的一个警察局以及杜尚别机场，共造成 8 名警员丧生，另有 5 人受伤。塔国家安全部队立即对袭击事件展开调查，结果显示，有证据显示武装分子在袭击前与塔吉克斯坦伊斯兰复兴党成员、国防部副部长纳扎尔佐达有过密切的联系，纳扎尔佐达已因涉嫌参与恐怖袭击事件被当局解除职务。袭击事件发生后，杜尚别市区的所有入口均加强了安全保卫，防暴警察对每辆汽车的后备箱进行检查。全市安全警戒级别上调到最高级。在瓦赫达特市和杜尚别市发生两起恐怖袭击后，纳扎尔佐达和他的亲信被要求投降，但被他拒绝。5 天来，已有 70 多名恐怖分子及其同伙被捕，18 名武装分子被打死。政府军有 9 人阵亡。[①] 塔吉克斯坦强力部门代表称，在罗密特峡谷和其他地区的反恐行动仍在继续，断然否认了与叛军谈判的传言。9 月 10 日，塔吉克斯坦当局要求民众积极协助逮捕恐怖分子和他们的帮凶。塔吉克斯坦内务部和国家安全委员会对帮助和积极配合抓捕并消灭纳扎尔佐达犯罪团伙的民众表示感谢。9 月 16 日，塔吉克斯坦内务部和国家安全委员会联合发布声明，称在此前进行的反恐行动中击毙该国国防部副部长纳扎尔佐达。此人在 4 日凌晨策划实施了对塔国防部中央机关和首都杜尚别以东 20 公里的小城瓦赫达特市内务部的恐怖袭击，造成多人死亡，随后逃入山区逃避追捕。声明称，反恐行动在距瓦赫达特市 110 公里的山区内进行，特警们在劝降未果后展开行动。行动中，共有包括纳扎尔佐达在内的 12 名武装分子被击毙，塔国家电视台 16 日播放了被击毙人员的画面证明纳扎尔佐达已死。塔总检察院 17 日发表声明，对近来事件做了进一步说明。声明说，从 4 日到 16 日的 12 天反恐行动中，共有 14 名特警遇害，25 名武装人员被击毙，125 人被捕。声明还指控伊斯兰复兴运动党党首卡比里领导了纳扎尔佐达谋划的恐怖行动。这份在官方媒体上公布的声明表示，纳扎尔佐达在卡比里直接领导下组建了 20 个犯罪团体，他接受了某些境外“慈善机构”的大笔资金援助，有 13 名伊斯兰复兴运动党成员在试图逃出塔吉克斯坦时被警方逮捕，其中包括党内高级领导人。但随后卡比里否认了所有指控。4 日的塔恐怖袭击引起国际社会关注，在随后几天的反恐行动中塔政府抓获了武装团体的大部分人。由俄、哈、吉等国元首、防

---

① http://sputniknews.cn/politics/20150910/1016263996.html#ixzz40JfghMxP.

长出席的集安组织峰会9月14—15日在杜尚别举行，此时反恐行动尚未结束，本身也说明塔政府对国内安全形势较为自信。9月27日，塔吉克斯坦总检察院指控伊斯兰复兴党领导人组织犯罪团伙。据他们的消息，包括整个政党委员会在内的13名伊斯兰复兴党人士已于9月16—17日因涉嫌与叛将纳扎尔佐达有染而被情报机关逮捕。在过去的10天里，这些被捕人士被指控组建犯罪团伙，规定对这种罪行的刑罚是15—20年徒刑。

四、乌兹别克斯坦恐怖主义形势

2015年，乌兹别克斯坦的反恐形势基本平稳。防止乌籍恐怖分子从叙利亚回流，仍然是乌打击防范工作的重点。乌兹别克斯坦是中亚对恐怖极端势力打击最严厉的国家。由于深受"乌伊运"等恐怖组织之害，乌兹别克斯坦一直对恐怖极端势力保持着高压严打态势。乌兹别克斯坦国家安全委员会估计，参加"伊斯兰国"的乌籍极端分子已超过1000人，乌已是中亚极端分子最多的国家，乌政府对此甚为忧虑。此外，"伊斯兰国"在乌兹别克斯坦的宣传活动也居中亚国家之冠。2015年，乌司法机关在本国高中进行抽查，发现各校都有"伊斯兰国"的宣传文件，"伊斯兰国"的旗帜在乌城镇电线杆上更是随处可见。

目前，位于叙利亚的最大乌兹别克籍恐怖组织是"布哈里伊玛目"（аль-Имам Бухари）和"萨比利"（Сабри'с Джамаат），其部队主要集中在阿勒颇。另外一支规模较小、主要由乌兹别克族人组成的极端团体"认主独一圣战者"（Tawhid wa-Jihad）则活动于伊德利卜省。10月20日，土耳其《Vatan》报报道称，伊斯坦布尔警方在突击检查中清除了一处恐怖组织"伊斯兰国"训练中心，有数十名来自乌兹别克斯坦和塔吉克斯坦的儿童在那里受训。此前土耳其媒体报道称，警方因安卡拉恐怖袭击事件开展反恐突击检查，其中在伊斯坦布尔逮捕了近50名外籍公民。此次突查在伊斯坦布尔亚洲部分的彭迪克区进行。被捕的外国人准备前往叙利亚和伊拉克，加入恐怖组织“伊斯兰国”。《Vatan》报报道称，被捕者中有24名是来自乌兹别克斯坦和塔吉克斯坦的少年，他们接受了伊斯兰极端主义和“伊斯兰国”生活准则方面的教育。11月12日，乌司法机关抓获150余名涉嫌参加“伊斯兰国”和其他极端组织的成员。11月13日，据塔什干12news.uz网站报道，一名23岁的塔什干男子因与“伊斯兰国”有联系被判处13年徒刑。

五、土库曼斯坦恐怖主义形势

2015年，土库曼斯坦的反恐形势基本可控。土库曼斯坦是中亚管控最严格的国家之一，但随着中亚激进势力的膨胀，土安全形势也日趋紧张。由于存在诸多社会、经济问题，许多土库曼斯坦年轻人都赴伊叙和巴阿参加“圣战”，数目如今已超过360人。

2015年2月中旬，土安全部门在土库曼斯坦南部展开了大规模的反恐行动，抓获10名伊斯兰极端分子。他们涉嫌与塔利班有染，并策划在阿什哈巴德和捷詹的恐怖袭击。据报道，目前土库曼斯坦监狱关押着许多因宗教理由入狱的囚犯，仅在著名的政治犯监狱“奥瓦丹捷别”就关押着约300人，多数罪名是信奉瓦哈比思想。

2015年，阿哈尔州警方在一次反恐行动中捣毁一个人数达80人的“圣战”组织，在搜查激进分子住宅时缴获40余支枪支，包括“马卡洛夫”手枪以及一些腰带炸弹。这个组织遍布该州许多居民点，并计划针对州和国家高级官员发动袭击。内务部专家经过认真研究后认为，年轻人追求非传统宗教，包括极端流派的原因，首先是由于受到在阿拉伯国家、土耳其和吉尔吉斯斯坦留学回来的神职人员的影响，以及从政教合一国家回国的土库曼人的影响。[①] 土库曼斯坦安全机关还在土阿和土伊边境的谢拉赫斯地区、库什卡地区以及马累州的一些地区没收了不少波斯语和俾路支语宗教材料。此外，土库曼斯坦也存在“圣战者”招募网络。例如，近些年一直生活在土耳其安卡拉的尤罗坦—别尔基穆拉德毛拉，就以赴土耳其学习伊斯兰教的名义，雇佣土库曼斯坦人前往土耳其。如今他的一部分信徒已经参加了叙利亚内战，当一名“圣战者”在叙利亚战死后，他的父母就可得到穆斯林兄弟捐赠的 2 万美元。

第二节　中亚地区主要反恐措施

2015 年，中亚国家继续在严打极端组织、强化宗教管理、开展国际反恐合作、加强反恐反极端法律建设等方面猛下狠手。

一、严打各种暴力极端团伙，加强反恐实兵演练

一是各国继续坚决打击涉恐涉极端案件。7 月 16 日，吉尔吉斯斯坦安全部门展开一系列特别行动，消灭了一伙“伊斯兰国”武装分子。其中一次行动遭到武装分子激烈抵抗，共有 6 名恐怖分子被击毙，7 人被逮捕，4 名“阿尔法”特种部队人员受伤。另外，吉警方还在恐怖分子藏身之处缴获了 10 多支枪械、弹药、手榴弹以及用于制造炸弹的 500 公斤硝酸铵。其间，1 名恐怖分子引爆自身携带的炸弹并当场身亡。特别行动共持续 2 个多小时，据吉国安委透露，上述恐怖分子与“伊斯兰国”有关系，其中 2 人系 2015 年 6 月 25 日成功越狱的哈萨克斯坦人。据初

① http：//eurasianews. info/ru/node/2806.

步消息，恐怖分子原计划于 7 月 17 日开斋节期间在比什凯克中心老广场举行的庆祝“开斋节”祷告活动中实施恐怖袭击，并对俄罗斯驻吉尔吉斯斯坦坎特空军基地发动袭击。吉总统阿坦巴耶夫表示，率先进入恐怖分子藏身楼内的特种队员身中三枪。“我感谢我们的士兵与军官，他们时刻准备着为履行自己的天职而做出牺牲。如果没有他们来消灭恐怖分子，第二天的市中心广场上或许会有数百名平民伤亡。”总统还表示，他的儿子 2016 年也将参军入伍。他说：“我很高兴看到愿意从军的青年人数正在上升，我的儿子明年也将入伍。”① 7 月 20 日，吉尔吉斯坦当地媒体援引国家安全委员会的消息称，当天吉尔吉斯斯坦前议员库纳库诺夫因涉嫌为日前被击毙的恐怖分子提供帮助而被逮捕。据报道，库纳库诺夫是于当天凌晨在玛纳斯国际机场计划出境时被捕，目前已被关押在吉国家安全委员会的拘留所当中。吉国家安全委员会称，库纳库诺夫与 16 日被吉警方在首都比什凯克打掉的“伊斯兰国”分支机构一直有密切联系。库纳库诺夫通过该分支机构的一名领袖在不断地为该恐怖组织提供资金和武器。另据吉国家安全委员会掌握的消息，库纳库诺夫企图指使该恐怖组织在吉境内对金融机构和个人进行打劫来获得更多从事恐怖活动所需的资金，同时还计划通过实施恐怖活动来破坏社会稳定。据悉，库纳库诺夫曾在吉前总统巴基耶夫时期担任执政党“光明道路”议员。2010 年 4 月吉爆发革命，巴基耶夫政权倒台。② 10 月 6 日，阿拉木图州卡拉萨伊区法院指控两名当地居民赴叙利亚参加“伊斯兰国”并在国内宣传激进思想。他们被判处 6 年有期徒刑，其中一名 42 岁。他承认自己是激进伊斯兰思想的信徒，并赴叙利亚参加了“圣战”。2013 年 12 月，他非法穿越土叙边界，参加了“阿布·乌别伊登”（джамаата Абу Убейды）

① http：//sputniknews. cn/politics/20150720/1015610750. html＃ixzz40K2sljYN.

② http：//sputniknews. cn/politics/20150817/1015921423. html＃ixzz40K2bIYdm.

恐怖组织，该组织是“基地”组织的分支。[①]

二是反恐实兵演练注重实效。9月18日，俄罗斯各军种尽数参加的2015年最大规模演习——“中央—2015”已接近尾声。演习的主要目的是中亚战略方向的假想国际冲突实施控制。保护中亚地区不受恐怖主义侵扰是集体安全条约组织的重要任务之一。在阿斯特拉罕州阿舒卢克靶场的演习中，步兵在航空兵和炮兵的掩护下演练了摧毁非法武装据点。该演习延续了对人员战备突击检查、各军种紧密协作训练、与集安组织联合进行反恐行动的实践。“中央－2015”演习从9月14日持续至20日，共有约9.5万名官兵、7000台军事设备与武器、170架飞机、20艘舰艇参加。[②] 10月27—31日，哈萨克斯坦和中国特种部队“猎狐2015”联合反恐演习第一阶段演习在中国新疆举行。按照计划，第二阶段于11月6日在哈国境内组织。演习以哈中两国联手打击国际恐怖组织为背景，以“边境地区反恐联合清剿行动”为课题，重点演练情报侦察、机动投送、联合封控、清剿抓捕、山地追剿5项内容。演习中，哈中双方共投入兵力130余人，混合编成指挥组、侦察组、封控组、狙击组和突击队等，采取先遣侦察、多路抵近、分区清剿、立体追歼等战术手段，对逃窜至边境山区某恐怖训练营地的“恐怖分子”实施联合打击。参与联合演习的哈萨克斯坦武装力量代表称，通过组织特种部队进行双边联合反恐演习，将进一步巩固和深化哈中两国、两军友谊，加强两军在打击恐怖主义方面的协作，深化两军之间的合作交流。[③]

---

① http：//antiterrortoday. com/geografiya-terrorizma.

② http：//sputniknews. cn/russia/20150919/1016362921. html＃ixzz40JdzQPjt.

③ http：//sputniknews. cn/military/20151106/1016898068. html＃ixzz40K0GEhi5.

二、强化宗教管理，提升宗教人士和普通民众宗教学识，抵御极端思想侵蚀

据吉宗教部门统计，1991 年吉尔吉斯斯坦有 39 座清真寺，2010 年时已经达到 2392 座。为提高居民的宗教学识，2015 年 1 月吉当局推出了科学实践方法手册，国家宗教委员会副主席楚达耶夫称，这本书介绍了当今国家基本形势、各类合法和非法的宗教组织以及一些宗教基本概念。一些宗教问题突出地区的宗教组织和宗教领袖也深入基层，进行讲解工作。同时，为加强对神职人员的管理，将激进伊玛目清除出宗教队伍，吉穆斯林管理局重新进行了伊玛目注册认证工作。此外，吉宗教管理部门还规范了讲经的内容和读本，以提高地方教职人员的专业水平，增强其反击极端主义、恐怖主义的理论能力。

塔吉克斯坦的宗教管理工作比较薄弱。总统战略研究所所长胡里克那扎尔尖锐批评了塔吉克斯坦驻俄使馆和移民局官员不作为，指出他们很少为驻俄的塔籍劳工做实事，致使劳工成为"圣战"招募者觊觎的目标。他提出多条建议：一是高级神职人员深入基层，发挥自身优势，将正确的宗教理念传授给普通大众。他建议塔伊斯兰中心和伊斯兰学研究中心的专家和伊玛目、哈提甫们，应前往俄罗斯给那里的塔籍劳工们做解经工作。二是在各地建设俱乐部、图书馆、学校等文化体育设施，丰富群众的业余文化生活。三是对基层伊玛目、哈提甫进行培训，让他们深入了解年轻人极端化的原因。他说，外国传教士很了解塔国情，他们招募的人多来自塔边远贫困地区的无业或边缘人群，年龄在 18—27 岁之间。他认为，应对这些年轻人进行短期的宗教知识和宗教宽容方面的培训。四是在学校恢复学习伊斯兰史。他认为，在学生时代就应正确学习宗教史，认识伊斯兰的传统，树立正确的宗教观。如果不能在学生时代

给予他们正确的宗教指导，长大后就会是问题。五是强化对刑满释放人员的后续监管工作。他指出，目前对这些刑满释放人员的监管工作很薄弱，他们仍处于危险阶段，随时可能重蹈覆辙。六是单独关押激进和极端分子。据相关部门掌握的材料，有些外国宣教者来塔后，故意犯罪进入监狱，如果不单独关押，他们会在狱中招募更多人。七是加强对朝觐者的监督。此外，他还建议禁止进口阿拉伯样式的服装。

三、加强各层级的反恐国际合作

2015年，中亚地区的反恐国际合作继续在双边和多边两个层次展开，并呈现日益密切、深入发展的良好态势。双边层面：6月6日，中国公安特警应邀参加了在塔吉克斯坦首都杜尚别举行的特警反恐演习。出席上合组织成员国第三次公安内务部长会议的各国代表团团长共同观摩了6日的演习。此次塔吉克斯坦内务部门邀请中国公安特警参加的演习旨在加强国际执法安全合作，共同应对跨国犯罪，维护地区安全稳定。演习分为模拟实战联合行动、特警基本技能演练两部分，参演特警队伍完成了模拟反恐、精度射击、越野综合体技能等课目。这是中国公安特警首次成建制参加跨国演习。演习磨砺了特警队伍在高山峡谷等复杂环境下的实战能力，展示了中国特警的坚强战斗力和良好精神风貌。6月29日，哈萨克斯坦总理卡里姆·马西莫夫在阿斯塔纳举行的中亚和南亚国家反极端主义地区性会议上表示，国际社会应加强在打击暴力恐怖活动和极端主义行为方面的合作。马西莫夫称，各国需要建立起一个共同打击恐怖主义活动的对话机制，加强反恐机构之间的相互协调，团结一致对抗恐怖主义蔓延。在提到哈萨克斯坦为打击恐怖主义活动而采取的措施时，马西莫夫说："遗憾的是，至今国际社会尚未形成一个共同打击暴力恐怖活动和极端主义行为的国际公约，这也使得全球性的反恐和反极端化行动缺乏统一协调各方的机制和共识。因此，各方有必要加强在打击暴力恐怖活动和极端主义行为方面的合作力度。哈萨克斯坦愿同各方就反恐问题通力协作，随时准备提供必要的协助。”10月15日，据中国国防部消息，中国国防部长常万全与到访的塔吉克斯坦国防部长米尔佐举行会谈，双方一致同意在反恐领域加强交流与合作。常万全说，中方愿与塔方一道，加强在反恐、人员培训等领域的务实合作，继续保持两军合作的良好发展势头，为中塔两国关系发展不断充实新的内涵。与此同时，米尔佐也表示，塔方感谢中方长期以来给予塔军队的支持和帮助，希望双方进一步加强在反恐等领域的交流合作，推动两军关系不断向前发展。会谈前，常万全为米尔佐一行举行了欢迎仪式，并陪同检阅中国人民解放军三军仪仗队。[①] 10月15日，哈萨克斯坦总统纳扎尔巴耶夫在阿斯塔纳会见了到访的俄罗斯总统普京，双方就哈俄关系发展、两国各领域合作及共同关心的国际和地区问题深入交换意见。谈及双方共同关心的国际和地区问题时，纳扎尔巴耶夫表示，双方高度关注阿富汗、叙利亚和伊拉克等地区的现状，尤其是叙利亚局势，同样威胁着整个中亚地区的安全。弥漫在这些地区的恐怖主义行为，已严重违背了伊斯兰社会所秉持的原则。因此，双方都认为有必要设立“伊斯兰反对恐怖主义”论坛，探讨这一问题的解决方案。[②]

多边层面：6月5日，塔吉克斯坦内务部部长拉希姆佐达在上合组织成员国公安和内务部长会议开幕式上表示，国际恐怖主义和极端主义在海外对上合组织的挑战正在增大。他说：“恐怖分子、极端分子以及国际贩毒分子渗透我们领土的势态强劲。”据他称，上合组织成员国的威胁来自中东、伊拉克和阿富汗。他表示：“‘基地’组织、塔利班、‘伊斯兰

① http：//sputniknews. cn/politics/20151016/1016668523. html＃ixzz40JN45Div.

② 中亚新闻网，2015年10月18日电。

国’、穆斯林兄弟会等其他国际恐怖组织加强了其势力和能力，试图对上合组织成员国的安全造成威胁。”拉希姆佐达指出，恐怖分子和极端分子的积极活动与阿富汗毒品生产量增加有关，而毒品是这些恐怖主义组织的主要财政来源。他表示：“还有一个危险是上合成员国以及中亚国家公民被招募到‘伊斯兰国’控制的国家参加圣战。”他强调，“伊斯兰国”试图将战场转移至塔吉克斯坦、乌兹别克斯坦、吉尔吉斯斯坦以及阿富汗。他表示，根据调查显示，“伊斯兰国”组织内共有 412 名塔吉克斯坦公民。①

9 月 14 日，上合组织地区反恐怖机构新闻处向俄新社表示，该机构与巴基斯坦政府已启动了反恐信息互换。消息中称，上周上合组织地区反恐机构执委会主任张新枫与巴基斯坦驻乌兹别克斯坦大使里亚兹·侯赛因·布哈里会晤并讨论了“伊斯兰国”恐怖主义组织活动影响下的中东与中亚地区局势。机构新闻处向俄新社表示：“会谈期间讨论了巴基斯坦国内反恐怖行动的成果。”张新枫在会晤中正式邀请巴基斯坦相关部门遣团参加于 10 月在塔什干举行的上合组织成员国与观察员国打击国际恐怖主义和极端主义第三次研讨会。上合组织于 7 月 10 日开启了接收印度和巴基斯坦为成员国的程序。上合组织地区反恐机构的总部位于塔什干。②

9 月 21 日，上海合作组织地区反恐机构新闻处称，该机构支持塔吉克斯坦护法机关消灭塔吉克斯坦前副防长阿布杜哈利姆·纳扎尔佐达团伙的行动。通报指出，“上合组织地区反恐机构执行委员会表示支持塔吉克斯坦主管部门旨在维护国家和平与稳定的反恐措施”。新闻处指出，“上合组织地区反恐机构保证愿意加强上合组织成员国主管部门间在打击

① http：//sputniknews.cn/politics/20150605/1015004587.html＃ixzz40K39uf1Q.

② http：//sputniknews.cn/military/20150914/1016311726.html＃ixzz40JfHFlxJ.

'三股势力'——恐怖主义、分裂主义和极端主义中的协调合作”。塔吉克斯坦军警在 9 月 16 日宣布击毙了纳扎尔佐达，他被控于 9 月 4 日对杜尚别和瓦赫达特的护法机关实施两起袭击。据塔吉克斯坦总检察院消息，在消灭纳扎尔佐达的特别行动中击毙了 25 名武装分子，逮捕了 125 人；在与匪帮的战斗中有 14 名军警阵亡。[①]

10 月 17 日，由中国军事科学学会举办的第六届香山论坛在北京开幕。“反恐”成为各国政要发言中出现频率最高的主题，而在这些发言中，一个共识是，恐怖主义已成为全球威胁，任何国家和地区都无法在恐怖主义威胁面前独善其身。对于应对恐怖主义威胁，多位与会政要呼吁在军事手段和非军事手段两个层面都需要进行国际合作。

10 月 22 日，上合组织地区反恐机构与蒙古国反恐协调委员会签署在打击恐怖主义和极端主义领域合作的意向书。该新闻处称：“这个文件为建立地区反恐怖机构与上合组织观察员国——蒙古国在打击恐怖主义、分裂主义和极端主义领域合作提供了法律依据。”同日，上合组织成员国在塔什干举行的对抗国际恐怖主义和极端主义问题科学实践会议期间签署了这个文件。地区反恐怖机构新闻处指出：“让上合组织观察员国参加会议能开启该组织在对抗恐怖主义、极端主义和分裂主义地域扩张问题上相互合作的新做法。”[②]

12 月 21 日晚，集安组织集体安全理事会会议在莫斯科举行，哈萨克斯坦总统纳扎尔巴耶夫出席会议。会议对当前国际和集安组织范围内的局势，以及集安组织应该采取的应对措施深入交换了意见。此外，会议还对集安组织各机构官员轮换等问题进行了讨论。与会各方均认为，有必要建立符合联合国章程、依照国际法准则和原则的全球性反恐怖主义联盟。各

---

① http://sputniknews.cn/politics/20150921/1016384919.html#ixzz40JNCGQFH.

② http://sputniknews.cn/politics/20151023/1016741075.html#ixzz40wygtEit.

方还对通过切断恐怖主义势力资金来源方式，从根源上瓦解恐怖主义势力战斗力，达成了广泛共识。会议还对俄罗斯战机在叙利亚反恐行动中被土耳其击落事件进行了讨论。各方一致认为，应强化集安组织的实力，加强各成员国之间在反恐行动中的合作，并进一步改善和增强集安组织快速反应部队的战斗力。

12 月 23 日，吉尔吉斯斯坦内务部第十管理总局局长拉赫马诺夫表示，吉尔吉斯斯坦与俄罗斯及中亚国家的合作在打击恐怖主义与极端主义方面具有重要意义。吉尔吉斯斯坦出现伊斯兰激进主义扩张趋势，被禁组织追随者的人数增加，其中青年与女性人数明显上升，参加境外军事冲突的公民数量也在升高。据非官方数据，在中亚国家进行招募活动的“伊斯兰国”人员每月收入高达数万美元。拉赫马诺夫在内务部公共委员会会议上说：“单个国家不可能对恐怖主义和极端主义造成有效打击，因为恐怖分子的活动具有跨国性质。中亚国家联合具有重要意义，因为恐怖主义与极端主义对中亚各国的威胁具有一系列共同特点。因此，与俄罗斯、哈萨克斯坦及其他中亚国家共同讨论反恐问题意义重大。”据他所说，上合组织与集安组织成员国境内活跃着 50 多个极端主义、恐怖主义、分裂主义组织，其中也包括“伊斯兰国”与“胜利阵线”。[①]

四、各国继续建立健全法律法规，走依法反恐之路

3 月 31 日，吉尔吉斯斯坦总统阿塔姆巴耶夫签署了“吉尔吉斯斯坦 2014—2020 年宗教政策纲领”总统令，该文件旨在落实吉国防委员会 2014 年 2 月 7 日的国家战略发展规划、目标，加强政府对安全机关、宗教部门的管理，建立卓有成效的官方与教派联系机制，为联合打击极端思想建立

① http：//sputniknews.cn/society/20151223/1017470696.html＃ixzz40JztoYCX.

法律依据。[①] 吉尔吉斯斯坦最高检察院检察长马姆别塔里耶娃说，吉政府将对自首的“圣战者”从轻发落，允许他们回家。同时，吉政府正在准备修改刑法，严惩拒不悔改的赴外参战人员。6 月 25 日，塔吉克斯坦当局宣布，将剥夺参与境外极端组织的塔公民的公民权。7 月 8 日，上合组织地区反恐机构与巴基斯坦签署了反恐合作的法律文件。同时，上合组织地区反恐机构代表团还与印度情报部门代表在阿斯塔纳进行了会谈。“会谈的重点是搜查疑似‘伊斯兰国’极端分子渗透进入印度的渠道。”[②] 7 月 20 日，吉尔吉斯斯坦外交部宣布，吉尔吉斯斯坦与美国合作协议废除法案正式生效，这意味着吉美两国在合作协议框架下的所有合作项目将停止。由于不满美国国务院授予吉尔吉斯斯坦服刑人员阿齐姆忠·阿斯卡罗夫“人权卫士”奖，吉总理萨里耶夫 7 月 21 日签署政府令，宣布单方面废除与美国已签订 22 年的政府间合作协议。阿斯卡罗夫因在 2010 年吉南部骚乱期间，涉嫌参与组织骚乱、煽动民族仇恨等罪名，被吉当局判处终身监禁，目前仍在服刑。美国驻吉使馆对此表示失望，称正在评估合作协议废除后可能造成的损失。[③]

---

① http：//www. centrasia. ru/newsA. php? st＝1427692620.

② http：//sputniknews. cn/society/20150708/1015434475. html＃ixzz40K0nZCp5.

③ 中亚新闻网，2015 年 8 月 20 日电。

第六章　南亚地区恐怖主义与反恐怖斗争形势综述

第一节　南亚地区恐怖主义形势

2015年南亚整体恐怖主义形势仍然比较严峻。印度总体形势有所好转，但仍然面临左翼激进势力、宗教极端势力和东北部分裂势力的严重威胁；巴基斯坦虽然持续开展“利剑行动”打击恐怖分子，但整体形势仍难言乐观；阿富汗内外暴恐威胁严峻，恐怖形势恐深度恶化；孟加拉国安全形势不稳，暴恐组织较为活跃。

一、印度恐怖主义形势

2015年以来，印度安全形势有所好转，但仍属恐怖袭击多发国。根据澳大利亚智库经济与和平研究所（IEP）2015年发布的报告，印度恐怖主义指数为 7.747，位列世界第六。[①] 印度的恐怖组织主要分为左翼激进势力、宗教极端势力和东北部分裂势力。2015 年，印国内各种暴恐事件共造成 722 人死亡，明显低于 2014 年的 976 人。其中，恐怖分子死亡人数为 386 人，安全部队为 155 人，平民为 181 人。

印东北部安全形势有所好转。2015 年，印东北部分裂势力共造成 273 人死亡，明显低于 2014 年的 465 人。[②] 印政府在平定东北部分裂势力叛乱上取得重要突破。8 月 3 日，莫迪政府与那加兰民族社会主义委员会—伊穆派（NSCN-IM）达成历史性和平协议。和平协议的签署将推动那加兰问题的最终解决，同时对其他反叛组织起到示范效用，并可防止反叛组织的联合趋势。[③] 但与此同时，政府与 NSCN-IM 的和平协议内容尚未公布，有消息称，双方在解除 NSCN－IM 武装问题上还存在分歧，NSCN－IM 以对付其对手 NSCN－K 为由要求保留武器。因此，那加兰问题的解决仍任重道远。那加兰社会主义委员会—卡普朗派（NSCN－K）仍活跃在印东北部。2015 年 6 月，卡普朗派在曼尼普尔邦偷袭印军巡逻队，18 名士兵阵亡。阿萨姆联合解放阵线（ULFA）虽自 2001 年以来同意与政府开启和谈，但一直进展缓慢。

左翼激进势力仍是主要安全威胁。2015 年，左翼激进势力共造成

---

① "Global Terrorism Index 2015", Institute for Economics and Peace, Nov. 2015, http://economicsandpeace.org/wp-content/uploads/2015/11/Global-Terrorism-Index-2015.pdf.（上网时间：2016 年 3 月 1 日）

② "Fatalities in Terrorist Violence in India's Northeast 2005－2016", South Asia Terrorism Portal, Mar. 6, 2016, http://www.satp.org/satporgtp/countries/india/database/fatalitiesnorteast2006.htm.（上网时间：2016 年 3 月 7 日）

③ "More peace, less militancy: What the historic Modi govt-NSCN (IM) pact means for India", "First Post", Aug. 4, 2015, http://www.firstpost.com/india/more-peace-less-militancy-what-the-historic-modi-govt-nscn-im-pact-means-for-ne-india-2377288.html.（上网时间：2016 年 3 月 2 日）

251人死亡，约占暴恐事件总死亡人数的34.80%，比2014年减少63人。[①] 印左翼激进势力以纳萨尔派（毛派）为代表，其势力范围包括切蒂斯格尔邦、奥里萨邦、西孟加拉邦、恰尔肯德邦、比哈尔邦等地区。其中，纳萨尔派在切蒂斯格尔邦影响力最强，约50%纳萨尔派袭击事件发生在该邦。2015年4月，3名纳萨尔派武装分子袭击印部队，造成13人死亡。[②] 除袭击建筑和采矿工程外，纳派还破坏铁路或在高速路上袭击车队，发电厂和在建水坝也是可能目标。有消息称，纳派不允许经他们控制的地区运送矿物。2015年2月，因纳派破坏铁轨，一辆货运火车在切蒂斯格尔邦丹德瓦达县出轨。2015年4月，纳派武装分子在切蒂斯格尔邦一个矿区烧毁17辆车。

伊斯兰教宗教极端势力依旧活跃。一方面，涉克什米尔跨境伊斯兰极端组织继续在印度发动袭击。印度涉克什米尔跨境伊斯兰极端组织主要包括“虔诚军”（Let）及其公开组织“达瓦慈善会”（JuD）、“穆罕默德军”（JeM）、“伊斯兰圣战运动”（Huji）等。2016年1月2日，位于旁遮普邦伯坦果德的印空军基地遭恐怖分子袭击，致7名印军死亡，数十人受伤，另有6名恐怖分子被击毙。印指责称，袭击系与巴基斯坦军情部门关系密切的“穆罕默德军”所为，要求巴采取措施抓捕真凶。13日，巴正式宣布“穆罕默德军”涉嫌制造伯坦果德案并拘捕该组织头目。另一方面，“伊斯兰国”或成新威胁。据印度内政部称，尽管“伊斯兰国”尚未在印度建立某种存在，但有20多名印度人正在伊拉克和叙利亚为“伊斯兰国”作战。年初，印度警方曾阻止一名印度青年前往叙利亚

---

① “Fatalities in Left-wing Extremism：2005－2016”, South Asia Terrorism Portal, Mar. 6, 2016, http://www.satp.org/satporgtp/countries/india/maoist/data_sheets/fatalitiesnaxal05－11.htm.（上网时间：2016年3月7日）

② “India Security”, IHS Jane's, Nov. 11, 2016, https://janes.ihs.com/Janes/Display/1304893.（上网时间：2016年3月7日）

加入“伊斯兰国”。2015年1月，“伊斯兰国”成立“呼罗珊分支”，加紧对次大陆的渗透。[①] 2015年9月，阿联酋遣返5名印度人，称其与“伊斯兰国”有联系。巴黎恐怖袭击后，印度安全部门提高了对“伊斯兰国”向印度渗透的警惕，甚至一度表示印度可能受到该组织恐怖袭击。12月初，“伊斯兰国”批评莫迪政府奉行反穆斯林政策，扬言“要将战争扩展到印度”。

此外，印度教极端主义激化族群与教派矛盾。2015年，印度教右翼组织国民志愿团（RSS）和极端右翼组织世界印度教大会（VHP）异常活跃，发起系列活动推广印度教教义，导致社会矛盾激化，已在一定程度上引发社会动荡。因印人党脱胎于国民志愿团，莫迪本人曾是国民志愿团骨干并被认为与该组织关系密切，印社会各界批评政府回应不力，更有人认为总理莫迪有同情、支持嫌疑。新一轮印度教极端民族主义风潮具体表现有：一是屠牛禁令扩大化。印度教徒在印占绝大多数，而牛被印度教教徒奉为神圣之物，因此印度28个邦中有24个邦都有屠牛禁令。2015年3月，印人党执政的马哈拉施特拉邦实施新的屠牛禁令，将禁宰范围从奶牛扩大到公牛，[②] 印人党执政（含联合执政）诸邦也纷纷加强屠牛禁令的实施。在此背景下，部分印度教徒采取过激行为，对违令者实施攻击。9月29日，在北方邦一座名为达德里的村落，一穆斯林家庭因宰牛并食用而遭印度教暴民袭击，男主人被乱石砸死。印人党联合执政的“查谟和克什米尔邦”也发生印人党议员殴打穆斯林议员事件，起因是该议员在家宴中提供牛肉。达德里事件发生后，总理莫迪因未及

① “Islamic State moves in on al-Qaeda turf”, BBC, Jun. 25, 2015, http://www.bbc.com/news/world-31064300.（上网时间：2016年3月5日）

② “BJP's ally to protest against beef ban in Maharashtra”, The Hindu, May. 2, 2015, http://www.thehindu.com/news/cities/mumbai/bjps-ally-rpi-protest-against-beef-ban-in-maharashtra/article7164877.ece.（上网时间：2016年3月1日）

时遣责备受诟病，直到10月13日，他才首次表示印人党“从不支持这种事情”。二是逼迫非印度教徒改信印度教。2014年以来，世界印度教大会和国民志愿团（RSS）积极推动“回家”计划，让贫困的非印度教徒转信印度教。2014年底，50多个贫困穆斯林家庭在阿拉格被要求参加皈依印度教的仪式。2015年7月，世界印度教大会在喀拉拉邦迫使39名来自贱民阶层的基督徒皈依印度教。此外，印度年内还发生多起教堂遇袭事件。三是印度教极端主义分子刺杀“异见者”。2015年8月，理性主义学者卡尔布吉在其位于卡纳塔克邦的家中被射杀，原因是其批评偶像崇拜和迷信而触怒印度教极右翼分子。该事件在印度国内引发作家抗议浪潮。截至9月，有35名著名作家和诗人退还印度文学院奖项，抗议印度教极端势力的暴行和印度社会“偏狭”风潮的涌动。①

二、巴基斯坦恐怖主义形势

巴基斯坦整体安全形势好转。自2014年6月军方发起“利剑行动”（Operation Zarb-e-Azb）及同年12月军政当局推出反恐新政以来，巴基斯坦国内安全形势出现好转；至2015年底，恐袭数量及相关人员伤亡连续第二年出现下降。据巴基斯坦和平研究所（PIPS）统计数据显示，2014年巴基斯坦国内共遭受恐袭1206起，造成1723人死亡、3143人受伤，分别较上年下降30%、30%和42%；② 2015年国内遭受恐袭625起，造成1069人死亡、1443人受伤，分别较上年下降48%、38%、54%。③ 部分“重

① “印度现作家‘退奖’潮，莫迪政府面临考验”，纽约时报中文网，2015年10月18日，http：//cn. nytimes. com/asia-pacific/20151018/c19india/。（上网时间：2016年3月1日）

② Pakistan Security Report 2014，PIPS，January 2015，p. 7.

③ Pakistan Security Report 2015，PIPS，January 2016，p. 7.

灾区”整治成效突出。开伯尔普什图省遭受恐袭125起，造成206人死亡、268受伤，较上年分别下降61%、62%、68%；卡拉奇市遭恐袭85起，造成150人死亡、80人受伤，较上年分别下降61%、53%、82%。[①]

然而，反恐形势难言乐观。“巴基斯坦塔利班运动”（TTP，下称“巴塔”）活动仍然猖獗。2015年，“巴塔”及其分支组织共策动了359起恐袭，占到恐袭总数的57%，造成580人死亡、828人受伤，[②] 仍是巴基斯坦境内最大暴恐威胁。而以往“巴塔”最活跃、形势最动荡的联邦直辖部落地区（FATA）形势也不乐观，全年遭受恐袭149起，造成268人死亡、370人受伤。暴恐势力仍能策动复杂袭击。2015年的625起恐袭中，46%属于“定点清除”式袭击，41%采用了“临时起爆装置”（IED），[③] 这一比例基本与上年持平，“定点清除”式袭击还有小幅上升。在多起恐袭案中，暴恐分子甚至着统一制服，行动“专业”。“硬目标”安保压力较大。2015年，42%的恐袭针对军警力量和执法部门人员与设施，[④] 这一比例较上年增加7个百分点。而直接针对平民的恐袭比例下降到15%[⑤]。这反映了暴恐势力仍将有实力并且更加倾向于针对“硬目标”策动高调袭击。

同时，恐怖活动呈现新特征。教派袭击升温。在安全形势整体好转的情况下，教派袭击减少至63起，占恐袭总数比重下降至10%，但造成死亡人数不降反升，造成272人死亡，较上年增长7%。[⑥] 分离势力活

---

① Pakistan Security Report 2015，pp. 8－9.

② Ibid，p. 7.

③ Ibid.

④ Ibid.

⑤ Ibid.

⑥ Ibid.

跃。2015 年，信德和俾路支分离势力制造了 208 起袭击，占到恐袭总数的 33.28%；[①] 而上年分离势力制造恐袭 334 起，占到恐袭总数的 27.7%。[②] 这共同造成俾路支省、信德省成为新的恐袭热点。2015 年，俾路支省遭受恐袭 218 起，居全国各省之首；而信德省除卡拉奇市以外地区，以往少受恐袭滋扰，但 2015 年遭受恐袭 17 起，造成 101 人死亡，死亡人数较上年增长 339%。[③] 教派袭击中 90%的案件、98%以上的人员伤亡集中在巴基斯坦国内的 8 个地区，其中信德省占 3 个（雅各布阿巴德、希卡布尔和卡拉奇），俾路支省占 2 个（奎达和伯兰）。[④]

暴恐势力出现新动向。“伊斯兰国”（IS）加紧渗透。一方面，扩张组织网络。2015 年 1 月，“伊斯兰国”正式宣布成立涵盖中亚、南亚地区的“呼罗珊省”，并任命前“巴塔”奥克拉扎伊地区头目哈菲兹·赛义德·汗出任头目，吸引了不少“巴塔”分子转投。例如，2015 年 8 月，社交网络上出现两张展现位于巴基斯坦部落地区的暴恐营地的照片，该营地以前“巴塔”头目哈基穆拉·马哈苏德命名，并称是前“巴塔”头目“拜图拉·马哈苏德的队伍在瓦济里斯坦向‘伊斯兰国呼罗珊省’效忠”。[⑤] 同时，“伊斯兰国”还趁机招募当地人群前往伊拉克、叙利亚加入其组织。旁遮普省法律部长称，已经约有 100 人前往中东加入“伊斯

---

① Pakistan Security Report 2015，p. 7.

② Pakistan Security Report 2014，p. 7.

③ Pakistan Security Report 2015，p. 8.

④ Ibid.

⑤ “Islamic State claims camp in Pakistan’s tribal areas”，Long War Journal，August 3，2015， http：//www. longwarjournal. org/archives/2015/08/islamic-state-claims-camp-in-pakistans-tribal-areas. php.（上网时间：2016 年 2 月 2 日）

兰国”[①]。另一方面，推销极端意识形态。“伊斯兰国”鼓吹教派袭击，“真主军”（Jundullah）等教派暴恐组织公开支持“伊斯兰国”，[②] 借势作乱。2015 年 5 月，什叶派穆斯林搭乘的大巴在卡拉奇遭到袭击，至少 43 人死亡。案发现场出现“伊斯兰国”反宣材料；“真主军”宣布认领此案后，“伊斯兰国呼罗珊省”也自称制造此案。[③] 随后，在警方调查中发现了多个“受‘伊斯兰国’意识形态鼓动”的恐怖组织，并称其与教派暴恐组织“简格维军”（LeJ）也有勾连。[④]

不过，“伊斯兰国”对巴基斯坦的影响尚且可控。一方面，尚未发现“呼罗珊省”在巴基斯坦的实际据点。巴基斯坦外交秘书艾扎兹·乔杜里表示，“伊斯兰国”在巴基斯坦没有据点；[⑤] 目前已知的“呼罗珊省”对外公布的 4 个暴恐营地亦均在阿富汗境内。[⑥]“伊斯兰国”任命的“呼罗珊省”正副头目先后于 2015 年 2 月、7 月在阿富汗境内被美军炸死，也

---

① “About 100 Pakistanis fled to Syria and Iraq to join Islamic State”，The Times of India，January 5，2016，http：//timesofindia. indiatimes. com/world/pakistan/About-100-Pakistanis-fled-to-Syria-and-Iraq-to-join-Islamic-State/articleshow/50451075. cms.（上网时间：2016 年 2 月 2 日）

② “Unusual trend：Jundullah pledges support to IS”，the Express Tribune，November 18，2014，http：//tribune. com. pk/story/792894/unusual-trend-jundullah-pledges-support-to-is/.（上网时间：2016 年 2 月 2 日）。

③ “Gunmen kill 43 in bus attack in Pakistan's Karachi”，Reuters，May 13，2015，http：//www. reuters. com/article/2015/05/13/us-pakistan-attack-idUSKBN0NY0FH20150513.（上网时间：2016 年 2 月 2 日）

④ “IS in Pakistan”，DAWN，October 15，2015，http：//www. dawn. com/news/1213087.（上网时间：2016 年 2 月 2 日）

⑤ “No footprints of Islamic State in Pakistan：Foreign Secretary”，The News，November 16，2016 http：//www. thenews. com. pk/print/15690-no-footprints-of-islamic-state-in-pakistan-foreign-secretary.（上网时间：2016 年 2 月 2 日）

⑥ “Islamic State claims camp in Pakistan's tribal areas”，http：//www. longwarjournal. org/archives/2015/08/islamic-state-claims-camp-in pakinstans-tribal-areas-php.

显示了“呼罗珊省”在整个地区仍立足未稳。另一方面，值得警惕的是，“伊斯兰国”在意识形态上的“吸引力”，以及在巴军打击下窜逃进入阿富汗境内的“巴塔”分子与“伊斯兰国”勾连，为“伊斯兰国”向巴基斯坦渗透提供了可能的渠道。

暴恐势力跨境流动增强。一方面，“巴塔”重新勾结力量，利用“暴恐通道”跨境施袭。巴军在阿巴边境的开伯尔部落区开辟战线，发起“开伯尔行动”（Operation Khyber）。但至同年 7 月，巴军宣布结束“开伯尔 II 号行动”，仍未控制该地区边界通道。[①] 而此前，3 月，活跃在该地区并曾一度投靠“伊斯兰国”的“巴塔”两个分支组织“伊斯兰军”（LeI）和“自由党”（JuA）宣布重归“巴塔”网络，宣誓效忠“巴塔”头目法兹鲁拉，三方头目协商后重组“巴塔”领导层。[②] 尽管“巴塔”对外坚守塔利班意识形态，否认“伊斯兰国”及其“哈里发”，[③] 但其分支“自由党”仍曾一度希望调和阿富汗塔利班与“伊斯兰国”之间矛盾。[④] 这说明了“巴塔”在巴基斯坦境内活动空间受到挤压，故而不愿在“阿塔”和“伊斯兰国”之间选边站，企图在阿富汗境内建立据点、获得庇护，继续进行越境袭击。

---

① “End of Khyber-II”, DAWN, July 4, 2015, http: //www. dawn. com/news/1192179/end-of-khyber-ii.（上网时间：2015 年 11 月 8 日）

② “Collective front: Mangal Bagh, Jamaatul Ahrar TTP merge”, the Express Tribune, March 13, 2015, http: //tribune. com. pk/story/852638/mangal-bagh-jamaatul-ahrar-back-into-ttp-fold/.（上网时间：2015 年 11 月 8 日）

③ “Pakistan Taliban reject Islamic State leader's claim to be ‘caliph’”, Reuters, December 9, 2016, http: //www. reuters. com/article/us-pakistan-islamic-state-idUSKBN0U20IT20151219.（上网时间：2016 年 2 月 2 日）

④ “TTP brokering peace between Daesh and Afghan Taliban”, the News, July 16, 2015, http: //www. thenews. com. pk/Todays-News-13 — 38651-TTP-brokering-peace-between-Daesh-and-Afghan-Taliban.（上网时间：2015 年 11 月 8 日）

另一方面，部分暴恐势力“回流”阿富汗。在巴军重压下，阿富汗战争以来窜入巴基斯坦部落地区的部分暴恐势力“回流”趋势明显。突厥裔暴恐势力已深入到阿富汗北部。“东突厥斯坦伊斯兰运动”（ETIM，下称“东伊运”）、“乌兹别克斯坦伊斯兰运动”（IMU，下称“乌伊运”）等遭到巴军重击，巴当局表示已基本清除境内“东伊运”势力。[①] 而与此同时，“乌伊运”及突厥裔武装分子开始在阿富汗北部活跃。[②] 与“阿塔”关系紧密的“哈卡尼网络”（HQN）也在阿富汗境内活跃。2015 年 8 月，巴基斯坦总理国家安全与外交顾问萨尔塔吉·阿齐兹曾指出，“‘哈卡尼网络’80％至 90％的行动能力在阿富汗境内”。[③]

三、阿富汗恐怖主义形势

2015 年，受巴基斯坦打恐行动波及、中东恐情外溢传染，以及阿富汗政府之间的内斗纷争、阿国民军队能力不足和美及北约撤军等因素影响，阿富汗安全形势急剧恶化，各大暴恐组织的暴恐活动掀起新的高潮。据联合国报告显示，2015 年阿富汗平民死亡人数达 1.1 万人，创造了新

---

① “巴基斯坦总统：‘东伊运’大部分成员已被消灭”，凤凰网，2015 年 9 月 2 日，http://news.ifeng.com/a/20150902/44575399_0.shtml。（上网时间：2016 年 2 月 15 日）

② Qishloq Ovozi，“Closer To Home，Islamic Movement Of Uzbekistan May Renew Original Goals”，RFE/RL，May 21，2015，http://www.rferl.org/content/islamic-movement-of-uzbekistan-pakistan-afghanistan/27029197.html.（上网时间：2016 年 2 月 15 日）

③ “Haqqani militants weakened，despite US concern：Aziz”，the Express Tribune，August 31，2015，http://tribune.com.pk/story/948007/german-foreign-minister-arrives-in-islamabad-to-meet-pm-nawaz/.（上网时间：2015 年 11 月 8 日）

的纪录。①

首先，阿富汗塔利班彰显强悍作战能力，内部发生剧烈变动，威胁加剧。2015 年，阿富汗塔利班除了继续发动“春季攻势”外，还不断在阿各大城市搞恐袭，并逐步由南部地区向阿北部和东部扩散，同时改变之前“打了就跑”的恐怖游击战，开始“占山为王，攻城拔寨”，先后夺取和控制昆都士等多个地区，在阿富汗全境“多点开花”，给阿政府和民众构成巨大的威胁。除了西部与伊朗接壤地区外，塔利班在其他各个方向均有较大斩获。在南部，塔利班重点袭击赫尔曼德省，威胁该省首府拉什卡尔加及周边尼姆鲁兹、法拉、乌鲁兹甘和坎大哈省。在沟通阿南部和东部地区的中南部地区，塔利班已经自由往返于赫尔曼德和乌鲁兹甘省之间，进而获得了较大战略活动空间。在首都喀布尔附近，塔利班着力控制沟通喀布尔与阿其他地区的关键通道，限制阿安全部队的行动自由。喀布尔周围的卢格尔、瓦尔达克和卡皮萨省都成重点目标。

同时，由于阿富汗塔利班原“最高领袖”奥马尔的死讯得到确认，其内部在产生新的领导人以及该组织走向等方面产生巨大的内斗，这直接影响了该组织的发展和阿安全形势。2015 年 7 月底，“阿塔”原“最高领袖”奥马尔死讯确认，阿赫塔尔·穆罕默德·曼苏尔成“阿塔”新任头目。但曼苏尔“圣战”资历、人格魅力难与奥比肩，且近两年频繁以奥名义发号施令，欺骗“阿塔”中下层官兵，缺乏信誉，其上任曾遭到巨大争议。为用武力树威和巩固权力，曼苏尔率领“阿塔”进攻昆都士，在阿北部地区频繁搞恐袭，并试图夺取其他据点。然而，尽管曼苏尔后期已获大多数支持，但仍不能阻止“阿塔”内部分裂迹象。2015 年

① “Civilian Casualties in Afghanistan Hit Record in 2015”，http：//www. globalresearch. ca/civilian-casualties-in-afghanistan-hit-record-in-2015/5508198.（上网时间：2016 年 2 月 24 日）

11月4日，“阿塔”扎布尔分支头目曼苏尔·达杜拉等人宣布选举毛拉穆罕默德·拉苏尔为“最高首领”，公开与“阿塔”现任头目阿赫塔尔·穆罕默德·曼苏尔决裂。拉苏尔随后在演讲中称“曼苏尔上台后杀害和绑架大量‘阿塔’成员，并与美私下接触，已将‘阿塔’带向歧路”。11月8—10日，双方支持者在阿南部扎布尔省的阿甘达卜等三县兵戎相见，此次冲突也是近几月来“阿塔”内部首次大规模对抗，造成至少80人死亡。12月，有传言曼苏尔已在内部权力斗争中死亡。目前，“阿塔”内部已分成多股派系，背后各有势力支持。未来，争权夺地将成各派首要任务，届时各自为战、竞相以武力彰显存在或更为突出，阿安全局势或将更趋混乱。

其次，“伊斯兰国”加大对阿富汗的渗透。“伊斯兰国”一直对南亚有企图，将阿富汗看作是其建立“大哈里发”国家的重要版图，处心积虑在这里搞扩张。2015年1月11日，一些从“巴塔”、“阿塔”等暴恐组织脱离的成员发布视频称成立“呼罗珊武装”，效忠“伊斯兰国”头目巴格达迪。1月26日，巴格达迪发布视频接受效忠并将该武装整编为“伊斯兰国”在南亚的分支势力，并宣称建立名义上的“呼罗珊省”。巴格达迪任命原“巴塔”奥拉克塞分支头目哈菲兹·赛义德·汗和原“阿塔”成员阿卜杜拉·劳夫·哈迪姆为该武装的正、副埃米尔（头目）。该武装成员数百人，大多出自巴阿，还有部分“伊斯兰国”伊叙成员入伙。2月1日，该武装与“巴塔”、“伊斯兰军”和“自由党”结为军事同盟，四方成立军事委员会，进行人员交流和武器互补，共同应对巴军围剿。该同盟分工明确，“巴塔”头目法兹卢拉总体协调；“伊斯兰军”头目掌管军事行动；“伊斯兰国”下属“呼罗珊分支”提供人员和财政支持；“自由党”主攻恐袭（“巴塔”后期退出与“伊斯兰国”的联盟，与“伊斯兰国”反目，并与阿富汗塔利班、“基地”形成对付“伊斯兰国”的联盟）。目前，据报道称，“伊斯兰国”在阿富汗全境的34省中的25省有活动踪迹。[1] 尤其是在楠格哈尔省，“伊斯兰国”在此建立了大量的活动据点和网络，借此培训学员，并向阿全境乃至中亚扩散。半岛电视台曾做过一个记录“伊斯兰国”在阿东部地区的活动视频，视频显示“伊斯兰国”已经控制了这里的一切——生产、教学和税收。他们给这里的“伊斯兰国”分子发工资，每人每月几百美元。这是一笔巨款，在当地可以养活一大家子人。“伊斯兰国”还在这里开办学校，当地小孩3岁就要入学，并学习使用武器和制造炸弹装置等培训。

“伊斯兰国”在阿富汗的强烈扩张，引发当地暴恐势力的剧烈反应。一方面，赢得不少当地拥趸。目前，“伊斯兰国”“呼罗珊分支”的大部分成员为当地暴恐势力，多由原阿富汗塔利班中的“不得志者”或巴基斯坦塔利班及“虔诚军”等其他恐怖势力转投而来。同时，阿富汗当地军阀“伊斯兰党”大头目希克马蒂亚尔也宣称支持“伊斯兰国”，“乌伊运”也宣称效忠“伊斯兰国”。另方面，“伊斯兰国”在阿的扩张严重侵扰阿富汗塔利班和“基地”组织的势力范围，“伊斯兰国”与之对抗幅度增加。2015年2月以来，不断传出“伊斯兰国”同阿富汗塔利班火并的消息。仅5月，双方就在阿境内法拉省交火三次，各死伤数十人。6月中旬，塔利班发布声明，公开警告“伊斯兰国”头目巴格达迪不要在阿富汗实施与其类似的袭击活动，并扬言将采取反制措施。奥马尔死后，“伊斯兰国”见缝插针，频发视频，广建联系，扩招兵马。“伊斯兰国”与当地暴恐势力分庭抗礼，将导致阿安全局势更为混乱，各方势力为了赢取更多支持者和扩大地盘，或在阿境内制造更多恐袭。

第三，巴基斯坦境内暴恐势力大肆流窜入阿，对阿安全构成巨大冲

---

① “Taliban in Kunduz，ISIS in Nangarhar：Fiefdoms of Conflict in Afghanistan”，http：//thediplomat. com/2015/10/taliban-in-kunduz-isis-in-nangarhar-fiefdoms-of-conflict-in-afghanistan/.（上网时间：2016年2月24日）

击。加尼上台后，巴基斯坦与阿富汗关系明显好转。2014 年 6 月起，巴军发起“利剑行动”，围剿巴境内恐怖分子。其中窝藏在部落区的“巴塔”和“基地”组织、“乌伊运”、“东伊运”和“伊斯兰圣战联盟”等暴恐势力成为主要打击对象。为躲避打击，这些暴恐势力纷纷通过巴阿边境逃往阿，在阿境内肇事作恶，使阿安全局势雪上加霜。一是“基地”和“巴塔”等开始在阿北部的库纳尔省和努尔斯坦省等地建营地，并向多地扩散，与阿富汗塔利班搭建暴恐同盟，共同在阿搞恐袭。据报道，“阿塔”春季攻势中，“巴塔”、“基地”组织和其他外籍恐怖势力也参与其中。此外，为应对“伊斯兰国”在阿扩张，“基地”、“巴塔”与阿富汗塔利班开始携手抗敌。奥马尔死讯公布后，“基地”头目扎瓦希里 2015 年 7 月下旬宣誓效忠曼苏尔，“基地”三大分支——“半岛分支”、“北非分支”和“支持阵线”也迅速发声，扬言联合“阿塔”、“巴塔”的国际派搞武力“圣战”。2015 年 8 月，加尼称已有约 10 国的“基地”、“巴塔”等外籍恐怖分子在阿搞恐袭。二是“乌伊运”在阿北活动剧烈，效忠“伊斯兰国”，回流中亚趋势明显。“乌伊运”熟悉阿北部路径，早年就是经阿北部地区从中亚逃往阿巴，且阿北部有乌兹别克族人，“乌伊运”可加以利用，借此扩大影响力，构建贩毒通道。目前，“乌伊运”在阿北部大部分地区都有活动踪迹，尤以巴达赫尚为甚。此前，朱尔姆（Jurm）县县长努尔·纳德里透露，北约驻阿安全部队撤离后，“乌伊运”在瓦尔杜基（Warduj）、玉姆干（Yumgan）和朱尔姆（Jurm）等地活动明显加剧，并与当地活动的“阿塔”勾连密切。同时，“乌伊运”还注重培养当地势力。“乌伊运”重新在巴达赫尚开办宗教学校和训练营，兜售伊斯兰极端思想，培训当地军民游击战和制作路边炸弹等暴恐技战术，并向贫困者发放一定补助，吸引大量年轻人入伙。此外，“乌伊运”2015 年 8 月正式宣称效忠“伊斯兰国”，开始构建连通中亚的暴恐网络。“乌伊运”及其分支借助塔阿边境转移和回流的趋势日渐突出，并常进行人员互换和策划恐袭。塔政府2015年来已逮捕多名经此回流的“乌伊运”人员。同时，“乌伊运”效忠“伊斯兰国”，使阿境内暴恐组织之间的实力出现新的分化，致未来阿局势或更为混乱。

四、孟加拉国恐怖主义形势

2015年，孟加拉国暴恐形势加剧恶化，可谓内忧外困。内部本土极端组织加速重组，大搞恐怖袭击；外部面临“伊斯兰国”和“基地”组织的连番渗透，压力倍增。据统计，2015年孟加拉国各类恐怖主义事件共造成56人死亡，死亡人数保持高位。①

首先，“伊斯兰国”对孟加拉国加速渗透，大肆作案。随着“伊斯兰国”在南亚扩展加剧，其对孟加拉国也越发重视。“伊斯兰国”拓展在孟影响有如下方式：首先，直接派遣成员前往南亚；其次，通过资金输入和文化活动，传输激进的瓦哈比思想；第三，拉拢对政府和社会不满的当地人拓展影响。目前，“伊斯兰国”在孟加拉国积极招募人手，据称已招募大约50人。另据分析，“伊斯兰国”招募成员并非社会底层，不少出身中产阶级，如法官和公务员家庭。此外，多次在其旗下杂志《达比克》表达对孟加拉国的推崇。2015年9月，“伊斯兰国”首度发布孟加拉语的文章，称要将孟加拉国打造成向印度和缅甸扩展的重要基地。文章中号召孟加拉人效忠巴格达迪，要求孟加拉人保证缅甸罗兴亚人的尊严，对缅展开“圣战”，并最终扩展至印度，实现穆斯林对印度的统治。2015年，“伊斯兰国”在孟加拉国制造了大量案件，其曾对在孟发生的8

① “Fatalities-Islamist Terrorism 2005-2016”，http：//www.satp.org/satporgtp/countries/bangladesh/database/Fatalities-Islamist%20Terrorism%202010.htm.（上网时间：2016年2月24日）

起恐怖案件宣称负责。①“伊斯兰国”在孟加拉国袭击目标主要有两类，一是在孟的西方人。9 月 28 日，50 岁的意大利援助人员切萨雷·塔韦拉在首都达卡使馆区附近锻炼时遭骑摩托车的男子枪击，背部中弹，抢救无效身亡；10 月 3 日，66 岁的日本人星邦男在达卡西北方向 300 公里处的朗布尔地区马希甘杰村遭多名骑摩托的不明身份男子枪杀。11 月 18 日，一名意大利人在孟加拉国遭不明身份枪手袭击，枪击事件发生在孟加拉国北部迪纳杰布尔县。意大利媒体称，受害人名为皮耶罗·帕罗拉里。他在孟加拉国已经居住 10 年，在当地传教并医治穷人。事后，“伊斯兰国”均宣称负责，并威胁将在孟加拉国发动更多类似袭击，称袭击是为报复美国主导的多国联军在伊拉克和叙利亚空袭“伊斯兰国”。二是袭击少数派。10 月 24 日，孟加拉国首都达卡一处什叶派穆斯林清真寺发生三连发炸弹爆炸，造成至少一人死亡，几十人受伤。当时人们正在那里做礼拜，庆祝阿舒拉节。11 月 26 日，一名身份不明的枪手在孟加拉国博格拉地区的一座什叶派清真寺向教徒们开枪，打死一名男子，打伤三人，随后“伊斯兰国”宣称负责。12 月 26 日，“伊斯兰国”成员在距离首都达卡大约 250 公里的巴格马拉的阿赫默底亚一清真寺引爆炸弹，导致大量正在做礼拜的教徒死伤。

其次，“基地”组织对孟加拉国虎视眈眈。2014 年 9 月，“基地”组织宣布成立次大陆分支后，就将孟加拉国作为其扩张南亚总部势力、抵抗“伊斯兰国”影响的重要据点。2015 年来，“基地”组织先后借助其在孟加拉国的关联势力加大意识形态的宣传，并将这些关联势力重组（下一点会详细阐述）。同时，“基地”组织还发布视频，威胁袭击孟国内违反伊斯兰教的行为，声称禁止任何反伊斯兰的出版物。2015 年 3 月，

① 参见 Counter Terrorist Trends and Analysis，Volume 7，Issue 11，December 2015-January 2016，第 47 页。

“基地”组织发表声明，称将对那些发动反伊斯兰教行为的博主发动袭击。2015年，已有多名博主和出版社人员遭袭身亡。

再次，孟国内极端势力重新分化组合。随着“伊斯兰国”和“基地”组织的竞相渗透，孟本土暴恐势力与之牵连增多，开始重新选边站队，孟国内超过30股暴恐势力主要整合为三派力量：一是“孟加拉国圣战联盟”（Bangladesh Jihadi Group），与“基地”组织次大陆分支关系密切，“孟加拉国圣战者大会”（JMB）和“孟加拉国伊斯兰圣战运动”（HUJI－B）在其中实力雄厚，另一组织“真主护卫者—孟加拉团”中的不少成员据称也与该联盟有关系，其成员多次袭击博主。二是伞状组织 Jund al Tawheed wal Khilafah（JATWK），该组织是亲“伊斯兰国”派，主要由“伊扎布特”和“真主护卫者—孟加拉团”的分支构成。2014年10月，该组织宣称效忠“伊斯兰国”头目巴格达迪。该组织在孟的主要任务是招募孟加拉人赴伊拉克和叙利亚参战，并为“伊斯兰国”南亚分支建立武装力量。三是近年新建的伞状组织 Hilful Fuzul al Islami Bangladesh（HFIB），该组织有20多股孟加拉国国内和国外势力加盟，许多涉罗兴亚暴恐组织也都加盟其中，如“罗兴亚团结组织”。报道称该组织近来正准备袭击孟大型基础设施，包括港口、石油化工设施和海军基地等。该组织财源多样，包括正当商业行为以及人口走私等其他有组织犯罪行为等。

总体来看，孟国内面临的极端势力威胁上升。孟内务部门分析，孟极端势力抬头并非内生，而是由外部传导，但孟政治暴力频发，助长极端思想和行为。此外，孟人口结构年轻，65％以上人口年龄在30岁以下。政府治理不善、社会不公、民众失望也助长极端势力。孟朝野一致反对“伊斯兰国”等暴恐势力，主张坚决打击恐怖主义，既包括执政的人民联盟，也包括在野的民族主义党和伊斯兰大会党。孟政府对恐怖主义采取零容忍态度，但执法力度不足，中央政府法令在地方和执行机构难以彻底落实，社会层面也对政府决策存在抵触情绪，导致打恐行动不力。

第二节　南亚地区主要反恐措施

一、印度主要反恐措施

重视国内安全和反恐工作。在政府鼓励下，印度重要智库“印度基金会”自 2015 年起举办专门反恐会议，为国内外不同机构提供反恐交流平台。2015 年 3 月，“印度基金会”协同萨达尔·帕特尔大学在拉贾斯坦邦斋浦尔举办首届反恐会议。印度国家安全顾问多瓦尔、内政部长辛格、防长帕利卡尔、拉贾斯坦邦首席部长拉杰等政要出席。[①] 2016 年 2 月，印度重要智库“印度基金会”举办第二次反恐会议。[②] 印总统在会议上强调，恐怖主义是人类面临的最大威胁，反恐政策主要包括情报信息搜集、预防袭击技术能力的发展、特种部队的培养和专门法律的颁布等内容。印总理莫迪也多次在国内外强调恐怖主义的危害，访美期间他在演讲中提到，恐怖主义和全球变暖是当今世界两大挑战。

完善反恐机制建设。印度反恐受制于部门间信息共享和协调不畅。

---

① “Counter Terrorism Conference－2015”, Sardar Patel University of Police, Security and Criminal Justice, Mar. 18, 2015, http: //www. policeuniversity. ac. in/archive. php? id＝cfpacs _ 2.（上网时间：2016 年 3 月 2 日）

② “ President Pranab Mukherjee to open counter-terror conference in Jaipur on Tuesday”, Times of India, Feb. 2, 2016, http: //timesofindia. indiatimes. com/city/jaipur/President-Pranab-Mukherjee-to-open-counter-terror-conference-in-Jaipur-on-Tuesday/articleshow/50813698. cms.（上网时间：2016 年 3 月 2 日）

为改善这一问题，孟买恐袭案后，前内政部长奇丹巴拉姆提出建设国家反恐中心（NCTC）、国家情报网（NATGRID）和犯罪追踪网络系统（CCTNS）。国家情报网络（NATGRID）可连接不同政府机关数据库并提供单一入口供情报机构使用。该系统将连接银行记录、信用卡使用记录、手机使用情况、出入境记录、所得税记录、国家犯罪记录等21个敏感信息数据库，[①] 为情报机构获得信息提供便利。2015年9月，印政府任命印度警察服务局（IPS）官员塔库尔担任国家情报网主任，她将向内政部国内安全次长普拉萨汇报工作。[②] “犯罪追踪网络系统”（CCTNS）计划连接印度1.5万个警局，可上传并共享犯罪信息报告，便于罪犯信息收集和追踪。巴黎恐袭案发生5天后，印度内阁经济事务委员会同意提供200亿卢比资金用于发展该系统，印政府承诺将于2017年3月建设完成。[③] 印度国家反恐中心（NCTC）则在2015年无所进展。建成后的印度国家反恐中心将拥有独立调查取证和逮捕权，可要求印度几乎所有情报机构和调查部门以及包括国家安全卫队在内的七大中央武装警察部门协助配合调查和共享信息，从而大大提升印度反恐能力。因其打破现有国家情报司法权力体系，招致地方政府反对，印新政府上台后基本处于停滞状态。

---

① “NATGRID: Three names sent to PMO for top post”, The India Express, Feb. 12, 2016, http://indianexpress.com/article/india/india-news-india/ashok-prasad-appointment-ceo-national-intelligence-grid-natgrid-three-names-sent-to-pmo-for-top-post/.（上网时间：2016年3月2日）

② “IPS Officer Binita Thakur Appointed NATGRID Director”, NDTV, Sep. 11, 2015, http://www.ndtv.com/india-news/ips-officer-binita-thakur-appointed-natgrid-director-1216710.（上网时间：2016年2月3日）

③ “Inti-terror grid in deep freeze”, India Today, Nov. 25, 2015, http://indiatoday.intoday.in/story/anti-terror-grid-in-deep-freeze/1/531618.html.（上网时间：2015年12月12日）

多途径打击东北部分裂势力。莫迪对东北部分裂势力软硬兼施、分而治之，在那加兰问题上取得突破性进展。一方面，与那加兰民族社会主义委员会—伊穆派（NSCN－IM）达成和平协议，以和谈促招安。那加兰民族社会主义委员会成立于20世纪80年代初，通过武装叛乱争取那加兰人聚居区独立，后因内部在与政府和谈问题上出现分歧，于1988年分裂为伊穆派（NSCN－IM）和卡普朗派（NSCN－K）。另一方面，予挑衅以严打。NSCN－K派偷袭印军巡逻队后，因该组织盘踞在印缅边境缅方一侧，印军越境实施报复性打击，消灭近50名武装分子。①

加强国际反恐合作。一是在国际平台上积极发挥自身作用。印度是全球反恐论坛（GCTF）创始国之一，并参与联合国反恐论坛。法国恐袭案发生后，印总理莫迪再次呼吁联合国尽快定义“恐怖主义”并实施《国际反恐全面公约（1996）》。② 印度常驻联合国副代表比什诺伊在联合国二战结束70周年纪念大会上指出，“恐怖主义已发展成为人类最大威胁之一，只有全世界共同参与才能彻底击败恐怖主义”。二是与主要国家加强反恐合作。2015年4月印总理莫迪访问法国，拟与法组建反恐联合工作组，加强涉恐情报交流。6月，美防长访印期间，两国续签《美印防务合作框架协议》，包括推进两国在联演联训、反恐防扩散、情报交流等多个领域的防务合作。8月，美印网络对话在美国举行，两国就全球信息安全问题进行磋商，包括共同打击网络犯罪、强化网络安全威胁预

① “Cross-border strike: Army enters Myanmar to hit naga Militants,” The Indian Express, Jun. 10, 2015, http://indianexpress.com/article/india/india-others/army-hits-back-kills-militants-involved-in-manipur-ambush/.（上网时间：2016年2月3日）

② “Prime Minister Narendra Modi urges UN to ‘define terrorism’”, Times of India, Nov. 15, 2015, http://timesofindia.indiatimes.com/india/Prime-Minister-Narendra-Modi-urges-UN-to-define-terrorism/articleshow/49786744.cms.（2016年3月2日）

警共享机制及加强网络安全事件协同应急响应能力等内容。10月，中印两国军队在云南昆明举行代号为“携手—2015”的陆军反恐联合训练，两国还于11月在新德里举行第七次反恐磋商。2016年1月法国总统奥朗德访印期间，两国专门就反恐发布联合声明，“就全面反恐途径达成一致”，决定加强网络安全、特种部队及反恐情报等双边合作。印还将支持非盟安全能力建设，培训非盟维和人员；加强与中亚五国的反恐及军事领域合作，与乌等国组建联合反恐工作组。

二、巴基斯坦军政当局“软硬兼施”力推反恐新政

自2014年6月巴军发起“利剑行动”以来，巴基斯坦军政当局逐渐放弃“打谈结合”策略，反恐立场趋于强硬。同年12月，白沙瓦军人子弟校遭特大恐袭后，政府推出“全国行动计划”（NAP）。2016年以来，军政当局力推反恐新政，“软硬兼施”严打恐怖主义，取得了一定成效。

军队方面保持高压态势，续推“利剑行动”及城市反恐执法。2014年6月，巴军在北瓦济里斯坦部落区（下称“北瓦”）发起“利剑行动”。至同年10月，巴军在开伯尔部落区新辟战线，发起代号为“开伯尔行动”的新一轮攻势。2015年3月，巴军宣布“开伯尔I号行动”结束，旋即发起第二阶段“开伯尔II号行动”，旨在肃清“巴塔”及其分支组织藏匿的替拉山谷（Tirah Valley）。6月，巴军宣布“开伯尔II号行动”结束，同时在北瓦将战线向南推进至与南瓦济里斯坦交界的沙瓦尔谷地（Shawal Valley），称“利剑行动”已进入“决定性阶段”。[①] 12月，巴军

① “Operation Zarb-e-Azb：Army gearing up for final push in Shawal Valley”，the Express Tribune，June 29，2015，http：//tribune. com. pk/story/911661/army-gearing-up-for-final-push-in-operation-zarb-e-azb/.（上网时间：2016年2月15日）

宣布“业已肃清靠近巴阿边界的最后几片地区”，并称自发起“利剑行动”以来，军事行动中打死恐怖分子3400人，摧毁其藏匿据点837处，还根据情报展开抓捕行动1.32万次，其中打死恐怖分子183人，逮捕2.1万余人。[①] 同时，巴军准军事力量在卡拉奇市续推代号为“卡拉奇行动”（Operation Karachi）的维稳严打。2015年8月，巴军宣布为期两年的“卡拉奇行动”结束第一阶段，其间抓捕恐怖分子826人；[②] 11月，巴军准军事力量宣布在卡拉奇市展开“下一轮行动”。

政府方面施行反恐新政，推出“全国行动计划”。2014年12月，白沙瓦暴恐案发后9天，巴基斯坦总理谢里夫发表电视讲话，宣布20点“全国行动计划”，恢复对恐怖分子执行死刑，将涉恐案件司法权移交军事法庭。翌年1月，议会通过宪法第21修正案及《陆军法》修正案，正式将“恐怖组织或借以宗教教派名义的组织相关人员”及部分《保护巴基斯坦法》所规定的恐怖主义罪行的司法权移交军事法庭。至2015年12月中，军方称所设11个军事法庭共审理案件142起，其中55起结案，87起尚在审理之中，共判决31名恐怖分子。[③] 另据巴基斯坦人权委员会（HRCP）统计，自2014年12月以来，已有300余人被处以死刑。[④]

围绕“全国行动计划”，政府还施行了一系列反恐新举措。

---

① Press Release, ISPR, No PR380/2015 - ISPR, December 12, 2015, https://www.ispr.gov.pk/front/main.asp?o=t-press_release&id=3127#pr_link3127.（上网时间：2016年2月15日）

② “First stage of Karachi security operation complete: Rangers”, the Express Tribune, August 10, 2015, http://tribune.com.pk/story/935314/fist-stage-of-karachi-security-operation-complete-rangers/.（上网时间：2015年11月8日）

③ Press Release, ISPR, No PR380/2015-ISPR.

④ 参见巴基斯坦人权委员会网站，http://hrcp-web.org/hrcpweb/who-has-been-executed/。（上网时间：2016年2月15日）

改革反恐机制机构。政府为落实“全国行动计划”，在中央层面设立由总理领衔、9 位内阁成员组成的“中央委员会”，下设 15 个分委会。不过，目前各分委会职责尚不清楚，[①] 工作进展并不顺利。[②] 在各省层面，则设“顶层委员会”（apex committee），由首席部长、行政官僚、军方要员及各情报机构代表等组成，除监督执行“全国行动计划”之外，还主管涉恐案件移交至军事法庭的工作。2015 年 9 月，总理谢里夫曾公开批评“全国行动计划”落实不到位，各省执行力度不平衡等问题。[③] 此外，政府还希望健全国家反恐总局（NACTA）职能。2015 年 8 月，国家警察局（NPB）局长伊赫桑·加尼兼任反恐总局负责人；不过，他表示其本人尽管身兼两职，但想整合两个机构资源条件仍不成熟。[④] 实际上，反恐总局建设很不成熟。2015－2016 财年，反恐总局未获专门拨款，[⑤] 所要求 20 亿卢比预算仅满足了 1/20，[⑥] 各项规章制度也未建立，

---

① Zahid Gishkori，“Over 120 days on：70 percent NAP Agenda Unfinished”，the Express Tribune，April 27，2015，http：//tribune. com. pk/story/876517/over-120-days-on-70-nap-agenda-unfinished/.（上网时间：2016 年 2 月 15 日）

② Azam Khan and Aamir Saeed，“Fighting terror：institutional structure in the context of NAP”，PIPS，Conflict and Peace Studies（Autumn 2015），http：//pakpips. com/art. php? art=168.（上网时间：2016 年 2 月 15 日）

③ “NAP success a collective responsibility：Nawaz Sharif”，the Nation，September 11，2015，http：//nation. com. pk/national/11-Sep-2015/nap-success-a-collective-responsibility.（上网时间：2016 年 2 月 15 日）

④ “NACTA's National Coordinator Ihsan Ghani's interview”，Naya Pakistan，Geo News，October 24，2015，http：//www. zemtv. com/2015/10/24/naya-pakistan-24th-october-2015/.（上网时间：2016 年 2 月 15 日）

⑤ Azam Khan，“Billions for counter-terrorism，nothing for Nacta”，the Express Tribune，June 7，2015.

⑥ “Poorly-funded：Nacta gets Rs100m against Rs2b demand”，the Express Tribune，Jul. 23，2015，http：//tribune. com. pk/story/924786/poorly-funded-nacta-gets-rs100m-against-rs2b-demand/.（上网时间：2016 年 2 月 15 日）

人事管理不正式、不规范。[①]

严控被取缔组织。2015 年 12 月，巴基斯坦内政部正式向参议院提交被取缔组织名单，并向媒体公布。这份名单开列 61 个组织，包括“基地”组织、“伊斯兰国”、“巴塔”及其分支组织、“东伊运”及“乌伊运”、俾路支分离组织、教派武装及其公开组织等。例如，被视为“虔诚军”（LeT）公开组织的所谓“达瓦慈善会”（JuD）也在被取缔之列。[②]而此前，同年 11 月，巴基斯坦电子媒体管理总局（PEMRA）要求媒体“不要对被取缔组织进行任何形式的报道”，并依据巴基斯坦政府要求和联合国 1267 号决议开列了一份包括 72 个组织的名单，其中也有“虔诚军”的公开组织“达瓦慈善会”、“人道福利基金会”（FIF）。[③]

整治宗教学校。为加强对宗教学校的管理，政府开始摸查、清理宗教学校登记注册情况，甄别其与恐怖组织、恐怖分子的勾连情况，划定了一批非法或敏感学校。2015 年 11 月，政府与“宗教学校联合组织”（ITMD，即五大教派宗教学校联盟）达成初步一致，宗教学校每年向政府汇报情况，政府机构不直接插手校务并承认其学历。[④] 此前，警方会同情报部门曾一度对旁遮普省、伊斯兰堡等地宗教学校展开突查，招致

① Amir Wasim，“Nacta is functioning without formal staff，Senate told”，DAWN，November 12，2015，http：//www. dawn. com/news/1219112.（上网时间：2016 年 2 月 15 日）

② Iftikhar A. Khan，“IS among 61 banned outfits，minister tells Senate”，DAWN，December 19，2015，http：//www. dawn. com/news/1227402.（上网时间：2016 年 2 月 15 日）

③ Malik Asad，“Pemra bans media coverage of JuD，FIF”，DAWN，November 3，2015，http：//www. dawn. com/news/1217122.（上网时间：2016 年 2 月 15 日）

④ “Madaaris ki asnaad ko asri uloom ki digriyon kay baraabar darjah dene par usooli itafaq”，Nai Baat（Urdu），November 13，2015.

教界尤其是德奥班迪派的反对。[①] 此外，政府还希望将不隶属于五大教派宗教学校联盟的8000—10000所宗教学校纳入巴基斯坦宗教学校教育委员会（PMEB）管理，[②] 并酝酿设立“伊斯兰教育委员会”（IEC）统一管理宗教学校。[③]

打击恐怖融资。长期以来，巴基斯坦央行下设金融监管部（FMU）主责打击恐怖融资，但成效不彰；近两年半来，仅处理了17笔疑似恐怖融资交易，且最终无一坐实。[④] 为此，政府新设立“国家恐怖融资调查部”（NTFIC），协同联邦调查局（FIA）、央行、联邦税收委员会（FBR）及情报机构等打击恐怖融资。[⑤] 同时，联邦政府赋予了联邦调查局在反恐、反洗钱和打击网络犯罪方面的执法权。[⑥] 11月，议会还通过了《反洗钱法》，加大对非法资金流通的打击力度。此外，各省也分别摸查了省内宗教学校接受外国资金情况。

启动流民安置及部落区治理改革。反恐军事行动造成了超过150万

---

① Kalbe Ali, “Action against seminaries spills into Islamabad”, DAWN, August 29, 2015, http://www.dawn.com/news/1203597.

② “Fresh efforts being made to affiliate madrassas with PMEB”, the News, June 26, 2015, http://www.thenews.com.pk/print/47930-fresh-efforts-being-made-to-affiliate-madrassas-with-pmeb.（上网时间：2016年2月15日）

③ “Commission to regulate religious seminaries soon”, the News, June 22, 2015, http://www.thenews.com.pk/print/13176-commission-to-regulate-religious-seminaries-soon.（上网时间：2016年2月15日）

④ “FIA to broaden drive against money laundering, terror financing”, the News, December 19, 2015, http://www.thenews.com.pk/latest/83001-FIA-to-broaden-drive-against-money-laundering-terror-financing.（上网时间：2016年2月16日）

⑤ Mohammad Ali Babakhel, “Funding Terrorism”, DAWN, December 30, 2015, http://www.dawn.com/news/1229473.（上网时间：2016年2月16日）

⑥ “FIA can lodge terrorism, money laundering and cybercrime cases,” the News, September 30, 2015, http://www.thenews.com.pk/print/14916-fia-can-lodge-terrorism-money-laundering-and-cybercrime-cases.（上网时间：2016年2月16日）

流民（IDP）。[①] 2015 年 2 月中起，流民重迁安置工作启动。[②] 2015 年 11 月，政府成立 5 名高官组成的部落区改革委员会；12 月，该委员会成员、边境地区事务部长卡迪尔·俾路支（退役）中将称，联邦部落直辖区改革势必废除“边境犯罪条例”（FCR），治理方式改革则将于 4 个月内落地。[③]

此外，巴基斯坦军政当局还着力保护“中巴经济走廊”（CPEC）。2015 年 4 月，中国国家主席习近平访问巴基斯坦期间，巴基斯坦总统马姆努恩·侯赛因宣布巴军将成立 1.2 万规模的“特别安保师”（SSD）保护走廊相关项目及人员安全。[④] 9 月，巴基斯坦媒体报道称，特别安保师已建成 1 个炮兵旅、2 个步兵旅和 10 个营的编制。[⑤] 按规划，特别安保师将配备 6 个旅编制，并设立情报机构；至 2015 年底将建成 1.55 万人规模，未来还将从各地抽调兵力，人员最终达到 3.2 万人规模。[⑥] 2015—2016 财年预算中，政府向内政部拨款 35 亿卢比，占到总预算的

---

① Anne-Kathrin Glatz，“Pakistan：solutions to displacement elusive for both new and protracted IDPs”，IDMC，August 24，2015，http：//www. internal-displacement. org/south-and-south-east-asia/pakistan/2015/pakistan-solutions-to-displacement-elusive-for-both-new-and-protracted-idps.（上网时间：2016 年 2 月 16 日）

② “IDPs repatriation to start from Feb 15”，the Express Tribune，January 22，2015，http：//tribune. com. pk/story/825566/idps-repatriation-to-start-from-feb-15/.（上网时间：2016 年 2 月 16 日）

③ “FATA reforms process to complete within four months：Minister”，TNN，December 15，2015，http：//www. radiotnn. com/fata-reforms-process-to-complete-within-four-months-minister/.（上网时间：2016 年 2 月 16 日）

④ Zahid Gishkori，“Army assigned security of Chinese engineers”，the Express Tribune，April 22，2015，http：//tribune. com. pk/story/873889/army-assigned-security-of-chinese-engineers/.（上网时间：2016 年 2 月 16 日）

⑤ “Iqatsaadi raahdaari mansoobon aur amlah ki hafaazat kay liye 3 bregeed aur 10 bataalain tashkeel”，Dunya（Urdu），Islamabad，September 30，2015.

⑥ Pakistan Security Report 2015，p. 47.

约2%，用于筹建28个民政武装部门，加强对走廊及中国在巴项目、人员安保。①

三、美国和阿富汗政府深入调整反恐策略

首先，美国调整其对阿战略，放缓从阿富汗撤军。此前，结束阿富汗战争和撤离驻阿美军一直是奥巴马任内的重要目标。他原本希望在2016年年底卸任前可将驻阿美军的人数削减至1000人左右，且仅负责保护美国驻阿外交机构的安全。但因为阿富汗糟糕的安全局势，奥巴马在2015年3月就宣布放缓撤军。而在当年10月15日，奥巴马再度宣布放缓从阿富汗撤军计划，将在2016年后在阿富汗驻留5500名美军士兵。此次奥巴马的最新战略调整涉及四个方面。第一，放缓其任内的撤军步伐。第二，2016年后将在阿富汗驻军5500人，总共约一个半旅的兵力，将主要部署在阿富汗东部和南部的三个军事基地。其中，巴格拉姆空军基地位于阿富汗东部的帕尔旺省，距离该省首府恰里卡尔南部约11公里，距首都喀布尔北部大约47公里，距离中国西部边境约700公里。第三，要求其他41个北约及非北约伙伴国参照美国的计划，对各自2016年之后在阿富汗的存在做出安排。第四，帮助阿富汗政府继续改革进程，推进国内和解。从约15分钟的讲话中可以发现，奥巴马有几大担忧。一是，阿富汗安全部队仍不够强大。奥巴马称，阿富汗安全部队仍“没有他们所被需要的那样强大”。二是，塔利班正卷土重来。奥巴马表示，塔利班的势力范围仍在扩张，特别是在广大农村地区，并能对包括首都喀

① Shahbaz Rana，“Budget 2015－16：12% of approved funds goes to CPEC's western alignment”，the Express Tribune，June 2，2015，http：//tribune. com. pk/story/895940/budget-2015 － 16 － 12-of-approved-funds-goes-to-cpecs-western-alignment/.（上网时间：2016年2月16日）

布尔在内的大城市发动致命攻击。三是，“基地”组织正在回流。奥巴马说，在巴基斯坦的压力之下，更多的“基地”组织成员开始在阿富汗露面。四是，“伊斯兰国”势力也开始在阿富汗出现。奥巴马得出结论，阿富汗许多战略要地的安全形势依然“十分脆弱”，部分地区甚至存在“进一步恶化的风险”。奥巴马警告：“如果阿富汗失败，将会威胁我们所有人的安全。”奥巴马再度推迟撤军实为不想重蹈在伊拉克的覆辙，避免过早撤军导致国际恐怖势力坐大。目前，极端组织“伊斯兰国”在阿富汗来势汹汹，在东部楠格哈尔省等地频繁活动，并得到“乌伊运”等极端势力效忠。美国国务院和军方高层均认为，“伊斯兰国”已构成严重威胁。为此，美军将在2016年之后继续执行各种任务，其中包括培训阿富汗安全部队，直接打击“伊斯兰国”以及“基地”组织等。

其次，各方竭力推动和谈，不放弃推进阿和平进程的努力。2015年初，阿各方势力都表露出和谈意向，阿富汗塔利班也在内外压力之下准备和谈，阿富汗和平进程一度出现曙光。7月，阿政府和塔利班代表在巴基斯坦举行首次直接谈判，美国、中国和巴基斯坦代表列席。各方同意在7月底举行第二轮谈判，然而奥马尔死讯导致和谈中断。新任领导人曼苏尔为弥合内部分歧，一改和谈立场，不断发动大规模袭击。9月底，塔利班攻占昆都士城，这无疑给其内部强硬派打了一剂兴奋剂，和谈声音持续萎缩。针对奥巴马再次推迟撤军，塔利班发言人穆贾希德表示，“这是不明智的决定，塔利班将继续战斗直至把美军赶出阿富汗”。在此期间，和谈各方仍然没有放弃和谈，尤其是外部力量。巴基斯坦、美国和中国都曾积极斡旋和谈，各方在2015年底竭力推动和谈重启，尤其是巴基斯坦军方首脑拉希勒·谢里夫年底访问阿富汗，同阿富汗总统以及高级官员领导人会谈，集中讨论了推进阿富汗和平进程的途径、双边安全相关议题、两国共享情报以及协调反击恐怖组织。2016年1月11日，阿富汗、巴基斯坦、中国和美国在巴基斯坦首都伊斯兰堡举行阿富汗问题四方机制会议，会议旨在重启阿富汗和平进程。但是，和谈之路难一帆风顺，各方分歧或阻碍短期内达成最终和平协议。一是和谈主导权之争。阿富汗政府坚持和平进程必须由其主导，任何与塔利班的接触都必须经喀布尔政府进行。美国既与塔利班接触，又认为“和平应该在阿富汗内部达成”。塔利班则认为阿富汗问题之症结在于外部干预，希望先与美国谈，再与阿富汗政府谈，至少也是同时谈判。二是和谈对象不明确。2015 年 7 月底，塔利班大头目奥马尔死讯传出，二号人物曼苏尔宣布接班，此举引发塔利班内部分歧，甚至大打出手。由此可见，奥马尔死后，塔利班内部不存在获得所有成员认可的“最高领袖”。12 月初，坊间传出曼苏尔在内部火并中身受重伤，迄今仍不能确定其生死。塔利班尚处权力过渡期，短期内难以“认真”处理和谈事务。三是如何推动撤军。美国和阿富汗政府认为，长期目标是在阿富汗境内没有外国驻军，但在撤军之前必须先签署内部和平协议。塔利班则将撤军与和谈挂钩，认为撤军是和谈的前提，强烈反对美国与阿富汗政府签署《双边安全协议》，要求撤出所有外国军队。此外，美国和阿富汗政府要求塔利班尊重阿富汗政治现实和《宪法》，塔利班则认为《宪法》系美国强加于阿富汗，且自身并未参与制定，因此《宪法》和据此选举产生的中央政府均不合法。

第三，提升阿安全部队的行动能力。2015 年 1 月 1 日起，阿国民安全部队接管阿全境防务，阿军维稳压力陡增，在与“阿塔”对峙中伤亡不小。目前，阿军战斗能力仍有缺陷。阿军在空中支援、情报搜集分析、特种作战及后勤补给保障等方面长期仰赖于美军支援。随着美撤军，美军已大幅减少对阿军作战支持，而短期内阿军战力建设难有重大进展，独立作战能力引人担忧。为此，美西方不断培训阿安全部队能力，使其作战能力有所增强，能够保家卫国。更重要的是，军队开始进入部落区，大搞民生工程，赢得大量民心。当前阿军是过去 40 年来在全国范围内享有最广泛拥护的安全部队。其一，用当地语言与老百姓交流，努力避免与当地社会形成敌对关系；其二，参加当地宗教活动，朝拜清真寺，走家串巷与当地民众打成一片，尊重当地习俗；其三，统战当地上层人士，如与当地农村长老、部落酋长等当地社会名流就当地治理进行沟通。军队搞民生收到成效，如赫尔曼德省南部，美军负责安保时，暴恐袭击事件不断，但当阿富汗军队接管后，通过融入当地等手段，与当地人打成一片，使当地暴恐案件数量大幅下降。

四、孟加拉国反恐措施

首先，继续以战争罪审判反对党头目，打击宗教极端势力。2009 年来，孟加拉国设立国际刑事法庭，就 1971 年孟加拉国独立期间的“战争犯罪”进行检控和审判，该法庭审判了不少宗教政党、宗教极端组织势力。哈西娜政府迄今否认孟国内有“伊斯兰国”势力，并将许多极端暴力活动归咎于反对党。为此，2015 年来，孟加拉国继续审判甚至处死许多反对党或宗教政党成员。11 月 22 日凌晨，孟加拉国在首都达卡的中央监狱绞死两名反对党领导人，罪名是在 1971 年对巴基斯坦独立战争中犯下了“战争罪”。BBC 称，被绞死的两人中，67 岁的穆贾希德是孟加拉国最大的伊斯兰政党——伊斯兰大会党的高层领导人；66 岁的乔杜里是反对党民族主义党领导人，曾 6 次当选国会议员，他们被判犯下“种族灭绝罪”和“强奸罪”，但两人均否认指控。监狱医生检查确信两人死亡后，救护车在警察护送下将尸体分别送往各自老家下葬。孟加拉国在全国各地部署边防军和警察严防暴力发生。

其次，成立新的反恐行动部门打击恐怖主义。为在全国境内提升打击暴恐势力的能力，孟加拉国成立了一个特别的反恐行动部门，名为“打击恐怖主义与跨地区犯罪”部门。该部门下有 600 名工作成员，期望提升效率，建立高效机构专门调查和审判恐怖主义活动和跨地区犯罪活动。该部门在搜集相关涉恐信息后进行相关分析研究，并负责剪断恐怖融资行为，如恐怖分子进行的跨地区犯罪、人口偷渡、贩毒、武器走私以及假币制造等活动。同时，该部门还下设一个专门负责网络安全、放射性武器等的中心，专门应对孟加拉国内的各种恐怖犯罪活动。

再次，与印度加强反恐合作。据印度《印度时报》6 月 11 日报道，印度和孟加拉国决定交换有关恐怖组织的信息，包括名为“Jammat-ul-Mujahideen”的“圣战者”组织。该组织对 2014 年印度布德万地区发生的爆炸事件负有责任。据报道，在 5 月份为期 4 天的达卡之旅中，印度国家调查局借助孟加拉警方的反恐部队“快速反应部队”的资料库建立了相关的恐怖组织清单。如今，印度方面也希望与孟加拉国进一步加强联系应对准恐怖组织。

第七章　东南亚地区恐怖主义与反恐怖斗争形势综述

2015 年，恐怖主义特别是“伊斯兰国”在东南亚地区的扩张与渗透相当严重。东南亚国家对此高度重视，并从立法、机制调整、国际合作等方面加强反恐力度。可以说，防范和打击与“伊斯兰国”相关的恐怖主义活动成为东南亚国家 2015 年反恐怖斗争的主线。

第一节　东南亚地区恐怖主义形势

“伊斯兰国”不同于一般的恐怖主义组织，它誓言建立政教合一的哈里发政权，不仅拥有高效的内部组织体系，还占领了大片土地，加上善于使用社交网络进行宣传和蛊惑，在过去一年多时间里全球影响力不断扩张。其中，从泰国南部经马来西亚、印度尼西亚直至菲律宾南部的广大地区是穆斯林聚集地，穆斯林人口占到全球 16 亿穆斯林人口的 15% 左右，极易受到极端主义思想的蛊惑。自 2014 年 6 月“伊斯兰国”崛起以来，该地区已日渐成为“伊斯兰国”在全球范围扩张势力的滩头堡。有报道称其计划在印度尼西亚这个世界上穆斯林人口最多的国家建立一个“远方哈里发”。[①]

一、“伊斯兰国”在东南亚渗透相当严重

拥有庞大穆斯林人口的东南亚地区显然已成为“伊斯兰国”加紧渗透的重点。一年多以来，“伊斯兰国”在东南亚影响急剧扩大。据美国皮尤研究中心 2015 年的民调显示，不仅有超过 10%的马来西亚人对“伊斯兰国”抱有好感，还有 1/4 的受访者表示“不知道”如何评价“伊斯兰国”。[②] 印尼则至少有 2000 人公开表明支持“伊斯兰国”，一些伊斯兰团体如伊斯兰法倡议者论坛（FAKSI）甚至公开集会以支持“伊斯兰国”。[③] 还有一份调查显示，印尼每 14 名高中生就有一人支持“伊斯兰国”。[④] 2015 年，“伊斯兰国”在东南亚地区的渗透活动进一步加强。

一是通过互联网、社交媒体等手段宣扬极端主义。“伊斯兰国”与其他恐怖组织不同的一点就是他们非常善于使用社交网络等现代通信工具，使得其极端主义思想的传播广度和力度都得到了空前的提升。2 月初，

---

① “澳洲警告：致力提升势力 伊国组织拟在印尼建立‘远方哈里发’”，http：//www. zaobao. com/special/report/politic/attack/story20151223－562727。

② “调查显示：11% 马来西亚人同情‘伊斯兰国’组织”，http：//www. channel8news. sg/news8/latestnews/20151122-wld-malaysians/2283614. html。

③ Peter Chalk，“Black flag rising：ISIL in Southeast Asia and Australia”，https：//www. aspi. org. au/publications/black-flag-rising-isil-in-southeast-asia-and-australia/Black-flag-rising _ ISIL. pdf.

④ “印尼总司令指伊国组织危险必须镇压”，http：//www. zaobao. com/special/report/politic/attack/story20150521－482403。

号称全球规模最大的黑客组织“匿名者”（Anonymous）曾公布11个据称与“伊斯兰国”有密切联系的“脸谱”（facebook）使用者账号，并指大部分账号的拥有者是马来西亚人。[①] 3月4日，马来西亚警方证实，有两名马来西亚人在叙利亚涉及参与“伊斯兰国”斩首人质的恐怖行径，其中一人负责拍摄，另一人站在遗体旁做手势欢呼。据警方分析，“伊斯兰国”将斩首过程上载到社交媒体“脸书”，意在吸引更多宗教狂热分子加入。[②]

二是有意招募军警和政府人员。据马国警方的情报，“伊斯兰国”的主要招募对象是受过军事训练的军人，只要他们同意参与“圣战”，就会被安排到叙利亚的大本营，和其他国家如印度尼西亚及菲律宾的“圣战士”一同受训。[③] 3月20日报道，马来西亚警察政治部反恐组主任阿育汉指出，警方证实有宗教局官员也参与“伊斯兰国”，并对此感到震惊，因为这反映出负责传达正确宗教教义的官员也已被“伊斯兰国”洗脑。[④] 4月，马来西亚国防部副部长阿都拉欣巴克里亦承认，警方已证实逮捕了70多个涉嫌加入或资助他人加入“伊斯兰国”的军方人员。[⑤] 截至12月2日，马来西亚至少有12名军人因涉及“伊斯兰国”被提控，其中4

① “‘匿名者’：与伊国组织有联系面簿户头多为马国人所有”，http：//www.zaobao.com/special/report/politic/attack/story20150211－445548。

② “两马国人亮相伊国组织斩首视频”，http：//www.zaobao.com/special/report/politic/attack/story20150305－453091。

③ “至今已六人 马又一人在叙打‘圣战’丧命”，http：//www.zaobao.com/special/report/politic/attack/story20150227－450905。

④ “警方证实：马宗教局官员加入伊国组织”，http：//www.zaobao.com/special/report/politic/attack/story20150320－458839。

⑤ “若伊国组织势力扩大马警指叙动乱可能上演”，http：//www.zaobao.com/special/report/politic/attack/story20150415－468657。

人是突击队员。[①] 马来西亚警方认为，还有更多公务员正尝试或已加入“伊斯兰国”。[②]

三是加强思想灌输与资金投入。5月4日，马来西亚警方发现一些到当地主持伊斯兰讲座的外国伊斯兰传教士实际上是武装团伙的头目，他们向青年人灌输极端主义思想，试图将更多的穆斯林青年人变成武装分子。[③] 印尼警方还发现，“伊斯兰国”正在为印尼境内的极端组织，如“东印尼真主回教游击队”（MIT）提供资金及其他支援。据时代新闻网（Tempo）报道，监督洗钱活动的印尼官方机构金融交易报告和分析中心（PPATK）与澳大利亚交易报告和分析中心展开的调查发现，过去三年里共有70亿印尼盾（约328.3万元）的资金流入印尼资助恐怖活动。[④] 印尼国家反恐机构（BNPT）防范部门主管哈米丁指出，“伊斯兰国”倾向于以丰厚的报酬引诱新人加入。他说，“金钱比理念更能打动人心”。[⑤]

二、相当数量民众奔赴中东参加“伊斯兰国”“圣战”

随着“伊斯兰国”迅速崛起，其影响力也急剧扩大。据联合国安理会一份报告称，来自100多个国家的2.5万多名外国战士加入“基地”

① “马又一亲伊国组织突击队员被控”，http：//www.zaobao.com/special/report/politic/attack/story20151202－555153。

② “包括七公务员马国确认加入伊国组织63公民身份”，http：//www.zaobao.com/special/report/politic/attack/story20150502－474943。

③ “马国部分外来伊斯兰传教士是武装团伙首脑”，http：//www.zaobao.com/special/report/politic/attack/story20150504－475581。

④ “印尼监视300名参与伊国组织分子”，http：//www.zaobao.com/special/report/politic/attack/story20151130－554412。

⑤ “印尼恐怖组织恫言袭击总统府和雅城警察总部”，http：//www.zaobao.com/special/report/politic/attack/story20151126－552957。

恐怖组织和“伊斯兰国”。[①] 其中，东南亚地区也是“伊斯兰国”的主要招募基地之一，陆续有受蛊惑的民众试图前往中东参加“圣战”。

2月17日，马来西亚警方扣留一名企图加入“伊斯兰国”、年仅14岁的女生。[②] 2月24日，印尼一个25人旅行团从雅加达飞抵伊斯坦布尔后，其中16人要求离团探访亲戚，但后来发短信告知导游他们将不会归队并从此失联。对此，土耳其当局认为他们已加入“伊斯兰国”。3月，又有16名印尼公民试图进入叙利亚，但他们在土耳其东南部边境城市加齐安泰普遭扣留。印尼政府认为这32人都有同一目的，就是到叙利亚参与“伊斯兰国”组织。[③] 3月22日，印度尼西亚警方精锐88反恐特遣部队在首都雅加达及附近多个城市展开突击行动，逮捕了一伙涉嫌招募及资助印尼民众前往中东参与“伊斯兰国”组织的人。[④] 5月12日，马来西亚一名女医生及数名州伊斯兰宗教局官员将房子及所有资产变卖后，试图前往叙利亚参与“圣战”。[⑤] 5月28日，疑因网上接触“伊斯兰国”极端组织的宣传内容，19岁新加坡青年萌发到叙利亚参加“圣战”的念头，甚至计划以“独狼”方式刺杀新加坡政要和对重要设施展开恐怖袭击，所幸被人举报而未遂，这是新加坡首次发现有本国人经自我激进化

① “报告：逾2.5万外国人加入‘伊斯兰国’”，BBC中文网，http：//www.bbc.com/zhongwen/simp/world/2015/04/150402_un_foreign-fighters_militants。

② “马国14岁少女 图加入伊国组织被捕”，《联合早报》，http：//www.zaobao.com/special/report/politic/attack/story20150221－448617。

③ “试图从土耳其往叙利亚又16名印尼公民遭扣留”，《联合早报》，http：//www.zaobao.com/special/report/politic/attack/story20150314－456617。

④ “涉招募民众参与伊国组织六人在雅加达及周边城市被捕”，《联合早报》，http：//www.zaobao.com/special/report/politic/attack/story20150324－460279。

⑤ “变卖房产赴叙参与‘圣战’马女医生及宗教官加入伊国组织”，《联合早报》，http：//www.zaobao.com/special/report/politic/attack/story20150512－478844。

后有预谋在本地展开暴力袭击的案件。[①]

马来西亚警察总部政治部反恐组主任阿育汉分析道，这些意欲前往叙利亚参加“伊斯兰国”的人大致可分为三类：一是觉得自己罪孽深重而希望借着参与“伊斯兰国”圣战而赎罪；二是认为马来西亚并非“伊斯兰国”，而想移民叙利亚的其他人员；三是单纯想前往叙利亚打仗的人员。[②] 据 2015 年 5 月报道，马来西亚官方数据显示共有 69 名马来西亚人在叙利亚参与“伊斯兰国”，不过实际数量在 100 左右，其中包括儿童。[③] 印尼警方 2015 年年底介绍，2015 年全年至少有 408 名印尼居民在叙利亚加入“伊斯兰国”。[④]此外，菲律宾、新加坡亦有部分民众远赴中东加入“伊斯兰国”。

三、阴谋策划恐怖袭击活动

在马来西亚警察政治部反恐组主任阿育汉看来，“伊斯兰国”在东南亚呈现三波威胁：第一波是许多年轻人受影响远赴叙利亚加入“伊斯兰国”；第二波是恐怖分子接受训练及策划恐袭；第三波则是

① “内安法令下 一自我激进青年拟恐袭我国被拘留”，《联合早报》，http：//www. zaobao. com/special/report/politic/attack/story20150528－484895。

② “马国部分外来伊斯兰传教士是武装团伙首脑”，http：//www. zaobao. com/special/report/politic/attack/story20150504－475581。

③ Malaysians in IS trained to become snipers and suicide bombers，http：//www. thestar. com. my/news/nation/2015/10/01/recruited-for-special-ops-malaysians-in-is-trained-to-become-snipers-and-suicide-bombers/.

④ “2015 年一整年里有 408 名印尼籍民加入‘伊斯兰国’”，《印度尼西亚商报》，http：//www. shangbaoindonesia. com/indonesia-berita/2015％E5％B9％B4％E4％B8％80％E6％95％B4％E5％B9％B4％E9％87％8C％E6％9C％89408％E5％90％8D％E5％8D％B0％E5％B0％BC％E7％B1％8D％E6％B0％91％E5％8A％A0％E5％85％A5％E4％BC％8A％E6％96％AF％E5％85％B0％E5％9B％BD. html。

恐怖分子很可能将计划付诸行动，发动恐袭。2015 年 6 月，阿育汉警告称，马来西亚正面临“伊斯兰国”支持者在国内形成的第三波恐怖威胁，即这些恐怖分子将开始执行恐袭计划，包括展开“独狼”式恐袭。①

2 月 15 日，马来西亚 4 名自称“伊斯兰国”成员的蒙面男子发布视频威胁将在华人春节除夕夜（18 日晚）以爆竹攻击法庭，这是马首次有人以“伊斯兰国”名义宣称将发动攻击。② 3 月 26 日，马警方成功挫败了一起由“伊斯兰国”策划、图谋对沙特阿拉伯驻马大使及使馆人员展开的恐怖袭击案。两名伊拉克籍恐怖分子被捕。③ 4 月 5 日晚，17 名“伊斯兰国”成员企图袭击位于马来西亚吉隆坡的警局和军营，抢夺武器炸药并策划绑架多名身份显赫人士。4 月 26 日，就在东盟峰会举行前夕，马来西亚 12 名“伊斯兰国”成员在雪兰莪州一处森林组装炸弹，密谋恐袭巴生河流域多个战略目标及政府机构。④ 4 月，6 名参与“伊斯兰国”的马来西亚男子据报涉嫌制造遥控炸弹，企图攻击首相官邸和吉隆坡一家娱乐场所。⑤ 6 月 30 日，马来西亚一对父子涉嫌策划在国内展开恐怖袭击、绑架数名马国领袖及闯入军营抢走枪械，企图通过推翻政府来建立“伊斯兰国”，分别被

---

① “伊国组织或发动‘独狼’式袭击 马国面临第三波恐怖威胁”，http：//www. zaobao. com/special/report/politic/attack/story20150601－486467。

② “马‘伊国组织’恫言明晚攻击法庭”，http：//www. zaobao. com/special/report/politic/attack/story20150217－447888。

③ “企图在吉隆坡发动袭击 马 17 恐怖分子遭逮捕”，http：//www. zaobao. com/special/report/politic/attack/story20150407－465644。

④ “亚细安峰会前夕　马警森林内摧毁伊国组织恐袭阴谋”，http：//www. zaobao. com/special/report/politic/attack/story20150427－473093。

⑤ “涉策划袭击首相官邸马国六恐怖分子被控”，http：//www. zaobao. com/special/report/politic/attack/story20150521－482407。

判入狱18年及12年。[1] 7月9日，马来西亚警方宣布再次挫败“伊斯兰国”企图袭击吉隆坡的阴谋，逮捕两名涉恐嫌犯。据警方介绍，该二人受“伊斯兰国”叙利亚高级成员的指派，密谋袭击吉隆坡一些西方国家的重要设施和巴生河流域的夜店。[2] 9月26日，马来西亚警方接获可靠消息指出，过去一个月逮捕多名“伊斯兰国”的支持者后，该组织拟袭击吉隆坡市区以报复，尤其是外国游客云集的地区。[3]

需要指出的是，东南亚目前有两大恐怖主义人群尤需关注。一是参加“伊斯兰国”的恐怖分子回国作案。据印尼警方介绍，印尼警方正密切监视300名参与“伊斯兰国”的人士，他们有些人已经从叙利亚回国，可能会涉及阴谋发动恐怖袭击。[4] 而截至2015年12月，马来西亚警方政治部反恐组已逮捕8名在叙利亚参与恐怖活动后返国的民众，其中7人已被控上法庭。[5] 二是无法前往叙利亚、伊拉克参加“伊斯兰国”的恐怖分子，他们可能响应“伊斯兰国”的号召就地发动恐袭。新加坡南洋理工大学拉惹勒南国际关系学院反恐专家古纳拉特纳教授接受访问时指出：“‘伊斯兰国’近来改变策略，他们不需外国战士前往叙利亚参与

---

① “策划恐袭马国　伊国组织一对父子监18年及12年”，http：//www. zaobao. com/special/report/politic/attack/story20150701－497698。

② “马又两名伊国组织分子落网”，http：//www. zaobao. com/special/report/politic/attack/story20150710－501119。

③ “传伊国组织拟袭吉隆坡美食街　马国捕三嫌犯助查”，http：//www. zaobao. com/special/report/politic/attack/story20150926－530748。

④ “印尼监视300名参与伊国组织分子”，http：//www. zaobao. com/special/report/politic/attack/story20151130－554412。

⑤ “曾参与百场军事行动　马逮捕19岁返国恐怖分子”，http：//www. zaobao. com/special/report/politic/attack/story20151212－558897。

‘圣战’，而是鼓励他们在自己的国家或寄居国家发动袭击。”①

四、地区恐怖主义组织趁机作乱

“9·11”事件之后，东南亚地区成为美国全球反恐战争的第二战场。在美国和地区国家的联合打击下，地区恐怖主义组织如伊斯兰祈祷团、阿布沙耶夫组织等遭到重创，甚至沦为依靠绑架和勒索存活。“伊斯兰国”的迅速崛起给东南亚地区的恐怖主义组织及恐怖主义分子带来新的“希望”，他们要么宣誓效忠，要么公开表示结盟，企图借助“伊斯兰国”的发展势头卷土重来。

8月31日，马来西亚国防部长希山慕丁指出，该部发现马来西亚沙巴州内有一个效忠“伊斯兰国”的激进组织，该组织正与菲律宾及印度尼西亚恐怖分子合作，企图借助“伊斯兰国”的理念将沙巴、菲南和印尼合并成一个“泛伊斯兰国”。② 9月21日，菲律宾阿布沙耶夫组织在棉兰老岛达沃市岸外萨马尔岛的高级度假村劫持2名加拿大人、1名挪威人及1名菲律宾女子，要求每个人支付10亿比索的赎金，这是当地武装组织勒索的最大赎金数额。③ 11月15日，据马警方透露，目前投靠菲律宾阿布沙耶夫组织的马来西亚大学前讲师马末阿末博士正准备整合菲、马与印尼等地的武装组织，包括菲律宾的阿布沙耶夫、印尼的伊斯兰祈祷团以及其他在本区域活动的武装组织，在获得巴格达迪认可后，正式

---

① “南大反恐专家：圣诞节期间伊国组织或袭击亚洲及中国”，http://www.zaobao.com/special/report/politic/attack/story20151207－556992。

② “沙巴一激进组织效忠伊国组织”，http://www.zaobao.com/special/report/politic/attack/story20150831 520754。

③ “阿布沙耶夫绑三西方人 要求各付3000万元赎金”，http://www.zaobao.com/special/report/politic/attack/story20151105－545310。

组建“伊斯兰国”在东南亚地区的分支机构。[①] 11月20日，马来西亚警察总长卡立证实，警方接获情报，来自菲律宾南部恐怖组织阿布沙耶夫、摩洛民族解放阵线（MNLF）及“伊斯兰国”的14名首领曾在苏禄岛密会并策划在沙巴和吉隆坡发动自杀式炸弹袭击。[②] 11月17日，马来西亚人质邓德宏遭阿布沙耶夫武装分子斩首。随后，沙巴传出阿布沙耶夫武装分子已潜入境内，密谋对亚庇多家购物中心、餐厅及超市等8个目标发起人肉炸弹攻击。[③] 11月22日，印尼社交媒体开始流传一段视频，画面显示印尼“东印尼真主战士”（EIM）首领桑托索的照片，并配有印尼语旁白警告称“‘伊斯兰国’的黑色旗帜将在总统府上空飘扬”，扬言要摧毁雅加达警察总部。[④] 12月圣诞前夕，菲律宾南部数个基督徒村庄遭到邦萨摩洛伊斯兰自由战士（BIFF）的攻击，导致至少14人死亡。菲官员称，这次袭击部分受到“伊斯兰国”的影响。[⑤]

由上可知，东南亚地区恐怖主义组织有趁机联合作乱的趋势，一旦成形，将对地区安全造成严重威胁。正如马来西亚警察政治部反恐组主任阿育汉所指出，一旦“伊斯兰国”东南亚分支正式成立，将对本地区的安全构成巨大威胁，恐怖组织成员届时可在菲南接受军事训练，之后偷渡或以假身份进入马来西亚、新加坡及东南亚其他国家发动袭击或展

① “马国警方：东南亚武装组织要整合为伊国分支”，http：//www.zaobao.com/special/report/politic/attack/story20151115－548992。

② “马警证实三恐怖组织策划在马发动自杀式炸弹袭击”，http：//www.zaobao.com/special/report/politic/attack/story20151120－550739。

③ “传菲南人肉炸弹潜入沙巴警方称有待核实”，http：//www.zaobao.com/special/report/politic/attack/story20151122－551529。

④ “印尼恐怖组织恫言袭击总统府和雅城警察总部”，http：//www.zaobao.com/special/report/politic/attack/story20151126－552957。

⑤ “14 dead as Islamic rebels attack in Philippines”，http：//www.usatoday.com/story/news/2015/12/26/at-least-14-die-as-muslim-rebels-attack-in-philippines/77915894/.

开游击战。①

第二节 东南亚地区主要反恐措施

“伊斯兰国”在东南亚地区的渗透引起了东南亚国家的高度重视。新加坡总理李显龙在出席土耳其二十国集团（G20）峰会期间呼吁世界各国“绝不向恐怖主义低头”。② 马来西亚总理纳吉布则在吉隆坡11月召开的第27届东盟峰会上表示，反恐不能单靠军事行动，必须推出新方案，以迎头痛击暴力极端主义和恐怖主义。③ 过去一年，东南亚国家采取诸多措施，一定程度上遏制了“伊斯兰国”在东南亚地区的扩张。

一、加大抓捕打击力度

鉴于“伊斯兰国”的现实威胁及领导人的高度重视，东南亚有关国家加大抓捕打击力度。3月1—3日，马来西亚警方3天内在全国逮捕3名疑似涉及“伊斯兰国”组织的嫌犯。④ 3月22日，印度尼西亚警方精锐88反恐特遣部队在首都雅加达及附近多个城市展开突击行动，逮捕了一组涉嫌

① “马国警方：东南亚武装组织要整合为伊国分支”，http：//www. zaobao. com/special/report/politic/attack/story20151115－548992。

② “李总理：绝不向恐怖主义低头”，http：//www. zaobao. com. sg/special/outline/story20151117－549843。

③ “Najib calls for new solutions to address extremism，terrorism”，http：//www. themalaysianinsider. com/malaysia/article/najib-calls-for-new-solutions-to-address-extremism-terrorism.

④ “马捕三涉伊国组织男女嫌犯”，http：//www. zaobao. com/special/report/politic/attack/story20150304－452715。

招募及资助印尼民众前往中东参与“伊斯兰国”组织的人。[1] 4月5日晚上，马警方逮捕17名企图在吉隆坡发动恐怖袭击的“伊斯兰国”恐怖分子。同月26日，就在东盟峰会举行前夕，马来西亚警方宣布侦破“伊斯兰国”12名马来西亚成员的炸弹袭击阴谋。[2] 4月7日媒体报道，印尼反恐部队正在中苏拉威西执行代号“海鸥”、涉及千人的追剿行动，目标在于逮捕恐怖组织成员以及瓦解他们的网络。印尼警方介绍，反恐部队在中苏拉威西击毙的一名恐怖分子，如果确定是桑托索恐怖组织的头目，将大大削弱该组织的力量。[3] 7月9日，马来西亚警方宣布再次挫败“伊斯兰国”企图袭击吉隆坡的阴谋，并逮捕两名涉恐嫌犯。[4] 8月，马警方又在全国各地逮捕10名涉嫌在马招募、筹资、购买军火并企图发动恐袭的“伊斯兰国”恐怖分子，其中包括5名军人。[5] 8月12日，印尼反恐特遣队（Densus 88）在中爪哇梭罗展开反恐突击行动，搜查多个地点，扣押了两名恐怖分子嫌疑。[6] 9月26日，马来西亚警方接获可靠恐袭消息后逮捕3名不同国籍的嫌犯协助调查，他们分别是介于30岁至50岁之间的马来西亚、

---

① “涉招募民众参与伊国组织六人在雅加达及周边城市被捕”，http：//www. zaobao. com/special/report/politic/attack/story20150324－460279。

② “亚细安峰会前夕　马警森林内摧毁伊国组织恐袭阴谋”，http：//www. zaobao. com/special/report/politic/attack/story20150427－473093。

③ “印尼警方：遭击毙者若是头目　桑托索恐怖组织将受重创”，http：//www. zaobao. com/special/report/politic/attack/story20150407－465656。

④ “马又两名伊国组织分子落网”，http：//www. zaobao. com/special/report/politic/attack/story20150710－501119。

⑤ “马又一军人涉支持伊国组织被控”，http：//www. zaobao. com/special/report/politic/attack/story20151007－534632。

⑥ “印尼逮捕两恐怖嫌犯”，http：//www. zaobao. com/special/report/politic/attack/story20150814－514331。

叙利亚及印尼男子，企图在吉隆坡发动恐袭。[①] 11月3日，马来西亚警方又逮捕8名涉及恐怖活动的男子，其中2人是向同事宣扬"伊斯兰国"极端思想的公务员，另6人是坦京卡伊达组织（Tanzim Al-Qaeda）成员。[②] 11月16日，马来西亚警方宣布逮捕了5名恐怖分子，挫败了至少一起"独狼"式恐袭，其中3人是"伊斯兰国"成员，另2人是"救世主马赫迪"（Imam Mahdi）成员。[③] 11月30日，菲律宾军方证实日前在菲南击毙一名印尼籍炸弹制造专家依布拉欣·阿里（Ibrahim Ali）。[④] 12月7日，马来西亚警方逮捕一名从叙利亚返国的19岁恐怖分子，据马来西亚警察总长卡立介绍，警方政治部反恐组已逮捕8名在叙利亚参与恐怖活动后返国的民众，其中7人已被控上法庭。[⑤] 12月18—19日，印尼反恐特遣队采取近年来最大规模的全国性反恐行动，在爪哇岛各地逮捕了约10名恐怖分子嫌犯，挫败了其企图在各地庆祝元旦时发动自杀式袭击的阴谋。[⑥] 12月，菲律宾军方派出300多名海、陆、空三军士兵及特种部队对菲南地区的阿布沙耶夫组织展开军事行动，20日攻下该组织在巴西兰岛的基地，歼灭26

---

① "传伊国组织拟袭吉隆坡美食街　马国捕三嫌犯助查"，http：//www.zaobao.com/special/report/politic/attack/story20150926－530748。

② "马国警方逮捕八名恐怖分子　包括向同事宣扬恐怖主义两公务员"，http：//www.zaobao.com/special/report/politic/attack/story20151103－544478。

③ "逮捕五名恐怖分子　马国挫败至少一起独狼式恐袭"，http：//www.zaobao.com/special/report/politic/attack/story20151117－549612。

④ "印尼监视300名参与伊国组织分子"，http：//www.zaobao.com/special/report/politic/attack/story20151130－554412。

⑤ "曾参与百场军事行动　马逮捕19岁返国恐怖分子"，http：//www.zaobao.com/special/report/politic/attack/story20151212－558897。

⑥ "全国突击大逮捕印尼侦破元旦自杀式恐袭阴谋"，http：//www.zaobao.com/special/report/politic/attack/story20151221－561972。

名武装分子，并炸毁一间简易爆炸装置工厂。[①] 12 月 30 日又有报道称，菲政府军在苏禄省与大约 100 名试图在新年前夕发动恐袭的阿布沙耶夫武装分子交火，导致 8 名武装分子和 1 名士兵死亡。[②]

二、加快司法审判进度

5 月 20 日有报道称，6 名参与“伊斯兰国”的马来西亚男子因涉嫌对首相官邸及吉隆坡娱乐场所展开恐怖袭击而被控煽动恐怖活动罪。[③] 6 月 30 日，马来西亚一对父子因涉嫌“伊斯兰国”恐怖活动，包括策划在国内展开恐怖袭击、绑架数名国家领导人及闯入军营抢走枪械乃至企图通过推翻政府来建立“伊斯兰国”等罪名分别被判入狱 18 年及 12 年。[④] 9 月 15 日，马来西亚警方指控 8 名“伊斯兰国”恐怖分子嫌犯，其中 5 人是军人，包括 2 名突击队员。他们要么鼓吹“伊斯兰国”，要么私藏鼓吹“伊斯兰国”的刊物与旗帜，还有涉嫌窝藏恐怖分子等。[⑤] 10 月 7 日，马来西亚一名 28 岁军官由于非法拥有“伊斯兰国”刊物而被指控。[⑥] 10月 12 日，印

① “菲攻下阿布沙耶夫一基地”，http：//www. zaobao. com/special/report/politic/attack/story20151221－561986。

② “Philippine troops battle militants in south，at least 9 dead”，http：//bigstory. ap. org/article/f924f2bfe2da43d49038f0fd21d62f7e/philippine-troops-battle-militants-south-least-9-dead。

③ “涉策划袭击首相官邸　马国六恐怖分子被控”，http：//www. zaobao. com/special/report/politic/attack/story20150521－482407。

④ “策划恐袭马国　伊国组织一对父子监 18 年及 12 年”，http：//www. zaobao. com/special/report/politic/attack/story20150701－497698。

⑤ “马国提控八涉伊国组织活动男女　当中有五军人包括两突击队员”，http：//www. zaobao. com/special/report/politic/attack/story20150916－527135。

⑥ “马又一军人涉支持伊国组织被控”，http：//www. zaobao. com/special/report/politic/attack/story20151007－534632。

度尼西亚检方指控涉嫌参与“邪恶阴谋”及企图支援恐怖活动和“伊斯兰国”等系列罪行的7名印尼人，一旦触犯反恐法令罪名成立，他们将面临死刑。[①] 10月20日，马来西亚28岁军人莫哈末阿兹迪承认手机藏有鼓吹“伊斯兰国”的内容与图案，被判处入狱7个月。[②] 11月18日，马来西亚吉隆坡高等法庭宣判1名“伊斯兰国”成员罪名成立并入狱8年。据称，该被告及其他11名同伙企图对首相官邸及吉隆坡的娱乐场所发动恐袭。[③] 12月1日，马来西亚又有一名陆军突击队员因拥有“伊斯兰国”的T恤被送上法庭，至此至少有12名军人涉及“伊斯兰国”被指控，其中4人是突击队员。[④]

三、提升警戒程度

随着对恐怖分子的打击力度加大，一些东南亚国家开始担忧遭到恐怖分子的疯狂报复。而“伊斯兰国”为了应对东南亚国家封堵民众前往叙利亚、伊拉克参加“圣战”，转而怂恿无法出国的支持者在各自国家发动“圣战”。这些恐怖分子各自形成规模较小的恐怖行动小组，每组约20人，

---

① “涉参与伊国组织　七印尼人面控或判死刑”，http：//www.zaobao.com/special/report/politic/attack/story20151013－536746。

② “拥伊国组织内容图案　马军人判监七个月”，http：//www.zaobao.com/special/report/politic/attack/story20151021－539716。

③ “马一伊国组织分子判监八年”，http：//www.zaobao.com/special/report/politic/attack/story20151118－549982。

④ “马又一亲伊国组织突击队员被控”，http：//www.zaobao.com/special/report/politic/attack/story20151202－555153。

各自策划不同形式的恐怖活动，加大了警方的侦查难度。[①] 为此，东南亚国家不断加强警戒，防范发生大规模暴恐事件。

一是严密监视互联网。如马来西亚政府将互联网列为对付极端组织的重点，包括逮捕涉及在网上宣传“伊斯兰国”活动的人。[②] 3月，当发现社交媒体“脸谱”上流传有马来西亚人参与的“伊斯兰国”斩首短片后，马警方便高度警惕，密切关注短片在马可能引发的效应。[③] 3月17日，泰国总理巴育亦下令国家情报局紧密监察民间动向与互联网信息，慎防“伊斯兰国”活动渗入。[④] 二是重点监视从中东返国的公民。如印度尼西亚警方介绍，他们目前仍在监视300名参与“伊斯兰国”的人士，尤其是一些人已经从叙利亚回国，警方担心这些人阴谋发动恐怖袭击。[⑤] 12月4日，马来西亚内政部副部长诺加兹兰建议，为了监督、去激进化及改造恐怖活动嫌犯，所有在防范恐怖主义法令下被扣的人士，包括涉嫌支持及参与“伊斯兰国”恐怖活动者，都必须戴上电子监控器。[⑥] 三是加强易受攻击地区的军事威慑与戒备。如马来西亚政府全面提升东马沙巴的海陆空防卫及作

① “策划恐袭马国伊国组织　一对父子监18年及12年”，http：//www.zaobao.com/special/report/politic/attack/story20150701－497698；“伊国组织或发动‘独狼’式袭击 马国面临第三波恐怖威胁”，http：//www.zaobao.com/special/report/politic/attack/story20150601－486467。

② “‘匿名者’：与伊国组织有联系面簿户头多为马国人所有”，http：//www.zaobao.com/special/report/politic/attack/story20150211－445548。

③ “两马国人亮相伊国组织斩首视频”，http：//www.zaobao.com/special/report/politic/attack/story20150305－453091。

④ “泰严密监察电脑网络防伊国组织活动渗入”，http：//www.zaobao.com/special/report/politic/attack/story20150317－457656。

⑤ “印尼监视300名参与伊国组织分子”，http：//www.zaobao.com/special/report/politic/attack/story20151130－554412。

⑥ “马拟让涉恐者戴电子监控器”，http：//www.zaobao.com/special/report/politic/attack/story20151204－555910。

战能力，以打击菲南部恐怖组织及“伊斯兰国”的威胁。[①] 此外，马警方还在全国各地的警察局及军营加强防卫，以免遭受袭击。[②] 印尼则在圣诞前夕、元旦新年等关键节点加强防范力度，甚至动员近万名军警人员，重点保护宗教场所、机场、火车站、港口、购物中心以及各个旅游胜地等。[③]

四、加强反恐立法

随着打击恐怖主义形势的发展，东南亚国家也开始推进反恐立法和修改工作，力图做到有法可依。

3 月 28 日有报道称，印度尼西亚政府将着手修订反恐法，以便当局可更严密地监督可疑的出国者。内政部长贾佐·库莫洛（Tjahjo Kumolo）指出，修订后的反恐法将对那些自称欲前往中东进行小朝圣的团体展开更严格的筛查。贾佐透露，他将指示有关小组探讨以取消公民权来惩处违反新反恐法的国民。贾佐建议总统佐科颁布政令或是修改反恐法，授权当局扣留进行“可疑活动”的个人，防止这些人出国加入极端组织。[④] 同样，马来西亚也加强反恐立法。3 月 30 日，马政府在国会下议院提呈两个新的反恐法案和五个现有法令修正案，旨在防止公民出国参与恐怖活动及打击国内外日益猖獗的恐怖主义，全面向恐怖分子宣战。两个新的反恐法案分别是《防范恐怖主义法案》（POTA）和《境外恐怖主义活动特殊应对法案》，

---

① “沙巴将提升海陆空军力打击菲南与国际恐怖组织”，http：//www. zaobao. com/special/report/politic/attack/story20150126－439436。

② “三涉参与伊国组织成员已返马　警方掌握身份严密追踪”，http：//www. zaobao. com/special/report/politic/attack/story20150416－469047。

③ “驻守各宗教场所印尼出动数万军警防圣诞恐袭”，http：//www. zaobao. com/special/report/politic/attack/story20151224－563050。

④ “内长建议修订反恐法印尼将严密监督可疑出国者”，http：//www. zaobao. com/special/report/politic/attack/story20150328－461998。

前者将允许当局在不经审讯情况下无限期拘留犯罪嫌疑人，并成立反恐局决定扣留期限，嫌犯不得对该局决定向法庭提出司法检讨。反恐局由最高元首委任的5—8名成员组成，任期三年，但当局不能援引此法对付异己。后者则授权移民局冻结或撤销任何涉嫌参与或支持恐怖行为的本国公民及外籍人士的旅行证件。[①] 4月3日，印尼政府与国会同意合作修改反恐法，以加强执法力度来遏制“伊斯兰国”影响力，弥补印尼现有法律的缺陷，即对那些公开宣称支持“伊斯兰国”但没有挑起暴力事端的人进行法律制裁。[②]

五、争夺思想阵地

鉴于“伊斯兰国”等极端组织通过互联网、学校、清真寺、监狱等平台加紧在东南亚地区的思想渗透，东南亚国家也采取相应措施，加强争夺思想阵地，防止极端主义思想的传播。例如，1月23日媒体报道，马来西亚内政部长阿末扎希指出，为避免“伊斯兰国”影响力扩大，凡是因涉及该恐怖组织活动而被捕的嫌犯，将被关押在两个指定监狱——霹雳州打巴和彭亨州文冬监狱的隔离监仓内，以免他们向其他囚犯传播极端及恐怖主义思想。[③] 3月，针对民间出现一些质疑政府打击恐怖主义的声音，马来西亚警方表示，当局过去一直在不惊动民众的情况下低调处理各种危机，结果导致民众认为和平稳定是理所当然的，因此警方以后将不时公布各种反

① “防止人民参与恐怖活动　马国反恐法案一读”，http：//www.zaobao.com/special/report/politic/attack/story20150331－463095。

② “加强力度遏制伊国组织影响力　印尼政府与国会同意合作修改反恐法”，http：//www.zaobao.com/special/report/politic/attack/story20150403－464247。

③ “马将隔离伊国组织恐嫌　避免其他囚犯遭‘洗脑’”，http：//www.zaobao.com/special/report/politic/attack/story20150123－438380。

恐成果，让民众能居安思危。[①] 印尼政府也采取相应措施，反复强调“伊斯兰国”的理念与做法违背印尼“潘查希拉”（即印尼建国五原则），指其是对印尼内在的文化和宗教多样性的直接威胁；鼓励社区领袖、穆斯林长者和伊斯兰教士发声反对“伊斯兰国”的极端主义思想；追踪伊斯兰网站和社会媒体，关闭那些涉嫌包含极端主义言论的网站和社交媒体。2015 年 3 月 30 日，印尼国家反恐局（BNPT）列出了 22 家涉嫌损害国家安全的电子媒体。随后，印尼通信与信息技术部（MICT）关闭了这些网站。[②] 4 月 16 日，新加坡举行东亚峰会宗教改造与重返社会研讨会，新加坡副总理兼国家安全统筹及内政部长张志贤指出：“对付‘伊斯兰国’必须针对意识形态，单纯的军事行动是不够的。”[③] 5 月 20 日，印度尼西亚国民军总司令穆多尔科在苏门答腊岛明古鲁市的明古鲁州立大学对 1500 名学生发表演讲时呼吁年轻人不要受“伊斯兰国”影响。[④] 此外，马来西亚还不断推动其提倡的“全球温和运动”，以期用来对抗“伊斯兰国”极端主义思想并促进多种宗教和种族间的和谐相处。

六、加强国家间合作

“伊斯兰国”等恐怖主义活动的跨国蔓延性引起了全球的共同关注，

① “警惕民众居安思危　马警将不时公布反恐成果”，http：//www. zaobao. com/special/report/politic/attack/story20150316－457283。

② Peter Chalk，Black flag rising：ISIL in Southeast Asia and Australia，https：//www. aspi. org. au/publications/black-flag-rising-isil-in-southeast-asia-and-australia/Black-flag-rising _ ISIL. pdf.

③ “不能单靠军事打击易受歪曲宗教教义影响的激进分子”，http：//www. channel8news. sg/news8/singapore/20150416 sg terrorism/1788566 html.

④ “印尼总司令指伊国组织危险必须镇压”，http：//www. zaobao. com/special/report/politic/attack/story20150521－482403。

东南亚国家认识到这一点，也不断加强与地区内外国家的合作。

一是区域内合作。2月10日，东盟各国武装部队首长达成协议，同意建立区域机密联系网以交换军事情报，防止国际极端组织“伊斯兰国”在东南亚活动及壮大。① 2月底，马来西亚和印度尼西亚同意合作及交换情报，集中资源监督和打击“伊斯兰国”在本地区的活动。3月2日，新加坡和马来西亚也签订加强两国防务合作的意向书，同意进行更多双边军事交流，包括情报交换，以共同对抗“伊斯兰国”。② 3月16日，东盟十国防长在马来西亚举行的第九届东盟防长会上发表了《东盟防长维护区域安全及稳定联合宣言》，密切关注并谴责“伊斯兰国”及其他恐怖组织的残酷及暴力行为，一致同意将按照国内法及国际法进行协作，通过交换信息、加强监控以及提高民众意识等共同对抗极端主义恐怖组织的威胁。③

二是与区域外国家合作。7月30日，英国首相卡梅伦访问马来西亚，指出“伊斯兰国”是英国与马来西亚共同面临的一大威胁，建议两国加强合作，并表示可为马、印尼等东南亚国家警队提供反恐训练。④ 10月11日，正在美国访问的马来西亚副首相及内政部长阿末扎希指出，美国支持马设立“区域数码信息和通信中心”计划，以便共同应对恐怖主义，并同意与马分享8.6万名恐怖分子嫌疑人的资料。⑤ 10月17日，

---

① “亚细安同意交换军事情报　防伊国组织在本区域壮大”，http：//www.zaobao.com/special/report/politic/attack/story20150212－445927。

② “签意向书加强防务合作　新马交换情报应对伊国组织威胁”，http：//www.zaobao.com/special/report/politic/attack/story20150303－452246。

③ “亚细安十国承诺对打恐采坚定立场”，http：//www.zaobao.com/special/report/politic/attack/story20150317－457624。

④ “卡梅伦：英马两国须合作打恐”，http：//www.zaobao.com/special/report/politic/attack/story20150731－509042。

⑤ “马内长：美国将协助马国设区域信息中心加强打恐”，http：//www.zaobao.com/special/report/politic/attack/story20151011－536118。

马来西亚警方逮捕一名来自科索沃且支持恐怖组织“伊斯兰国”的黑客，据悉他曾涉嫌入侵美国公司电脑为“伊斯兰国”搜集情报而遭美通缉。对此，马警方宣布将把嫌犯引渡到美国。这是马首次逮捕黑客型恐怖嫌犯及首次将涉及“伊斯兰国”恐嫌引渡到美国。① 12 月 7 日，马来西亚副首相及内政部长阿末扎希表示，马 2016 年 2 月起将分批派遣熟悉伊斯兰教的专家到澳大利亚推动“导师培训计划”。这些专家包括监狱局官员、伊斯兰发展局（JAKIM）代表及大学讲师，他们将与澳分享马改造极端分子的经验。这是马澳两国首次进行这方面的反恐合作。② 12 月 20 日，澳大利亚和印尼政府达成协议，同意在抗击恐怖主义方面加强情报共享。③

① “马将首次引渡被捕伊国组织黑客到美国”，http：//www. zaobao. com/special/report/politic/attack/story20151017－538343。

② “马明年将分批派遣伊斯兰专家助澳反恐”，http：//www. zaobao. com/special/report/politic/attack/story20151208－557351。

③ “印尼被捕数恐嫌经费源自叙利亚”，http：//www. zaobao. com/special/report/politic/attack/story20151222－562333。

第八章　中东地区恐怖主义与反恐怖斗争形势综述

2015年，中东国际暴恐与反恐斗争深度演化。“伊斯兰国”在伊叙的扩张进程虽受遏制，但暴恐实力未遭明显削弱。“基地”组织采取务实政策，与“伊斯兰国”展开策略争夺与合作。伊叙暴恐外溢效应已全面凸显，中东陷入新一轮暴恐高发期，并严重威胁全球安全环境。国际社会在打击“伊斯兰国”方面的共识累积，并出现美、俄、沙特分别牵头的国际反恐联盟。然而，相关大国共识多共举少，国际反恐合作推进艰难。

第一节　中东地区恐怖主义形势

一、“伊斯兰国”在伊叙的扩张进程虽受遏制，但暴恐实力未遭明显削弱

（一）“伊斯兰国”在伊叙强劲扩张势头受阻

一是军事重压之下战场态势由攻转守，“领土”面积小幅缩水。“伊

斯兰国”曾一度控制约 1/3 伊拉克国土和 1/2 叙利亚国土，控制区总人口超千万。至 2015 年 10 月，“伊斯兰国”在伊叙两国所占据的领土面积比一年前减少约 30%。在伊拉克，“伊斯兰国”连遭重创，控制区地盘损失约 40%，其控制边界不断西移、南移，逐渐缩小。除 2015 年 5 月控制了靠近叙利亚边界的伊拉克最大逊尼派省份安巴尔的首府拉马迪外，“伊斯兰教”接连遭受重挫，包括失去了对连接叙利亚基地与伊拉克主要据点的辛贾尔、提克里特、白芨等重镇。伊政府军在国际反恐联军帮助下守住首都巴格达和北部库尔德自治区首府埃尔比勒，夺回伊最大水坝摩苏尔大坝。11 月 25 日，伊拉克安全部队围攻拉马迪，并计划展开进一步清剿行动，600—1000 名“伊斯兰国”武装分子在拉马迪形成防御态势，几近弃城边缘。在叙利亚，“伊斯兰国”地盘损失 10%－20%。在叙北部地区，联军已经夺回该组织控制的叙利亚与土耳其 85%边境线。[①] 在国际联军空中力量支持下，库尔德人在西北及东北地区给予“伊斯兰国”重击，致“伊斯兰国”损失了北部的部分地区。此外，美及国际联军打击叙利亚西北部“伊斯兰国”力量重在切断该组织在叙土边境地区的通联渠道。同时，俄罗斯从 9 月 30 日开始对叙利亚境内“伊斯兰国”武装力量进行空袭以来，重创“伊斯兰国”。10 月 20 日，俄总参谋部作战管理总局局长卡尔塔波罗夫表示，已摧毁约四成“伊斯兰国”基础设施，迫使恐怖分子试图躲进难以接近的山林地和居民区。“伊斯兰国”损失惨重，已经不再进行主动的战术行动转而采取防御策略。在俄空袭支持下，叙军方也在阿勒颇、伊德利卜、拉塔基亚以及霍姆斯等省

---

① “美副国务卿：联军对抗伊斯兰国组织取得进展”，2015 年 10 月 30 日，http：//www. zaobao. com/news/world/story20151102－544183。

份发起攻势，并且重新控制了数十个城镇和村庄。[①]

二是组织及其领导层持续受创，人员遭受较大折损。美领衔的国际反恐联军的斩首行动对“伊斯兰国”领导层施加了较大压力。联军自2015年5月以来消灭大约70名“伊斯兰国”中高层头目，包括该组织第二号人物阿布·穆塔兹·夸拉希，其在8月一次美军空袭行动中毙命。还有消息称，“伊斯兰国”头目巴格达迪10月在一次空袭中负伤，目前正在接受治疗。7月2日，美国防部证实，“伊斯兰国”“后勤部长”塔里克·本·塔赫尔·奥尼·哈尔齐在美军6月发动的空袭中毙命。哈尔齐毙命对“伊斯兰国”构成沉重打击，严重影响“伊斯兰国”招募外籍恐怖分子进入叙利亚和伊拉克参与武装活动的能力，同时，“伊斯兰国”将人员和武装运入叙利亚和伊拉克境内的能力也将受到制约。8月18日，“伊斯兰国”媒体事务头目阿卜杜拉（Abu Abdullah）死于美军在伊拉克摩苏尔附近的空袭行动。8月27日，美军宣布，其在对叙利亚境内的“伊斯兰国”武装进行空袭时除掉了该组织头号黑客朱奈德·侯赛因。此人据信是“伊斯兰国”“网军”的头目，曾多次对美国发动网络攻击。12月24日，打击“伊斯兰国”国际联盟在空袭中铲除了“伊斯兰国”负责策划恐怖袭击的领导人查拉菲·穆阿丹（Charaffe al Mouadan）等10名该组织领导人。2015年11月12日，美国国务卿克里宣称，美国主导的打恐联盟过去一年在对“伊斯兰国”展开了超过8000次空袭，打击“伊斯兰国”的战斗取得进展。[②] 美国副国务卿布林肯2015年6月表示，联军自2014年8月以来，已击毙大约1万名“伊斯兰国”武装分子，平

---

① “俄军方：空袭一个月摧毁超1600处恐怖分子设施”，2015年10月31日，http：//news. xinhuanet. com/world/2015－10/31/c _ 128378796. htm。

② “美国推出叙利亚战略，与俄展开外交角力”，2015年11月14日，http：//news. xinhuanet. com/mil/2015－11/14/c _ 128428959. htm。

均大约每月击毙千人。

（二）在伊叙主战区仍具较强军事实力

一是仍扼守伊叙大片区域及重要交通枢纽。目前，“伊斯兰国”仍继续占领伊拉克北、西部大片地区及叙利亚东北地区。2015 年，该组织一些在伊叙间的重要通信与交通线被切断，但其仍保留部分重要及替代通联线。在伊拉克，“伊斯兰国”仍至少控制 12 座城镇，包括第二大城市摩苏尔及萨拉赫丁的广大区域。在叙利亚，“伊斯兰国”控制叙利亚的东北部、中部地区大片领地，至少占领了 13 座城镇，包括拉卡。2014 年“伊斯兰国”在伊拉克展开强势军事攻势后，2015 年开始着力巩固叙利亚控制区。加之在伊拉克的频频受挫，“伊斯兰国”加紧向叙利亚推进。“伊斯兰国”在伊拉克遭受重创，失去了对萨拉赫丁省首府提克里特的控制后。4 月初，其成员便开始渗透至大马士革郊区，控制了距大马士革市区 5 公里的一座城镇。这是“伊斯兰国”首次攻占大马士革郊区。仅用 3 天时间，“伊斯兰国”就控制了拥有 15 万居民的雅尔穆克难民营 90％的区域。2015 年“伊斯兰国”重创支持阿萨德的武装组织，继续向西扩展地盘，包括幼发拉底河及与土耳其、伊拉克接壤的边境地区村镇。“伊斯兰国”从代尔祖尔向西南推进，掠取了中部城镇德摩。此举使叙中心沙漠十字路口处于“伊斯兰国”控制并进一步隔离了东部支持阿萨德的武装。“伊斯兰国”攫取当地古文物并继续向西推进，占领了霍姆斯省东部的重镇，该地距连接叙西部城市的重要高速公路 M5 仅 40 公里。由于美及联军不断在东西面的伊拉克及北面土耳其展开军事打击，未来“伊斯兰国”可能向南、向西推进。

二是有生力量未受大的折损，仍保持较强人员召集力。由于“伊斯兰国”能够持续招募大致数量甚至更多的新人补齐损失，因此其成员数量仍在2万—3万人之间。[①] 据美政府官员评估，“伊斯兰国”仍能在伊叙迅速集结1.9万—2.5万人，在其他地区可召集数千人。自2014年国际反恐联军展开军事打击行动以来，“伊斯兰国”已吸引了数千名外籍“圣战”分子入伙。在一些区域，“伊斯兰国”吸引境内外不满外部势力干预叙利亚问题的极端分子补充兵源。同时，“伊斯兰国”还在当地部落及社区中招募弱势群体。

三是资金仍较为充裕。“伊斯兰国”利用控制区经济资助组织活动。勒索与税收成为首要经源手段，每年借此可获利近10亿美元。虽然美国领导的反恐联盟加大了对“伊斯兰国”控制的石油设施的打击力度，但其石油买卖并未受到太大影响，每年石油收入仍在5亿美元左右，为其暴恐活动提供了强力支撑。[②] 一个非政府组织近期统计显示，“伊斯兰国”控制区每天可产原油4万桶，获利近150万美元。据俄罗斯卫星网12月7日报道，调研机构IHS向俄新社提供的分析结果显示，“伊斯兰国”恐怖主义组织的月收入达到约8000万美元，石油交易所获收益占43％，而大部分收入（约50％）来源于从该组织控制的地区征收的商业税，以及没收的土地和财产。英国《阿拉伯人报》8月报道称，“伊斯兰国”已控制了伊北部和叙东北部一些粮食作物产区，已攫取了100多万吨小麦，约占伊拉克年消费量的1/5。同时，它还控制着叙棉花产量的75％。“伊斯兰国”把大量小麦从伊转运到叙磨成面粉出售，并像其出售

① Sean D. Naylor, “Airstrikes Killing Thousands of Islamic State Fighters, but It Just Recruits More”, http://foreignpolicy.com/2015/06/09/airstrikes-killing-thousands-of-islamic-state-fighters-but-it-just-recruits-more/.

② “＄500M a Year in Oil Revenue Buoys Islamic State Fighters”, October 24, 2015.

石油那样，通过“过境土耳其”向其他地区出售，每年获利约2亿美元。[①] 此外，“伊斯兰国”其他收入来自贩卖毒品、非法交易历史文物、电力供应和捐赠。

（三）暴恐能力趋强

一是手段日趋残虐无度，频频实施大规模屠杀恶行。军事上接连失利的“伊斯兰国”频频制造报复性恐袭，发动大规模屠杀行动。4月10日，“伊斯兰国”武装分子从多个方向进攻幼发拉底河北岸的阿尔布法拉杰地区，在与政府军和当地逊尼派部族武装激烈交火后攻占该地，“伊斯兰国”武装分子绑架了33名当地居民，并于当天晚些时候以协助政府军和民兵作战为由分两批杀害了这些人。6月1日，伊拉克嘉达发现一处“万人坑”，坑中有80名雅兹迪派信众尸体，其中包括32名儿童和20名妇女。据悉，这些人都是被“伊斯兰国”分子所屠杀。联合国发布的报告指出，从2014年1月1日起至2015年10月31日，伊拉克境内共有18802名平民遇害身亡，另有36245人受伤，其中绝大部分平民都是遭到了“伊斯兰国”的迫害。此外，“伊斯兰国”还培训儿童人弹，手段残忍。9月初，“伊斯兰国”绑架百余伊拉克儿童充当人弹实施恐怖袭击。库尔德民主党摩苏尔分部发言人赛义德·马穆齐尼接受媒体采访时表示，“伊斯兰国”绑架了127名儿童，年龄在11—15岁之间。过去一段时间，“伊斯兰国”绑架了数以百计儿童，训练他们当人弹，实施自杀性炸弹袭击。

二是制造并使用化学武器，严重威胁地区安全。美政府官员指出，有证据显示“伊斯兰国”制造并使用化武。“伊斯兰国”在伊叙针对库尔

---

① “外媒：IS掠夺小麦挣大钱”，2015年8月5日，http：//news. xinhuanet. com/world/2015－08/05/c _ 128095000. htm。

德武装的袭击中多次使用化武，在“伊斯兰国”迫击炮碎片上发现了化学武器所用的硫芥。另据俄罗斯媒体报道，俄罗斯外交部武器不扩散和监督司司长米哈伊尔·乌里扬诺夫称，“伊斯兰国”组织已经掌握生产化学武器的技术，其使用化学武器芥子气和路易斯毒气已是事实。生产这种化学武器需要很复杂的生产技术，这些生产技术可能已经落入恐怖分子手中。

二、“基地”组织采取务实策略，稳步推进中东进程

据 2015 年 11 月 23 日美国务院签发的全球旅行警告，“基地”组织继续密谋域外恐袭。美国家反恐中心主任尼古拉斯·拉斯穆森 2015 年 10 月递交国土安全部的相关报告称：“尚不能确定‘基地’组织的核心已被击垮，即其仍具较强恐袭能力。”

（一）“基地”组织利用中东的组织网络巩固势力

一是通过叙利亚分支“支持阵线”稳步推进全球战略，对国际安全构成长期威胁。“支持阵线”的根本战略目标包括：在叙利亚建立“伊斯兰政权”，并成为未来“基地”组织构建的哈里发国家的组成部分，最终统一全球“圣战”运动。当前的战略目标包括：推翻阿萨德政权；将叙利亚社会从世俗的民族主义转变为伊斯兰教法社会；建立由当地人治理的国家，为最终实现伊斯兰政权做准备；解决与“伊斯兰国”的分歧；反美插手叙利亚问题。

“支持阵线”在叙利亚未受到大的军事压力，因此其重点聚焦阻止叙利亚问题和解进程、反对美影响叙利亚问题，及防范“伊斯兰国”军事进攻西部地区。首先，通过巩固并扩展军事和组织网络，进一步影响叙反对派，阻止叙利亚问题和解进程。同时，伺机刺激教派冲突，

以牵制支持和反对叙政权的两派力量间进行对话。其次，通过利用叙民众对美干预解决叙乱局预期的幻灭，提升自身在当地民众中的影响力和支持度。同时，打击叙温和反对派。“支持阵线”认为温和势力日益成为组织扩张的绊脚石，并为美进一步插手叙利亚问题铺路。最后，在应对“伊斯兰国”攻势方面，“支持阵线”已优先降低与“伊斯兰国”的对抗烈度，避免分裂升级。这一策略一方面服务于“基地”组织统一全球“圣战”运动的根本目标，同时也出于组织的务实考量。但 2015 年 7 月起，“伊斯兰国”开始升级在西部的攻势，迫使“支持阵线”采取防守之势。

“支持阵线”成国际社会长期安全隐患。2015 年“支持阵线”得到叙部分当地民众及反对派支持，构建了复杂的关系网，其正蓄势待“伊斯兰国”失败后发起全球“圣战”。据新美国安全中心的叙安全问题专家尼克·赫拉斯称，在伊叙，“支持阵线”是仅次于“伊斯兰国”的第二大外籍“圣战”分子聚集组织。“支持阵线”目前控制着叙西北一带，是叙数支反对派武装中较强劲力量，在反对派武装中发挥主导作用。美智库战争研究协会和美国企业研究所的相关报告指出，长期来看，“支持阵线”对美国的威胁远甚于“伊斯兰国”，美国目前的唯“伊斯兰国”反恐战偏离了方向，不着力打击“支持阵线”的反恐战将无法取胜。“支持阵线”已对美安全构成长期威胁。虽目前“支持阵线”的实力无法与“伊斯兰国”比肩，但却是其他“基地”组织分支袭美计划的“行动基地”。目前“基地”组织在叙利亚采取蛰伏策略，避免因过早袭击美国目标消耗实力，因此 2015 年美国家情报总监的威胁评估报告将“支持阵线”列为区域威胁，而非全球威胁。

二是阿拉伯半岛分支趁也门动荡谋“崛起”之径。自也门局势陷入持续动荡以来，本已在美领衔的国际打恐行动中日渐式微的“基地”组织阿拉伯半岛分支趁势加紧调整地区策略，利用也门内乱而升级的教派与部族矛盾、国内及地缘政治争夺，连横合纵，图谋扩充势力，东山再起。

势力范围大幅扩展。阿拉伯半岛分支立足东部据点，逐步向也门边境和腹地战略重镇推进。自2014年下半年，胡塞武装大举发动叛乱活动，尤其9月攻入萨那导致也门陷入全面内乱后，阿拉伯半岛分支及时抓住扩展良机，不断发起系列攻势，收复部分失地，并进一步向中、西、南、北部出击。目前，阿拉伯半岛分支已巩固对东部据点的控制，并将势力范围辐射到也门大部分地区，东可至哈德拉毛，西至萨那，南至阿比扬，中部深入马里卜，同时逐步由山区向城市挺进。阿拉伯半岛分支通过积极拉拢当地部落支持及抢在胡塞武装踏足其“领地”之前强化力量，势力已远超南部和东部的偏远山区，逐步向大城市辐射。2015年3月9日，该组织从阿比扬省首府马赫法德城周边山区向城市中心发起攻击，3月20日攻占了南部拉赫季省胡塔城的部分军营和政府机构，4月3日攻入东部哈德拉毛省省会、第五大城市穆卡拉。12月2日，在沙特组织的联军打击下，他们仍继续挺进，占领了南部两个区镇。

行动能力显著提升，频繁袭击胡塞武装。自2014年下半年，阿拉伯半岛分支调整袭击策略，加大对胡塞武装的袭击力度。4月21日，阿拉伯半岛分支通过组织媒体声称，自2014年8月起共发动了374起袭击，其中224起针对胡塞武装。反胡塞战略凸显了其更深远的战略意图，即通过频繁袭击，给胡塞在萨那控制区制造更多政治负担，并引发当地民众更大的不安全感，阿拉伯半岛分支则可趁机渔利，扩大在首都及周边地区影响力。同时，行动策略更趋灵活机动，行动能力进一步增强。该组织在组织影响力薄弱的地区进行暗杀、伏击，用简易爆炸装置袭击胡塞和政府军；在哈德拉毛省、舍卜沃省和阿比扬省等具有一定民意基础的地区，则主要袭击军政目标，尤其那些涉嫌与美国无人机行动进行合作的军事基地。同时，袭击模式不断变化。据统计，其每月至少运用八种不同的攻击类型，显示了该组织针对不同对手采取不同战术的适应能力。阿拉伯半岛分支不断对西部、南部及中部诸省发动攻击，充分展现了较强的行动灵活性和战场调度能力。在舍卜沃等地，他们袭击军事基地，制造爆炸，甚至直接使用重炮武装攻击胡塞武装和忠于萨利赫的民兵组织。2 月 12 日，阿拉伯半岛分支在舍卜沃发动了数小时的袭击，运用简易炸弹装置和自动武器等复杂战术，夺取了亲萨利赫的陆军第 19 步兵旅在舍卜沃毕昂地区的基地控制权。4 月 2 日，他们又在穆卡拉市袭击了中心监狱并释放 300 余名在押犯，其中包括该组织高级指挥官、前阿比扬地区头目及众多组织成员，随后攻入市区，占领了港口、军政大楼及多家商业银行、证券交易所等。这将进一步充实其人力、装备和资金支持，提升战斗力。

积极争取当地部落及民众支持。通过挑拨教派矛盾、充当逊尼派代言人及建立掩护组织，阿拉伯半岛分支重拾当地民意支持的努力初现成效。4 月 17 日，该组织在哈德拉毛省穆克拉海滩举办大型公共集会，吸引了数百人参加。在集会上，该组织的一位发言人表示，劫持银行和其他国家设施乃正义之举，是以“圣战”之名反对胡塞异教徒。4 月 2 日，阿拉伯半岛分支选择在下午两点进攻穆卡拉市，不乏有意避免造成大量民众伤亡。该组织在哈德拉毛省组建“哈德拉毛之子”（Sons of Hadramawt）武装，博取当地民众支持之意凸显。同时，近期的密集攻势显示，其可能已在东、南部老巢外建立起大型有效的地下网络。

（二）与“伊斯兰国”展开策略性争夺

“基地”组织与“伊斯兰国”的关系日益微妙。“基地”组织在与“伊斯兰国”的竞争中基本处于守势，在保持现有实力的基础上，扩展势力范围，巩固并强化支持基础，同时伺机发动针对西方的恐怖行动以示强势存在，扩大影响力。“基地”组织的人力与物质资源有限，其在也门、北非、印尼及印度的分支保持半自治状态，与“伊斯兰国”进行直接对抗似乎不太可能。此外，直接冲突亦将再次搅动全球“圣战”运动，动摇“基地”组织目前的支持基础，因此“基地”组织更可能将“伊斯兰国”视为一个暂时得势而非具有长期挑战能力的组织。“基地”组织保持既不全面对抗也不绝对容忍的态度，在某些行动中可能与其合作，成为同床异梦的一对冤家对头。

“基地”与“伊斯兰国”具合流可能。“基地”组织头目艾曼·扎瓦希里2015年12月在一段录音中呼吁，“基地”组织和“伊斯兰国”支持者要团结一致，共同应对来自西方国家和俄罗斯在叙利亚和伊拉克对他们构成的威胁。分析人士认为，扎瓦希里发声，表明恐怖双煞“基地”组织与“伊斯兰国”在外部压力加大的情况下可能出现合流趋势。扎瓦希里在互联网上发布的这段录音中说：“美国、俄罗斯、伊朗、阿拉维派教徒和真主党正在协同向我们发起攻击——我们能不能停止内部的争斗，而一致对付他们?”在9月发布的一段录音中，扎瓦希里曾指责“伊斯兰国”头目阿布·巴格达迪并不合法，但如果可能，“基地”成员可与“伊斯兰国”一道，在伊拉克和叙利亚共同打击十字军侵略者、世俗派和什叶派分子。

三、伊叙暴恐外溢效应全面凸显，中东陷入新一轮暴恐高发期

（一）持续向周边渗透，地区安全面临严峻挑战

在伊叙和国际联盟的合力打击下，“伊斯兰国”的生存空间受到严

重挤压，逐渐向伊拉克邻国沙特阿拉伯、利比亚、突尼斯、土耳其等国渗透。如今，“伊斯兰国”已在全球20余个国家及地区出现、建立分支及获得当地组织支持、效忠，包括中东的伊拉克、叙利亚、黎巴嫩、巴勒斯坦地区、约旦、沙特、土耳其、也门，中北非的阿尔及利亚、埃及、利比亚、突尼斯、尼日利亚、苏丹，中南亚及东南亚的阿富汗、孟加拉国、印度、印尼、巴基斯坦、菲律宾、俄罗斯（北高加索地区）。

利比亚已然成为新暴恐策源地。2014年8月以来，利比亚出现两个议会、两个政府并立局面，利比亚各派武装纷纷选边站队，冲突不时爆发。当下，两大派别一方面继续在班加西等地争夺地盘，另一方面各自采取措施对抗“伊斯兰国”，其结果正如一名苏尔特当地政府官员所言，一些与“伊斯兰国”作战的利比亚武装人员已从苏尔特撤离，“没有见到来自两个政府的任何实际支援”。混乱的政局和持续的内乱使得“伊斯兰国”在利比亚势力不断坐大，呈蔓延之势。前美中央情报局副局长迈克尔·莫雷尔警告称，“伊斯兰国”正在赢得全球范围内不少极端组织的效忠。当前，在建立全球分支机构的速度上，该组织已超过“基地”组织。在不到一年里，就有分布在近20个国家的多个恐怖团体自称是“伊斯兰国”的分支。“伊斯兰国”有能力攫取更大的地盘，利比亚可能就是其近期目标。

一是“伊斯兰国”继续在利拓展地盘。2014年年底，在曾接受“基地”组织伊拉克分支创始人扎卡维培训的利比亚籍“伊斯兰国”协调人的帮助下，“伊斯兰国”在利比亚建立了分支。2015年初，“伊斯兰国”开始向利比亚输送资金与人员。“伊斯兰国”还派遣高级行动指挥阿布·纳比·安巴里领导利比亚分支，此人于2015年11月13日美空袭行动中被击毙，“伊斯兰国”随即派遣了另一位曾效力萨达姆军队的伊拉克指挥官接任。自9月底俄罗斯在叙利亚境内发动反恐空袭，从而触发俄美“反恐竞赛”以来，压力之下的“伊斯兰国”开始进一步向利比亚转移。“伊斯兰国”借力7月以来急速加温的利比亚伊斯兰政治势力“利比亚黎明”与世俗政权间的武装争夺顺利推进。如今，“伊斯兰国”已占据利比亚东部城市苏尔特、西部城市塞布拉塔，并在利比亚的7个沿海城镇组建了武装组织，规模扩张至3000人，对班加西、的黎波里等重要城市构成严重威胁。一些武装人员正向部分产油区包括石油重镇Sidra逼近，利比亚的三支组织（分别位于Barqa、Fezzan和Tripolitania城）已宣誓效忠“伊斯兰国”，成为其在利比亚的三个行省。西方国家，尤其是南欧担忧利比亚“三省”可能蜕变为“伊斯兰国”跨越地中海、潜入埃及或北非其他地区的中转站。“伊斯兰国”在利比亚展开了密集的军事行动，不断针对多重目标开展袭击，包括对埃及恐袭“德尔纳省”和利比亚政府军展开报复性自杀式炸弹袭击。2月13日，“伊斯兰国”发布视频，声称使用肩扛式导弹击毁了一架利比亚军的直升机。2月22日，该组织又声称对的黎波里的伊朗使馆所在地发动袭击。“伊斯兰国”还大搞奖励机制，鼓动“圣战”分子袭击国际反恐联军。2月4日，“伊斯兰国”声称，该组织的舒拉委员会已批准向杀害或伤害约旦飞行员者提供100金第纳尔作为奖赏，以削弱约旦及其联军空袭“伊斯兰国”的力量。

二是成为另一主要外籍“圣战”分子聚集地。为建立并提升在利比亚的影响，“伊斯兰国”加紧网络宣教，招募世界范围内的穆斯林前往利比亚加入“伊斯兰国”帐下。2月18日，“伊斯兰国”在Barqa省的媒体机构发布了系列图片展，记录了该组织的“道德卫队”的行动，以此吸引更多极端伊斯兰分子加入。“伊斯兰国”还在利比亚的黎波里省的一个“圣战”网站上发布了一段自称来自“的黎波里省信息办公室”的视频，鼓动北非的“圣战”组织投靠“伊斯兰国”，加入“圣战”行列，彰显了“伊斯兰国”欲跨越利比亚向北非地区扩张影响的图谋。“伊斯兰国”吸引了大批外籍“圣战”分子及其家庭前往苏尔特，“伊斯兰国”指挥官将苏尔特视为与其在叙利亚据点拉卡比肩的城市。“伊斯兰国”在利比亚的扩张行动已吸引越来越多赴伊叙的“圣战”分子回国。

三是沦为国际暴恐分子锻造场。利比亚已成为外籍激进分子主要培训基地。“伊斯兰国”在利比亚建立了数个武装训练营，包括在靠近地中海滨海城市塞布拉塔建立了“阿贾莱特”训练营。利比亚已成为极端组织招募新兵的重要据点，令周边邻国受到安全威胁。突尼斯官方表示，2015 年在突尼斯发动两起恐袭的袭击者均曾在利比亚接受训练。突尼斯恐袭分析员萨拉丁鲁契认为，邻国利比亚的动乱局势对突尼斯构成“真实的危险”，这些极端组织利用边界地区把突尼斯年轻人带到利比亚境内的训练营，为他们提供各种武器训练，然后在适当时候安排这些年轻人回到突尼斯发动袭击。2015 年 11 月 25 日，“伊斯兰国”制造了炸弹袭击突尼斯总统卫队的恐怖事件。

四是成为暴恐组织向周边输送恐怖、走私武器的桥梁。利比亚是“伊斯兰国”在伊叙外最成功据地建政的国家，是该组织向周边阿拉伯国家及撒哈拉以南国家扩张的基地。总部设在英国的反极端主义智库奎利亚姆研究所翻译了一篇“伊斯兰国”的宣传文章，其中概括了该组织在利比亚可能采取的战略。一种可能方法是利用利比亚漫长的海岸线和靠近欧洲的地理位置，通过与移民船同样的路线，不知不觉潜入欧洲。另一种方法是武装分子加入越过叙利亚和土耳其边境逃离的难民队伍，通过希腊和巴尔干半岛，从陆上进入西欧。前往叙伊战场的 3500 名极端分子中已有约 800 人回国，伺机发动恐袭。此外，利比亚南部是移民和走私物的通道走廊地带，威胁马里、阿尔及利亚、尼日利亚等国家。据乍得总统提供的信息，在尼日利亚北部和乍得湖地区肆虐的“博科圣战”组织人员已抵达利比亚苏尔特附近的一座训练营地。他们在此处与当地

“圣战”分子联合，加剧沙漠地区部落间的紧张局势。2015 年 12 月 12—18 日，埃及安全部队阻止了约 650 名受“伊斯兰国”指派前往伊叙“圣战”的激进分子。因此，埃及视“伊斯兰国”在利比亚的势力巩固为埃及国家安全的巨大威胁。据 2015 年 12 月埃及媒体评估，“伊斯兰国”可能已在埃及建立了一个新的行省——西部沙漠省，连接“伊斯兰国”在利比亚与西奈半岛的组织网络。“伊斯兰国”还是利比亚武器向外走私的主要网络。“伊斯兰国”利用其与埃及、突尼斯、苏丹、尼日尔、阿尔及利亚、乍得等国的边界向外走私武器，获取恐怖黑金。它还可能利用利比亚长达 1900 多公里的海岸线向地中海北边的欧洲国家输送恐怖分子并发动袭击。据不完全统计，2014 年一年至少有 3200 人在从利比亚乘船向欧洲国家偷渡途中遇难，2015 年以来地中海沉船事故已致使超过 2500 名偷渡者死亡，联合国将这条海上路线称为“全球最危险偷渡路线”。意大利政府估计，有 50 万—100 万人在利比亚等待偷渡。美参谋长联席会议主席邓福德指出：“在我看来，利比亚是‘伊斯兰国’组织向非洲开展恶意活动的平台。”[①]“伊斯兰国”利用偷渡潮安插恐怖分子潜入欧洲作案的危险徒增。

突尼斯成“伊斯兰国”重点恐怖输出国。“伊斯兰国”通过利比亚分支向突尼斯输出恐怖主义，目标是动摇突尼斯政权，袭击突尼斯境内西方目标，巩固“伊斯兰国”在突尼斯的分支。“伊斯兰国”向突尼斯派遣恐怖分子，同时在利比亚恐怖训练营培训突尼斯恐怖分子，后将其遣回突伺机作案。2015 年以来，“伊斯兰国”频繁在突尼斯制造恐袭大案，其中尤以 3 月 18 日巴尔杜博物馆恐怖袭击案和 6 月 30 日苏塞海滩恐怖袭击案破坏力最大。3 月 18 日上午，3 名持有冲锋枪和手雷的武装分子

① “‘伊斯兰国’组织在利比亚扩张势力 美吁迅速制止”，中国新闻网，2016 年 1 月 24 日，http：//www.chinanews.com/gj/2016/01-24/77219834.shtml。

伪装成士兵进入位于突尼斯议会大厦附近的巴尔杜博物馆，随后挟持了在博物馆参观的大量游客。突尼斯反恐部队在两架直升机的协助下，包围了该区域并与武装分子发生交火。袭击造成至少 22 人丧生，50 多人受伤。其中大部分是游客，除突尼斯人外，还有法国、波兰、意大利、哥伦比亚、西班牙、日本等国公民。3 月 19 日，“伊斯兰国”在网络上发布音频及文字，宣布制造了在突尼斯博物馆的袭击人质事件。6 月 26 日，突尼斯旅游城市苏塞两处酒店附近沙滩发生袭击事件，两名武装人员向人群开枪，造成 38 名游客死亡，其中 30 名为英国人。这次恐怖袭击是突尼斯有史以来最为严重的恐怖事件。6 月 29 日，即“伊斯兰国”宣布“建国”一周年之际，“伊斯兰国”承认策动了此次突尼斯恐袭案。制造此次酒店恐怖袭击的枪手赛义夫丁·雷兹吉曾在利比亚受训并与那里的极端武装人员有联络。就在这两起袭击前几天，“伊斯兰国”发言人穆罕默德·阿德纳尼号召该组织的支持者在斋月期间向世界各地发动袭击。

沙特已沦为“伊斯兰国”肆虐重灾区。2014 年 11 月，“伊斯兰国”首次公开宣称在沙特及也门建立政权的计划，并策划了多起恐袭事件。“伊斯兰国”在沙特建立恐怖小组负责招募外籍激进分子并开展恐袭活动，包括 3 月被挫败的炸弹袭击美驻利雅得使馆恐袭案及 5 月枪击利雅得的沙特警员事件。7 月，沙特捣毁了一个与“伊斯兰国”有联系的恐怖分子网络，共逮捕了 430 多名该网络成员。在沙特活动的组织成员大多数为沙特人，另外还有来自也门、埃及、约旦、叙利亚、阿尔及利亚、尼日利亚和乍得等国的恐怖分子。至 9 月，沙特当局已逮捕 1300 多名“伊斯兰国”嫌犯。此外，据统计，自 2011 年，已有 3000 名沙特人赴伊叙“圣战”，约 700 人已回国。另据相关机构统计，约 5%的沙特人（即 50 万人）支持或同情“伊斯兰国”。因此，沙特的极端土壤仍持续发酵。2015 年，“伊斯兰国”在沙特制造了 15 起恐怖袭击，其中大多数袭击为

“独狼”式袭击，导致65人丧生。最严重的恐袭事件是针对东部一处什叶派清真寺发动的自杀式炸弹袭击，致23人遇害。2015年，沙特多座清真寺频遭“伊斯兰国”袭击。沙特官方表示，该组织成员正策划在沙特多地发动更多针对清真寺、政府机构、安全设施和警察部门的恐怖袭击。

“伊斯兰国”瞄准沙特的原因在于：一是挑战沙特宗教权威。“伊斯兰国”认为只有削弱并颠覆沙特政权才有可能在伊斯兰世界确立自己的地位。5月14日，巴格达迪首次发表声明，称沙特统治者是“十字军的走狗、犹太人的同盟”，与伊拉克什叶派合作，插手叙利亚和巴勒斯坦问题，已失去其领导逊尼派穆斯林的合法性。5月21日，该组织英文杂志Dabiq刊文批评沙特统治者支持与“支持阵线”合作的叙利亚叛乱分子。此外，“伊斯兰国”多次发布声明批评沙特干预也门危机。二是挑起沙特内部教派冲突，进而迫沙特着重保护境内什叶派少数，以保障国内安全，削弱沙特及阿盟在伊叙打击“伊斯兰国”精力。沙特是逊尼派居多的伊斯兰国家，但其东部为什叶派聚居地。“伊斯兰国”频发针对东部什叶派清真寺的袭击，很可能引发当地什叶派居民对政府的不满和对逊尼派的仇视，进而引发教派冲突。三是沙特积极参与美牵头的国际打击“伊斯兰国”联军，招致极端组织报复，袭击沙特安全人员、在沙特境内外国人和什叶派。

土耳其成暴恐活动新热土。10月10日，“伊斯兰国”位于土耳其东南部地区的一个分支在安卡拉火车站制造了连环爆炸袭击事件，致102人死亡。其袭击目标是所有与库尔德工人党有关联以及“伊斯兰国”的反对力量，同时破坏11月1日举行的土耳其议会选举，扰乱土耳其政局。土耳其加大了打击国内“伊斯兰国”极端分子的力度。10月27日，土相关部门在中部科尼亚省逮捕了30名“伊斯兰国”武装分子。根据土耳其总理府公布的数据，2015年1—9月，土耳其已经逮捕了285名

“伊斯兰国”分子，缴获2700公斤用来制造炸药的化学品、1个火箭发射器、13支重武器等。

科威特教派矛盾抬头。6月26日，“伊斯兰国”在科威特首都科威特城一座什叶派清真寺内制造自杀式炸弹袭击，造成至少27人死亡，227人受伤。一个效忠于极端组织“伊斯兰国”的武装宣称对这起袭击事件负责。这是科威特十多年来发生的第一起恐怖袭击事件。“伊斯兰国”选择什叶派清真寺发动袭击，图谋在科威特国内什叶派和逊尼派之间挑起矛盾。

此外，“伊斯兰国”影响已渗透加沙地带，寻求利用巴勒斯坦在以色列的活动建立影响。一些哈马斯成员纷纷倒戈“伊斯兰国”。2月6日，加沙地带中部努赛赖特（Nuseirat）难民营的一位高级哈马斯官员遭炸弹袭击，这位哈马斯官员曾发表攻击“伊斯兰国”的言论。6月30日，“伊斯兰国”对巴勒斯坦伊斯兰抵抗运动（哈马斯）发出公开威胁，称要把加沙地带变成“伊斯兰国”在中东地区的另外一块“国土”，缘由是哈马斯在加沙没有严格实施伊斯兰教教法。“伊斯兰国”当天从其在叙利亚的大本营发布视频声明：“我们要根除犹太国（以色列）、你们和法塔赫（巴勒斯坦民族解放运动）……并在加沙地带实施伊斯兰教教法。我们发誓，今天在‘伊斯兰国’尤其是（叙利亚）雅尔穆克难民营发生的一切，会同样在加沙地带发生。”雅尔穆克难民营是叙首都大马士革附近的巴勒斯坦难民营，2015年4月一度被“伊斯兰国”占领。10月，“伊斯兰国”再次发布视频威胁袭击犹太人。以当局已逮捕了5名从事非法武装训练的“伊斯兰国”支持者。以官员表示，“伊斯兰国”在以发动恐怖袭击只是一个时间问题。

（二）外籍“圣战”分子回流威胁加剧，成为国际安全严峻潜在威胁

俄罗斯联邦安全局局长亚历山大·博尔特尼科夫10月28日表示，

“伊斯兰国”大约40%的成员为外国公民，来自100多个国家。总部设在纽约的战略情报咨询公司苏凡集团12月8日公布的分析报告说，自2014年夏天以来，总共有来自86个国家的2.7万—3.1万人前往伊拉克和叙利亚两国加入“伊斯兰国”组织和其他类似极端组织。输出人员最多的前五位国家中，中东就占了4位，分别是突尼斯（6000人）、沙特（2500人）、土耳其（2100人）、约旦（2000人）。苏凡集团副总裁理查德·巴雷特表示，尽管西方各国政府极力阻止极端组织招募本国人前往中东，但是前往伊拉克和叙利亚加入该组织的外国人员不但没有减少，反而翻了一倍。报告还显示，20%—30%的人回流母国，伺机发动本土恐袭的威胁日增，[①] 说明这一问题已经全球化。而世界各国阻止“国际战士”进入伊拉克和叙利亚恐怖组织的效果不彰，影响力有限。此外，在新一轮“圣战”热潮刺激下，中东本土滋生及外来“圣战”分子涌入，使中东短时期内迅速聚集大量激进分子。据英国《独立报》报道，美国中央情报局曾预测盘踞在叙利亚境内的“伊斯兰国”武装分子人数约3.1万人，而其他“圣战者”人数在6.5万人左右。即使“伊斯兰国”被剿灭，叙利亚境内的冲突阴霾也不会立即消散，因为还有至少15个其他“圣战者”组织准备接替“伊斯兰国”。这些“圣战者”组织包括：支持叙利亚人民圣战者阵线、沙姆自由人组织、伊斯兰军等。这些“圣战”分子与“伊斯兰国”的信仰和政治目标类似，成为中东恐怖活动巨大后备力量。

2015年发生在巴黎的恐怖袭击事件显示，越来越多的恐袭将针对在中东地区以外的国家。奥巴马在12月6日的电视讲话中首次承认，恐怖主义威胁“已经进化至新的阶段”，恐怖主义的威胁已发展成为更加难以

---

① THE SOUFAN GROUP, “FOREIGN FIGHTERS-An Updated Assessment of the Flow of Foreign Fighters into Syria and Iraq”, DECEMBER 2015.

预防的“独狼”式袭击。美国司法部长洛蕾塔·林奇也表示，比起大规模、有组织的袭击，由极端组织煽动个体自主发动袭击更加普遍，也更难预防。美国前副国防部长、现任智库“新美国安全中心”总裁米歇尔·弗卢努瓦12月8日在出席国会听证会时说，“伊斯兰国”组织构成的威胁已经远远超出了美国政府一开始所预料的程度，并且这一威胁正在越变越大。从历史经验看，“圣战”分子重回原籍国后，不少成为当地恐怖活动的骨干力量，掀起恐怖主义浪潮。以突尼斯为例，该国国家安全研究机构官员曾透露，自叙利亚战争爆发以来，已有400余人陆续返回突尼斯，他们分散在全国各地，伺机作案风险徒增。2015年2月7日，突尼斯逮捕32名恐怖分子，其中一些恐怖分子便是从叙利亚返回的“圣战”分子，他们已经密谋袭击突尼斯多个重要的战略目标，不仅包括首都市中心具有国家独立象征意义的“布尔吉巴大街”、市内多个大型公共设施，还包括南部一些重要城市的政府机构等。

此外，这些外籍“圣战”分子利用难民潮潜入欧洲本土伺机作案的威胁迫近。法国巴黎11月遭恐怖袭击后，人们越发担心极端武装组织的外溢效应。希腊警方称，至少一名涉嫌参与巴黎恐怖袭击的枪手2015年10月曾在希腊境内注册登记为难民。恐怖分子可能使用假护照或他人护照掩盖自己的真实身份。有德国媒体报道说，“伊斯兰国”或已窃取上万本空白护照，恐怖分子持这些假护照混迹在难民中间，潜入欧洲，伺机发动袭击。欧洲边境管理局局长莱杰里警告，眼下大规模外来人口涌入给欧洲带来极大安全风险。

第二节 中东地区主要反恐措施

“伊斯兰国”暴恐威胁日益向全球蔓延，国际社会在打击“伊斯兰国”方面上的共识累积，纷纷推出反恐新政并加强沟通协调，并出现美、俄、沙特分别牵头的国际反恐联盟。然而，相关大国共识多共举少，国际反恐合作推进艰难。

一、多支打击“伊斯兰国”国际联军竞逐中东

（一）美牵头的国际反恐联军四面楚歌，成效有限

一是军事打击行动取得阶段性成果。10 月 31 日，美国副国务卿布林肯宣称，美国主导的军事联盟过去一年在对抗恐怖组织“伊斯兰国”的战斗中取得进展，对“伊斯兰国”组织展开了大约 7700 次空袭，致该组织在伊叙两国所据的领土面积比一年前少了 30％，成功夺回伊拉克和叙利亚境内一些领土。布林肯同时表示，联军和伊拉克政府建立的伙伴关系取得了显著进展。他指出，伊拉克政府军在联军战斗机的支援下，成功守住伊拉克首都巴格达和北部库尔德自治区首府埃尔比勒，并夺回伊拉克最大水坝摩苏尔大坝。此外，85％的伊拉克人已经重返提克里特这个重要据点。联军下一个目标是伊拉克中部安巴尔省首府拉马迪。另外在叙利亚北部地区，联军已经夺回土耳其与叙利亚边境地区的 85％领土。

美国不断调整打击“伊斯兰国”策略，逐步从重“培训”向趋“作战”转变。7 月 6 日，奥巴马在五角大楼宣布调整一项军事战略。在重申美国将全力打击“伊斯兰国”的同时，奥巴马强调继续通过空中打击、切断经济来源、训练当地武装力量、开展舆论战等既定手段，以实现“削弱并最终打败”这一极端组织的战略目标。同时，在伊拉克军事行动的主攻方向将由北向西转移，夺回具有标志性意义的拉马迪市以重振民众信心。这一调整显示，美国对“伊斯兰国”的生存能力、对伊拉克政

府军实力的估计越发实际，打击行动虽现成效，但不会速战速决。奥巴马表示，该极端组织“灵活且很会利用机会”，他们深藏在包括大城市在内的伊拉克、叙利亚境内的许多地方，将他们赶出来需要时间，“不会一蹴而就”。美国虽仍在继续加大训练与支持伊拉克政府军等当地武装的力度，但这一努力“进展极为缓慢”。[①] 2015 年 1 月，美国国防部宣布，年内将为大约 5400 名叙利亚温和派反政府军提供武装和训练。5 月拉马迪陷落后，奥巴马下令增派 450 名美军人员前往伊拉克担任训练与顾问任务，在伊拉克的美军人数规模上升至 3550 人。[②] 但卡特 7 月 9 日在国会作证时称，美军至今仅训练了约 60 人。卡特表示，筛选适当的受训人选十分困难。美军在伊拉克的训练项目进展情况也不乐观。《纽约时报》报道称，美军训练了约 8300 名伊拉克军人，还有 2000 名伊拉克军人正在接受训练；但美军的实际训练能力是同时对 6700 人施训。受“伊斯兰国”威胁上升趋势难遏及俄罗斯出兵叙利亚打恐压力，10 月 27 日，美国国防部公布了美军计划打击“伊斯兰国”的最新军事战略，包括加大对“伊斯兰国”在叙利亚的大本营、北部城市拉卡的打击力度，同伊拉克当地安全部队合作重新夺回具有战略意义的伊拉克西部安巴尔省首府拉马迪，以及加大美军单方面或辅助性参与的突袭力度。美军会继续帮助当地有能力的合作伙伴对“伊斯兰国”目标进行突袭，同时也会加大美军单方面进行突袭的力度，包括空袭及直接的地面行动。10 月 28 日，美国宣布派遣不到 50 名特种部队士兵前往叙利亚协助武装组织，首批赴叙美军介于 20—30 人之间，将全部来自目前在伊拉克埃尔比勒驻扎的美

---

① “This will not be quick：President Obama offers update on military mission against ISIS”，July 6，2015，http：//fox6now. com/2015/07/06/this-will-not-be-quick-pres-obama-offers-update-on-military-mission-against-isis/.（上网时间：2016 年 2 月 1 日）

② “美国调整打击“伊斯兰国”主攻方向”，《中国青年报》，http：//news. 163. com/15/0712/04/AUA2ESST00014AED. html。（上网时间：2016 年 2 月 1 日）

军。这支部队在库尔德武装人员控制的区域活动，可为美军的空袭提供地面情报。美国有线电视新闻网（CNN）称，向叙利亚派特种部队是美国实施打击“伊斯兰国”行动以来，加强美军打击力度的最重要举措。白宫发言人欧内斯特和国务院发言人柯比都表示，训练与协助当地武装人员一直是美国战略的一部分，无“新战略”或“改变战略”之说。但英国广播公司认为，尽管派兵人数不多，却足以显示美国打击“伊斯兰国”的策略发生显著转变。自从俄罗斯在叙利亚展开空袭行动以来，美国的政策变化开始愈发明显。10 月 30 日，奥巴马授权派遣不足 50 人的特种部队赴叙利亚北部。巴黎恐怖袭击案发生后，在内外重压之下，美国再次调整打击“伊斯兰国”战略。11 月 24 日，美国总统奥巴马召开国家安全委员会会议，表示应继续加强打击和摧毁“伊斯兰国”的力度，但除强调与伙伴国一道，加强打击“伊斯兰国”的军事行动、破坏外国武装分子网络等既定方针外，首次强调将力阻“伊斯兰国”在叙利亚和伊拉克之外的扩张势头，誓言将努力挫败该组织发动任何外部恐怖袭击的图谋。12 月初，美国又增派 200 人的特种部队赴伊拉克，协调当地地面部队打击“伊斯兰国”，突破原不进驻地面作战部队底线。这支“特殊远征部队”将由约 200 名特种部队人员组成，包含主要的军事攻击特种兵，也包括情报人员、飞行员以及其他技术人员，作战行动范围包括发动突袭、解救人质、搜集情报以及抓捕“伊斯兰国”领导层。但白宫强调特种部队只是担当训练和顾问角色，不会领导反对派作战，也不代表美国对付“伊斯兰国”的政策改变。

此外，美国继续增加资金投入，将向叙反对派增加 1 亿美金援助。10 月 31 日，美国宣布向叙利亚反对派增加 1 亿美元援助，主要用于修复基础设施和支持温和反对派的活动。美国从 2012 年以来给予叙利亚反对派的援金总额达到 5 亿美元。据报道，美国国务院在一份公告中宣布，美国的援金主要用于保证学校不关闭，恢复水电基础设施，支持独立媒体和公民社会以便让他们向当地政府问责，同时帮助建立温和反对派以准备在未来保证公民人权和法律的叙利亚扮演角色。

（二）俄罗斯组建新反恐联盟，与美角力叙利亚战场

9月30日，俄罗斯对叙利亚境内“伊斯兰国”武装力量展开空袭。相对美及其盟友在叙危机中的踌躇不前，俄表现抢眼且战果突出。在战术上，俄利用空军战机、海军舰队、巡航导弹在地面有叙利亚政府军配合，加之与伊拉克、伊朗、叙利亚的四国情报中心提供信息支持，实现了多国联合作战。俄国防部表示一周内已对112处“伊斯兰国”目标实施空中打击，炸毁该组织约40%的基础设施。10月30日，俄总参谋部作战管理总局局长卡尔塔波罗夫表示，一个月来在俄空军开展了1391架次的空袭任务，摧毁的“分伊斯兰国”和“支持阵线”目标达1623处，其中包括恐怖分子的指挥中心、训练基地、弹药车间、野外营地以及防御阵地等。[①] 至11月中旬，俄已对“伊斯兰国”目标发动近1900次空袭，摧毁“伊斯兰国”在叙约2700个包括指挥部、弹药库和训练中心等在内的军事目标。11月17日，俄方确认俄客机在埃及境内坠毁系恐怖袭击之后，决定动用远程战略轰炸机，从本土起飞参与叙利亚空袭行动，将把空袭强度增为原来的两倍。实际上，自8月以来，俄不断向叙政府军提供大量武器援助并增兵叙利亚，积极拉拢伊拉克，同时与中东地区的传统盟友伊朗展开密切的外交和军事合作。9月27日，俄与叙、伊朗及伊拉克建立了军事协调机制，组建以中东什叶派政权为主的反恐新同盟。

俄出兵叙利亚出于多重安全及战略考量。一是遏制“伊斯兰国”威

① “俄军方：空袭一个月摧毁超1600处恐怖分子设施”，2015年10月31日，http：//news. xinhuanet. com/world/2015－10/31/c _ 128378796. htm。

胁。车臣恐怖组织“高加索酋长国”已蹿升为国际“圣战”运动重要力量，在叙叛乱活动中发挥重要作用，“伊斯兰国”持续坐大将加剧俄安全威胁。俄塔斯社报道，共约2500名来自俄罗斯和7000名来自独联体国家的穆斯林极端分子加入到“伊斯兰国”，回流威胁日益严峻。[①] 二是争取对美战略博弈主动权。乌克兰危机致俄陷入欧美外交困局，俄欲借出兵叙利亚，对欧美施压，迫其放松对俄外交封锁。尤其是欧洲难民危机持续恶化，国际社会打恐呼声渐高，俄选择此时出兵高举反恐义旗可占据战略主动。三是确保在中东战略利益。叙利亚是俄在中东传统盟友，叙第二大港塔尔图斯港成俄重要域外海军基地，是俄在中东军事存在及掌控地中海的重要战略支点，俄出兵叙利亚也有巩固在中东势力存在的考虑。

（三）沙特组建伊斯兰反恐军事联盟

12月15日，沙特阿拉伯宣布组建一个有34个国家参加的伊斯兰军事联盟以打击恐怖主义。声明称，34国决定组建由沙特为首的反恐军事联盟，联合行动中心设在利雅得，以协调在伊拉克、叙利亚、利比亚、埃及和阿富汗的反恐行动并在阻断恐怖分子获取资金、对抗伊斯兰极端主义思想等方面开展合作。加入该军事联盟的包括埃及、卡塔尔、阿联酋等阿拉伯国家，以及土耳其、马来西亚、巴基斯坦等伊斯兰国家，还包括一些非洲国家。沙特组建的这个联盟成员虽然多达34个，但很多国家无法对反恐行动提供实质性的支持，再参照以往沙特“一人说了算”的作风，可以预见这个联盟将是组织松散、以少数几个国家为主力的集团，更多的国家则是“光说不练”、“站脚助威”，

① “俄罗斯总统力推国际反恐新联盟”，2015年9月30日，http：//v. ifeng. com/mil/arms/201510/0165d9a8-c28f-423a-9a34-1980d03aa9fe. shtml。

联盟军队的战力与其浩大的声势并不匹配。有西方分析人士称，这个伊斯兰反恐联盟的成员国在所在区域利益不一降低了形成一致政策打击“伊斯兰国”的能力，如果这些国家不愿意派出地面部队，就很难达到预期效果。同时，毛里塔尼亚、尼日尔、黎巴嫩、利比亚和科摩罗群岛等成员国“在境外开展军事打击的能力微乎其微”。沙特组建的反恐联盟形成亦始就遭到质疑，联盟缺乏具体的行动纲领，恐难有作为。一方面，成员均为逊尼派国家，反恐联盟有浓厚的逊尼对抗什叶的部落式宗派斗争色彩。另一方面，伊斯兰国家军事反恐同盟内部也貌合神离。不同于沙特等海湾国家，联盟的其他重要成员如土耳其、埃及、巴基斯坦、马来西亚等，均非政教合一的国家；一些非洲成员国甚至仅是有较多穆斯林人口的非伊斯兰国家。联盟虽可配合由美国所领导的全球反恐斗争，但其局限性也一目了然。

同时，国际社会打击“伊斯兰国”的共识与行动进一步加强。11月20日，联合国安理会一致通过决议，认定“伊斯兰国”使国际和平与安全面临前所未有的威胁。在决议中，安理会促请有能力的会员国在叙利亚和伊拉克境内受到“伊斯兰国”控制的领土上，采取一切必要措施，防止和打击“伊斯兰国”以及任何与其有关联的个人、团体、企业和实体的恐怖主义行为，摧毁它们在伊拉克和叙利亚建立的庇护所。22日，新任打击“伊斯兰国”联盟美国总统特别代表的布雷特·麦格克表示，联合国安理会的这项决议是“历史性”的，美国认为国际社会必须联合起来，尽一切所能夺回被“伊斯兰国”占领的土地，消灭其领导层，切断其资金来源，并摧毁为其提供外国武装分子的全球网络。麦格克还描绘出了一幅严峻的“伊斯兰国”对全球安全威胁的场景。他表示，当前在叙利亚作战的外国武装分子有3万人，来自100个国家。历史上，美国没有遇到过如此类严峻的情况，这一规模比 20 世纪 80 年代在阿富汗参战的外国武装分子要高一倍，这一国家数目也远超美国所称的包括 65 个国家的打击“伊斯兰国”联盟的规模。麦格克还强调，当前已有 34 个国家发现了外国武装分子企图发动恐怖袭击的迹象。[①] 11 月 26 日，德国政府表示计划派遣“旋风”式侦察机、一艘战舰和至少一架空中加油机支持相关行动，同时还提供卫星侦察支持。默克尔领导的基民盟在德国联邦议院的国防事务发言人亨宁·奥特对媒体表示，德国在打击“伊斯兰国”方面将更加积极地贡献力量，不仅将加强在伊拉克北部的训练工作，还会推动在叙利亚打击恐怖主义的行动。11 月 29 日，德国军方宣布，将派遣约 1200 名军人，以支持法国打击在叙利亚的“伊斯兰国”，这将是德军在海外的最大规模的军事行动。11 月 26 日，英国首相卡梅伦敦促本国议员支持将英国空袭“伊斯兰国”的军事行动从伊拉克扩大到叙利亚境内，而不能把本国的安全防卫“外包”给其他国家去承担，也不能期待其他国家在叙利亚帮英国解决其所面临的恐怖主义威胁。从 2015 年 9 月起，法国宣布开始针对叙利亚境内的“伊斯兰国”目标实施空袭，空袭行动主要靠驻扎在阿联酋的 6 架“阵风”战机和驻扎在约旦的 6 架“幻影”飞机完成。11 月，法国宣布再次出动“戴高乐号”核动力航母打击伊斯兰国。“戴高乐号”航母上共载着 12 架“阵风”战机、9 架“超级军旗”战机和 1 架 E—2C“鹰眼”（Hawkeye）预警机，以及数艘护卫舰和补给舰。

---

① “美国调整打击‘伊斯兰国’战略，首提遏制域外扩张”，华夏经纬网，http：//www.huaxia.com/thjq/jswz/2015/11/4639121.html。（上网时间：2016 年 2 月 1 日）

二、中东国家纷纷加强本土反恐措施

（一）沙特恐袭威胁徒增，当局加紧反恐行动

一方面，加强恐袭警戒。沙特内政部发言人曼苏尔·图尔基 4 月 20 日表示，沙特安全部队已经处于警戒状态，预防有可能针对能源设施及商场的武装袭击。另一方面，展开大规模境内反恐行动。4 月末，沙特阿拉伯内政部逮捕了近百名极端组织“伊斯兰国”成员，并挫败了一起针对美国驻沙特大使馆的汽车炸弹爆炸袭击。沙特当局在 2014 年 12 月至 2015 年 4 月 18 日展开的逮捕行动中共拘捕了 93 名“伊斯兰国”成员，其中大部分是沙特人。这 93 名“伊斯兰国”成员包括一个由 65 人组成的行动小组。这 65 人行动小组涉嫌招募新人、散播“伊斯兰国”组织的恐怖主义思想、窝藏要犯、训练新成员，以及安排行程到战区。沙特当局表示，有情报显示，这些伊斯兰国成员正在策划对沙特境内的住宅区、监狱以及安全部队发动多起袭击。

（二）土耳其多管齐下打击“伊斯兰国”

一是空袭叙利亚境内“伊斯兰国”目标。“伊斯兰国”7 月 23 日枪击土耳其边境哨所，土耳其政府随后召开安全会议，决定空袭。7 月 24 日凌晨，3 架 F－16 型战机空袭了叙利亚北部接近土叙边界的“伊斯兰国”目标，用多枚制导炸弹打击“伊斯兰国”两个指挥部和一个集会地点，打死 35 名武装人员。土耳其总统埃尔多安 24 日称，叙利亚北部地区局势变化促使土耳其采取与先前不同的应对措施，空袭是打击“伊斯兰国”的第一步。二是在全国范围内开展大规模反恐行动，抓获包括“伊斯兰国”嫌疑人员在内的数百人。国际社会对土耳其暗中支持“伊斯

兰国”的做法纷纷提出批评，重压之下，2015年1月土耳其政府首次宣布逮捕了一名加入“伊斯兰国”组织的该国公民。2月11日，土耳其总参谋长宣布土安全部门已逮捕13名加入“伊斯兰国”的外籍激进分子及1名土耳其公民。3月12日，土外长公开表示乐见西方盟友就土边境地区非法越境从事激进活动加强情报信息共享，并表示土政府已列出1.2万人的涉“伊斯兰国”激进分子名单，逮捕了1100名加入该组织的嫌犯。但一位欧盟大使却对土政府的反恐诚意深表怀疑，指出土当局的反恐动作只不过是做做样子罢了，欧盟有确凿证据显示，土反恐官员并未就打击“伊斯兰国”问题展开密切合作。2月，土耳其与美国签订合作培训与装备叙反对派的相关协议，包括两国联合在土境内一处军事基地培训2000名叙利亚自由军战士。但美土在伊叙问题与打击“伊斯兰国”问题上却存在明显不同的战略优先次序。在叙利亚问题上，阿萨德的去留问题是土政府首要外交关切，而打击“伊斯兰国”问题成为目前美在叙利亚问题上的首要战略目标。正如美一位外交官所言：“就叙利亚的未来我们有着基本一致的观点，但我们的外交优先次序有别。”虽然目前土在防堵边境地区“伊斯兰国”非法越境从事人员偷渡与石油物资走私等活动方面采取了许多措施，取得了一定成效，但仍未达到美西方的预期。7月24日，大约5000名警察在全国13个省发动大规模行动，逮捕将近300名极端或反政府武装嫌疑人，包括“伊斯兰国”和库尔德工人党武装成员，被捕嫌疑人中有37名外国人。此外，土耳其副总理阿林奇表示，目前土计划对恐怖主义威胁进行系统性研究，采取多项措施加强边境安保系统，防止恐怖分子过境。三是升级边境安保体系的具体措施包括，沿边境修筑高3.5米的混凝土墙，增设哨所，加固现有铁丝隔离网并安装监控摄像头，用无人机24小时监控边境安全情况。四是直接出动战机打击“伊斯兰国”。土耳其加强与美国的反恐合作，允许美军使用其空军基地，向“伊斯兰国”组织发动空袭。土耳其也首次出动战机和坦克，直接参与打击“伊斯兰国”组织的行动。7 月 23 日，美国政府官员表示，经过几个月谈判，美国和土耳其终达成协议，美军将可使用土耳其南部因吉尔利克（Incirlik）以及东南部迪亚巴克尔（Diyarbakir）的空军基地，从那里出动载人战机和无人机，对叙利亚境内的“伊斯兰国”据点展开空袭。

由于政策过于宗派化及缺乏统一性，土埃尔多安政府的叙利亚政策几乎全盘皆输。土低估了伊朗及俄罗斯对阿萨德政权的支持力度及寄希望于支持“伊斯兰国”组织实现土推翻阿萨德政权所付出的高昂代价。土政府的外交战略可谓自相矛盾，佯装与西方盟友合作以赢得民心的同时，希望不与“伊斯兰国”反目；争取西方支持土推翻阿萨德政权目标的同时，又限制其打击“伊斯兰国”的力度；欲挑战俄罗斯在叙利亚的利益的同时，又不愿疏离俄罗斯及影响日益增长的双边贸易和能源交易；在库尔德问题上更是如此，既向库尔德武装提供打击“伊斯兰国”的援助，又显得犹豫不决，同时还担心库尔德人离开谈判桌。①

（三）突尼斯加强边境防控

2015 年，突尼斯屡遭“伊斯兰国”极端分子的袭击，暴力恐怖事件时有发生，尤以 3 月 18 日巴尔杜博物馆恐怖袭击案和 6 月 30 日苏塞海滩恐怖袭击案的破坏性和影响力最大。

一是通过新反恐法对抗“伊斯兰国”。7 月 25 日，突尼斯国会通过新反恐法，应对“伊斯兰国”威胁。新法规定，确信有恐怖主义嫌疑的人可能面临死刑，传播、支持恐怖主义言行者将受到监禁。新法允许执法部门在无须通知律师的情况下拘留恐怖犯罪嫌疑人 15 天。新法还将赋

① Burak Bekdil，“Dateline：Turkey's Double Game with ISIS”，Summer 2015.

予调查人员更便于监听嫌疑人的手机等通信活动。二是采取多项更严格的安保措施以加强旅游区以及其他公共区域的安全。包括增派千余名安全部队人员维护旅游区的安全，旅游警察持枪上岗，甚至下令关闭80处煽动极端主义的清真寺，并将一些据信是武装人员据点的突尼斯山区宣布为军事禁区，以便于搜捕可疑极端分子。三是加强边境防控。在杜兹以南大约240公里，军方在突尼斯与利比亚边境修筑起200多公里长的沙墙，试图把恐怖主义挡在国门外。根据安全部门信息，数百名极端分子已在利比亚一侧安营，距突尼斯国界不足50公里。安全检查站已覆盖机场、码头、关口、车站和公路节点，一些要冲地带由军警联手把控，包括布置装甲车和狙击手，以防极端分子渗透。[①] 此外，突尼斯还强化了区域与国际反恐合作。苏塞“皇家马尔哈巴”酒店遇袭案后，阿尔及利亚和突尼斯两国安全机构通过协调，决定提高边境地区的安全防范等级，防止恐怖分子越境。阿尔及利亚向与突尼斯交界地区增派2500名士兵，双方对过境人员全部进行身份核查，严防可疑人员穿越边界。7月10日，奥巴马宣布突尼斯为其“非北约主要盟国”，此举意味着突尼斯将得到美国更多的经济援助和军备支持。德国政府也计划帮助突尼斯采取防护措施保障边界安全，并得到英国、法国等欧盟国家的支持。

（四）约旦坚持强硬反恐立场

联合打击行动伊始，约旦就在国际反“伊斯兰国”联军中发挥了领导作用。“伊斯兰国”杀害了约旦飞行员后，约旦对叙利亚和伊拉克境内“伊斯兰国”目标发动密集空袭，约旦空军司令指出，将继续进行打击该

① “突尼斯的和平缘何屡受‘伊斯兰国’的挑战?”，http：//news. twoeggz. com/guoji/2015－11－23/32105. html。

组织的空袭。约旦打击“伊斯兰国”的行动正得到越来越多国家的支持。2月3日，即“伊斯兰国”烧死约旦飞行员当日，美国国务卿约翰·克里与约旦外长纳赛尔·朱达签订了为期三年的援助协议，以提高处于困境的美国盟友的军事和经济援助。2月5日，约旦皇家空军从空军基地起飞，空袭位于叙利亚拉卡的“伊斯兰国”武装，报复“伊斯兰国”烧死约旦飞行员卡萨斯贝。英国王储查尔斯2月7日访问约旦，表达英方对约旦反恐行动的坚定支持。同日，阿联酋政府决定派遣一个中队的F－16战斗机前往约旦，并将停驻在约旦境内。巴林国王也访问约旦，声援约旦反恐行动。4月29日，约旦国王阿卜杜拉二世访问渥太华期间，加拿大总理哈珀宣布了一项培训约旦部队反恐战术的两年计划。计划包括帮助约旦开展加强跨边界监控和识别恐怖与犯罪活动，加强约旦政府应对暴恐威胁的能力。①

（五）科威特颁布严苛反恐法案

6月26日，科威特首都一个什叶派穆斯林的清真寺遭自杀式炸弹袭击，至少27人丧生，220余人受伤。事后，“伊斯兰国”宣称策划了此次袭击事件。此事件是科威特数十年来最严重的恐袭案，或将科威特推向宗派战争边缘。7月1日，科威特议会通过法案，要求在全国范围内进行强制性DNA测试，并建立综合性数据库，帮助国家安全部门快速辨认极端主义分子。根据该法案，科威特内政部需要建立一个包含130万科威特人和290万外国定居者信息的数据库。法案还规定，任何违反相关要求的人都将被监禁一年，并接受3.3万美元（约合人民币20万元）

① “Canada to provide counterterrorism training to Jordanian troops”, http://www.theglobeandmail.com/news/politics/canada-to-provide-counterterrorism-training-to-jordanian-troops/article24158811/.

的罚款。提供假DNA样本的人要面临监禁7年的惩罚。此外，科威特政府还设立4亿美元（约合人民币24.8亿元）的应急基金用于执行这项法律。[①]

① “科威特立法要求强制性DNA测试辨认IS极端分子”，环球网，2015年7月2日，http：//msn. huanqiu. com/world/exclusive/2015－07/6833350. html。

第九章　非洲地区恐怖主义与反恐怖斗争形势综述

第一节　非洲地区恐怖主义形势

2015 年，恐怖主义、宗教极端主义等非传统安全问题继续困扰非洲，在部分非洲国家和地区已成为最大安全威胁和政府优先解决的问题。“伊斯兰马格里布基地组织”等非洲本土恐怖组织不断拓展势力范围，同时域外“伊斯兰国”恐怖势力加紧向非洲扩张。尽管有关非洲国家和地区组织高度重视，并加大了反恐力度，但地区反恐形势依然严峻。

一、非洲成国际恐怖主义活动新中心

一是暴恐事件数量不断攀升。澳大利亚经济与和平研究所 2015 年 11 月发布的《2015 年全球恐怖主义指数》报告指出，在全球 10 大恐怖主义最猖獗国家中，非洲占 3 个，尼日利亚、索马里和利比亚分别列第三、第八和第九位。2014 年，尼日利亚“博科圣地”的恐袭活动造成

6644 人死亡，较 2013 年激增 317%，高于“伊斯兰国”2014 年恐袭活动致死的 6073 人，致死人数高居全球恐怖组织榜首。① 据“和平宗教网”统计数据，2015 年全球共发生 89 起穆斯林针对基督徒的恐袭，其中非洲占 58 起，约占全球总数的 65%（与 2014 年的 70%基本持平）。② 二是重特大暴恐事件频发。2 月 20 日，索马里首都摩加迪沙中央酒店发生爆炸袭击，造成 28 人丧生，54 人受伤，死伤者中包括国会议员和政府官员。3 月 7 日，尼日利亚博尔诺州首府迈杜古里发生连环爆炸，共有 54 人丧生，140 人受伤。4 月 2 日，肯尼亚加里萨市莫伊大学遭恐怖袭击，造成 148 人死亡，百余人受伤，为 1998 年内罗毕美使馆遭袭以来死亡人数最多的袭击案。6 月 26 日，突尼斯海滨旅游胜地苏塞一酒店发生恐怖袭击，造成 38 人死亡，36 人受伤。6 月 26 日，非盟驻索马里特派团遭武装袭击，至少 50 名布隆迪维和人员死亡。9 月 20 日，尼日利亚博尔诺州首府迈杜古里再次发生连环爆炸，造成至少 100 人死亡，150 人受伤。10 月 10 日，乍得巴加索拉镇一市场发生自杀式爆炸袭击，造成 41 人死亡，48 人受伤。11 月 20 日，马里首都巴马科一酒店发生武装袭击，170 名人质被劫持，包括两名袭击者在内的 22 人死亡。12 月 28 日，尼日利亚博尔诺州首府迈杜古里一清真寺发生炸弹袭击，造成 30 人死亡，65 人受伤。

二、非洲暴恐活动新特点

一是跨境袭击增多。2015 年，非洲三大恐怖组织在国内外力量联合

① Institute for Economics and Peace, “2015 Global Terrorism Index”, November 2015, http: //economicsand peace. org/wp-content/uploads/2015/11/Global-Terrorism-Index-2015. pdf. （上网时间：2016 年 1 月 25 日）

② “Islamic Terror Attacks on Christians”, http: //www. thereligionofpeace. com/Pages/ChristianAttacks. htm. （上网时间：2016 年 1 月 11 日）

打击下，相继从本土向外流窜，加强了对周边国家的渗透和袭击。“伊斯兰马格里布基地组织”以阿尔及利亚为中心，活动范围不断向马里、尼日尔、布基纳法索等国拓展；尼日利亚“博科圣地”在尼受到打击后，加强了对喀麦隆、尼日尔、乍得等邻国的袭击和渗透。2015 年起该组织开始袭击尼日尔和乍得境内目标，并首次在乍得首都恩贾梅纳发动炸弹袭击，以报复这些国家联手对其进行军事打击。索马里“青年党”近来多次在肯尼亚等非盟驻索马里特派团派兵国发动袭击。二是针对“软目标”的恐袭上升。非洲恐怖组织过去多以安全部队和政府设施为主要打击目标，但近期“博科圣地”、索马里“青年党”等更多针对学校、车站、交通工具、市场、清真寺等平民集中的“软目标”发起袭击，旨在通过造成重大人员伤亡和严重社会恐慌，对当事国剿恐举措予以反击。三是针对西方人的袭击增多。如“6·26”突尼斯海滨酒店袭击案、“11·20”马里巴马科酒店袭击案，造成多个西方国家人员伤亡，成为占据全球媒体重要版面的重大暴恐事件。四是手段更加凶残。2014 年以前，“博科圣地”更多采取武装袭击而非自杀式爆炸方式实施恐袭。2015 年，“博科圣地”因受地区多国部队打击改变行动方式，主要采取自杀式炸弹袭击。为便于实施炸弹袭击，2015 年 7 月以来该组织频繁利用女性在尼日利亚、乍得、喀麦隆和尼日尔充当“人弹”。索马里“青年党”2015 年在首都摩加迪沙制造的多起酒店恐袭案均为自杀式汽车炸弹袭击。五是中国公民受波及。尽管目前中国不是非洲暴恐活动针对的目标，但中国公民在非洲因数量大、分布广也多次被恐怖活动所殃及。2015 年 7 月 26 日，中国驻索马里大使馆在索马里摩加迪沙半岛皇宫酒店炸弹袭击中被波及，中方 1 名警卫人员牺牲。同年 11 月 20 日，中国铁建 3 名高管在马里巴马科丽笙酒店袭击案中遇难，另有 4 名中国公民和 1 名法籍华人获救。

三、萨赫勒“不稳定之弧”持续发酵

2011年西亚北非动荡和利比亚冲突外溢，导致非洲逐步形成西起毛里塔尼亚东至索马里、横跨萨赫勒和撒哈拉地区的“不稳定之弧”。目前，恐怖主义、宗教极端主义、民族分离主义和跨国有组织犯罪等在萨赫勒地区相互交织、威胁上升，对地区反恐和安全构成严峻挑战。非传统安全问题在萨赫勒地区集中爆发的原因如下：一是政局不稳。2015年，利比亚、马里、中非共和国、索马里等国内冲突的解决举步维艰。6月，马里政府与北方部分武装组织虽完成和平协议的最终签署，但此后中部城市塞瓦雷和首都巴马科先后发生重大袭击和人质劫持事件，凸显北部和平进程不容乐观；中非共和国教派之间冲突不断，摆脱危机、实现政局稳定尚需时日。二是贫富不均。萨赫勒和撒哈拉周边国家大都是北方穆斯林和南方基督徒聚居，南富北穷，尽管近几年多数国家实现经济较高增长，但南北差距并未缩小，而是南方更富、北方更穷，贫困、失业的穆斯林青年很容易成为激进组织的招募对象。三是政府治理能力不足。该地区多数国家维稳能力低下，军警人员缺乏、装备较差、训练不佳、资金不足，难以独立应对安全威胁。尼日利亚强力部门虽人员较多，但缺乏训练，腐败问题严重，无法提供有效安全保障。边境管理普遍松懈，“不稳定之弧”地区恐怖网络连接“畅通无阻”。四是有组织犯罪提供支持。近年来，萨赫勒地区毒品、武器和人口贩运等活动日趋猖獗，毒品贩子借助恐怖和极端组织提供的“安全通道”进行走私，而后者也获得了扩张势力所需的经费。此外，“伊斯兰马格里布基地组织”、“博科圣地”等极端组织对地区安全的威胁上升。2015年“伊斯兰马格里布基地组织”势力继续南下，在马里其活动范围从北部拓展至中部和南部，对尼日尔、布基纳法索等国的威胁也进一步加大。“博科圣地”则在西非地区迅速拓展“影响力”，继 2014 年首次在邻国喀麦隆发动恐怖袭击后，2015 年该组织的恐怖活动已遍及乍得湖流域所有国家（包括喀麦隆、尼日利亚、尼日尔、乍得等国），且有进一步向布基纳法索、塞内加尔、科特迪瓦等国渗透的趋势。

四、“伊斯兰国”在非洲不断拓展势力

2015 年“伊斯兰国”在非洲地区的影响力快速上升：在北非马格里布地区，该组织以利比亚为据点加紧向周边邻国拓展影响力；在西非地区，“博科圣地”已宣布向其效忠，双方的勾连、互动加深；在东非非洲之角地区，“伊斯兰国”加强了对索马里“青年党”的宣传和拉拢。在此背景下，2015 年“伊斯兰国”与“基地”组织在非洲的竞争态势明显，呈现“伊斯兰国”进攻、“基地”组织防守的局面。“伊斯兰国”在非洲地区拓展势力的新动向和新问题包括：一是利比亚成“伊斯兰国”第三据点。2011 年利比亚战争结束以来，政局一直不稳。尤其是 2014 年 8 月以来出现两个政府，分别支持两个政府的武装组织之间冲突不断，“伊斯兰国”乘机扩张势力，以东部城镇德尔纳为据点，沿海岸线向利其他地区迅速渗透，图谋在北非打造“恐怖主义根据地”。2015 年“伊斯兰国”已在利东部德尔纳、班加西和西部苏尔特立足，目前苏尔特、德尔纳等多地已成为北非、西亚、南欧和黑非洲极端分子的训练营。二是与“博科圣地”勾连加深。2014 年 7—8 月，“博科圣地”最高头目阿卜巴卡尔·谢考（Abubakar Shekau）首次表态支持“伊斯兰国”头目巴格达迪，并效仿“伊斯兰国”在尼东北部 20 多个城镇建立“哈里发国”，强化伊斯兰教法统治。2015 年 3 月，“博科圣地”宣布向“伊斯兰国”效忠，4 月宣布为“伊斯兰国西非省”。近期，一些尼日利亚人前往伊拉

克、利比亚加入“伊斯兰国”或该组织分支，也有“伊斯兰国”成员赴尼参战。三是与“基地”组织争夺影响力。“伊斯兰国”2014年6月建立“哈里发国”以来，影响力急速蹿升，在北非马格里布和萨赫勒地区不断建立分支或结交盟友，欲取代“基地”组织在国际“圣战”运动中的领导地位。继得到阿尔及利亚“哈里发战士”、埃及“耶路撒冷支持者”（已改名为“伊斯兰国西奈省”）等“基地”下属组织效忠之后，“伊斯兰国”又加大了对索马里“青年党”的拉拢。近期，“伊斯兰国”发布多个视频呼吁“青年党”放弃效忠“基地”组织，转投“伊斯兰国”。2015年10月，在索马里邦特兰地区的头目阿布杜勒·卡迪尔·玛明（Abdul Qadir Mumin）宣布加入“伊斯兰国”。有报道称，因“伊斯兰国”影响力日增，“青年党”内部在是否转而效忠“伊斯兰国”问题上已出现分裂，尽管有分支宣布加入“伊斯兰国”，但迄今“青年党”领导人和主流仍坚持效忠“基地”组织。2015年11月，“青年党”高级头目穆罕默德·阿布·阿布达拉（Muhammad Abu Abdalla）下令对试图与“伊斯兰国”结盟的组织成员“格杀勿论”。[①] 四是“圣战”回流分子威胁本国和地区安全。2015年，受“伊斯兰国”崛起影响和极端宗教人士大肆煽动，非洲地区“圣战”分子继续赴叙利亚、伊拉克参与“伊斯兰国”及其他极端组织，其中北非马格里布地区[②]已成为外国“圣战”分子主要来源地之一。美国情报咨询机构“苏凡集团”2015年12月7日发布的报告《外国“圣战”分子：对流向叙利亚和伊拉克的外国“圣战”分子的最新评估》披露，当前在叙、伊境内参与“伊

---

① “Somalie : un chef shebab menace d'《 égorger 》ses combattants tentés de rejoindre Daesh”, Jeune Afrique, le 24 novembre 2015.

② 马格里布，阿拉伯语意为“日落之地”，地理上指非洲西北部地区（介于地中海、萨赫勒地区、大西洋和埃及之间），包括北非突尼斯、阿尔及利亚、摩洛哥、利比亚、毛里塔尼亚等国。

斯兰国”或其他极端组织的 2.7 万—3.1 万名外国“圣战”分子中，约 8000 人来自马格里布地区，其中约 6000 人来自突尼斯（其中约 700 人为女性），约 1200 人来自摩洛哥，约 600 人来自利比亚，约 170 人来自阿尔及利亚。突尼斯、摩洛哥在外国“圣战”分子来源最多的十国中分别列第一和第七位。① 此外，在撒哈拉以南非洲（尤其是法语非洲国家），约 2000 名赴叙、伊和利比亚参加“伊斯兰国”的“圣战”分子回流，② 主要包括马里、尼日尔、乍得、塞内加尔、苏丹等国公民，他们中一些人到达利比亚南部，与阿拉伯人一道跟当地图布人争夺领土，另一些人前往西非加入“博科圣地”，最终目的是回到母国，这些人将对本国安全构成严峻挑战。西方情报部门认为，塞内加尔达喀尔是非洲受威胁最大的首都，喀麦隆首都雅温得和杜阿拉也可能是“圣战”分子袭击的目标。③ 2015 年，南非警方接到“伊斯兰国”恐怖势力向本国渗透的警告，2 月南非总统府接到联合国安理会警告，多名与“伊斯兰国”有直接联系的恐怖分子将以南非为据点开展恐怖活动。南非的安全问题专家奥利弗尔（Darren Olivier）则说，南非主要被恐怖组织用作资金筹措以及后勤基地，“使用我们业已建立的金融系统更加容易，并且南非与发展中国家的联系更方便他们活动。”④

---

① Foreign Fighters，The Soufan Group，December 7，2015，http：//soufangroup. com/foreign-fighters/.（上网时间：2016 年 1 月 25 日）

② “Terrorisme：l'Afrique peut elle faire face?”，Jeune Afrique，le 30 November 2015.

③ Ibid.

④ “联合国警告恐怖主义势力已到南非门外”，http：//global. dwnews. com/news/2015—02—20/59636858. html。（上网时间：2015 年 2 月 28 日）

第二节　非洲地区主要反恐措施

面对日益严峻的暴恐形势，2015年非洲明显加大了反恐力度，非盟等地区组织和非洲国家不仅多次召开地区或国际性会议，共商对策，同时加强了联合军事打击的力度，与国际社会（尤其是美西方）进行反恐合作的意识也进一步增强。尤为引人注目的是萨赫勒地区五国集团等强调探寻恐怖主义、极端主义滋生蔓延的根源，试图通过推动本地区国家经济、社会发展，标本兼治解决本地区国家面临的恐怖主义威胁。

一、加强地区反恐磋商

与2014年相比，2015年非洲地区组织和非洲国家就反恐议题举行的会议明显增多，非洲国家领导人意识到面临恐怖主义威胁，各国难以独善其身，必须加强相互之间的协调配合，共同打击。从非盟层面看，2015年1月29日，非盟和平与安全委员会在非盟峰会召开前举行会议。非盟委员会主席恩科萨扎娜·德拉米尼－祖马在会后发表声明，警告"博科圣地"所带来的危险。她说，"博科圣地"的残忍程度难以形容，漠视人的生命，对财产造成巨大破坏。"对于'博科圣地'恐怖行径所导致的现状，包括最近恶化的暴力，我深表关切。'博科圣地'持续的暴力和袭击可能威胁区域稳定，引发大范围的安全问题和人道主义灾难。"[①]1月30－31日，第24届非盟首脑会议在埃塞俄比亚首都亚的斯亚贝巴举行，打击恐怖主义成为与会非洲国家领导人关注的重点之一。各国领

① "非盟欲加大力度打击'博科圣地'将成立多国部队"，http：//news. xinhuanet. com/world/2015－01/31/c_127441493. htm。（上网时间：2016年1月28日）

导人和代表对马里、南苏丹、索马里等国的安全形势和恐怖主义活动表示关切，决定授权尼日利亚等多个非洲国家成立一支7500人的多国部队，打击极端组织“博科圣地”日益猖獗的恐怖行为。由于近期非洲暴恐事件频发呈明显上升趋势，非盟开始重新审视其反恐政策，决定采取新的战略打击极端主义，建议各成员国政府从立法、政策和机制方面重新规划反恐政策框架，采取区域性反恐战略，就恐怖组织和恐怖分子建立数据库，加强信息情报搜集，以更有效地打击恐怖主义。6月14—15日，为期两天的非盟第25届首脑会议在南非约翰内斯堡举行，非洲一些国家的和平与安全问题是此次峰会讨论的重点之一。非盟轮值主席、津巴布韦总统穆加贝说，非盟将持续对国内矛盾突出的国家施压以促进和平对话的顺利进行。同时，穆加贝强烈谴责非洲一些地方发生的恐怖主义活动，表示非洲国家将采取积极行动加强反恐合作。12月16日，位于阿尔及利亚首都阿尔及尔的非盟反恐中心举行会议，与会者就非洲各国面对恐怖主义威胁时如何采取集体行动进行了讨论。会上非盟和平与安全理事会委员斯梅尔·谢尔吉表示，非洲国家近几年与极端组织“伊斯兰国”有关的暴力活动不断增多，非洲目前的安全形势有恶化的趋势。谢尔吉指出，恐怖主义和暴力极端主义已是非盟的关注重点，所有非洲国家应该联手对此进行打击并斩断其根源，防止恐怖主义进一步扩散，非盟将开展行动阻止恐怖组织在非洲招募人员和吸纳资金。

非洲次区域方面，有关国家就反恐问题加强协调合作的意愿明显增强。在北非地区，2月13—14日，第六届非洲安全国际论坛（又称马拉喀什安全论坛）在摩洛哥南部名城马拉喀什开幕，来自60多个国家和地区的政府、军队和民间机构的300余名代表出席会议，重点讨论非洲国家如何应对恐怖主义威胁。本届论坛主题为“非洲国家面临跨境与非对称威胁”。论坛主办方摩洛哥战略研究中心表示，“基地”组织和极端组织“伊斯兰国”在北非、撒哈拉—萨赫勒地区以及索马里的渗透与蔓延对非洲构成重大安全威胁。仅在摩洛哥，2014 年就破获恐怖主义案件 147 起，较前一年大幅增加。[①] 喀麦隆总统特别顾问孔比在论坛上指出，恐怖主义目前已成为非洲国家的最大安全威胁，极端组织“博科圣地”频频发动跨国袭击，尼日利亚、喀麦隆、尼日尔、乍得和贝宁等国的安全形势日益严峻。与会者一致认为，对于恐怖主义威胁，任何非洲国家都无法独自应对，只有依靠非洲国家间的双边、多边合作，在对恐怖主义组织出手打击的同时关注经济、社会发展和良政建设，才能彻底击败恐怖组织，根除恐怖主义威胁。此外，与会者还就北非地区安全局势、恐怖组织生化袭击威胁、恐怖分子招募、网络犯罪等议题进行了讨论。在西非地区，2015 年新年伊始，尼日利亚极端组织“博科圣地”频繁发动恐怖袭击，导致大批尼日利亚北部平民逃到喀麦隆、乍得和尼日尔避难。与乍得相邻的喀麦隆极北大区也多次遭“博科圣地”袭击。1 月 20 日，在尼日尔首都举行关于打击极端组织“博科圣地”的国际会议，13 个非洲国家、域外国家及国际组织参加，其中包括尼日利亚、喀麦隆、尼日尔、乍得、贝宁、赤道几内亚六国的外长或防长，美国、法国、英国、中国、德国、加拿大、西班牙等国代表，联合国、非盟、西非国家经济共同体（西共体）、萨赫勒一撒哈拉国家共同体及伊斯兰会议组织代表。会议意在通过加强军事合作，扭转应对“博科圣地”的不利局面。面对“博科圣地”对尼日利亚及其邻国威胁上升，有关国家开始抛弃相互之间的分歧，讨论落实组建多国部队计划，同时呼吁国际社会提供支持。2 月 7 日，乍得湖流域委员会成员国（包括喀麦隆、尼日利亚、尼日尔、乍得等）和贝宁在喀麦隆首都雅温得结束为期 3 天的专家会议，与会国家代表宣布组建一支 8700 人的多国部队，打击极端组织“博科圣

---

① “非洲安全国际论坛讨论非洲如何应对恐怖威胁”，http：//news. xinhuanet. com/world/2015－02/14/c_ 1114370538. htm。（上网时间：2016 年 1 月 28 日）

地”。非洲五国多国部队的组成情况为尼日利亚 3250 人，乍得 3000 人，喀麦隆 950 人，尼日尔和贝宁各 750 人。[①] 9 月 12 日，西共体特别峰会在塞内加尔首都达喀尔举行，西共体轮值主席、塞内加尔总统马基·萨勒在会上呼吁萨赫勒国家之间分享情报，打击极端组织的跨国行动。11 月 9—10 日，达喀尔和平安全论坛在塞内加尔首都达喀尔举行，800 名安全官员和专家与会（其中包括联合国、美国的代表），与会者讨论了应对极端组织“博科圣地”及其他圣战组织日益上升的威胁。11 月 20 日，萨赫勒地区五国集团（成员国包括布基纳法索、尼日尔、毛里塔尼亚、马里、乍得）第二届峰会在乍得首都恩贾梅纳举行，会议主题是地区安全和发展。尼日尔总统穆罕默杜·伊素福、布基纳法索过渡政府米歇尔·卡凡多和毛里塔尼亚总统阿卜杜勒·阿齐兹亲自与会。与会领导人认为，近几年非法交易、“博科圣地”在萨赫勒—撒哈拉地区的活动、马里危机、利比亚政治演变对地区和平稳定构成严重威胁，承诺制订一个内容广泛的发展计划促进人民的福祉，以铲除本地区的恐怖主义威胁。与会领导人决定萨赫勒地区五国集团在毛里塔尼亚建立一所军事院校、一支联合训练部队；为改善成员国之间的联系，成立一家地区航空公司，取消成员国之间的签证，修建一条跨国铁路连接五国。会议还决定授权各国有关领域的部长制定一项发展和安全战略以及优先投资计划（优先领域是公路、铁路、能源、农业基础设施领域），强调应重点投资于年轻一代，为年轻人创造就业。12 月 16—17 日，西共体峰会在尼日利亚首都阿布贾举行，由于在马里巴马科酒店袭击发生不久，本次会议主要议题是和平与安全问题。为防止日益增多的自杀式炸弹袭击（尤其是女性实施的），几内亚总统阿尔法·孔戴提出在所有 15 个成员国禁

① “非洲五国宣布组建多国部队打击‘博科圣地’”，http：//news. xinhuanet. com/mil/2015—02/08/c_1114294267. htm。（上网时间：2016 年 1 月 28 日）

止穿着（包裹全身的）伊斯兰长袍。尽管会议未能就此通过决议，但呼吁各成员国在考虑本国现实的基础上，采取适当措施禁止穿戴使身份验证困难的服饰，同时通过推动经济发展寻找打击恐怖主义的深层次的解决之道。在中部非洲，2月16日中非经济共同体在喀麦隆首都雅温得举行特别峰会，与会成员国领导人同意向喀麦隆、乍得提供500亿中非法郎（约合1亿美元）紧急援助，帮助两国打击极端组织“博科圣地”。[①]喀麦隆总统比亚、乍得总统代比、赤道几内亚总统奥比昂、中非共和国临时总统桑巴一潘扎、加蓬总统邦戈和刚果（布）总统萨苏等6个国家元首出席了中非经济共同体特别峰会。与会者签署雅温得宣言，强调团结协作铲除恐怖主义的必要性，并同意与西非经济共同体合作，共同打击“博科圣地”。中非经济共同体领导人还呼吁国际社会对打击“博科圣地”加大支持力度。在东非地区，6月25日肯尼亚政府在首都内罗毕举办地区会议，探讨如何应对暴力极端主义和恐怖活动，并呼吁国际社会合作反恐。本次会议为期3天，主要议题包括应对恐怖活动、防止宗教极端势力对青年的渗透、地区安全合作等。来自40多个国家的官员、安全专家、宗教界人士及民间组织代表等300多人参加会议。肯尼亚副总统威廉·鲁托在当天会议开幕式上说，暴力极端主义煽动、滋生恐怖主义，是肯尼亚目前面临的主要安全威胁。近期肯尼亚遭遇的索马里“青年党”恐怖袭击中，袭击者不仅有肯尼亚本土青年，还有包括欧洲人在内的外国人。因此，打击恐怖活动以及遏制宗教极端势力对青年的蛊惑及渗透需要国际社会通力合作。肯尼亚内政部长约瑟夫·尼凯瑟利在会上呼吁国际社会为索马里的和平建设贡献力量，从根本上杜绝“青年党”

① “中非经济共同体将援助喀麦隆和乍得抗击‘博科圣地’”，http://news.xinhuanet.com/world/2015－02/17/c_1114395361.htm。（上网时间：2015年2月18日）

的渗透和袭扰。

二、加大军事打击力度

2015年尼日利亚及邻国在武力清剿极端组织“博科圣地”方面取得一定成果。2月，尼日利亚、喀麦隆、尼日尔、乍得、贝宁五国宣布组建一支8700人的多国联合特遣部队（MNJTF），对“博科圣地”实施军事打击。2月21日，尼日利亚军方对“博科圣地”实施大规模清剿行动，成功收复1月被“博科圣地”占据的该国东北部重镇巴加镇（多国联合特遣部队总部所在地）及周边地区。5月，尼日利亚新任总统布哈里承诺，要在2015年内打败极端组织“博科圣地”，还国民安全生活。为此他出访有关国家谋求国际合作，增强军力部署以防范打击“博科圣地”，更换军队高层提高指挥效率，将军事指挥总部迁往叛乱中心——博尔诺州首府迈杜古里。在乍得、喀麦隆等邻国的配合和支持下，尼日利亚对“博科圣地”展开巨大攻势，夺回多个城镇，但至2015年末“博科圣地”制造的袭击事件仍时有发生，该组织的威胁犹存，彻底根除“博科圣地”任重而道远。尼日利亚伊巴丹大学的索拉·雷米教授认为，“博科圣地”难以再制造大规模、大范围的袭击，但根据其以往活动特征，很可能会发动更为隐蔽的袭击和恐怖活动，不能对他们掉以轻心。“‘博科圣地’的活动只是被限制，离真正意义上被消灭和被击败还有很大差距。”①

2015年乍得、喀麦隆、尼日尔等尼日利亚邻国也分别在各自领土或与尼日利亚接壤的边境地区展开武力清剿行动，歼灭一定数量的“博科

① “尼日利亚反恐初见成效　‘博科圣地’威胁犹存需警惕”，http：//news.xinhuanet.com/world/2015－12/26/c_1117586616.htm。（上网时间：2015年12月28日）

圣地”极端分子。如乍得警方6月29日在首都恩贾梅纳附近发动对极端组织“博科圣地”一据点的军事打击，有6名“博科圣地”武装人员死亡。[①] 喀麦隆快速干预部队11月26—28日在极北大区向尼日利亚极端组织“博科圣地”武装发起军事行动，打死至少100名该组织成员，其中包括一名高级头目，并解救约900名人质。[②] 6月24日，尼日尔军方宣布在地面和空中行动中击毙了15名“博科圣地”激进分子，并俘虏了20人，还摧毁了一辆装甲车和26辆摩托车。[③]

三、结合多种手段预防和打击恐怖主义

非洲国家政府意识到，仅靠军事打击无法根除恐怖主义，因此2015年非洲国家在实施军事打击的同时，运用多种非军事手段预防和打击恐怖主义和极端主义蔓延。一是加大立法和执法力度。2015年11月阿尔及利亚制定一项法案，规定对前往外国参加恐怖活动或接受训练的阿尔及利亚公民处以3—5年监禁，并处以1000—5000美元罚款。该法案规定的处罚同样适用于资助恐怖组织或通过网络招募人员的嫌犯。阿当局宣布已建立可能前往外国参加恐怖组织的嫌疑人的名册，将加强边境管控和对互联网的监督管理。此外，阿宗教事务部还通过培训伊斯兰教长，以防止极端思想扩散。同年，肯尼亚警方得益于反恐协调能力的增强和新技术的运用，已挫败多起索马里“青年党”在肯尼亚境内的恐怖袭击图谋。5月16日，肯尼亚反恐部门说，索马里“青年党”一名重要成员

---

① “乍得警方对‘博科圣地’发动军事打击致11人死亡”，http：//news. xinhuanet. com/world/2015—06/29/c_1115760286. htm。（上网时间：2015年7月2日）

② “喀麦隆歼灭上百名‘博科圣地’武装分子”，http：//news. xinhuanet. com/world/2015—12/03/c_1117349614. htm。（上网时间：2015年12月28日）

③ “尼日尔击毙15名‘博科圣地’激进分子”，http：//www. voachinese. com/content/niger-boko-haram-20150625/2836431. html。（上网时间：2015年6月26日）

肯尼亚人阿卜杜拉·萨利姆·宾多当天在肯海滨城市蒙巴萨被捕，该嫌疑人被控涉嫌招募、资助肯尼亚人加入这一恐怖组织。摩洛哥警方破获多个恐怖团伙，3月摩内政部长宣布破获一个与“伊斯兰国”有关联的恐怖网络（在该国北部丹吉尔，南部阿加迪尔、塔鲁丹特、马拉喀什等城市存在），并查获武器弹药。二是加强防范措施。2月中旬，南非总统府接到联合国警告，11名与“伊斯兰国”和“基地”组织有关联的恐怖分子可能将以南非为据点进行活动。接到警告后，南非总统府很快公布了一份通缉名单，这11人来自法国、挪威、沙特阿拉伯、科威特和伊拉克，有男有女，被认为在恐怖组织中负责理财、人员招募以及后勤保障等工作。[①] 此外，美国驻南非大使馆9月8日发表声明，称其获得的“确切和可信”的情报显示，恐怖分子将对美国在南非的目标发动恐怖袭击，这些目标包括设在南非的美国政府设施以及标明美国企业的设施。南非警方高度重视美国驻南非大使馆发布的恐袭警报，与美方交换情报并加强戒备，防范可能发生的针对美国目标的恐怖袭击。10月底，塞内加尔安全部门破获了一个恐怖团伙，逮捕多名与极端组织“博科圣地”有关联的塞内加尔人。这些人从尼日利亚经尼日尔回到塞内加尔，试图在塞建立“博科圣地”的分支，并制订针对首都达喀尔的恐怖袭击计划。11月初，塞警方又逮捕多名伊斯兰教长，称这些人支持上述与“博科圣地”有关联的恐怖分子。[②] 三是推动经济社会发展。许多非洲国家领导人认为，发展滞后、就业不足（尤其是大量年轻人失业）等是造成恐怖主义和极端主义在非洲一些国家和地区蔓延的根本原因。因此，他们试图通过推动经济社会发展，寻找铲除恐怖主义的根本的解决办法。2015年11

① “联合国警告恐怖主义势力已到南非门外”，http：//global.dwnews.com/news/2015－02－20/59636858.html。（上网时间：2015年2月28日）

② “Poor turnout in Dakar”，Africa Confidential，20 November 2015.

月在乍得首都恩贾梅纳举行的萨赫勒地区五国集团峰会，和12月在尼日利亚首都阿布贾举行的西共体峰会均讨论了通过发展根除恐怖主义。为此，萨赫勒地区五国集团峰会还决定制定一项发展和安全战略，以及“优先投资计划”应对恐怖主义。四是抵御宗教极端思想的入侵。塞内加尔总统、西共体主席马基·萨勒指出，尽管当前非洲面临萨拉菲圣战运动的严重威胁，但塞内加尔奉行的是非常独特、非常温和的伊斯兰教（苏菲主义），能够抵御萨拉菲圣战运动的扩散。他认为需要加强对年轻人的教育与培训，以抵御外来的萨拉菲圣战思想的入侵和洗脑。11月，在达喀尔举行的和平与安全论坛上，萨勒宣布，塞内加尔政府计划培训符合西非伊斯兰文化传统的伊斯兰教长，宣扬温和的伊斯兰苏菲主义思想，以抵御外来的萨拉菲圣战主义思想的入侵和传播，并将禁止不符合当地传统的穿（罩住全身的）长袍的做法。[①]

三、欧美国家加强在非洲反恐

2015年在非洲地区面临的恐怖主义威胁上升、非洲国家自身反恐能力和资金不足以及对外部反恐合作需求上升的背景下，西方国家以“反恐”为名加大参与非洲军事安全事务的力度，扩大在非洲的军事存在。

（一）法国继续竭力扮演“非洲宪兵”角色

尽管法国对外宣称，其将减少对非洲的介入，不欲充当“非洲宪兵”，但由于历史上的密切联系和现实的战略考虑，法国仍是美西方国家干预非洲（尤其是法语非洲地区）的主导力量。2014年8月，法国在萨

① “Poor turnout in Dakar”，Africa Confidential，20 November 2015.

赫勒地区发起“新月形沙丘行动”（Opération Barkhane），维持约3000人兵力。“新月形沙丘行动”取代了2013年1月法国在马里发起的“薮猫行动”（Opération Serval），行动范围扩展至整个萨赫勒—撒哈拉地区，合作伙伴由马里扩大为“萨赫勒五国集团”所有成员国（包括毛里塔尼亚、马里、尼日尔、乍得和布基纳法索），将此前在非洲的军事资源整合至新计划。[①] 2015年法国继续开展“新月形沙丘行动”，除了为非洲盟友的反恐行动提供支持外，法国在非洲的军事部署也不断加强和完善，以阻止恐怖和极端势力在非洲的蔓延。2015年3月，法军在尼日尔最北部的马达马（Madama，距离利比亚边界只有约100公里）建立基地，部署200名士兵，希望切断“圣战”分子和走私武器通道，同时防止在利比亚境内的“伊斯兰国”等恐怖势力与尼日利亚、马里的极端组织结盟。2015年，法国在马里、尼日尔、乍得3个“前线基地”之外，又在科特迪瓦增派驻兵，在科增设“前线基地”，以便能够快速部署在撒哈拉以南非洲的军力。法军非洲地区军事行动指挥官让—皮埃尔·帕拉赛将军说，“现在的关键不是我们有多少兵力，而是我们的快速部署能力，能够指到哪里，就打到哪里”。[②] 2015年法军在“新月形沙丘行动”旗下单独或与“萨赫勒集团五国”盟友共开展了150次军事行动，共找到100个武器埋藏点，销毁16吨武器和炸药。[③] 其中主要军事行动包括：1月30—31日，法军在马里北部的阿贝巴拉（Abeïbara）突袭“圣战”分子一个车

---

① 参见2014/2015《年鉴》非洲地区的恐怖活动与反恐斗争形势有关内容，法国：从“薮猫行动”到“新月形沙丘行动”。

② “法国出兵非洲阻截极端势力蔓延”，http：//boxun. com/news/gb/intl/2015/03/201503220352. shtml。（上网时间：2015年3月23日）

③ “Barkhane ：point de situation au 07 janvier 2016”，Ministère de la Défense（法国国防部网站），http：//www. defense. gouv. fr/actualites/operations/barkhane-point-de-situation-au-07-janvier-2016，15/01/2016。（上网时间：2016年2月16日）

队，击毙12人，俘虏2—3人。4月6日，法军在马里北部的泰萨利特（Tessalit）开展的一次军事行动中，成功解救2011年11月被绑架的荷兰人质萨杰阿克·里克，并打死两名“圣战”分子，俘虏两名“圣战”分子。5月14日，法军于尼日尔北部与可疑车队交火，打死3名武装分子，俘虏3人，并缴获1.5吨毒品、武器和通信设备。5月17—18日，法军在马里东北部的一次军事行动中打死4名“圣战”分子，其中两人为“圣战”组织头目，他们是“伊斯兰马格里布基地组织”头目哈马达·阿格哈马（Hamada Ag Hama，别名 Abdelkrim al-Targui）和极端组织“信仰捍卫者”的二号人物易卜拉欣·阿格伊纳瓦伦（Ibrahim Ag Inawalen）。7月5日，法军特种部队在马里北部基达尔地区击毙“伊斯兰马格里布基地组织”在当地的行动指挥穆罕默德·阿里·阿格瓦多塞纳（Mohammed Ali Ag Wadossene），另外抓获两名武装分子。被击毙的“基地”组织北非分支头目曾于2011年11月24日晚间，在马里东北部洪博里一家酒店绑架两名法国人。其中一人被处死，另一名于2014年12月被释放回国。10月中旬，法军在马里接近阿尔及利亚边境地区击毙极端组织“伊斯兰捍卫者”头目、前马里政府军军官埃西·阿格瓦拉库勒（Esse Ag Warakoule）。10月底至11月底，1000名法军在马里和尼日尔北部开展军事行动，击毙两名“圣战”分子，发现20余处武器藏匿点和6辆皮卡。12月19日夜至20日，法军在马里北部靠近尼日尔边境的梅纳卡与极端组织“穆拉比特”（Al-Mourabitoune）交火，击毙10余名武装分子，并缴获大量武器炸药、两辆皮卡及10余辆摩托车。[①] 12月8—22日，法军与尼日尔、乍得政府军在尼日尔和乍得边境地区开展联合行

① “Opération Barkhane”, https://fr.wikipedia.org/wiki/Opération _ Barkhane, 1 février 2016.（上网时间：2016年2月3日）

动，截获 9 辆皮卡、大量武器弹药及 650 公斤毒品。[①] 2015 年法国还加强与尼日利亚、喀麦隆等乍得湖地区国家的合作，以打击极端组织“博科圣地”。同年 2 月，法国外长法比尤斯访问乍得、喀麦隆和尼日利亚，协调三国打击极端组织“博科圣地”的行动。他表示法国将提供技术支持、情报信息。3 月，法国国防部长勒德里昂称将增派在萨赫勒地区驻兵，打击“博科圣地”恐怖活动。[②] 7 月初，法国总统奥朗德访问喀麦隆，这是法国总统 14 年来首次对喀麦隆进行国事访问。访问期间，奥朗德发表声明赞赏喀麦隆军方有效打击“博科圣地”，承诺将继续向喀麦隆提供支持。奥朗德还承诺与国际社会共同努力，帮助喀麦隆缓解周边国家难民大量涌入所带来的压力。此前在 2014 年 5 月，奥朗德曾邀请包括喀麦隆总统保罗·比亚在内的一些非洲领导人前往巴黎，共同商讨如何打击“博科圣地”。奥朗德说，他愿意再次举行类似的峰会，协商如何加强对“博科圣地”的打击。[③] 2015 年 9 月 14—16 日，尼日利亚总统布哈里对法国进行了正式访问，两国发表联合公报说，决心开展合作共同打击极端组织“博科圣地”。公报说，为彻底消灭“博科圣地”，开展地区和国际合作非常重要。在打击“博科圣地”的斗争中，法国将继续在情报分享、培训和后勤方面对尼日利亚及其邻国提供援助。奥朗德和布哈里决定在两国国防部之间设立一个国防委员会，加强有关合作。公报说，

---

① “Barkhane : point de situation au 29 décembre 2015”，Ministère de la Défense（法国国防部网站），http：//www. defense. gouv. fr/operations/actualites/barkhane-point-de-situation-au-29-decembre-2015，29/12/2015。（上网时间：2016 年 2 月 3 日）

② “France to boost Sahel troops to help Boko Haram fight”，http：//news. yahoo. com/france-boost-military-presence-african-sahel-region-170032929. html.（上网时间：2015 年 11 月 19 日）

③ “奥朗德承诺继续支持喀麦隆打击‘博科圣地’”，http：//news. xinhuanet. com/world/2015－07/04/c_1115816546. htm。（上网时间：2015 年 7 月 6 日）

2014 年 5 月 17 日，在巴黎曾举行尼日利亚安全问题首脑会议，与会西非国家总统决定实施一个打击“博科圣地”的全面计划。2016 年 5 月，各方将举行一个巴黎峰会的后续会议。[①] 与在萨赫勒地区发动“星月形沙丘行动”，直接派兵介入不同，法国在打击“博科圣地”上的思路是“非洲国家发起行动，国际社会提供支持”，不愿直接军事介入。此外，2015 年 9 月，在纽约联合国大会期间组织的关于加强联合国维和行动的峰会上，奥朗德宣布为维护非洲大陆的安全，2016－2020 年法国将为非洲培训 10 万余名士兵，其中 2.5 万名非洲士兵将接受法语的特殊培训以便在法语非洲国家展开行动。[②] 奥朗德还重申，支持非洲地区层面的联合部队，尤其是乍得湖地区多国联合部队打击极端组织“博科圣地”的行动。他还呼吁国际社会和联合国对非洲地区层面的联合部队提供支持。除了与地区国家合作外，法国还与美国在非洲进行了反恐合作，如在萨赫勒地区的马里、尼日尔等国，美国向法国提供资金、后勤和情报支持，而法国则负责在地面部署作战部队。法国还欲与美国在情报分享和培训特种部队方面加强合作。

（二）美国加大进军非洲安全事务的决心愈发明显

一是从战略层面提出“安全治理倡议”（Security Governance Initiative）。2015 年 2 月 6 日，美国白宫网站发布《2015 年国家安全战略》报告称，非洲正在崛起，可能是全球下一个主要增长中心，存在着投资机遇，但苏丹、南苏丹、刚果民主共和国和中非共和国的冲突不断，索马

① “法国和尼日利亚决心合作打击‘博科圣地’”，http：//news. xinhuanet. com/world/2015－09/17/c _ 1116593580. htm。（上网时间：2015 年 9 月 17 日）

② “France-Afrique ： ce que Francois Hollande a dit lors de sa conférence de presse”，Jeune Afrique，le 07 septembre 2015.

里、尼日利亚和萨赫勒地区的暴力极端分子在同政府作战，不仅威胁到无辜的平民、地区稳定，也威胁美国的国家安全。美国将通过“安全治理倡议”加强文职和军事机构，并努力促进人权和消除腐败。美国正在深化与非洲国家和机构的安全合作关系，如在马里和索马里与联合国和非盟的合作，以化解冲突，加强非洲维和能力及应对跨国安全威胁。6月6日，美国白宫网站发布一项声明称，奥巴马总统宣布“安全治理倡议”，将提供全面的方案，提升非洲国家安全部门应对威胁的能力。目前，肯尼亚、加纳、马里、尼日利亚、尼日尔、突尼斯已表示希望加强安全部门能力，承诺加入该倡议。美国将为此计划的第一年提供6500万美元，以后视计划实施情况增加经费。二是通过高层访问推动安全合作。1月底，美国国务卿克里访问尼日利亚时表示，支持乍得湖流域地区国家打击极端组织“博科圣地”。此外，美国将向乍得等国提供情报、军事装备、培训士兵等支持。5月，国务卿克里访问肯尼亚、索马里、吉布提三国。克里访问全程聚焦安全议题，意在强化美非安全协作，巩固美在东非战略支点。克里表示2015年美国将向肯尼亚提供近1亿美元安全援助，他还宣布，在时隔20多年后，美国重启在索马里开设使馆工作，这是继2015年2月奥巴马任命美国驻索马里新大使后又一重大外交举措，向外界宣示美国重返索马里的决心。7月，奥巴马访非期间，承诺加强对肯尼亚、埃塞两国的反恐人力、情报支持，并再提供至少4000万美元打击暴恐势力。奥巴马在埃塞召集非盟主席、埃塞总理、肯尼亚总统、乌干达总统和苏丹外长，讨论化解南苏丹内乱，督促南苏丹冲突双方达成权力分享与和解协议。三是加快完善在非“军事网”。为在紧急情况下迅速将军事力量部署到非洲大陆，保障美驻当地使领馆和人员安全，美国加快了在非洲的军力部署。尽管因担心刺激非洲国家或给外界留下常驻非洲的印象，美军非洲司令部（Africom）迄今尚未落户非洲，也尚未在非洲建立永久性军事基地，官方唯一承认的吉布提莱蒙尼尔军营为常驻性军事基地，但美国通过与部分非洲国家就使用当地军事基地或其他设施签署《驻军地位协定》，已经化整为零渗透到非洲大陆各个角落。这些协定允许美国预先在非洲签约国军事基地或设施内存放燃油等军事物资或武器装备，需要时可迅速实施军事行动。据美媒披露，目前美国已就使用机场补充燃油与非洲国家签署29个协议。另外，美军非洲司令部司令大卫·罗德里格斯（David M. Rodriguez）上将透露，迄今美国在非洲已经有11个“合作安全点”（cooperative security locations），其中包括布基纳法索、加蓬、加纳、塞内加尔、中非共和国、埃塞俄比亚、肯尼亚、塞舌尔和乌干达等国的设施。① 美军其他与非洲有关的行动则以与非洲邻近的欧洲南部为基地，如美军非洲司令部的空军、海军和特种部队的总部位于德国斯图加特（Stuttgart），其海军和陆军部队则分别以意大利的那不勒斯（Naples）和维琴察（Vicenza）为基地。此外，据《纽约时报》12月11日报道，随着美国情报机构努力应对“伊斯兰国”在叙利亚据点之外的不断扩张，五角大楼向白宫提交了一项新计划，准备在非洲、中东等地区建立一系列军事基地，用于搜集情报，并对该恐怖组织延伸甚广的分支实施打击。新基地构想中包含四个“枢纽”，其中包括在吉布提扩建现有的基地，以及位于尼日尔、喀麦隆等国规模较小的“分支”或者说较为基本的设施，美国现在或即将在这些地区开展非武装无人机监控任务。新计划会努力将目前存在的一系列用途单一的基地融合成一个协调的系统，以对抗“伊斯兰国”、“基地”组织或其他恐怖组织造成的地区性威胁——包括针对美国使领馆的潜在袭击，如2012年利比亚班加西美国领事馆遭遇的类似袭击。五角大楼的一名高级官员表示，该提议在很大程度上仍处于初期阶段，一些官员提议在西非建立更多新基地，而考虑到非洲国家对美国在该大陆大规模驻军的担忧，另

① “Pentagon expands in Africa ”, Africa Confidential, January 22, 2016, p. 4.

一些官员表示，面向西非的主要集结地实际上应该设在欧洲南部。他们表示，美国在非洲的军事基地中，每座可能有大约500名士兵。[①] 此外，美国在乍得、埃塞俄比亚、马里和尼日尔等国已建立无人机基地。四是增加兵力投放。10月，美国宣布为协助西非打击“博科圣地”，首次派出300名士兵进驻喀麦隆。美军在喀麦隆的任务是利用无人机搜集情报，制订行动计划，但不参加军事行动。11月，美国在非洲特种部队指挥官唐纳德·博尔达克（Donald Bolduc）将军证实，美国已向非洲大陆23国部署了1400名士兵。[②] 美军在吉布提莱蒙尼尔军营保持5000人的驻军。美军非洲司令部还在欧洲南部部署军队。9月3日，西班牙参议院批准美常驻一支2200人的快速反应部队，以应对非洲地区可能发生的危机。这支军队将由美军非洲司令部指挥。除此之外，美军继续动用无人机对索马里“青年党”实施监控和空袭。3月18日，美国国防部发表声明确认，索马里“青年党”负责情报与安全事务的高级别头目阿丹·加拉尔（Adan Garar）已在美军3月12日的空袭行动中丧生。有媒体指出，加拉尔是2013年内罗毕购物中心恐怖袭击事件的主要策划者。此前，美军曾多次对该组织据点和人员发动空袭，已有多名该组织领导人在美军的空袭中丧生。该组织创始人之一、原最高领导人艾哈迈德·阿卜迪·戈丹内（Ahmed Abdi Godane）2014年9月遭美军空袭身亡，同年12月其情报主管阿卜迪沙库尔被击毙。

（三）其他域外国家加大对非军事介入

2015年9月，英国首相卡梅伦宣布将在南苏丹部署300名维和兵

---

① “美国拟新建海外军事基地打击IS，选址非洲、西南亚和中东”，http://news.ifeng.com/a/20151211/46631626_0.shtml。（上网时间：2015年12月14日）

② “Jihadistes en Afrique：France et Etats-Unis investissent dans le renseignement”，AFP，11 novembre 2015.

力，向索马里增派 70 名士兵支持打击索马里“青年党”恐怖组织。[①] 2014 年 7 月 15 日至 2015 年 3 月 15 日，欧盟向中非共和国派出 700 人部队，配合联合国维和行动，保卫机场安全及首都班吉安全。新兴大国中以印度最为突出。印非峰会期间，尼日利亚、喀麦隆、尼日尔、肯尼亚等国领导人请求印在资金、军事培训等方面增加对非反恐支持，助非打击“博科圣地”和索马里“青年党”。印度总理莫迪表示将支持非盟安全能力建设，培训非盟维和人员。

① Ben Riley-Smith，“David Cameron：UK troops to go to Africa to help counter extremists”，The Telegraph，September，2015.

第十章　大洋洲地区恐怖主义与反恐怖斗争形势综述

2015 年大洋洲地区虽未发生大规模恐怖袭击，但恐怖威胁仍呈上升之势。有越来越多的澳大利亚人、新西兰人赴中东“圣战”，并有部分回流国内；澳大利亚、新西兰本土也发现为数不少的恐怖主义支持者，并挫败多起恐怖袭击密谋。为应对日益严峻的恐怖形势，澳大利亚等国继续全方位加强反恐防恐力度。

第一节　澳大利亚恐怖主义形势

2015 年，全球暴恐活动进入新一轮扩张期，受“伊斯兰国”等恐怖组织蛊惑，澳依旧有不少极端分子赴中东“圣战”，其回流给澳本土带来巨大安全隐患；澳本土也有极端组织的支持者、同情者，并有在澳本土发动恐袭的意愿与能力，澳因而进入“恐怖威胁增加的新的、长期性的阶段”，且本土因素愈发重要。①

一、海外“圣战者”持续增加

受暴力极端思想蛊惑，有越来越多的澳大利亚人赴叙利亚、伊拉克与“伊斯兰国”等恐怖组织并肩作战，给澳大利亚带来巨大安全威胁。这些威胁不仅在于他们将暴恐的技术、经验以及新的恐怖主义关系网带回澳大利亚，还在于其会利用社交媒体鼓励极端分子在澳发动袭击。据澳大利亚官方统计，当前在伊拉克和叙利亚境内的澳籍“圣战者”已高达 110 人，其中至少 41 名效力于“伊斯兰国”的澳大利亚人已被击毙。② 按照人口比例计算，澳大利亚海外“圣战者”数量甚至远高于美国。

当前在叙利亚战场上官级最高的澳大利亚人为普拉卡什（Neil Prakash），他使用假名 Abu Khalid al-Cambodi 与“伊斯兰国”并肩作战。普拉卡什为“伊斯兰国”招募者巴亚雷（Mohamed Ali Baryalei）的亲密副手，在巴亚雷 2014 年被击毙后，他取代其位置，经常与澳大利亚极端分子联络，并煽动他们在本土搞恐袭，袭击军人和执法机构等。普拉卡什还曾出现在“伊斯兰国”的宣传电影里。③

澳两名头号“圣战”通缉犯沙洛夫（Khaled Sharrouf）和伊洛玛（Mohamed Elomar）仍继续活跃在社交媒体上。沙洛夫利用自己的孩子

① Department of the Prime Minister and Cabinet, “Review of Australia's counter-terrorism Machinery”, Feb. 23, 2015.

② “Number of Australian jihadists in Syria and Iraq drops for first time”, http://www.smh.com.au/federal-politics/political-news/number-of-australian-jihadists-in-syria-and-iraq-drops-for-first-time-20151106-gksx2s.html.

③ “Australian jihadist in Syria calls locals to rise up, plot and kill”, The Australian, Feb. 7, 2015.

作为"伊斯兰国"的新宣传方式，继2014年发布其7岁儿子在叙利亚捧着斩首头颅的照片后，2015年又发布其子持枪照。其本人则持续现身于伊斯兰国斩首"间谍"的影片中。① 2015年1月，伊洛玛则在"推特"上上传了一张与来自墨尔本的"圣战者"阿卜杜勒拉蒂夫（Mahmoud Abdullatif）和吉哈德（Abu Jihad）的合照，并称这是"哈里发阵地的澳人联盟"，暗指澳大利亚"圣战者"正在叙利亚集结力量建立稳固的关系网。②

近年来，澳籍"圣战者"开始呈现出新的特征，越来越多年轻女性受到该组织"虚假魅力"的诱惑加入该组织。总检察长布兰迪斯1月份曾表示，澳大利亚人加入伊拉克和叙利亚"伊斯兰国"的基本状况有所变化，"早些时候，甚至就在半年之前，我们关注的还完全是年轻男性"。"但是国家安全部门最近的评估显示，还有越来越多的年轻女性出国参加那种战斗。"③ 澳外长毕晓普称，有越来越多的女性去帮助已经在海外参战的丈夫，或成为所谓的"圣战新娘"。④ 此外，开始有澳大利亚医生和护士加入"伊斯兰国"。据澳大利亚情报机构调查和监视，认为有数名医

---

① "Young boy waving a gun a chilling mascot for the Islamic State", http: //www. smh. com. au/national/young-boy-waving-a-gun-a-chilling-mascot-for-the-islamic-state-20150106-12iqw8. html.

② "Aussie terrorist reunion 'in the land of Khalifa'", http: //www. smh. com. au/national/aussie-terrorist-reunion-in-the-land-of-khalifa-20150106-12iyct. html.

③ "Islamic State recruiting more Australian teenagers and young women, Attorney-General Brandis warns", http: //www. abc. net. au/news/2015 — 01 — 24/islamic-state-recruiting-more-australian-fighters-brandis-warns/6044556.

④ "Islamic State: Up to 40 Australian women, including 'jihadi brides', supporting terrorist activity in Syria and Iraq, Julie Bishop says", http: //www. abc. net. au/news/2015 — 02 — 25/40-australian-women-supported-terrorists-iraq-syria-bishop-says/6262452.

疗专业人士已加入极端组织“伊斯兰国”。其中来自阿德莱德的29岁医生塔瑞克（Tareq Kamleh）曾在“伊斯兰国”的宣传视频中出现，呼吁西方穆斯林医疗工作者到叙利亚和他一起为“伊斯兰国”效力。①

尽管澳大利亚于2014年颁布了《外国“圣战者”法案》，严厉打击赴中东参战者，但仍有不少“伊斯兰国”支持者继续冒险前往中东。澳移民部长杜敦（Peter Dutton）指出，当局在全澳各大国际机场加强反恐行动，2014年7月至2015年6月期间，因为国家安全或是其他可疑行为而被禁止登机的旅客有336人，相当于每周有6人。而2015年7月以来已有200人被禁止登机出境，每周10人左右。② 在机场遭拦截的嫌疑人中不乏青少年。如澳警方曾于3月8日在悉尼机场拦截一对兄弟，他们年龄分别为16岁和17岁。澳大利亚联邦警察在一份声明中称，这两名男孩“因为被怀疑试图进入外国参加敌对活动而被捕”。③ 在众多拦截的嫌犯中，反恐警察还发现了“战区专门急救箱”，里面装有“恐怖行动购物清单”的物品，其中包括门铃和门挡警报装置。据悉，这些物件可用于制作致命性的简易爆炸装置。

二、本土恐怖形势严峻

除赴海外参加“圣战”外，澳本土也有众多恐怖组织的支持者、同

① “New-look IS video with Perth doctor Tareq Kamleh but same old radicalisation techniques”，http：//www. theage. com. au/comment/newlook-is-video-with-perth-doctor-tareq-kamleh-but-same-old-radicalisation-techniques-20150427-1muqtb. html.

② “Almost 200 people stopped from boarding flights for national security reasons，Peter Dutton says”，http：//www. abc. net. au/news/2015－11－20/199-people-stopped-at-australian-airports-security-reasons/6957538.

③ “Teen brothers stopped at Sydney Airport suspected of trying to join Islamic State in Syria”，http：//www. abc. net. au/news/2015－03－08/customs-stop-teens-en-route-to-middle-east-conflict-zones/6288718.

情者，他们或以招募、筹资方式支持“伊斯兰国”等恐怖组织，或策划在澳本土进行恐袭。据澳大利亚安全情报组织（ASIO）估算，积极支持海外恐怖组织的澳大利亚人约有 190 名，而他们多活跃在悉尼和墨尔本。国家反恐协调员莫里亚蒂（Greg Moriarty）对此警告，“这一小撮人人数虽少但影响巨大”。①目前来看，澳本土发生的恐袭或恐袭预谋多为“独狼”式的、以刀枪为工具的低能力恐袭，但也存在大规模枪杀或炸弹袭击的威胁。

澳大利亚再发恐袭案。10 月 2 日，15 岁的伊朗裔少年贾巴尔（Farhad Khalil Mohammad Jabar）在新南威尔士州警察总部外，枪杀了警局雇员、华裔会计师柯蒂斯·程（Curtis Cheng），随后在与警察交火中被击毙。贾巴尔此前曾与身在叙利亚的澳籍恐怖分子普拉卡什多次联系，袭击案还得到了悉尼当地其他极端分子的帮助，如提供手枪等。②事情发生后，“伊斯兰国”表扬了贾巴尔的行为，其在线杂志《Dabiq》称赞贾巴尔为“勇敢的骑士”，“牺牲了自己的灵魂，做出高贵的行为以求真主的快乐”。③

呈现低龄化特征。澳大利亚 2015 年以来发生多起涉及青少年的恐怖袭击案，包括上述 15 岁的少年贾巴尔枪杀警察案。特恩布尔随后谈及该案时表示，“一名 15 岁少年令人震惊的恐怖行为再次提醒我们，

---

① “Hundreds of Islamic State ‘extremists’ in Australia”, Daily Telegraph, Nov. 21, 2015.

② “Teen terrorist Farhad Khalil Mohammad Jabar linked to IS recruiter Neil Prakash and UK Jihadist Raphael Hostey”, http://www.dailytelegraph.com.au/news/nsw/teen-terrorist-farhad-khalil-mohammad-jabar-linked-to-is-recruiter-neil-prakash-and-uk-jihadist-raphael-hostey/news-story/571a85958e2dbd3aee10c5e02b50f7aa.

③ “Islamic State magazine Dabiq lauds Parramatta shooting of Curtis Cheng”, http://www.theaustralian.com.au/news/nation/islamic-state-magazine-dabiq-lauds-parramatta-shooting-of-curtis-cheng/news-story/b84f9b7159653e6b584827c6b045b179.

激进化和极端主义可以在非常年轻的人身上看到——那些我们视其为孩子的人”。澳联邦警察局局长科文称，在过去一年多里，澳大利亚面临的恐怖威胁不断演变，而恐怖嫌疑人的年龄也越来越小，甚至一名 12 岁的男孩也在警方的反恐观察名单中。[①] 2015 年，澳警方采取了多轮反恐行动，逮捕的恐怖嫌疑人多在 30 岁以下，且不乏青少年。如：

1 月 9 日，澳警方在悉尼反恐行动中逮捕 2 名男子，分别为 33 岁、21 岁，他们被控非法获得并持有军火。警方称，该调查持续一年多，主要调查对叙利亚、伊拉克武装分子的经济与其他援助。[②]

2 月 10 日，悉尼反恐行动中逮捕两名嫌疑人，被控企图实施恐袭。两人分别为原籍伊拉克的 24 岁青年奥马尔·阿尔库托比（Omar al-Kutobi）、科威特出生的 25 岁青年穆罕默德·基亚德（Mohammad Kiad）。在他们的住处，警察发现了弯刀、代表“伊斯兰国”的旗帜以及一段预告恐袭的视频。总理阿博特 12 日表示在缴获的视频中激进分子提到要对预定的受害人“刺穿他的肾脏，割断他的脖子”。[③]

4 月 18 日，警方在墨尔本逮捕了 5 名嫌疑人，其中 4 名 18 岁，1 名 19 岁。他们涉嫌在澳新军团日（4 月 25 日）纪念活动时对警察局发起恐袭。据称他们受到“伊斯兰国”蛊惑，计划利用刀具实施

---

① “Boy，12，monitored in connection with suspected terrorist activity：AFP”，http：//www. smh. com. au/national/boy-12-monitored-in-connection-with-suspected-terrorist-activity-afp-20151014-gk9cyy. html.

② “21yo man charged after counter-terrorism police ‘find guns，ammunition’ in Sydney raid”，http：//www. abc. net. au/news/2015－01－10/man-on-guns-charges-after-counter-terrorism-raid-on-sydney-home/6010038.

③ “Sydney ‘terror plot’：Suspect ‘used false documents to enter country’”，The Australian，Feb. 12，2015.

袭击。①

5月8日，墨尔本反恐行动中逮捕一名17岁男子，被控企图实施简易爆炸装置袭击。警方在其住处发现了3个爆炸装置，并发现制造爆炸装置的材料。5月9日阿博特在声明中表示，该预谋经过了精心准备。这名少年原本可能于10日母亲节当天发动袭击。②

6月25日，北部领地警方在达尔文的反恐行动中逮捕了一名16岁的男子，据称该男子列出了他想要砍头的对象名单，以及其他与“伊斯兰国”有关的材料。③

10月7日，警方在悉尼展开反恐抓捕行动，逮捕了5名男子，其中4人与10月2日发生在新南威尔士州警察局总部门外的枪杀案有关。④

12月10日，悉尼反恐行动中抓捕2人，其中一人仅15岁，他们被控与其他已经被捕的3人策划恐袭。警方称与2014年12月挫败的恐袭阴谋有关。⑤

12月22日，警方在悉尼抓捕2名男子，包括20岁的穆罕默德·拉沙德·阿尔莫耶（Mohanmed Almaouie）、24岁的阿卜杜拉·萨利赫

---

① “Five men arrested in counter terrorism operation”, http://www.afp.gov.au/media-centre/news/afp/2015/april/media-release-five-men-arrested-in-counter-terrorism-operation.

② “Teen charged with terrorism offences after Melbourne police raids”, http://www.abc.net.au/news/2015－05－09/teen-charged-with-terrorism-offences-after-melbourne-raids/6457278.

③ “Teenager facing terrorism charges after making a list of people who's heads he wanted to cut off”, http://www.dailymail.co.uk/news/article-3141302/Teenager-facing-terrorism-charges-making-list-people-s-heads-wanted-cut-off.html.

④ “5 arrested in connection with terror-linked slaying of Sydney police worker”, http://www.foxnews.com/world/2015/10/06/5-arrested-in-connection-with-terror-linked-slaying-sydney-police-worker.html.

⑤ “Anti-terrorism raids in southwest Sydney”, The Australian, Dec. 10, 2015.

（Abdullah Salihy），他们被控蓄谋实施恐怖行动。警方表示此次抓捕与2014年12月挫败的一场密谋有关，他们计划袭击乌鲁姆鲁海军基地和新州警察局。①

警局、购物中心、学校等成袭击目标。“伊斯兰国”在线杂志《Dabiq》煽动恐怖分子对澳大利亚下手，称“如果你能杀死澳大利亚等联手与‘伊斯兰国’作对的国家的公民，就是相信阿拉，要以任何可能的方式杀死他们，不管用什么方法”。其中，警察、情报官员被明确列为袭击目标。② 在法国、加拿大和本土接连发生袭击案之后，澳情报部门表示，警察将成为恐怖分子袭击的目标。1月20日，澳联邦当局将警察面临的恐怖威胁等级正式由“中”调至“高”，全国警察进入戒备状态。③ 尽管如此，10月份新南威尔士州警察总部门口仍发生了雇员遭恐怖分子枪杀案件。此后不久，新南威尔士州警方又接到恐吓信，寄信人扬言血洗警局。为此，新州警方发出警告称，警员除非持有枪支武器，否则不要在公共场合穿着警服。

10月13日，悉尼的一家购物中心在社交媒体上也遭受了恐怖威吓。这起恐怖威胁事件引起警方高度警觉，担心极端分子会在黑市上购买枪支，从而展开“独狼”行动危害社会。警方情报机构发出警告称，极端分子也许会使用合法和非法渠道得来的枪支开展恐怖袭击。

---

① “Operation Appleby：NSW Police arrest two men as part of investigation into terrorism plots”，http：//www. smh. com. au/nsw/operation-appleby-nsw-police-arrest-two-men-as-part-of-investigation-into-terrorism-plot-20151222-gltrmz. html.

② “Islamic State magazine Dabiq lauds Parramatta shooting of Curtis Cheng”，http：//www. theaustralian. com. au/news/nation/islamic-state-magazine-dabiq-lauds-parramatta-shooting-of-curtis-cheng/news-story/b84f9b7159653e6b584827c6b045b179.

③ “Aust police terror threat raised to high”，http：//www. news. com. au/national/breaking-news/police-terror-threat-raisedvto-high/news-story/35f9f839a0bbc485b080f63e90fddc0f.

澳大利亚大学面临的恐怖威胁也在上升，恐怖势力不仅在大学生中招募成员，还对其发出恐怖威胁。如 2015 年 10 月，新南威尔士大学、塔斯马尼亚大学、莫纳什大学均先后接到匿名恐怖威胁。它们均是在社交媒体网站 4chan 上收到恐吓消息，威胁中都提到将使用枪支血洗校园。迪肯大学反恐专家巴顿（Greg Barton）称，澳大利亚的大学逐渐成为受恐怖威胁的新对象，因为之前从来没有出现过这么多的恐怖威胁。“总体来说，大学是一个能造成轰动效果，但又十分脆弱的袭击目标。”①

“伊斯兰国”渗入监狱。据《每日电讯报》报道，“伊斯兰国”已经在新南威尔士州高宾（Goulburn）监狱成为一大势力。9 月份，高宾监狱内“伊斯兰国”帮派与前悉尼街头“亚述国王”帮派曾因宗教信仰问题打群架。在发生群架事件后，狱方将所有的非穆斯林犯人从所谓的“黎巴嫩区”搬走，以便设置仅关押穆斯林的监狱。高宾监狱的惩教人士指出，恐怖主义催生出了新的监狱群架，这次事件只是这种极度暴力行为的第一次而已。监狱情报部门还破获了涉及绑架并斩首监狱保安的阴谋，据称这伙人还威胁要谋杀不愿归顺的“异教徒”。据信仅在高宾监狱内，这个日益壮大的“伊斯兰国”帮就至少有 30 名成员。②

“金主”多。2015 年 11 月，反洗钱组织 Austrac 公布了其 2014－2015 财年的年报，该组织追踪到 536 起疑似流入恐怖组织腰包的金融交易，这一数字同比骤增三倍，总额达到 5300 万澳元（约合 3600 万美元），疑似资助恐怖组织的“金主”超过 100 人。报告说：“澳大利亚恐怖主义融资的总量与前往叙利亚和伊拉克参与恐怖活动的澳大利亚人数有关。”黑金主要用于资助恐怖分子策划实施袭击、维持恐怖组织日常运

① “University terror threats call for vigilance but not panic”, The Australian, Oct. 14, 2015.

② “Goulburn Jail becomes an off-shoot of ISIS”, Daily Telegraph, Oct. 10, 2015.

营和安抚死亡人员的家属。Austrac 正在监视超过 100 名疑似资助恐怖组织的“金主”。另有 8 家金融机构因涉嫌向恐怖组织汇钱被吊销执照。[1]

第二节 澳大利亚主要反恐措施

为应对恐怖主义的新形势、新变化，澳大利亚政府与时俱进地调整反恐举措，除开展反恐突袭行动、机场检查与拦截外，还采取了系列新政，对内严防死守，对外加强反恐合作。

一、调整恐怖威胁预警机制

2014 年底悉尼马丁广场恐袭案后，澳大利亚政府对其反恐机制进行了评估，决定调整恐怖威胁预警机制，以让社会更清楚地了解所面临的恐怖威胁；2015 年 7 月，澳联邦政府首脑及 6 个州、2 个地区的地方政府首脑就此达成共识，同意引入新的威胁预警机制。2015 年 11 月 26 日，澳大利亚正式启用新的国家恐怖主义威胁顾问系统（National Terrorism Threat Advisory System，NTTAS），以期为处于当前威胁环境中的澳大利亚人提供尽可能多的信息，反应更加迅速。新制度将原有全国恐袭预警制度和公众预警制度合二为一，以便于理解和操作。根据新的预警制度，恐袭威胁分为预计无恐袭（绿色）、有可能（蓝色）、很有可能（黄色）、预计将发生（橙色）、确定会发生（红色）5 个等级。根据新预警制度，当前威胁等级为：很有可能。该评级是基于 ASIO 评估做出的，意味着有个人或团体已经发展出在澳大利亚

① “Austrac says reports of suspected terrorism financing tripled in past year”，http://www.theguardian.com/australia-news/2015/nov/04/austrac-says-reports-of-suspected-terrorism-financing-tripled-in-past-year.

实施恐怖袭击的意愿和能力。新预警机制将经常评估澳大利亚安全环境，其调整将根据安全总监和 ASIO 局长建议，由澳政府发布，同时向民众做出解释，包括威胁来自何处、可能的目标以及恐怖分子渗透的手段等。此外，澳政府还公布了全国安全热线，呼吁公众保持警惕，举报可疑事件。①

二、收紧反恐法

继 2014 年出台“最严”反恐法之后，2015 年澳政府又根据形势发展推出新的反恐法案。如：

一是严禁公民赴中东参加极端组织。澳 2014 年推出《外国“圣战者”法案》，禁止公民在没有合理理由的情况下，前往“已经被宣布”为“有恐怖主义活动”的地区，违法者将面临最高 10 年的监禁。2014 年 12 月，澳大利亚第一次将叙利亚拉卡省（Raqqa）列为“有恐怖主义活动”的地区；2015 年 3 月，澳又将伊拉克北部城市摩苏尔列为“有恐怖主义活动”的地区，以防止澳大利亚年轻民众激进化和到中东加入极端组织。② 澳政府也明确表示，参与叙利亚冲突的任何一方都将被视为违法，并拒绝宽大处理返澳的“迷途知返者”。据悉，曾加入“伊斯兰国”、在叙利亚参战的维多利亚州青年曾试图回国，并通过律师与政府协商，表示愿意向澳大利亚警方提供情报，杜绝年轻人极端化。澳大利亚警方不但拒绝了当事人的请求，还表示将用法律严惩。时任总理阿博特对此表示支持，称“如果你前往海外加入恐怖组织之后又想回到澳大利亚，那么你会被逮捕，被起诉，

---

① “New National Terrorism Threat Advisory System”, https://www.ministerjustice.gov.au/Mediareleases/Pages/2015/FourthQuarter/26-November-2015-New-National-Terrorism-Threat-Advisory-System.aspx.

② “Australia bans travel to Iraqi city of Mosul under new law”, http://indianexpress.com/article/world/middle-east-africa/australia-bans-travel-to-iraqi-city-of-mosul-under-new-law/.

被关进牢房；因为澳大利亚人民渴望国家安全，那些曾经是海外恐怖分子的人回到澳大利亚后也很有可能会成为恐怖分子”。①

二是剥夺拥有双重国籍的涉嫌参与恐怖活动的澳大利亚人的公民权。历经半年多的争论，2015年12月，澳议会最终通过“忠于澳大利亚”（Allegiance to Australia）的法案。该法案规定，那些与恐怖组织并肩作战（或参与了恐怖活动，或被澳法律宣判犯有恐怖行为罪）的双重国籍者将失去公民权，她/他的孩子也将失去他们的公民权。这是澳政府为应对被认为已经逃往中东以便与极端组织并肩作战的澳大利亚人的最新尝试。据澳政府评估，自澳大利亚前往中东国家的恐怖分子中有一半拥有双重国籍。②

三是调整行为限制年龄。鉴于恐怖分子趋于年轻化，澳政府计划将法院下达行动限制令的法定最低年龄由目前的16岁下调至14岁。根据澳法律，法院能够在嫌疑人尚未被刑事定罪甚至被起诉前下达限制嫌疑人人身自由的强制性控制令。控制令为当事人规定了严格的义务、禁忌和限制性的内容。联邦警察局反恐事务负责人高根表示，相关修改对保障国家安全而言是有必要的。

四是恐怖分子可无限期监禁。12月11日，总理特恩布尔在悉尼的澳大利亚政府理事会（Council of Australian Governments）会议上向各州、各领地领袖提出新法案。新法案规定，如果刑满释放的恐怖主义罪犯被证实还存在威胁，将被继续监禁。各州各领地领袖对此表示支持。

---

① “Jihadis who want to return to Australia will go to jail, says Tony Abbott”, http://www.theguardian.com/world/2015/may/19/jihadis-who-want-to-return-to-australia-will-go-to-jail-says-tony-abbott.

② “‘Allegiance to Australia’ laws passed: dual nationals deemed to be terrorists can be stripped of Citizenship”, http://www.sbs.com.au/yourlanguage/hindi/en/article/2015/12/08/allegiance-australia-laws-passed-dual-nationals-deemed-be-terrorists-can-be.

目前新南威尔士州和维多利亚州分别监禁9名和4名恐怖分子。澳情报安全委员会主席铁寒（Dan Tehan）表示，巴黎《查理周刊》恐袭事件表明刑满出狱的恐怖分子有可能再次犯案。“我们保障社区安全上存在漏洞，这是我们需要弥补的。”此外，为实时监控监狱内的恐怖分子，从3月起，因恐怖活动罪而被囚于高宾监狱内的囚犯被禁止在电话和探监期间说阿拉伯语。而由囚犯寄出以及收取的信件，也必须以英文书写。①

三、加强反恐力量

澳大利亚政府2月发布的反恐机制评估报告中指出，澳面临的恐怖威胁正在上升，变得越来越难对付。为此，需要重组国家安全机构，增强跨机构间的协调与领导，以及政府与社区的合作。② 5月25日，时任总理阿博特正式任命司法部长迈克尔·基南（Michael Keenan）为澳大利亚首任反恐部长，同时任命前任外交大使格雷格·莫里亚蒂（Greg Moriarty）为首任反恐协调官。作为反恐部长，基南将负责政府打击暴力极端主义事务，并协助总理和总检察长协调政府反恐事务，包括反恐行动与政策响应，以及与社会合作打击暴力极端主义、根除暴力思想源等。基南还将负责联邦与州和地区的合作事宜。作为反恐协调官，莫里亚蒂领导总理内阁部下设的反恐协调办公室，协助基南。莫里亚蒂为前驻伊朗和印尼大使，在中东和东南亚事务上有丰富经验，也有丰富经验协调

① “No release：terrorists to stay in jail under new Turnbull plan”，The Australian，Dec. 11，2015.

② “Review of the Commonwealth's counter terrorism arrangements”，https：//www. dpmc. gov. au/pmc/publication/review-commonwealths-counter-terrorism-arrangements.

部门之间和国际之间的合作。[①]

四、对抗极端意识形态

澳大利亚总理特恩布尔在其首份《国家安全声明》中指出，澳大利亚当前面临的恐怖威胁的根源在于扭曲的伊斯兰极端主义意识形态。“与‘伊斯兰国’的斗争不只是在军事层面，也在思想层面。”“他们通过大量使用社交媒体，最大化宣传其优势来掩盖其最基本的军事弱点及其思想的残暴本性。”为此，政府将从四个方面着手应对暴力极端主义：一是维持一个强大、多文化的社会；二是帮助社区机构和部门对抗暴力极端主义意识形态；三是挑战并瓦解恐怖主义宣传的吸引力，尤其在网上；四是进行干预使得个人远离暴力极端主义观念。声明中，特恩布尔特别强调，政府不能独立作战，需要社会的帮助。“政府和社会之间强大的可信赖的关系对确保正确的信息抵达那些易受恐怖主义蛊惑的人的心灵和思想至关重要。”[②] 具体举措包括：

一是“反暴力极端主义项目”。该项目斥资4000多万澳元，旨在辨别出那些处在极端化风险中的人，使他们远离仇恨与暴力的意识形态。参与该项目的政府机构包括矫正服务部、儿童保护与家庭支持部、教育部、多文化利益办公室、总理与内阁部以及警察局。该项目鼓励社会发挥作用，鼓励那些担忧可能成为暴力极端主义意识形态牺牲品的人的家庭、朋友和社区站出来，与澳政府共同努力，及早干预，使个人远离暴

① “Stronger counter-terrorism arrangements”, https://pmtranscripts.dpmc.gov.au/release/transcript-24492.

② “National Security Statement”, http://www.pm.gov.au/media/2015-11-24/national-security-statement.

力极端主义。[①]

二是各校发放防极端化资料集。反恐部长基南表示，澳大利亚的学生很明显有极端主义化的风险，社会和政府需要积极主动以防患于未然，澳大利亚“承担不起坐等某人已经极端化并转向暴力（的后果）”。他还强调澳大利亚“必须通过早期介入并将问题连根拔起，来降低暴力极端主义的风险”。为应对青少年恐怖分子增加的现象，澳大利亚在各校发放防极端化资料集，该资料集的内容包括什么是极端化、某人极端化的信号、互联网在学生极端化方面的影响，以及如果怀疑学生有极端化风险该通知谁等。[②]

三是鼓励家庭早期干预。澳大利亚政界、警方以及穆斯林社区领袖一致认为，要防止青少年变成极端主义者，早期干预是关键。为此，澳政府特别呼吁家长了解子女的动态，消除青少年接触到恐怖组织招募活动的风险。穆斯林社区领袖里费（Jamal Rifi）也建议，担心子女极端化的家长可以向早期干预小组寻求帮助。他担心家长除了向警方或恐怖主义热线举报之外，没有其他的选择，因此拟设立特别评估小组。该小组成员包括社区领袖或族长、心理学家、青年事务义工以及宗教领袖。[③]

① “WA agencies undergo new program to prevent violent extremism”，https：//www. ministerjustice. gov. au/Mediareleases/Pages/2015/SecondQuarter/8-May-2015-WA-agencies-undergo-new-program-to-prevent-violent-extremism. aspx.

② “Student radicalisation：Schoolteachers will be given information awareness kits”，http：//www. dailytelegraph. com. au/news/nsw/student-radicalisation-schoolteachers-will-be-given-information-awareness-kits/news-story/44eea91fa3bf04c3aa5faa1a043ca0db.

③ “Parramatta shooting：Malcolm Turnbull's approach to combating extremism praised by Muslim leader”，http：//www.abc.net.au/news/2015－10－05/pm-approach-to-extremism-praised/6827420.

五、团结穆斯林社会

澳在反恐的同时，特别注意将暴力极端主义与穆斯林社会相区分，以团结大多数穆斯林，共同防范与打击暴力极端主义。悉尼枪击案后，澳总理特恩布尔特地坐火车到宝活市（Burwood）与7位穆斯林领袖会晤，并明确表示，虽然有“个别穆斯林宣扬对其他穆斯林、基督徒、犹太人或其他人的仇恨，威胁破坏我们的社会和谐、繁荣与安全”，但“某些人若因为一小撮人的罪行，而让全体穆斯林买单，并且转化为对全体穆斯林的仇恨，也会破坏澳大利亚的国家利益，而且这种做法还会令警方、安全部门及政府防止暴力极端主义的难度大大提高”。[①] 前总理阿博特也表示，“我们不能笼统地仇恨或责备整个穆斯林社区。事实上，暴力激进分子只是极少数。穆斯林社区是我们打击这类暴力极端主义时的绝对必要伙伴”。反恐部长基南表示，目前仅有0.04%的澳大利亚穆斯林遭到执法机构密切监视，并称“穆斯林主流群体是反恐斗争中的‘重要盟友’”，“如果我们失去这部分群体的支持，那我们反恐斗争的难度将更大”。

六、国际合作

澳大利亚一直以来都是地区反恐的重要力量，除海外直接参战打击恐怖主义外，还重视与地区国家合作，共同应对恐怖威胁。

一是海外作战。特恩布尔在其国家安全声明中重申，“来自伊斯兰国的威胁是个全球问题，必须从其发源地中东予以解决。为此，我们要确

① “Malcolm Turnbull urges Australians to show ‘mutual respect’ in battle against extremism”, http://www.theguardian.com/australia-news/2015/oct/09/malcolmturnbull-urges-australians-to-show-mutual-respect-in-battle-against-extremism.

保我们在叙利亚和伊拉克参加联盟的行动坚定而有效”。[①] 2014 年澳大利亚是第一个响应美国发起的“打击伊斯兰国联盟”的国家，并派出军人、飞机协助美军打击伊拉克境内的“伊斯兰国”，为伊拉克军方提供军事援助等。2015 年 4 月，澳大利亚又向伊拉克增派 300 名国防军，他们主要来自澳大利亚陆军位于布里斯班的第七旅。这些新增士兵不会直接参战，而是与来自新西兰国防军的 100 名人员一起负责训练伊拉克士兵来对抗“伊斯兰国”。[②] 至此，澳大利亚成为“打击伊斯兰国联盟”中仅次于美国的第二大贡献国。除军事援助外，自 2011 年以来澳已提供了 2.3 亿澳元人道主义援助来支持那些受影响的叙利亚人和伊拉克人；2015 年澳还宣布未来 4 年将接受 1.2 万从叙利亚和伊拉克逃离的难民。[③]

二是双边反恐合作。2015 年“伊斯兰国”跨国威胁进一步扩大，东南亚恐怖主义卷土重来。澳大利亚每年有成百上千名澳大利亚人到东南亚做生意、学习或度假，东南亚恐怖形势无疑对澳大利亚人构成了实实在在的威胁。对此，澳大利亚尤其重视与周边东南亚国家的反恐合作。特恩布尔在东亚峰会上分别与印尼、马来西亚、菲律宾和新加坡的领导人就此进行了深入交流，国家间将更加紧密地分享情报和对抗恐怖主义宣传攻势。澳大利亚还明确表示希望在网络反恐上发挥领导作用。[④]

邻国印尼长期为澳大利亚反恐重要伙伴。有鉴于“伊斯兰国”有意

① “National Security Statement”, http://www.pm.gov.au/media/2015－11－24/national-security-statement.

② “Australian troops bound for Iraq prepared to take up ‘world’s fight’ against Islamic State”, http://www.abc.net.au/news/2015－04－21/australian-troops-bound-for-iraq-to-be-farewelled-from-brisbane/6408360.

③ “National Security Statement”, http://www.pm.gov.au/media/2015－11－24/national-security-statement.

④ Ibid.

在印尼建立“远方哈里发政权”，总检察长布兰迪斯警告称，这是要在澳大利亚的大门外建立伊斯兰暴力极端主义的“滩头堡”。[①] 尽管“伊斯兰国”基本上不可能在印尼境内建立哈里发政权或国家，但澳大利亚依旧非常担心该组织会在印尼长期立足，为其策划袭击事件损害澳大利亚和其他西方国家的利益提供条件。12 月 20 日，澳印（尼）两国反恐部长、警方负责人和安全机构官员举行会谈，表示将继续加强在反恐合作、情报共享方面的合作。

澳大利亚将协助菲律宾强化反恐能力。2015 年 12 月，澳反恐部长基南和澳大利亚联邦警察（AFP）反恐事务负责人高根在马尼拉就加强合作方面与菲律宾警方高级官员举行了会谈。两国对 200 万菲律宾公民在中东地区工作表示担忧，担忧他们有些人可能受“伊斯兰国”蛊惑而加入该恐怖组织。澳大利亚同意协助菲律宾强化监视、情报和事故调查方面的能力，以避免东南亚地区发生恐怖袭击。澳菲两国将加强信息交流，关注东南亚武装分子往返叙利亚和伊拉克的情况。[②] 此外，东南亚之行中，基南和高根还访问了马来西亚和新加坡，并就打击暴力极端主义和增强双边合作举行了会谈。

三是召开地区反恐峰会。2015 年 2 月参加完美国举行的反恐峰会后，澳大利亚又于 2015 年 6 月主办了地区反暴力极端主义峰会，有来自 30 多个国家的政府机构、社会团体、行业代表来澳参会。峰会重点讨论了如何打击恐怖主义行动、全力阻止恐怖组织利用互联网及社交媒体进行宣传。同年 11 月澳大利亚又与印尼联合召开了反恐金融峰

① “Australia and Indonesia sign agreement to combat terrorism，defence cooperation deal renewed”，http：//www. abc. net. au/news/2015－12－21/julie-bishop-meets-with-indonesia-counterpart-for-talks/7044996.

② “Philippines，Australia vow cooperation against Islamic militants”，http：//uk. reuters. com/article/uk-philippines-australia-idUKKBN0TT0DU20151210.

会，重点讨论如何积极追踪恐怖组织的资金来源和恐怖组织的犯罪收益。

第三节 新西兰恐怖主义形势与主要反恐措施

新西兰依然为“最安全的国家”之一，但威胁有逐年增加趋势。根据澳大利亚经济与和平研究所（The Institute for Economics and Peace）数据，新西兰在全球恐怖主义指数排名中以1.187排名第98，为“受恐怖主义影响最低”（Lowest Impact of Terrorism）的国家之列；[①] 但值得注意的是，随国际整体恐怖主义环境日益严峻，新西兰也难独善其身。因本土极端思想滋生、赴叙成为“外籍圣战者”的人数增多等影响，新西兰社会不稳定因素迅速增加。加之，新西兰2015年两度向伊拉克派兵、不断强化安全情报机构职能等对其国内外安全环境产生一定影响，新西兰在“全球安全指数”排名从2010年起连年下降，2015年下降为第四名，列冰岛、丹麦、奥地利之后。[②]

一、新西兰恐怖主义威胁不断上升

其一，暴力极端主义成为新西兰国家安全的“头号威胁”。[③] 2015年11月5日，新西兰《先驱报》（NZ Herald）揭露并公布了新西兰安全情

① Institute for Economics and Peace，Global Terrorism Index 2015，p. 11.

② Institute for Economics and Peace，Global Peace Index 2015，p. 8.

③ David Fisher，Isaac Davison，“John Key's response on the six threats facing New Zealand”，NZ Herald，Nov. 5，2015.

报局（SIS）和政府通信安全局（GCSB）局长及总理内阁部副部长霍华德·布劳德（Howard Broad）呈交给新西兰总理约翰·基（John Key）和总检长、情报系统主管克里斯托傅·芬莱森（Christopher Finlayson）的安全报告。① 报告指出，新西兰当前面临来自境内外的安全威胁，并有不断加剧之势，其中以下六大来源尤为突出，即暴力极端主义、信息数据失窃、敌对组织情报活动、外来人口的大量涌入（难民）、跨国有组织犯罪、南太地区的不稳定局势。报告称，新西兰政府“当务之急就是要保证（新西兰安全情报机关）发现并挫败本土恐怖威胁的能力能与本地区不断上升的恐怖威胁相匹配”。② 报告特地将“暴力极端主义”限定为“在新西兰国内或来自新西兰籍人士”，反映新西兰政府认为本土恐怖主义滋生及暴力极端思想支持者增加是恐怖主义威胁不断上升的主要原因。

其二，本土暴力极端分子及国际恐怖组织支持者增加。近年，有部分新西兰籍的海外“自由战士”陆续前往叙利亚、伊拉克、也门等地区接受恐怖主义训练，参与前线战斗，成为外籍“圣战”分子西方国家阵营中的一部分，并有少数试图返回新西兰。因 2014 年起新西兰反恐力度增强，严格控制“被监视”人群前往伊拉克、叙利亚等地区，目前新西兰国内“伊斯兰国”支持者和持暴力极端思想的激进分子逐渐增多。新西兰安全情报局（SIS）局长丽贝卡·基特瑞奇（Rebecca Kitteridge）在接受新西兰广播电台（Radio NZ）采访时表示，因为与“伊斯兰国”有联系而被监控的新西兰人在过去一年又有上升，目前在 SIS 的监控名单中长期有 30—40 人被“特别关注”，这一数字在持续增加，目前已近最

① New Zealand Intelligence Community, “Briefing to the Incoming Minister”, 2015.

② Ibid.

高值。[①] 奥克兰男子威廉·林戈·拉塔普—霍华德（William Ringo Ratapu-Howard）现年23岁，其三年前改名为哈拉·阿卜杜—马吉德·萨伊夫阿拉（Harun Abdul-Majeed SaifuAllah），并声称自己“百分之百”支持“伊斯兰国”，并曾贴出手持突击步枪、站在“伊斯兰国”旗帜前的图片等。[②] 新西兰当局已于2014年对其采取监控措施，禁止其出境。此前公开承认支持“圣战”、“伊斯兰国”的还有马克·约翰·泰勒（Mark John Taylor），又名Abu Abdul－Rahman，他是已在叙利亚并公开“身份”的新西兰“外籍战士”；自称新西兰毛利穆斯林联合会领导者的特·阿玛兰·基莱卡－旺加（Te Amorangi Kireka－Whaanga）也是“圣战者”之一。此外，赴伊拉克、叙利亚成为“圣战新娘”的新西兰女性也有增加的趋势，并可能因为其护照未及时取消等原因返回新西兰，成为新的威胁[③]。

其三，社交网络成为国际恐怖组织向新西兰渗透的主要手段。随着互联网时代到来和社交网络在全世界的普及，“地缘环境再也不能像从前那样保护新西兰了”。新西兰安全情报局局长丽贝卡·基特瑞奇（Rebecca Kitteridge）认为，新西兰的恐怖主义风险等级从“非常低”提升至“低”听起来似乎并无大碍，但确实令人担忧。“伊斯兰国”和“基地”组织利用社交媒体开展的“公关工作”和“人力资源的技术运用”上十

---

① “More Monitored Over Islamic State Links”, Radio NZ, Apr. 17, 2015, http://www.radionz.co.nz/news/national/271417/more-monitored-over-islamic-state-links.

② “奥克兰混进恐怖分子？男子贴照片威胁发动‘圣战’”，新西兰天维网，2015年11月6日，http://news.skykiwi.com/na/zh/2015－11－16/208223.shtml。

③ Isaac Davison, “‘Jihadi brides’ free to return, says Government”, NZ Herald, Dec. 8, 2015, http://www.nzherald.co.nz/nz/news/article.cfm?c_id=1&objectid=11559026.

分“狡猾”。[①] 目前，在新西兰利用社交网络鼓动人们攻击国家的情况也呈增长趋势，“这是我们第一次意识到恐怖组织的确试图在全球范围内雇佣恐怖分子、发动袭击”，[②] 而社交媒体的开放性也使得此类信息极易引起国内社会的恐慌情绪。新西兰《先驱报》曾在“脸谱”（Facebook）上发现若干新西兰人的主页带有“鼓励加入伊斯兰国”的信息，其中有人曾在《查理周刊》袭击案后发布号召发动更大袭击活动的言论等。[③] 2015年11月，奥克兰男子威廉·林戈·拉塔普—霍华德在“脸谱”个人页面贴出多张手持突击步枪、含“伊斯兰国”旗帜和恐怖组织宣传标语的照片，并称“总有一天，伊斯兰将占领太阳所及的每一个角落”。[④] 他还与其他网友互动，期待“伊斯兰和地狱火的到访”。上文提到的马克·泰勒也曾在叙利亚期间连续发布“推特”（Twitter），描述自己如何成为“一名安拉的战士”，并因忘记关闭手机定位功能，而暴露自己在叙利亚的行踪及其在塔布卡（Al Tabqah）使用的房屋位置。[⑤]

二、新西兰反恐举措

针对当前恐怖主义形势，新西兰一方面继续加强情报能力和监察力度，并不断扩编、增加安全情报部门预算等；另一方面，积极参与国际

① David Fisher，“NZ spies to combat new terror threats ?”，The New Zealand Herald，A001，Jan. 17，2015.

② “专家：新西兰在恐怖主义面前犹如‘待宰羔羊’”，人民网，2015年4月20日，http：//www. chinanews. com/gj/2015/04—20/7219566. shtml。

③ David Fisher，“NZ spies to combat new terror threats ?”，The New Zealand Herald，A001，Jan. 17，2015.

④ “奥克兰混进恐怖分子？男子贴照片威胁发动‘圣战’”，新西兰天维网，2015年11月6日，http：//news. skykiwi. com/na/zh/2015—11—16/208223. shtml。

⑤ Kurt Bayer，“Kiwi jihadist forgets spy agencies can track his phone”，The New Zealand Herald，A016，Jan. 1，2015.

社会对抗恐怖主义行动，参与打击“伊斯兰国”。新西兰总理约翰·基曾表示，新西兰依然存在被袭击的危险，但目前新西兰政府有信心保卫国民的安全。

第一，两度派兵，参与对抗“伊斯兰国”行动。2015 年 2 月 24 日，新西兰宣布向伊拉克派遣 143 名新西兰军人赴伊拉克培训伊拉克武装部队，共同对抗“伊斯兰国”。但此举引发国内及反对党热议，认为新西兰不应派兵，给予人道主义援助即可。对此，总理约翰·基表示，多数人将驻扎在巴格达以北、受美军控制的塔季营区，且整个行动不会超过两年；2015 年 11 月初，第二批 105 名新西兰士兵被派往伊拉克。新西兰国防军蒂姆·盖尔少将（Tim Gall）表示，在过去的 6 个月内，新西兰士兵表现出色，伊拉克士兵和官员非常急切地想学习更多技能，目前已大约有 2100 名伊拉克士兵接受训练，在接下来的数周内，会有 2000 名士兵将接受训练。[①]

第二，完善安全情报机构改革与立法，加强监管。2014 年 9 月新西兰国家党第三任期以来，新西兰在反恐措施上大步前行，将安全情报系统作为反恐斗争的关键力量。一方面，作为“五眼情报联盟”成员，与美国、英国、澳大利亚、加拿大在诸多领域密切情报合作与共享；另一方面，也积极推动情报机构改革和相关立法，对国内及海外涉恐新西兰人实施严密监控。目前，安全情报系统的机制性改革已基本完成，第一份对新西兰安全情报系统的年度报告于 2016 年 2 月 26 日出炉，题为《自由社会的情报与安全》（Intelligence and Security in Free Society）；[②] 此

---

① “第二批 NZ 士兵奔赴中东对抗 IS”，新西兰天维网，2015 年 11 月 5 日，http：//news. skykiwi. com/na/zh/2015－11－04/207550. shtml。

② Hon Sir Michael Cullen，Dame Patsy Reddy，“Intelligence and Security in Free Society：Report of the First Independent Review of Intelligence and Security in New Zealand”，Feb. 26，2016.

外，继2014年底的《反恐怖主义战士法案》之后，新西兰又陆续通过若干法案，为进一步扩大安全情报部门监控职能提供法律依据。据悉，2015年初，新西兰安全情报局（SIS）已从2001年的111人扩编至218人（全职正式编制），政府拨款也从2001年的1300万新元增至3700万新元，人员编制和预算还将根据实际情况调整。①

① David Fisher，“NZ spies to combat new terror threats ?”，The New Zealand Herald，A001，Jan. 17，2015.

第十一章 拉美地区恐怖主义与反恐怖斗争形势综述

2014—2015 年，随着拉美政治民主化推进以及各国反恐力度加大，该地区传统反政府武装受到极大遏制，鲜有大的恐怖活动发生，反恐形势总体趋于平稳。但以贩毒、凶杀、走私等有组织犯罪为主体的新型恐怖活动愈演愈烈，中美洲、墨西哥和委内瑞拉等国治安形势恶化，加上国际恐怖主义势力持续加强对拉美渗透，拉美反恐面临新课题和新挑战。

第一节 拉美地区恐怖主义形势

近年来，拉美地区恐怖主义威胁主要源自三个方面：一是哥伦比亚、秘鲁、玻利维亚等国残余的反政府武装实施的恐怖活动，目前其活动能力大大减弱，威胁极为有限；二是贩毒组织、洗钱团伙、黑帮等有组织犯罪集团实施的暴力恐怖活动，他们与该地区残余反政府武装勾连，形成庞大而复杂的犯罪网络，对部分国家乃至地区的安全构成严重威胁；

三是“基地”组织、真主党、“伊斯兰国”等各种伊斯兰激进力量等国际恐怖势力的渗透，或图谋开辟拉美新据点，或企图加大影响力，带来不小的潜在威胁。

一、以反政府游击队为代表的本土恐怖组织大势已去，但尚未完全放弃从事恐怖活动

随着20世纪80年代以来拉美国家民主化和国内和解进程的推进，拉美地区大多数反政府武装选择放弃“暴力革命”的斗争路线，纷纷放下武器，回归民主体制，通过组建政党、参政议政等体制内方式参与政治，实现政治主张。但仍有极少数反政府武装拒绝转型，继续从事贩毒、绑架、暗杀、爆炸等暴力恐怖活动。目前被美国国务院列入“外国恐怖组织”名单的有“哥伦比亚革命武装力量”（FARC）、“哥伦比亚民族解放军”（ELN）、“哥伦比亚联合自卫军”（AUC）和秘鲁的“光辉道路”（SL），其中“哥伦比亚革命武装力量”被列为全球最危险的28个恐怖组织之一。

“哥伦比亚革命武装力量”是哥人数最多、活动最频繁的反政府武装，是哥乃至整个拉美地区最大的安全威胁。其前身是农民武装自卫组织“南方集团军”，最初的政治纲领是“依托农村，包围城市，最后城乡结合，夺取政权”，1964年5月改为现名。组织机构严密，包括由7名核心成员组成的最高领导机构——书记处和负责日常事务的总参谋部，下设7个集团军和数个纵队、连队，各自镇守一方。2001年前后达鼎盛时期，人数达2万余人，曾攻打并试图夺取首都波哥大，结果功亏一篑。2002年乌里韦上台，全面抛弃前任政府的绥靖政策，对FARC发起全面打击。乌里韦推行“民主安全政策”：一是扩充正规军规模，禁止种植非法作物和从事毒品贸易，切断FARC财源；二是大规模招募民兵，保护

基层政权安全；三是构建广泛的线人网，及时掌握游击队行踪和线索；四是利用美国技术支持，通过截获无线电通信和电子邮件往来，确定FARC领导人位置并实施“斩首行动”；五是强化“心理战”、“宣传战”，鼓励游击队员“开小差”，并为其提供优厚生活条件，重返社会。在乌里韦政府的强力打击下，FARC面临重大生存危机，高层领导人丧失殆尽，中下层军官和士兵叛逃数量也急剧上升。2004年1月，FARC主要领导人西蒙·特立尼达在厄瓜多尔被捕，并以贩毒和绑架美国公民罪被引渡美国受审，成为近40年来被逮捕的最高级别领导人，也是倒下的第一块多米诺骨牌。2007年9月，FARC高级领导人、毒品生意负责人内格罗·阿卡西奥被击毙。2008年3月，三号人物劳尔·雷耶斯所在营地被哥政府军袭击，雷耶斯触雷身亡。5月19日，FARC最高级别女游击队员卡丽娜向政府军投降。此后不久，最高领导人马鲁兰达在丛林中死于心脏病。2010年，前国防部长桑托斯当选新一任总统，他提出“打谈结合，以打促谈”斗争策略，政治上主动接触示好，但军事上保持持续高压态势，牢牢把握住斗争的主动权，逼迫FARC放弃武装斗争回归谈判桌。2010年9月23日，获线人举报后，哥政府军发动“索多玛”行动，将FARC军事领袖霍霍伊炸死于掩体中。桑托斯总统在随后讲话中指出，霍霍伊被打死“标志着FARC开始走向命运终点”。11月20日，FARC南部省份“二把手”、七大头目之一法维安·拉米雷斯被击毙。2011年11月4日，最高领导人阿方索·卡诺和多名资深游击队员在政府军“奥德修斯”行动中丧生，FARC领导层遭重创，几近瘫痪，从此一蹶不振。2015年以来，政府军以FARC中上层指挥官为目标，发动数次“斩首行动”，成效显著。2月23日，“丹尼尔·阿尔达纳机动队”副指挥官“奥利弗”在纳里尼奥省被特种部队打死。3月6日，政府军在乌伊拉省击毙FARC第17纵队副指挥官“卡塞罗罗”。3月9日，FARC高级领导人、第57纵队指挥官、地区最大毒贩“贝塞罗”在与巴拿马交界的边境地区被击毙。3月25日，FARC第66纵队指挥官阿贝尔·哈拉米略在交火中受重伤，不治身亡。4月15日，FARC第30纵队副指挥官“狄迪尔”在海军陆战队的报复行动中丧生。5月24日，FARC精英部队“特奥菲洛·弗雷洛机动队”领导人之一的蒙特阿雷格蕾·冈萨雷斯（绰号“路易”）被特种部队击毙。5月25日，FARC第18纵队指挥官阿尔弗雷多·马查多（绰号“鲁斯”）和两名资深队员在乔科省一次空袭中被炸死。5月27日，FARC高层指挥官、谈判代表伊埃罗·马丁内斯在考卡省执行“教学任务”时死于政府军空袭。在政府军强大的军事攻势下，FARC中高层指挥官和经验丰富的游击队员损失殆尽，实力大幅削弱，士气严重受挫。

面对政府的全面打击，FARC被迫调整斗争策略和应对思路。政治上，试探性地与桑托斯政府接触，主动提出和谈，以求暂时性停火，保全残余实力。军事上，避免与政府军正面冲突，灵活运用小股武装力量，采取“打了就跑”的游击战术，不时伏击、偷袭、骚扰政府军，使其猝不及防，疲于奔命；同时采取布雷、炮击、狙击、设置路边炸弹、袭击石油设施等成本低、影响力大、非常规的战斗手段，制造恐怖气氛，恫吓哥政府和民众反恐决心。2014年3月15日，2名警察在纳里尼奥省图马科市遭FARC绑架后折磨致死。7月初，FARC突袭考卡省一军事基地，炸死1名年仅4岁的儿童。7月中旬，FARC炸毁通往南部省份的公路主干道，导致当地交通大面积瘫痪。7月28日，FARC炸毁布恩本土拉市一架电力传输塔，40万当地居民陷入停电。7月30日，3名士兵在北桑坦德省被FARC设置的地雷炸死。11月5日，FARC枪决两名拆除纪念前领导人阿方索·卡诺标志的印第安土著部落领袖。11月22日，FARC大举进攻高格纳岛，打死当地警察局长和6名警员。2015年1月14日，FARC在卡克塔省一所学校附近设置炸弹，后被发现拆除。3月12日，FARC在首都波哥大引爆遥控炸弹，炸伤5名警察。4月15日，

FARC“米勒·佩尔多摩机动队”在考卡省伏击政府军，造成11名士兵死亡。4月20日，FARC在普图马约省袭击正在执行人道主义任务的一艘海军医疗船。5月10日，FARC精英部队“特奥菲洛·弗雷洛机动队”在考卡省伏击军方巡逻队，1名士兵丧生。5月24日，FARC在纳里尼奥省图马科市发动路边炸弹袭击，1名警察死亡，2人受伤。5月28日，FARC第8纵队在考卡省发动路边炸弹袭击，造成5名平民死亡。6月8日，FARC在纳里尼奥省图马科市通过爆炸袭击石油管线，导致40万加仑石油流入河中，引发哥伦比亚近10年来最大环境危机，图马科地区16万居民饮水受影响。6月9日，FARC在普图马约省劫持25辆油罐车，并强行将其中的23辆车中的20万桶倾倒，造成大量石油泄漏。6月11日，FARC在普图马约省再度劫持5量油罐车，并将一辆车中的油倾倒一空。6月12日，FARC在纳里尼奥省科尔多瓦镇引爆路边炸弹，并伏击警察巡逻车队，导致2名警察和1名平民身亡。6月18日，4名政府军士兵在卡克塔省被FARC设置的诡雷炸死。6月21日，FARC在纳里尼奥省图马科市炸毁一座电力传输塔，导致4座城市大规模停电。6月23日，FARC在北桑坦德省石油管道旁引爆路边炸弹，袭击一架正在降落的直升机，4名士兵被炸身亡。7月9日，FARC中央集团军第32纵队在普图马约省绑架政府军一名中尉。8月7日，两名政府军士兵在北桑坦德省被FARC设置的路边炸弹炸死。12月7日，FARC在卡克塔州绑架一名涉嫌从事“间谍”活动的政府军士兵。

“哥伦比亚民族解放军”（ELN）有重新活跃之势。ELN是哥第二大反政府武装，成立于1964年，鼎盛时期多达5000人，近年来在政府军打击下，实力不断削弱，大不如前。2007年开始ELN与政府谈判，并且宣布“暂时和实验性停火”。2013年以来，该组织重新活跃，大肆招兵买马，向委内瑞拉边界和加勒比沿岸地区扩张，并持续对政府军发动攻击，其手段之残忍，武器之先进，技术之高明，比起以往有过之而无不及。2014 年 6 月桑托斯总统就职典礼前夕，ELN 在波哥大引爆 5 枚宣传弹，向外界展示其拥有对包括首都在内任何城市的攻击能力。9 月 14 日，ELN 采用“围点打援”的战术，先炸毁北桑坦德省一段输油管道，后伏击前来维修的多名工程技术人员。2015 年 4 月 12 日，ELN 在波哥大一警察局附近引爆远程遥控炸弹，6 名巡逻警察受伤。7 月 2 日，ELN 在波哥大市中心金融区发动连环炸弹袭击事件，多家金融机构遇袭。9 月 15 日，ELN 在北桑坦德省伏击政府军车队，3 名士兵丧生。10 月 26 日，ELN 在博亚卡省杀害 11 名士兵和 1 名警察，6 人失踪，2 名士兵被俘。

“哥伦比亚联合自卫军”（AUC）是右翼准军事组织，曾是哥第三大反政府武装。冷战初期在美国授意下成立，旨在打击哥左翼人士和游击队，鼎盛时期人数多达 3.5 万人，活动范围遍布全国。2005 年，哥通过《和平与正义法》，AUC 放下武器，和平解散。近年来，该组织数千名成员重操旧业，重新集结成为大农场、大企业和大毒枭的雇佣军，主要攻击反政府武装成员、工会领袖、左翼知识分子、人权活动家和记者。不少前反政府武装领导人放下武器、回归社会后遭该组织谋杀。大赦国际称，在哥伦比亚发生的大多数政治谋杀、酷刑和失踪案件与该组织有关，成为哥重大安全隐忧。[①]

秘鲁左翼游击组织“光辉道路”（SL）日渐式微。SL 成立于 1969 年，主张通过暴力革命的方式建立政权，并自 1980 年 5 月 17 日秘鲁首次民主选举起从事反政府武装斗争，20 世纪 80—90 年代一度成为世界上最暴力的武装团伙之一，至少造成 6.9 万人丧生。1992 年，包括该组

---

① “Colombia ‘failed spectacularly’ to guarantee human rights: Amnesty International ”, http: //colombiareports. com/government-strategies-combat-conflict-related-violence-working-effectively-amnesty-international-says/. （上网时间：2016 年 2 月 1 日）

织最高领导人古斯曼在内的多名高层被捕，SL遭受重创，从此销声匿迹。1993年该组织与秘鲁政府签订放弃武装斗争协定，但一部分顽固分子仍继续从事暴力恐怖活动。2005年以来，SL死灰复燃，频繁策动各种恐怖袭击活动，但整体实力大不如前。时任秘鲁部长会议主席库琴斯基公开警告民众“SL死灰复燃”。目前，SL成员有数百人，主要活跃在可卡因主产区的阿普里克、埃内和曼塔罗河谷，通过毒品生产、走私和从毒品贸易勒索“革命税”获得经济来源。2013年以来，秘鲁反恐部队展开多次行动，成功击毙和逮捕多名SL头目，成功打压其东山再起的势头。9月，秘鲁安全部队打死SL三号人物奥拉多·博尔达和四号人物马丁·帕罗米诺，使SL行动能力遭受沉重打击，元气大伤。与此同时，政府军的全面进攻招致SL的负隅顽抗和疯狂反扑，损失严重。2012年，19名政府军士兵在进攻SL埃内和阿普里马克河谷的老巢中阵亡。2013年，3名士兵在埃内和阿普里马克河谷被SL打死。2014年2月17日，SL约30名成员在库斯科地区袭击Camisea天然气公司雇员营地，一名工人受伤。10月13日，多名正在阿亚库乔省施工地执行安保任务的士兵被SL狙击手偷袭，1人丧生，多人受伤。10月28日，SL在胡宁省打伤两名政府军士兵。11月18日，一名士兵在库斯科省被打伤。2015年，乌马拉政府改变原来的全面进攻策略，要求尽量减少正面武装冲突，重在利用有限的军事行动，打压SL实际控制范围，同时将解救人质和俘虏列为“重中之重”。近期，政府军在埃内和阿普里马克河谷的数次行动中成功解救20名人质，还趁机击毙和俘虏多名SL成员。秘鲁军方透露，SL老巢仅剩100名死硬成员做困兽之斗。在军方的严厉打击下，SL恐怖袭击的次数和强度急剧降低。据秘鲁政府统计，2014年全年SL仅发动20次恐怖袭击，较2013年

（49 起）和 2012 年（87 起）大幅降低。①

二、有组织暴力犯罪愈演愈烈，多国应对乏力

近年来，拉美反政府武装组织在政府强力打击之下，不得不依靠贩毒、走私所得购买军火和生活必需品。贩毒集团则吸收反政府组织的大量训练有素人员参与制毒、贩毒，更有甚者仿效恐怖组织从事恐怖活动，从中谋取暴利。贩毒集团与反政府武装形成一条“共生共存”的“毒品链”。贩毒活动“恐怖化”、恐怖活动“毒品化”的新趋势使得拉美地区有组织犯罪泛滥，不少国家缺乏有效应对措施，安全局势急转直下。2014 年，联合国毒品和犯罪事务办公室公布的数据显示，拉美是全球最不安全的地区，全球平均每 3 起凶杀案就有 1 起发生在拉美；整个地区的凶杀率高达 10 万分之 23.4，超出非洲近一倍。2015 年 5 月，巴西安全问题智库发布的“谋杀地图”显示，在全世界近 3 年的 4.5 万起谋杀案中，有 1/3 受害者来自拉美。② 墨西哥公共安全与刑事司法公民委员会 2016 年 1 月公布的调查报告指出，全球最危险的 50 座城市中有多达 41 座集中在拉美及加勒比地区，其中 21 座位于巴西，6 座位于哥伦比亚，4 座位于墨西哥。③

① IISS-Colombia，https：//acd. iiss. org/en/conflicts/peru.（上网时间：2016 年 2 月 1 日）

② “Mapped：One-in-five murder victims in world is Brazilian，Colombian or Venezuelan ”， http：//www. telegraph. co. uk/news/worldnews/southamerica/brazil/11588886/Mapped-One-in-five-murder-victims-in-world-is-Brazilian-Colombian-or-Venezuelan. html.（上网时间：2016 年 2 月 1 日）

③ “调查称全球最危险 50 座城市八成集中在拉美地区”，http：//www. huanqiu. com/www/mobilenews/hot/2016－01/8478911. html。（上网时间：2016 年 2 月 1 日）

中美洲地区安全局势趋于失控。中美洲“北三角”地区由危地马拉、洪都拉斯和萨尔瓦多组成，三国经济落后，政府治理能力低下，警察和司法体系腐败频发，政府无力与黑帮和贩毒集团进行抗衡，致使“北三角”成为世界最暴力地区。其中，洪都拉斯是全球谋杀率最高的国家。2005—2011 年，其谋杀率从 10 万分之 37 飙升至 10 万分之 91.6。2014 年，洪都拉斯谋杀率有所下降，仍高达 10 万分之 77.4，全年共发生 5581 起凶杀案，平均每天有 16 人遇害。萨尔瓦多黑帮暴力猖獗，谋杀率达到 10 万分之 35.7。据统计，在人口仅 620 万的萨尔瓦多，各类黑帮总人数多达 7.2 万人。2015 年 1 月，萨尔瓦多总统宣布，正式撕毁一年前政府和黑帮的停战协议，与街头黑帮全面开战，致使 2015 年凶杀案件剧增，仅上半年死亡人数就累计多达 2865 人。

黑帮成为巴西最大不安全因素。联合国毒品和犯罪事务办公室公布的数据显示，巴西是 2012 年全球凶杀案最多的国家，共 50108 人受害，占全球总数的 11.4%。2013 年，共有 50806 人成为谋杀案的受害者，每小时有 5.8 个人被谋杀，每 10 万人中就有 25.2 个人遇害。2015 年 9 月 30 日，巴西“公共安全论坛”公布的数据显示，2014 年巴西谋杀率达到 10 万分之 25.8。在各州首府，每 10 万人中就有 33 人遇害，阿拉戈斯州成为最暴力的州（谋杀率 10 万分之 61.8），塞阿拉州首府福塔莱萨则是最暴力的城市（谋杀率 10 万分之 77.3）。帮派横行是造成巴西治安顽疾的最大直接因素。其中 1993 年成立的“首都第一司令部”堪称巴西势力最大的黑帮组织，势力范围覆盖巴西 27 州中的 22 州，以及玻利维亚和巴拉圭等邻国，主要从事暴动、抢劫、绑架、谋杀和贩毒等活动。2015 年 1 月，圣保罗检察院和警方调查显示，“首都第一司令部”涉嫌将毒资转往中国和美国，进行国际贩毒和军火交易。在 2013 年和 2014 年间，资金流动量达 1 亿雷亚尔。

委内瑞拉治安形势急剧恶化。2015 年以来，国际油价低位徘徊重挫委石油经济，马杜罗政府陷入严重经济困局和执政危机，加上反对党赢得中期选举夺取国会控制权，各党派矛盾不断激化，政治对立异常尖锐，国内斗争的极端化、暴力化的趋势日益凸显，治安形势也随之每况愈下。非政府组织“委内瑞拉暴力犯罪观察站”公布的数据显示，2015 年委内瑞拉有 27875 人死于凶杀暴力（平均每天有 75 人死于凶杀），比 2014 年增加 2895 人，占该地区被害总人数的 19%，其中 90%的谋杀案没有破获。[①] 凶杀率则达到骇人听闻的 10 万分之 90，远高于拉美地区绝大多数国家，仅次于中美洲的萨尔瓦多，位居世界第二。加拉加斯、瓦伦西亚、圭亚那和巴尔西斯门托入选全球 50 个最暴力城市。其中首都加拉加斯蝉联“暴力之都”，取代洪都拉斯的圣贝德罗苏拉位列榜首。2 月 24 日，一名 14 岁青年学生在与警察发生冲突后被枪杀，引发大规模群体性警民冲突，加剧该国紧张局势。2015 年 1 月 16 日，加拉加斯市国会大厦附近发生 4 起爆炸，再度引发首都民众大规模恐慌情绪。此外，针对政要、军警的绑架和暗杀持续增加。2015 年全年共有 337 名军警死于谋杀，仅加拉加斯就多达 139 人。[②] 5 月 29 日，加拉斯加市长罗德里格斯表示，美国驻哥伦比亚大使凯文·惠特克以协调人的身份，与委反对党串通策划暗杀委总统马杜罗。11 月 26 日，委国家检察院宣布，该国反对党领导人玛丽亚·科里纳·马查多涉嫌蓄意谋杀马杜罗将被起诉。12 月 17 日，加拉加斯市中心广场的国民警卫队安全站遭手雷袭击，致使 1 名警察死亡和 8 人受伤。12 月 25 日，反对党“民主行动党”阿拉瓜州领导人、议员候选人路易斯·曼努埃尔

---

① “Informe del observatorio venezolano de violencia 2015”，http：//observatoriodeviolencia. org. ve/ws/，diciembre de 2015.

② “337 policías，militares o escoltas fueron ultimados en 2015”，http：//www. elnacional. com/sucesos/policias-militares-escoltas-ultimados _ 0 _ 772722837. html. （上网时间：2016 年 2 月 1 日）

在竞选时遭冷枪袭击，被害身亡。12月24—25日平安夜当天24小时内发生30宗凶杀案，加拉加斯市和阿拉瓜州5名军警被枪杀，堪称“全年最暴力日”。

拉美多国监狱严重超载，暴动、劫狱和越狱等恶性案件频发。2014年1月4日，墨西哥格雷罗州一所监狱发生暴力事件，6名持枪人员伪装成警察进入后，随即对犯人及狱警展开攻击，导致4名犯人和5名袭击者身亡。5月18日，巴西塞尔希培州一所监狱发生暴动和大规模人质劫持事件，122人被劫持为人质，人质绝大部分是前来监狱内探亲的囚犯家属。8月，巴西里约13名囚犯挖地道集体越狱，并用私藏的手机将越狱过程记录下来上传至网络。2015年5月8日，巴西北部帕拉州一座监狱44名犯人挖掘地道集体越狱。5月24日，巴西东北部巴伊亚州的一座监狱发生暴动。暴动的囚犯扣留包括妇女和儿童在内的探监亲属，并要求该市议会的人权委员会代表到场进行谈判，经过18小时对峙，70名人质被解救，9名囚犯丧生，其中1人被斩首。7月11日，全球头号毒枭、“锡那罗亚”贩毒集团头目华金·古斯曼二度从墨西哥安全级别最高的“高原”联邦监狱逃脱。8月22日，萨尔瓦多首都一座监狱发生黑帮内讧，导致至少14名囚犯死亡。10月13日，巴西南部巴拉那州瓜拉普阿瓦市监狱发生暴乱，上百名囚犯劫持13名狱警。11月29日，危地马拉一座人满为患的监狱发生暴动，至少造成6人死亡。这座监狱超载关押4倍多犯人。12月31日，危地马拉巴里奥斯港市的一处监狱发生暴乱，军警一度因无法控制局势选择退出，最终造成8人死亡，其中2人被斩首。2016年1月11日，危地马拉中部弗赖哈内斯市一座监狱发生骚乱，在押人员挟持监狱长和19名狱警，要求改善居住条件。1月20日，253名囚犯通过挖地道的方式成功从巴西累西腓的巴雷托·坎佩卢监狱逃亡。1月23日，巴西东北部伯南布哥州首府累西腓市的库拉多监狱发生爆炸案，囚犯与监外人员里应外合，用炸药炸出缺口，100多名囚犯从缺口逃出。2月11日，墨西哥蒙特雷市的托波契科监狱发生暴乱，“泽塔”贩毒集团成员趁乱放火焚烧监狱设施，造成52人死亡，12人受伤。2月18日，哥伦比亚最大的一座监狱下水道中发现至少100具被肢解遗体，调查人员认为受害者包括监狱关押的犯人和探监者。2月22日，尼加拉瓜政府宣布因国内监狱超载两倍多，不得不提前释放8149名囚犯。

三、墨西哥治安形势严峻，涉毒暴恐活动日益猖獗

墨西哥历来是涉毒暴力恐怖活动的重灾区。近年来墨西哥社会安全形势急剧恶化，以涉毒暴恐活动为主的有组织犯罪遍及全国，逐渐演变为社会治安“新常态”，成为威胁墨国家安全的最大毒瘤。2013年培尼亚·涅托上台后，摒弃卡尔德隆政府一味“以暴制暴”的反毒策略，采取系列综合治理措施，推行全方位、多层次、多领域的通盘改革，旨在从根本上消除涉毒暴恐活动的基础和根源。但社会治理非一朝一夕之功，墨西哥治安形势仍十分严峻，涉毒暴恐活动并未显著减少。

首先，凶杀率和犯罪数总体飙升。凶杀率和犯罪量是衡量社会安全的重要指标。墨西哥国家统计地理信息局公布数据显示，2007年墨西哥每10万人凶杀率为8.1，2011年猛增至有史以来最高的23.7，5年内飙升近3倍，增幅远超拉美其他国家。2012年，每10万人凶杀率虽略降至21.5，但仍高于美洲国家的平均水平（21.4）。从凶杀案数量看，自2011年以来呈下降趋势（2011年凶杀死亡案27213起，2012年25967起，2013年23063起，2014年19669起），但仍远高于2007年的8867起。[①] 据墨西哥媒体披露，培尼亚政府执政2年间超过4万人死于凶

① 袁艳：“墨西哥犯罪问题与社会治理”，《拉丁美洲研究》2015年第2期。

杀，与卡尔德龙执政前两年相比增加5%，平均每天59人遇害，其中1/3与贩毒集团有关。从地理上看，2014年墨西哥州超过格雷罗州成为凶杀案发生最多的州，其次是奇瓦瓦州、锡那罗亚州、米却肯州、哈里斯科州、联邦区和下加州。近年来，墨西哥涉毒凶杀案呈现出与以往不同的特点：使用特殊的武器、奉行特殊的策略，如有目的暗杀和街头枪战；使用极端形式的暴力，如酷刑、虐待、肢解、斩首；公开展示暴力以扩大恐吓效应，如将尸体悬挂示众、抛尸公共场所。2014年11月27日，齐拉帕州发现11具烧焦尸体，大多数被割掉头颅，场面惨不忍睹。2015年7月3日，米却肯州一座高架桥下发现2具悬挂的尸体，疑遭当地贩毒集团虐杀身亡。12月16日，奇瓦瓦州库奥赫特莫克城5名"新华雷斯"贩毒集团毒贩涉嫌帮派冲突被绑街头，挂牌悬尸示众。

其次，重要官员、政治人物、军警和记者成涉毒暴恐组织重点报复目标。近年来，面对墨西哥政府的不断打压，涉毒暴恐组织的政治性日益凸显，疯狂实施报复性的"斩首行动"，对政府和社会挑衅意味浓厚。2010—2014年，墨西哥共有54位市长和前市长被杀害，其中仅2010年就有17位市长被杀害。[①] 2014年3月，塔努阿图市市长盖利比在家门外被枪杀。6月25日，阿尤塔拉市警察局副局长拉米雷斯遭枪袭身亡。8月3日，哈利斯科市市长曼努埃尔·托雷斯及其私人保镖遭枪杀，尸体上弹痕累累。2015年3月9日，民主革命党籍格雷罗州城市阿瓦阔钦戈市长候选人纳瓦因其反毒政策被贩毒集团绑架，后遭处决，身首异处。6月23日，瓜纳华托州赫雷夸罗市市长加兰上任一周后在公车站遭到枪

① "Drug violence in Mexico: Data and analysis through 2014", University of San Diego, April, 2015.

杀。2015年中期选举期间，有8名参选人和政客遇害，20多人放弃参选。[①] 2016年1月2日，莫雷洛斯州特米斯科市市长希塞拉·莫塔上任仅一天即遭枪杀遇害，举国震惊。军警则由于长期处于反恐一线，成暴恐贩毒集团的“心头之恨”。据统计，2006—2014年，至少550名各级警察和60名军人遭暴恐团伙杀害。2015年2月9日，格雷罗州奇拉帕市警车遭毒贩袭击。3月3日，塔毛利帕斯州米埃勒镇一辆军事巡逻车遭毒贩偷袭。4月6日，“哈利斯科新一代”贩毒集团在圣塞瓦斯蒂安市高速公路上伏击警察车队，致使15名州警身亡，5名警察受伤。4月18日，“海湾”贩毒集团60名毒贩伏击警察车队并劫持囚车，2名警察受伤。5月1日，多名持枪毒贩在哈利斯科州击落一架军用直升机，导致3名军人死亡，12名军警受伤。5月22日，米却肯州和哈利斯科州边境地区爆发近10年来最血腥警匪枪战，“哈利斯科新一代”贩毒集团率众在公路上袭击联邦军警，双方激战3小时，42名贩毒集团成员被击毙，1名警察身亡，现场血流成河。7月11日，持枪毒贩在马塔莫罗斯市袭击警察车队，4名匪徒和1名警察在枪战中身亡。与此同时，不少仗义执言反对贩毒集团的记者惨遭报复杀害。据统计，2000年以来，超百名记者在墨西哥遇害。维拉克鲁斯州则被视作记者生存最危险的地方，2011年至今已有15人丧生。2010年9月，《华雷斯日报》两名记者遭遇毒贩袭击，一人死亡，一人重伤。2012年6月，墨西哥《千年报》知名记者维克托·巴埃斯遭“塞塔”贩毒集团杀害，凶手至今逍遥法外。2014年2月5日，维拉克鲁斯州一名从事罪案报道的记者被匪徒从家中绑架后杀害。8月11日，科尔多瓦市一名记者因报道警察局长和毒贩勾结惹祸

① “Los hechos violentos ocurridos en 2015 superan a otras elecciones”，http：//mexico. cnn. com/adnpolitico/2015/06/16/los-hechos-violentos-ocurridos-en-2015-superan-a-otras-elecciones.（上网时间：2016年2月1日）

上身，被伪装成购车者的毒贩连开四枪打死。2015 年 5 月底，阿卡普尔科州一名记者被贩毒组织绑架后斩首。7 月第一周，3 名记者在墨西哥 3 个不同的州遭暗杀。7 月 31 日，墨西哥《进程》周刊一名摄影记者在墨西哥城一所公寓内遭虐待后遭枪杀。目前，“记者无国界”组织已正式将墨西哥列为拉美地区从事记者行业最危险的国家。

在培尼亚政府的打击下，墨西哥贩毒集团不断调整应对策略和战略战术。一方面拓展收入来源，逐渐将非法活动从毒品走私和交易扩展至绑架、勒索、偷盗、贩卖人口、卖淫和武器走私等，尤其是盗窃石油、天然气等“新业务”，进一步加剧暴力恐怖活动日益猖獗的形势，导致社会治安持续恶化。据墨西哥国家石油公司统计，2014 年共发生 4218 起贩毒集团盗窃石油案，超 10 亿美元成品油遭窃取，仅 2015 年上半年就发生 2813 起。[①] 2015 年 4 月，南部塔瓦斯科州输油管道遭贩毒集团钻洞盗油，大量石油泄漏流入河中，致使当地 10 万人饮用水源被污染。7 月，墨西哥多条输油管道遭贩毒集团“动手脚”，导致全国多州“油荒”，政府被迫“史无前例”地每天额外进口 7.5 万桶汽油以解燃眉之急。另一方面，贩毒团伙不断加大对政府相关执法和司法机构官员的监控、渗透、拉拢、收买和策反力度，意图削弱政府对涉毒暴恐组织的打击力度，降低政府公信力。2015 年 5 月 22 日，北部塔毛利帕斯州政府证实，“海湾”贩毒集团于雷诺萨市的电线杆上安装近 60 个摄像头，对市内多个执法机构实施“反监控”，窥探当地警方、军队和检察官办公室等机构活动。同月，当地警方在马塔莫罗斯镇和米格尔·阿莱曼城之间的电线杆上发现 55 个由贩毒集团架设的无线电通信天线。此外，贿赂成为贩毒集

① “El robo de hidrocarburos cuesta 15，300 mdp al año”，http：//eleconomista.com.mx/sociedad/2015/08/04/robo-hidrocarburos-cuesta-15300-mdp-ano.（上网时间：2016 年 2 月 1 日）

团拉拢党政军警各级官员的重要手段。据统计，墨西哥贩毒团伙向“黑保护伞”每年贿款额高达5亿美元。有民调显示，多达96%的墨西哥民众认为官员腐败和警匪勾结是导致治安局势恶化的最主要原因。另一项民调显示，30%的民众完全不信任市政府，29%的民众完全不信任联邦政府，28%的民众完全不信任州政府。很信任联邦、州和市级政府的分别仅占7%、8%、7%。2008年底，总统卫队军官阿图罗·冈萨雷斯因涉嫌向贩毒集团出售情报被捕。2010年8月30日，联邦检察署宣布一次性解雇3200名警员，其中465人涉嫌勾结贩毒集团。2011年12月21日，维拉克鲁斯市解雇该市全部800名警察和300名政府官员，以重建警察系统，根除腐败。近年来，墨西哥官员贪腐和警匪勾结之风愈演愈烈。尤其是2014年震惊世界的“伊瓜拉事件”，暴露出墨西哥严重的官员贪腐和警匪勾结等问题。据墨西哥总检查署报告，贩毒集团势力已渗透全国各州市执法和安全机构，格雷罗州成为警匪勾结的重灾区，所属13个市的安全机构负责人均被贩毒集团收买。2014年10月20日，联邦政府宣布接管格雷罗州各市警察领导权以根除贩毒集团影响力。

四、国际恐怖主义势力加紧对拉美渗透和扩张

自“9·11”恐怖袭击以来，拉美逐渐成为国际恐怖势力渗透和扩张的重要地区，南美日益受到域外恐怖组织的青睐，其安全问题受各方关注，但近年未发生大规模的国际恐怖袭击。国际恐怖主义在拉美的主要活动包括筹集资金、策划恐怖袭击及借道拉美潜入美国等。

首先，真主党和“基地”组织影响持续扩大。黎巴嫩真主党自20世纪80年末开始在拉美活动，以“边境三角区”为大本营，先后在委内瑞拉和阿根廷建立2个分部，并向巴西、智利、哥伦比亚、圭亚那、特立尼达和多巴哥、苏里南等多个国家辐射影响力。真主党在拉美各国的活

动以笼络阿拉伯人脉关系、扩大影响力和募集资金为首要目标，同时重点关注以色列和犹太人团体，伺机发动恐怖袭击，曾于 1992 年和 1994 年先后实施“以色列使馆爆炸案”和“阿根廷—以色列交流协会爆炸案”。2014 年 10 月 28 日，秘鲁警方抓获名为默罕默德·哈姆达的 28 岁黎巴嫩裔男子，在其住处搜出军用手雷、炸弹、火药等爆炸物和引爆装置，该男子供认其为真主党成员，准备对以色列和犹太人实施自杀式袭击。特多官方称，有证据表明已有多名特多居民加入伊斯兰恐怖主义组织。[①] 美国国务院 2015 年 4 月发布报告指出，委内瑞拉对伊斯兰极端势力过于宽容，存在大量支持者和同情者，致使黎巴嫩真主党势力不断坐大。[②] 美国国务院反恐局则表示，委内瑞拉的马加利塔岛已成为真主党的主要活动基地。[③]“基地”组织虽早自 20 世纪 90 年代起涉足拉美，但其实力和影响力远不及真主党，尤其是本·拉登被炸死后更是一蹶不振。近年来，“基地”组织重整旗鼓，大有卷土重来之势。2014 年 3 月，委内瑞拉政府在加拉加斯一酒店内抓获包括 5 名特多人在内的 8 名“基地”恐怖分子，并搜出大量训练用途的军用通信和爆炸装置。2015 年 1 月 26 日，巴西联邦警察在 6 个州发起联合行动，破获一起走私铀等放射性材料案件，5 名嫌疑人企图向“基地”组织提供用于制造核武器所需的高浓度武器级浓缩铀。

其次，拉美逐渐成为国际恐怖主义筹集资金的来源地之一。拉美有

① “Venezuela y América Latina en la guerra antiterrorista”，http：//es. panampost. com/maria-teresa-romero/2015/11/18/venezuela-y-america-latina-enlaguerra-antiterrorista/.（上网时间：2016 年 2 月 1 日）

② Country Reports on Terrorism 2014，U. S. State Department，2015.

③ “Dos redes terroristas ligadas a Hezbollah operan en América Latina”，http：//www. infobae. com/2013/06/01/1072460-dos-redes-terroristas-ligadas-hezbollah-operan-a-merica-latina.（上网时间：2016 年 2 月 1 日）

超过600万中东后裔，伊斯兰教激进组织利用他们与中东的血缘关系，从阿拉伯社团筹措资金，敛取财富，以支持在中东、欧美进行的恐怖活动。筹措的资金通常从巴拉圭的东方市，转入巴西、阿根廷的边境银行，然后再电汇或邮寄至中东地区。20世纪90年代以来，从拉美输送到哈马斯、真主党等穆斯林极端组织的款项，每年达3亿—5亿美元之多。[①]其中仅真主党从“边境三角区”募集的资金每年就多达3000万—5000万美元。

再次，巴西、阿根廷、巴拉圭交界的“边境三角区”成为国际恐怖主义的“温床”。“边境三角区”是拉美地区最重要的阿拉伯裔移民聚住地之一，有2万—3万来自中东的穆斯林移民及其后代在此居住。该地区地处三国交界，位置僻远，政府管理“鞭长莫及”，处于半无政府状态，导致走私贩毒猖獗，武器非法交易、洗钱、伪造证件、盗版等犯罪活动日渐嚣张，逐渐成为恐怖组织进行勾结和策划犯罪的温床。20世纪80年代以来，真主党和哈马斯等伊斯兰激进组织不断派人深入该地区寻求同情与支持，最多曾有460多名真主党成员在该地区活动。美国国务院发布的研究报告指出，“边境三角区已成为真主党进行融资、非法武器买卖、毒品走私、违禁物品走私、制作假证件和假钞、洗钱、制造和贩运盗版商品的中心”。“基地”组织从20世纪90年代中期起即深入该地区，美军摧毁塔利班政权后，该地区成为“基地”组织的“避难所”，本·拉丹本人曾于1995年到访伊瓜卡港。美国国务院的报告认为，“真主党和‘基地’组织尚未在‘边境三角区’建立营地，但美方高度关注伊朗在该地区的影响力以及该地区民众对国际恐怖组织道义和资金上的支持”。

---

① 张杰、张洋、徐辉：“冷战结束后拉美恐怖主义探析”，《拉丁美洲研究》2015年第4期。

最后，恐怖组织借道袭击美国可能性大幅增加。近年来，美国、洪都拉斯、萨尔瓦多、阿根廷、巴拿马等国情报机构先后得到情报，显示国际恐怖势力在拉美勾结反政府武装、贩毒集团和走私团伙，招募新人，募集资金，伺机对美本土发动恐怖袭击。美国尤其关注美墨两国边境，认为恐怖组织极有可能越境秘密潜入美国。美国国土安全局情报分析负责人曾表示，“‘基地’组织和真主党可能利用拉美贩毒组织的走私网络将恐怖分子乃至大规模杀伤性武器运往美国”。美国“司法观察”组织指出，“伊斯兰国”长期在美墨边境地区设立训练基地，勾结贩毒集团和走私团伙，策划非法潜入美国，对政府、美军基地、机场、火车站和学校等重要设施实施大规模恐怖袭击。2015 年 4 月，美墨两国军警采取联合行动，在距离美墨边境仅 13 公里的华雷斯小镇发现“伊斯兰国”基地，搜出祈祷用的毛毡、大量阿拉伯语和乌尔都语文件，以及一张美军第二大军事基地的地图。11 月 17 日，5 名持希腊假护照的叙利亚居民在洪都拉斯首都国际机场被洪警方抓获，他们乘坐一架从萨尔瓦多启程飞往美国的飞机。洪警方表示，5 人的希腊护照是在希腊偷窃所得，护照姓名与实际不符，已被羁押，怀疑其前往美国企图实施恐怖袭击。

值得关注的是，多个极端宗教组织借叙利亚难民潮混入拉美。随着叙利亚局势不断恶化，不少叙难民通过各种途径进入拉美部分国家，尤其是中美洲及加勒比各国，一些极端宗教组织则伺机混入其中，企图借机在拉美开辟“新战场”。2014 年 10 月，乌拉圭宣布接收叙利亚难民，成为拉美第一个承诺安置叙难民的国家，已接纳近 200 名难民。2015 年 1 月，乌拉圭首都蒙得维的亚的以色列大使馆前发现未装炸药的爆炸装置。6 月 18 日和 11 月 15 日又先后两次发现类似爆炸装置，乌警方认定宗教极端组织涉嫌参与其中。已接纳近百名叙利亚难民的阿根廷也遭到恐怖袭击威胁。10 月 30 日，阿安全部宣布，有情报显示宗教极端分子策划在 10 月底和 11 月初对阿首都的两座主要的商场进行炸弹袭击。巴西情报机关已经加强对国内年轻人的监控，防止他们通过互联网受到“伊斯兰国”的蛊惑，发动“独狼”式的恐怖袭击。

第二节　拉美地区主要反恐措施

2015年来，拉美主要国家均致力于推动和解进程，打击恐怖主义，加强扫毒，改善社会治安，积极推动域内外尤其是与美国的反恐和安全合作，取得一定成效。

一、哥伦比亚和平谈判进入最终阶段，和平曙光近在眼前

自2012年以来，在哥政府、哥最大反政府武装“哥伦比亚革命武装力量”（简称“哥武”）共同努力和古巴斡旋下，哥伦比亚和平谈判进程不断取得进展。2015年9月23日，哥伦比亚政府与反政府武装组织“哥武”在古巴首都哈瓦那就启动“特别司法程序”达成协议，双方一致同意通过“特别法院”对犯有反人类罪、扣押及非法处决人质、性侵等违反国际人权的“哥武”分子进行司法审判，而对其他放下武器的政治犯实行特赦，允许其以平民身份参与政治生活，该协议达成标志着自2012年启动的哥伦比亚和平谈判取得突破性进展。和谈结束后，在古巴主席劳尔·卡斯特罗的见证下，哥总统桑托斯与“哥武”领导人隆多尼奥首度“握手言和”，桑同时宣布最迟于2016年3月达成最终和平协议，“哥武”将于之后的60天内彻底放下武器。10月18日，哥政府与“哥武”进一步达成共识，同意共同寻找在50多年冲突中的失踪人员。① 桑

① “哥伦比亚政府和革命武装力量达成人员搜救和平协议”，http：//www.huanqiu.cn。（上网时间：2016年2月1日）

托斯总统在“推特”发文，称此份协议是“走向和平的又一步”。与此同时，哥和平谈判的示范效应进一步显现。10 月，厄瓜多尔总统科雷亚透露，哥政府已与该国第二大反政府武装组织“民族解放军”在厄境内先后举行了 6 次会晤，以期开展正式和平谈判。自 2014 年 1 月，双方已进行“试探性”接触，“民族解放军”头目帕蒂斯塔表示对最终与政府达成和平协议持乐观态度，“目前就正式开始和谈只差十分之三”。

但和平之路仍面临诸多挑战。尽管此次和谈为实现哥最终国内和平奠定了重要基础，但桑托斯政府能否让“哥武”真正放下武器仍存疑虑。首先，2012 年至今，哥和谈已 3 年有余，期间因双方意见分歧曾几度被迫中止，双方交火不断。因此，在剩下的 6 个月里，和平协议生变的可能性仍然很大。其次，即使和平协议最终生成，谁将成为“哥武”缴械及武器销毁的监督方仍未确定。第三，“特别司法程序”的宣布遭到以哥前总统、现任最大反对党领袖乌里韦为首的反对派的严厉指责，乌称协议是“哥公民社会向恐怖分子的投降”，“是对几十万死难者的极大侮辱”。2015 年 7 月哥国内民调亦显示，超过 85%的民众认为“哥武”主要成员应受到严厉司法审判及惩罚。此外，目前哥政府资金捉襟见肘。和平协议签署后的 10 年间，预计哥将至少投入 310 亿美元用于对受害者、流亡者进行人道主义救助、安置，恢复农民土地，启动受损严重城市的基础设施建设等。仅 2016 年一年，政府就必须投入 34.44 亿美元用于和平建设，此开支已大大超出政府年度预算，桑托斯总统将不得不寻求欧盟和美国的资金支持。[①]

① “Colombia destinaráen 2016 unos US＄ 3.444 millones al postconflicto”, http://www.efe.com/efe/america/politica/colombia-destinara-en-2016-unos-3 — 444-millones-de-dolares-al-postconflicto/20000035-2737629.（上网时间：2016 年 2 月 1 日）

二、保持反恐高压态势，构建立体反恐体系

近年来，墨西哥围绕打击恐怖主义、维护社会治安实施系列政策。一是建立和完善宪法及相关法律。近年来，墨西哥政府通过完善相关立法，逐渐将打击恐怖主义和公共安全治理上升为国家共同意志和地方各级政府的重要任务。2008 年，墨西哥修订宪法第 21 条、29 条，对司法程序、警察专业化和公共安全做出规定，提出公共安全是联邦和州各级政府的重要任务。2009 年，墨西哥颁布《国家安全体系总法》，并据此修订与公共安全相关的系列法规，为国家公共安全治理提供法律上的指导。在地方层面，2003—2011 年全国 32 个州完成地方公共安全法律的制定和颁布。2014 年 2 月 11 日，墨国会通过对《联邦刑法》、《有组织犯罪法》、《宪法》等相关法律的修正案，完善了对“恐怖主义活动、资助恐怖活动、资助恐怖分子、袭击受保护外籍人士、阴谋从事恐怖活动、盗窃放射性及核物质”等罪名的定义。此外，修正案还加重从事恐怖主义活动的刑期，最低刑期由 6 年增至 15 年。6 月 4 日，墨政府宣布加重绑架罪的刑期，最低刑期由 20 年增至 40 年，最高刑罚由 50 年增至 140 年，绑架后撕票的绑匪将被判处最长刑期。二是建立健全各级公共安全机构，强调相关机构协同合作以共同打击犯罪。2009 年《国家公共安全体系总法》规定，国家公共安全体系由总统直接领导，下设国家公共安全委员会，委员会成员由总统、内政部部长、国家安全部部长、海军部部长、总检察署署长、各州州长、联邦区行政长官、国家公共安全体系执行秘书处处长组成。直接参与公共安全事务的联邦机构主要包括国家安全部、海军部、公共安全部、健康部、财政和公共信贷部、内政部及外交部。具体执法和司法机构包括联邦警察署、总检察署、联邦监狱等。培尼亚上任后，撤销了原来社会安全治理的核心部门——公共安全部，

成立隶属于内政部的国家安全委员会，下辖联邦警察署、预防和社会再适应管理组织和联邦保护服务署。三是落实司法制度改革。墨西哥司法制度漏洞百出，备受诟病，不仅缺乏应有程序，还充斥腐败、低效和不透明。培尼亚视司法体制改革为改进执法的关键，将推进司法改革列为政府的优先事项：预计到 2016 年 6 月，联邦和各州将废除旧的审判程序，采用新的审判制度。从原有的当事人闭门向法官递交书面辩词的旧程序，转变为当事人在法庭上公开口头抗辩的新程序，同时改有罪推定为无罪推定。四是推动警察体系改革。墨西哥历来有利用警察维护社会安全的传统，警察长期在公共安全治理方面发挥重要作用。培尼亚上台后，更加重视警察作用，宣布将联邦警察扩充至 5 万人，同时启动警察系统改革，简化警察架构，整合全国警察力量。2012 年 12 月，墨宣布斥资超 100 多亿美元，从国防部和海军部现役军人中招募 1 万余人，建立一支专业打击涉毒暴恐犯罪的职业警察部队——宪兵队，部署在有组织犯罪最猖獗的地区，代替军队遂行扫毒反恐的职能。截至 2015 年，宪兵队人数已逾 4 万人。2014 年 11 月，培尼亚提出取消市级警察、建立统一州级警察指挥体系、增加警察收入、严格警察招募和考核程序、设立警察学校、对警察展开信任测试、加强警察培训和教育等十项改革措施，旨在解决警察腐败、警匪勾结、学历低下和缺乏专业性等问题。

巴西出台系列反恐法案和维安举措。巴西在涉恐涉暴犯罪立法方面长期空白，仅在 1980 年通过的《国家安全法》中涉及恐怖主义，缺乏对恐怖主义行为和人员身份的清晰界定。2007 年，巴西推出《反恐法》草案，但因争议较大被搁置。近年来，巴西政府又陆续向议会递交 4 部有关恐怖主义的法律草案，具体内容包括：拒绝向暴恐分子发放签证，驱逐涉恐涉暴外籍人员，修宪以明确定义“恐怖主义”和“资助恐怖主义”等罪名，更新刑法对恐怖主义行为的量刑标准等。2015 年底以来，巴西参众两院先后通过《反恐法》，待总统罗塞夫批准即可生效，有望于奥运会召开前正式实施。此外，为保障2014年世界杯和2016年奥运会安全，巴西屡出重拳，打击涉恐涉暴犯罪。2014年4月，巴西联邦政府决定最大限度将力量投入世界杯安保工作，共出动17万名安保人员，其中包括警察、军人和私人保镖。5月，里约州政府宣布在世界杯期间执行安保联动计划，来自武警、军队、民察、交警和消防部门的约2万人协同作战，确保里约世界杯的安全进行。2015年8月7日，巴西国防部宣布斥资1.65亿美元用于奥运会安保工作，启动“有史以来最大规模”的安保联动计划，调集4.7万名安保、警察和其他协调人员，武警、民警、军队和消防部门协同作战。其中，巴西军方将在主办城市里约热内卢部署2万军人，巴西利亚、圣保罗、贝洛奥里藏特、萨尔瓦多和马瑙斯等比赛城市将部署1.8万军人，外加至少两架战斗机保护领空安全。[①] 9月9日，巴西军方宣布增派一支1549名军人组成的反恐特种部队专职负责里约奥运会的反恐安保。11月13日，巴黎发生恐怖袭击，巴西政府迅速反应，于19日宣布“为避免国家安全遭受威胁”，提升奥运会期间的安保级别，奥运会的签证免签政策也将大大缩水，将只对美国、加拿大、澳大利亚和日本四国游客免签入境。11月26日，巴西司法部首次召开里约奥运会安保工作简报会，宣布成立国际警察合作中心，与来自40个国家的警察代表协同合作；建立情报信息交换合作机制，邀请多国警察赴巴西联合执勤；建立反恐中心，邀请多国情报机构代表参与奥运反恐工作；开展国际观察员项目，派驻100多名安保观察员前往10个国家参与重大体育赛事安保工作，观察和学习各国反恐经验，并最终运用到奥

---

① “巴西将斥资1.65亿美元 保证里约奥运会安全”，http：//news. xinhuanet. com/sports/2015－08/08/c_128106435. htm。（上网时间：2016年2月1日）

运安保工作中。[①]

委内瑞拉出台多举措力图改善治安。自查韦斯上台执政以来，委政府制定了20多种不同的治安管理条例，但仍无法遏制凶杀率攀升过快的势头。马杜罗总统2013年上台执政后，把改善治安作为执政的优先目标，建立“和平与生命高级委员会”及专门打击杀人犯罪活动的特别行动旅，实施“安全祖国”和“为了所有委内瑞拉人的生命”计划，反响一般。2015年以来，委陷入严重政治经济乱局，治安形势也随之急剧恶化。为此，马杜罗加大安保投入，强化国家警察部队和司法警察部队，打击有组织犯罪。7月，马杜罗下令执行名为“解放和保护人民”的专项治安整治行动，投入超过2500名安全部队士兵，装备装甲车、坦克和直升机等大量重型武器。在行动开始后的48小时里清理了3个被犯罪团伙控制的地区，清剿7个犯罪团伙，击毙14名歹徒，抓获250多名与哥伦比亚准军事组织有关联的嫌犯，其中32人来自国外。[②] 8月，委内瑞拉与哥伦比亚接壤地区暴力犯罪和非法走私活动猖獗，严重影响委整体治安形势。8月23日，马杜罗签署法令宣布塔奇拉州的5个边境城市进入“紧急状态”，无限期关闭塔奇拉州与哥伦比亚接壤的边界和边境口岸。同时派出2400名军人进驻边境地区，加大对暴力和走私活动的打击力度，逮捕10名哥准军事组织成员。12月，马杜罗宣布在原有负责总统府安全的营级部队基础上，再组建10个营级部队进驻总统府周围区域，以遏制首都治安持续恶化的势头。2016年1月，加拉加斯宣布新的

---

① “里约奥运安保计划维持不变 巴西边境安全隐患引担忧”，http：//gb. cri. cn/42071/2015/11/26/8011s5178496. html。（上网时间：2016年2月1日）

② “presidente maduro anuncia lanzamiento de la ley de la olp para la proteccion de pueblo”，http：//www. vtv. gob. ve/articulos/2015/08/11/presidente-maduro-anuncia-lanzamiento-de-la-ley-de-la-olp-para-la-proteccion-de-pueblo-9584. html.（上网时间：2016年2月1日）

首都安全计划，大幅增加军警对广场、公园、大街等公共场合的巡逻频率。但上述措施并未从根源上触及治安问题的核心，委内瑞拉持续恶化的治安形势并未得到明显改善。

三、强力扫毒，取得一定成果

拉美是世界毒品生产和贩运中心之一。秘鲁、哥伦比亚和玻利维亚所在的安第斯山和亚马逊地区是世界古柯作物的主要产地，可卡因产量居世界之首，有南美洲“银三角”之称，毒品生产和走私已发展成该地区重要产业。墨西哥、中美洲和加勒比地区因地理上靠近美国成为毒品中转站。毒品是滋生拉美暴力与恐怖活动的“祸根”，长期以来严重扰乱该地区治安，制约该地区经济和社会发展。2014－2015 年，拉美各国执行强力反毒政策，展开域内外禁毒合作，不少国家扫毒行动取得一定成果。

在墨西哥，培尼亚政府延续了前任卡尔德隆“擒贼先擒王”的反毒要领，大力开展“斩首行动”，沉重打击各大贩毒集团的领导层。2014 年 2 月 22 日，经过墨西哥海军陆战队和美国禁毒署近一个月的联合追捕行动，“全世界势力最为庞大的贩毒集团”锡那罗亚集团首脑“矮子”杰奎因·古兹曼在墨西哥海滨度假胜地马萨特兰的一家旅馆落网。3 月 9 日，逍遥法外数年、两度“被击毙”的贩毒集团“圣殿骑士团”头目纳萨里奥·莫雷诺·冈萨雷斯在与墨西哥军队的交火中被当场击毙。5 月 27 日，墨西哥安全部队在北部新莱昂州逮捕塔毛利帕斯州连环枪击和屠杀事件幕后黑手、“海湾”贩毒集团头目罗德里格斯。8 月 31 日，西班牙警方通过与美国、墨西哥两国禁毒机构合作在西班牙马德里巴拉哈斯国际机场抓获墨西哥“锡那罗亚”贩毒集团主要头目哈伊麦·安东尼奥。10 月 1 日，墨西哥军方在中部城市圣米格尔抓获大毒枭海克特·巴尔特兰·拉耶瓦。10月9日，别号“将军”的“华雷斯”贩毒集团头目比森特·富恩特斯在北部科阿韦拉州城市托雷翁一处检查站报以假名，被联邦警方识破后逮捕。2015年2月27日，墨西哥“圣殿骑士团”贩毒集团大毒枭、头号通缉犯塞尔万多·戈麦斯在米却肯州莫雷利亚市一处寓所内被警方抓获，与其一同被捕的还有他的8名助手，包括负责掌管其家族财产的弟弟弗拉维奥。总统培尼亚在推特上发文高调庆祝，称“此事增强国法威慑力，将使墨继续走向和平安宁”。3月4日，墨西哥军警展开联合行动，成功抓获最大贩毒团伙“塞塔”的头目、绰号“Z—42”奥马尔·特雷维尼奥·莫拉莱斯及其4名同伙。7月3日，贩毒集团“贝尔特兰·莱瓦”的头目马丁·比列加斯·纳瓦雷特在生日当天被捕。9月19日，墨西哥最残暴女毒枭、“达马索”贩毒集团头目卡尔德隆·奥赫达被男友佩德罗·戈麦斯告发，在卡博圣卢卡斯国际机场被墨警方抓获，将面临超过150项谋杀指控。2016年1月8日，墨西哥海军和联邦警察在锡那罗亚州洛斯莫奇斯市多个区域内开展联合抓捕行动，将此前两度越狱的头号毒枭、“锡那罗亚”贩毒集团头目华金·古斯曼·洛埃拉再度抓获，墨西哥和美国双方正就其引渡展开磋商。截至2016年1月，共抓获或击毙122名跨国犯罪集团头目中的98个，成果显著。①

在哥伦比亚，2014年1月，哥警方在科尔多瓦省缴获近2.3吨可卡因。2月11日，哥伦缉毒警察在“哥伦比亚革命武装力量”的游击队地下中心查获近5吨大麻。3月20日，哥警方在北部一个港口没收2011公斤可卡因，这些毒品隐藏在香蕉货物中，准备运往美国。4月8日，一批走私荷兰、重达7吨的毒品被哥当局截获，价值高达2.5亿英镑（约合人民币26亿元），成为该国边检部门自2005年以来的最大“收

---

① U.S.-Mexican Security Cooperation：The Mérida Initiative and Beyond，Congressional Research Service，January 15，2016.

获”，沉重打击了活动猖獗的贩毒集团。11月12日，哥海军在该国西北部与巴拿马交界附近同“哥武”激烈交火，发现并捣毁了两座制毒基地，同时缴获622公斤可卡因。12月4日，哥国家警察局在麦德林市进行的打击贩毒集团行动中，成功抓捕83名犯罪人员，其中有19名当地警察。12月7日，哥军方在该国西南部图马科市附近查获约1.1吨可卡因，这批可卡因属“哥武”，原计划从哥西部通过海运运到中美洲，之后再转销到美国。2014年，哥海军在西部太平洋沿岸共缴获超过30吨可卡因。2015年1月31日，哥伦比亚缉毒警队在北部圣马尔塔港口一个运载香蕉的集装箱内查获700袋可卡因，总重710公斤，价值超过800万美元（约合5000万元人民币）。9月7日，警方在埃尔多拉多机场查获藏匿在49袋墨盒粉中的1吨高纯度可卡因粉末，怀疑这批毒品与墨西哥最大贩毒集团“海湾”集团有关。

在多米尼加，政府采取积极措施，不断加大禁毒扫毒力度；积极参与国际缉毒协作，与美国签署系列扫毒合作协定，还多次与哥伦比亚等南美国家采取联合行动，共同打击毒品走私。2015年全年共执行近10万次扫毒行动，缴获各种毒品超16吨，以及大量枪支弹药、运毒工具、通信设备和现金等，抓捕贩毒嫌疑人近3万人。① 2014年1月22日，国家毒品控制局缉毒人员在东南部绍纳岛附近海域截获一艘快艇，查获1.25吨可卡因，并逮捕4名贩毒嫌疑人。6月18日，警方在东南部考塞多港的两个集装箱内查获藏匿的1053包毒品，总重达1吨。9月4日，警方在南部海域截获219包总重达227公斤的可卡因，并逮捕一名贩毒嫌疑人。9月25日，缉毒人员在考塞多港的一艘巴西货船内查获179公

---

① “Unas 16 toneladas de droga fueron decomisadas en 2015 en RD y aguas internacionales”，http：//www.elportador.com/2016/01/unas-16-toneladas-de-droga-fueron.html.（上网时间：2016年2月1日）

斤可卡因，并逮捕3名涉案人员。10月6日，缉毒人员在该国东南部港口一艘哥伦比亚货船内查获至少165公斤可卡因。12月20日，警方在东部附近海域截获500公斤可卡因，并逮捕15名涉案人员。2015年8月21日，缉毒人员在该国西南部附近海域截获700公斤可卡因，并逮捕一名贩毒嫌疑人。10月8日，缉毒人员在该国东南部拉阿尔塔格拉西亚省境内的一个洞穴内查获597公斤可卡因，并逮捕2名贩毒嫌疑人。10月22日，多缉毒人员在该国东南部海域与藏匿在一艘快艇里的毒贩发生交火，毒贩受伤后被捕，截获626公斤可卡因。

在秘鲁，2014年3月28日，缉毒警察在一座民宅中缴获622公斤包装成墙砖形状的高纯度盐酸可卡因，并逮捕3名美国籍毒贩和2名秘鲁籍毒贩。8月1日，秘鲁巴兰卡市警方在一辆市长竞选车上查获300公斤藏匿在煤气罐中的可卡因，并根据犯罪嫌疑人提供的线索对一所民宅进行突击搜查，又缴获200公斤毒品，并抓获1名毒贩。8月26日，警方在北部港口特鲁希略一艘往比利时和西班牙运送煤炭的货轮中查获藏匿的“创纪录重量”的7.6吨可卡因。2015年1月16日，在阿亚库乔省胡安塔地区的行动中，缉毒警察收缴420公斤准备通过航空渠道非法贩运到国外的盐酸可卡因。1月23日，警方经多方调查，在库斯科省基塔帕拉伊地区展开搜缴，一举查获635公斤盐酸可卡因，并缴获武器弹药。7月8日，缉毒警察在卡亚俄港“塔尔玛”公司仓库的塑料油桶中查获132公斤可卡因。8月16日，缉毒警察再次在该公司仓库进行检查和化学试剂检验时缴获250公斤可卡因。2016年1月16日，秘鲁缉毒警察特别行动突击队在阿亚库乔省卡纳伊雷地区截获一架玻利维亚运送毒品的小飞机，并缴获90公斤可卡因。11月20日，秘鲁武装部队在亚马逊河谷地带共摧毁15个秘密飞机跑道，该地区有大片秘密古柯种植园，也是秘反政府武装组织“光辉道路”残余力量所在地。[①] 在强力扫毒的同时，秘鲁政府采取多种有效措施，不断加大铲除古柯植株的力度，力求从根本上杜绝毒品问题，取得初步成效。联合国毒品和犯罪问题办公室发布报告指出，2012—2014 年，秘鲁共铲除古柯种植田 31205 公顷。2014 年，秘鲁古柯种植面积为 42900 公顷，比上年下降了 13.9%，连续第三年大幅度减少，干古柯叶产量骤降至 10.1 万吨。[②]

在巴拿马，2013、2014 全年分别缴获毒品 42 吨和 35 吨，是缴获毒品最多的中美洲国家。2014 年底，得益于巴拿马与美国的情报共享，巴警方在与哥伦比亚接壤北部地区破获了一个与哥游击队和墨西哥毒品集团勾结的贩毒团伙，逮捕 59 人，缴获 3 吨多可卡因，并查封了 13 个用于洗钱的银行账号。2015 年 9 月 13 日，巴拿马海空警卫队在西部维拉瓜斯省的马里亚托角附近海域截获一艘快艇，从中缴获 950 公斤可卡因，并逮捕了 3 名哥伦比亚籍嫌疑人。2015 年 1－9 月，巴警方所缴获的毒品超过 10 吨。[③]

在玻利维亚，2014 年共摧毁 2 万余公顷古柯种植园，占地区生产总值的 15%。2015 年 1－11 月，玻警方共缴获 97 吨毒品，其中包括 19.4 吨可卡因、77.7 吨大麻，摧毁 3450 家可卡因加工厂，抓捕国内外贩毒嫌犯 2854 人，缴获 35 架小型毒品运输机，大部分位于圣克鲁斯（东部）、贝尼（东北部）、潘多（北部）和拉巴斯（西部）等州。

---

① “Destruyen 15 pistas de aterrizaje de ‘narcoavionetas’ en la selva de Perú”, http://www.abc.com.py/internacionales/destruyen-15-pistas-de-aterrizaje-de-narcoavionetas-en-la-selva-de-peru-1428274.html.（上网时间：2016 年 2 月 1 日）

② “秘鲁古柯种植面积连续 3 年减少”，http://news.xinhuanet.com/world/2015－07/16/c_1115943231.htm。（上网时间：2016 年 2 月 1 日）

③ “巴拿马加强国际合作打击贩毒取得成效”，http://www.0546dynews.com/news/20150626/a_22603.html。（上网时间：2016 年 2 月 1 日）

四、增强合作意愿，推动域内外反恐反毒合作

面对本地区恐怖主义等非传统风险逐年上升，拉美各国充分认识到，要想赢得这场艰苦的反恐战和反毒战，必须携手合作。因此，各国在强化国内治安力量的同时，不断紧密本地区国家间的反恐反毒合作。2002年6月3日，美洲国家组织在巴巴多斯首都布里奇敦举行年会，与会的美洲各国外长通过并签署了《美洲反恐协定》。协定规定，美洲国家将切断对恐怖主义的资助，加强对边界的管控，增强美洲国家警察和司法部门之间在反恐斗争中的合作。2013年1—10月，哥伦比亚为其他拉美国家训练了7627名从事反毒、城市安保、预防和监控犯罪以及军警能力训练等职业的人员。巴拿马与哥伦比亚、哥斯达黎加签署了边界安全协议，三方同意在各自边界地区建立警察站，打击恐怖组织的跨界犯罪活动。阿根廷与巴西和乌拉圭加强了在三国交界地区的执法合作。秘鲁参加了美洲国家组织、南美国家联盟、安第斯集团和美洲国家组织泛美反恐委员会等国际组织。墨西哥继续与泛美反恐组织合作，并于2014年5月在墨西哥城成功举办了“打击核恐怖全球倡议”会议。2015年8月19日，委总统马杜罗下令关闭委哥边境主要通道，对边境地区实施紧急状态，以打击非法贩运团伙和准军事组织活动，共计2.2万名哥边境居民被驱逐。9月21日，两国总统在厄瓜多尔会晤，决定加强边界地区联防管控，共同解决边界危机。哥伦比亚宣布将于2018年前投入11.79亿美元用于加强哥委边界治安。据哥方统计，哥委边界关闭后的两个月里，各类犯罪案件减少39%，其中人口贩运减少19%，汽车偷窃减少70%，抢劫减少84%，凶杀案减少10%。10月20日，厄瓜多尔和玻利维亚内政部长在基多举行会晤并共同签署协议，决定携手加强对边界移民的管控，共同打击贩毒等有组织犯罪活动。协议有效期5年，涉及共同执法、

技术支持及经验交流等内容，厄玻两国边界线长达7000多公里，近年有组织犯罪活动尤其突出。

五、美国深化与拉美反恐和安全合作

一是不断加码对拉美的反恐和安全援助。恐怖活动最猖獗的哥伦比亚是美援助的重点。2001年，美国与哥伦比亚签署“哥伦比亚计划”，帮助哥打击毒品走私和反政府武装。15年来，美共向哥提供超过90亿美元经济援助。其中2015—2016年财年，在美国国会大幅削减预算的背景下，仍依据该计划提供了2.96亿美元的援助。2016年2月，为助力哥政府与“哥武”达成最终和平协议，奥巴马承诺于2017财年向国会申请4.5亿美元的巨额经济援助。为遏制墨西哥和中美洲贩毒活动日益猖獗的势头，2008年以来，美国与墨西哥、海地和多米尼加携手推出“梅里达计划”，承诺于2008—2015年财年向墨西哥提供25亿美元的经济援助，用于打击有组织犯罪、改进执法、打造21世纪美墨边境和营造无毒社区等子计划。美国国会高度重视对美墨反恐和反毒援助，于2015和2016财年分别批准依据“梅里达计划”向墨提供1.43亿和1.47亿美元的经济援助，均大幅超出奥巴马政府原有的财政预算案。2009年3月，美国国土安全部抛出“西南边境安全计划”，调拨1.84亿美元资金用于重新部署边界缉毒力量和运用新设备加强边界检查。除上述庞大的援助计划外，美国还通过国务院下属的“外交安全办公室”和“反恐援助办公室”，向拉美国家提供各种类型的援助项目，助其提升反恐能力，包括“反恐援助计划”（ATA）、“出口管制和相关边境安全计划”（EXBS）等。近年来，美通过ATA向拉美国家提供反恐装备和人员培训，以提升这些国家在机场安全管理、人质谈判、炸弹检测和拆除等方面的能力。2015年，美通过ATA的一个地区项目援助墨西哥175万美元、哥伦比亚 80 万美元、其他拉美国家 250 万美元。EXBS 计划主要帮助拉美国家发展出口和边境管制系统，防止恐怖组织获得大规模杀伤性武器。2015 年，拉美国家从 EXBS 获得 300 万美元资金。

二是加强与拉美多数国家的反恐和反毒合作。2009 年 10 月，美国和哥伦比亚在原有合作基础上签署新的军事合作协议，哥允许美军使用其 7 个军事基地，并许可美军派驻最多 800 名军事人员和 600 名文职承包商。2011 年 9 月，美国在“梅里达计划”框架内与墨西哥签署军事合作协议，为墨西哥培训 6800 多名警官和检察官，向墨西哥军队提供 14 架先进直升机，通过信息共享精确追踪毒贩。2015 年 3 月，秘鲁国防部与南方司令部为“深化双方关系”，首次允许 300 名美国军事人员进驻秘鲁。11 月 13 日巴黎发生暴恐袭击案，作为美国邻居，中美洲和加勒比国家迅速提升了警戒级别，增加警力，密切与美合作。特立尼达和多巴哥政府宣布将与美加强实质性安保合作，维护地区安全。11 月 22 日，秘鲁与美国签署共同打击洗钱等犯罪活动理解备忘录，双方将加强对货物贸易的监管力度，通过高科技手段对通关产品进行检查，遏制非法交易行为。[①] 美国还推动与拉美国家司法领域深度合作，加强犯罪分子引渡工作。9 月 30 日，墨西哥引渡 13 名嫌犯到美国受审，包括两名贩毒集团头目和参与 2010 年谋杀美领事馆雇员的犯罪嫌疑人。美司法部声明表示，此举开启了墨美联手打击国际有组织犯罪的新时代。2016 年 1 月，大毒枭华金·古斯曼在墨西哥被捕后，两国随即就其引渡问题进行磋商。[②]

---

① “Perú y EEUU suscriben memorándum para combatir lavado de dinero”，http：//spanish. people. com. cn/n/2015/1123/c31617 － 8980315. html.（上网时间：2016 年 2 月 1 日）

② “引渡古斯曼让墨西哥左右为难”，参考消息网。（上网时间：2016 年 2 月 1 日）

三是将古巴剔除“支持恐怖主义国家”黑名单。1982年，美国根据《1979年出口管理法》的第6（j）条款将古列入“支持恐怖主义国家”名单。此举招致国际社会质疑，认为美这一做法是“冷战思维的延续”。事实上，古巴早在1992年就宣布“放弃支持外国革命武装斗争”，还积极参与全球反恐斗争，先后批准12个国际反恐协议。2014年12月17日，美国总统奥巴马和古巴领导人劳尔·卡斯特罗宣布启动两国关系正常化进程，奥巴马同时指示美国务院审核古巴被列入“支恐”黑名单问题。2015年5月29日，美国国务院正式宣布将古巴从“支恐”黑名单中去除。美国的这一做法受到拉美国家普遍欢迎，为美拉深化反恐合作迈出关键一步。巴西总统罗塞夫表示，“此举有利于古美关系改善，开启美拉新时代”。

第二部分

国际恐怖主义组织

第十二章　主要国家与国际组织公布的恐怖组织名单

由于国际社会对恐怖主义并未形成统一的认识，因此对恐怖组织的界定也是各不相同。一些国家与组织为适应反恐斗争的需要，陆续公布各自认定的恐怖组织名单。研究分析不同的恐怖组织名单可以看出，对恐怖组织的界定虽然有共同点，但更多的是不同点，即各国界定的恐怖组织大多是对本国构成威胁的各类组织。换言之，各国都是以本国安全利益为最基本出发点，对恐怖组织做出认定。为使广大读者对各国界定的恐怖组织有一个基本认识与参考，我们陆续把一些国际组织和国家公布的恐怖组织名单列出，如今后已列出的名单有变化则只增加变化情况。同时，根据这些国家公布的相关材料，对一些恐怖组织做简单介绍（其中也包括一些新闻媒体经常提及并称为“恐怖组织”的团体）。需要说明的是：限于篇幅，在 2003 年《年鉴》的基础上，除新增恐怖组织外，今后的《年鉴》只介绍其他恐怖组织当年活动的最新情况。

2015 年度，世界各主要国际组织及国家如联合国、欧盟、美欧等国，均按照各自法律程序，对各自的恐怖组织名单进行审定、评估和更新。制订恐怖组织名单是国际反恐的重要举措。某个团体一旦被列入某国的恐怖组织名单，该国就将依法动用本国资源，对该组织的资金、人员等进行全面打击。因其牵涉性广，对其人权、国家安全乃至国际关系都会造成一定影响，因此各国在制订恐怖组织名单时都采取慎重的态度，并依法定期会审。目前世界各国对恐怖主义、恐怖组织等概念分歧明显，各国的反恐法律及机制也不尽相同，因此在制订所谓的恐怖组织名单方面没有统一模式。总体而言，国际上制订恐怖组织名单的国家大概可以分成两大类：一类是制定反恐法律（有些国家没有专门的《反恐法》，但包含在《刑法》等法律形式之中），通过法律程序认定恐怖组织名单并对社会公开，比如美国、英国、澳大利亚、加拿大等；另一类是没有制订恐怖组织名单，或者有恐怖组织名单但没有向社会公开，而是执法单位或安全机构内部掌握，比如日本等国。但是所有国家（联合国成员）都承认联合国安理会 1267 号决议所设制裁委员会制订并每年更新的“属于或与塔利班、乌萨马·本·拉登和‘基地’组织有关的个人和实体名单”，并依法对相关恐怖组织或人员进行监控、制裁。

2015 年度联合国的恐怖组织名单有较大变化：与上年度相比，删去了许多与恐怖相关的个人及组织名单。与前几年相比，本年度除了联合国与欧盟外，多数国家的恐怖组织名单没有多大变化。纵观本年度各国恐怖组织名单的制订政策，其基本特点没有变。首先，各国的恐怖组织名单仍互不相同，且为本国政治需要服务的特点明显。各国制订恐怖组织名单的主要目的是为了国家利益和外交斗争需要服务。其次，恐怖组织名单以威胁本国利益的境内组织居多。英国恐怖组织名单则分两部分：国际恐怖组织及国内恐怖组织（北爱尔兰相关组织）。澳大利亚、加拿大等少数国内安全形势相对宽松的国家，则与美国类似：“国际性”明显，体现为国际恐怖组织名单，而没有国内恐怖组织名单。第三，英、美等发达国家在制订恐怖组织名单上仍带有浓厚的西方色彩，双重标准的痕迹非常明显。

第一节　联合国安理会新增减的恐怖组织（实体）名单

联合国的恐怖组织名单主要指联合国安理会1267制裁委员会（根据联合国安理会第1267号决议设立）制订的关于“属于或与塔利班、乌萨马·本·拉登和‘基地’组织有关的个人和实体名单”，名单定期更新。截至2016年2月29日，《综合名单》上个人及实体总数已达500多个，其中新增实体名单如下：[①]

哈吉巴希尔与扎米尔哈瓦拉公司（AJI BASIR AND ZARJMIL COMPANY HAWALA，2015年3月）

印尼人道主义组织希拉阿迈协会（ILAL AHMAR SOCIETY INDONESIA，HASI，2015年3月）

中非共和国钻石购买公司（UREAU D'ACHAT DE DIAMANT EN CENTRAFRIQUE，2015年8月）

移民和支持者军（THE ARMY OF EMIGRANTS AND SUPPORTERS，2015年8月）

哈里发战士阿尔及利亚分支（JUND AL-KHILAFAH IN ALGERIA，JAK-A，2015年9月）

东印尼圣战者组织（MUJAHIDIN INDONESIAN TIMUR，MIT，

① https：//www. un. org/sc/suborg/sites/www. un. org. sc. suborg/files/consolidated. pdf.（上网时间：2016年3月1日）

2015 年 9 月）

黎凡特伊斯兰运动（HARAKAT SHAM AL-ISLAM，2016 年 2 月）

第二节　美国新增减的恐怖组织（实体）名单

美国有多个恐怖组织名单。其中，美国国务院的“外国恐怖组织名单”（Foreign Terrorist Organization List，FTO）主要是根据《1996 年反恐怖及有效死刑法》和美国《移民及国籍法》（修正案）的第 219 节等制订，每两年重新评估一次。此外，美国还有“特别认定的全球恐怖分子名单”（Specially Designated Global Terrorists List，SDGTs）、“特别认定的恐怖分子名单”（Specially Designated Terrorists List，SDTs）和美国财务部将各种名单综合起来的“特别认定的外国人及特别封锁的个人名单”（Specially Designated Nationals and Blocked Persons，SDN）等。每年 4 月底，美国国务院会发布《国别恐怖主义报告》，除了列出该年度的“外国恐怖组织名单”外，还列出“其他值得关注的恐怖主义组织”。本文所讲的“美国公布的恐怖组织名单”主要指美国国务院的“外国恐怖组织名单”。

自 2015 年 1 月至 2016 年 1 月，美国“外国恐怖组织名单”中外国恐怖组织数量增加 2 个，删减 2 个，总数达到 59 个。新增名单如下：“纳克什班迪教团军”（Jaysh Rijal al-Tariq al Naqshabandi，JRTN，2015 年 9 月）、“伊斯兰国呼罗珊分支”（ISIL-Khorasan，ISIL-K，2016 年 1 月）。删减名单如下：“11 月 17 日革命组织”（Revolutionary Organization 17 November，17N，2015 年 3 月）、“利比亚伊斯兰战斗组织”（Libyan

Islamic Fighting Group，LIFG，2015 年 9 月）。[①]

关于美国公布的外国恐怖组织名单及其认定的其他值得关注的恐怖名单，请参阅以往的《国际恐怖主义与反恐怖斗争年鉴》。

第三节　英国新增减的恐怖组织（实体）名单

2015 年度，英国的“法律禁止的恐怖组织名单”（Proscribed terrorist groups）主要有两个：一是国际恐怖组织名单；二是国内恐怖组织名单。英国确定恐怖组织的主要依据为《2000 年反恐法》及其历年修订案，2012 年英政府据此认定 49 个非法恐怖组织。2013 年 7 月 12 日，英内政部首次发布《法律禁止的恐怖主义团体或组织》（Proscribed terror groups ororganizations）报告，主要分为国际和国内恐怖组织两类，并公开承认及取缔标准。截至 2015 年 10 月 30 日，该报告已修订 14 次，其中 2015 年修订 3 次，增加 4 个国际恐怖组织。

新增名单具体包括：“阿克萨烈士旅”（Jund al-Aqsa，JAA，2015 年 1 月）、“哈里发战士阿尔及利亚分支”（Jund al Khalifa-Algeria，JaK-A，2015 年 1 月）、“哈卡尼网络”（Haqqani Network，HQN，2015 年 3 月）、“巴塔分支自由人党”（Jamaat ul-Ahrar，JuA，2015 年 3 月）。此外，北爱尔兰的 14 个组织仍按照惯例被认定为国内恐怖组织。[②]

---

① http://www.state.gov/j/ct/rls/other/des/123085.htm.（上网时间：2016 年 3 月 1 日）

② https://www.gov.uk/government/uploads/system/uploads/attachment_data/file/472956/Proscription-update-20151030.pdf.（上网时间：2016 年 3 月 1 日）

截至2015年10月30日，英国根据《2000年反恐法》认定了67个非法恐怖组织。英国国际恐怖组织及国内恐怖组织的具体名单，请参阅以往的《国际恐怖主义与反恐怖斗争年鉴》。

第十三章　欧盟新增减的恐怖组织（实体）名单

欧盟有两种恐怖名单：

一是本·拉登、塔利班、“基地”组织及其相关组织和个人名单。该名单主要是在联合国安理会 1267 制裁委员会的名单基础上制订，但是欧盟理事会授权欧盟委员会“根据联合国安理会、塔利班制裁委员会以及成员国的相关信息”对该名单进行增加、修订。每次修改都要经过一定程序，最后对欧共体第 881 号规则（EC Regulation 881/2002）的附件进行更新。2015 年度，随着反恐日益成为联合国等国际组织的工作热点，欧盟该名单亦频频更新。自 2013 年 1 月 23 日（第 185 次修订）至 2016 年 1 月 18 日（第 241 次修订）间大大小小合计修订 56 次。其中，从 2015 年 1 月 16 日（第 224 修订）至 2016 年 1 月 18 日（第 241 次修订），最近一年合计修订 17 次。[①]

二是“参与恐怖活动的个人、团体和实体名单”（Persons，Groups

① http：//eur-lex. europa. eu/legal-content/EN/TXT/PDF/? uri = OJ：JOL _ 2016 _ 012 _ R _ 0004&from=EN.（上网时间：2016 年 3 月 1 日）

and Entities Inloved in Terrorist Acts)。该名单是各成员国具有法定资格的相关机构（如司法人员和警察机构）在调查的基础上形成的。由具有法定资格的相关机构，根据相关个人、团体和实体参与恐怖行动的确凿信息或材料做出名单，制订的名单没有时间期限。列入名单之上的个人和实体名字要每6个月复核一次。在2014年2月至2015年底，欧盟对该名单复核了五次，其中2015年复核了三次。个人方面，2015年12月21日的核查结果和2014年7月22日公布的名单（该年份最新核查结果）相比，没有发生变化。团体和实体方面，恐怖组织由25个变成23个。减少的恐怖组织名单为Al-Takfir and Al-Hijra（塔克菲尔与黑蚩拉组织）、Holy Land and Foundation for Relief and Development（救济与发展圣地基金会）。

第十四章　非洲地区主要恐怖组织

第一节　索马里

一、伊斯兰法院联盟（参见以往《年鉴》）

二、伊斯兰团结组织（参见以往《年鉴》）

三、青年圣战者运动（参见以往《年鉴》）

四、索马里“青年党”（Al-Shabaab，参见以往《年鉴》）

索马里“青年党”为索马里及东非地区最强大的反政府武装、主要伊斯兰极端组织。近几年，在索马里国内，该组织受到非洲联盟（非盟）驻索马里特派团和索马里安全部队的打击，控制的地区（该组织一度几乎控制索马里中部和南部所有地区）不断缩小，但该组织开始谋求在索马里以外的国家发展，对东非地区的威胁增大。2014 年 9 月，“青年党”

最高头目戈丹内（Shaykh Abdi Godane）被美军空袭击毙后，该组织推出的新领导人艾哈迈德·奥马尔（Ahmad Umar），继续将活动范围向东非地区扩展。为报复肯尼亚派兵参加打击“青年党”的军事行动，他将肯尼亚东北部与索马里邻近地区作为该组织重点活动区域，2015年肯尼亚东北部和沿海一些地区不时发生袭击、爆炸。4月2日，肯东北部加里萨的一所大学遭到“青年党”武装分子袭击，造成148人死亡，其中包括142名学生、3名警察和3名士兵。警方在营救过程中击毙4名恐怖分子。这是自2011年肯尼亚出兵索马里围剿“青年党”以来，该国遭遇的最严重恐怖袭击。5月25日，肯尼亚警察在加里萨地区遭到“青年党”两次袭击，共造成大约20名警察死亡。6月14日，肯尼亚东北部一处军营遭到“青年党”袭击，两名肯国防军士兵丧生，11名袭击者被打死。7月7日，肯尼亚东北部曼德拉地区一居民楼遭到疑似“青年党”武装分子袭击，至少14人死亡，12人受伤。

同时，2015年索马里“青年党”在索马里国内也不断发动恐怖袭击，对索马里的安全继续构成严重挑战。如2月20日，索马里首都摩加迪沙中央酒店发生爆炸袭击，造成28人丧生，54人受伤。3月27日，摩加迪沙一家酒店遇自杀式袭击，至少10人死亡。4月14日，位于首都摩加迪沙的索马里教育部遭遇“青年党”武装分子自杀式袭击，21人遇难（其中包括7名袭击者）。4月20日，一辆载有联合国工作人员的面包车在索马里东北部城市加罗韦遭炸弹袭击，造成至少9人死亡（其中包括4名联合国儿童基金会工作人员），7人受伤。索马里“青年党”声称对此事件负责。4月21日，索马里首都摩加迪沙市中心一家餐厅发生汽车炸弹爆炸事件，造成至少3人死亡，另有6人受伤。6月26日，“青年党”发动针对非盟驻索马里特派团的袭击，致50多名布隆迪维和士兵丧生。7月26日，位于索马里首都摩加迪沙的半岛皇宫酒店遭自杀式炸弹袭击，造成至少15人遇难（其中包括中国驻索马里大使馆1名武警），40 余人受伤。索马里“青年党”声称对此事件负责。8 月 22 日，索马里南部城市基斯马尤一处军事基地遭自杀式汽车炸弹袭击，导致至少 10 人丧生，30 人受伤。索马里“青年党”宣称制造这起袭击事件。9 月 1 日，索马里“青年党”对下谢贝利地区非盟部队的一个基地发动自杀式炸弹袭击，并冲进基地与非盟部队交火，造成非盟部队至少 19 人死亡。9 月 2 日，索马里“青年党”在索南部贾纳勒镇袭击了非盟维和部队一处营地，打死至少 19 名乌干达籍维和士兵。9 月 21 日，索马里首都摩加迪沙的总统府遭汽车炸弹袭击，至少 9 人死亡，14 人受伤。索马里“青年党”宣称制造这起袭击事件。11 月 1 日，“青年党”对首都摩加迪沙市中心的一家经常有政府官员和企业高管出入的酒店发动自杀式袭击，至少 12 人死亡（其中包括 6 名袭击者），20 人受伤。12 月 19 日，索马里首都摩加迪沙市中心一条繁华道路上发生枪击和自杀式炸弹袭击，导致两人丧生，10 人受伤。索马里警方认为，袭击很可能是索马里极端组织“青年党”所为。

第二节　卢旺达

卢旺达解放民主力量（Democratic Forces for the Liberation of Rwanda，参见以往《年鉴》）

卢旺达主要反政府武装主要由胡图族组成，其领导人和成员参与了 1994 年卢旺达种族大屠杀，后躲至邻国刚果（金），如今仍在靠近卢旺达边境地区持续制造袭击事件，是非洲大湖地区主要不稳定因素。2014 年 7 月，南部非洲发展共同体与大湖地区国际会议部长级联席会议第二次联合公报对“卢旺达解放民主力量”发出最后通牒，要求其在 6 个月内“无条件投降”，2015 年 1 月 2 日是最后通牒的截止日期。由于该武装领导人无视各方要求其按阶段解散的命令，2014 年 8 月 26 日安理会对卢旺达反政府武装“卢旺达解放民主力量”未按约定迅速解散表示担忧，支持通过军事行动解除其武装。同年 11 月 5 日，安理会通过主席声明，对卢旺达反政府武装“卢旺达解放民主力量”自愿解除武装进程进展缓慢深表关切。声明说，自愿解除武装的最后期限 2015 年 1 月 2 日不应延长，联合国刚果（金）稳定特派团（联刚稳定团）和刚果（金）政府最迟应从 2015 年 1 月起对该武装实施军事打击。2015 年 1 月 2 日即最后通牒截止日，卢旺达政府发表声明，要求刚果（金）政府和联合国特派团对拒不投降的卢旺达反政府武装“卢旺达解放民主力量”进行打击。声明说，在刚果（金）境内活动的“卢旺达解放民主力量”近半年来扩大力量，试图进一步扰乱卢旺达乃至本地区的稳定。由于该武装未在规定的期限里投降，卢旺达政府希望刚果（金）政府以及联合国刚果（金）稳定特派团执行联合国安理会有关决议，共同打击这一武装。此后，安理会多次通过声明或决议，强调应采取军事行动，解除“卢旺达解放民主力量”的武装，但在 2015 年年内一直未取得明显进展。1 月 8 日，安理会通过主席声明，强调需立即由刚果（金）和联合国刚果（金）稳定特派团（联刚稳定团）采取军事行动，打击在刚果（金）东部活动的反政府武装“卢旺达解放民主力量”。声明说，大湖地区问题国际会议以及南部非洲发展共同体给“卢旺达解放民主力量”规定的解除武装的期限（2015 年 1 月 2 日）已过，该武装不仅没有无条件全面投降，而且还继续招募新人。2014 年估计有 300 名“卢旺达解放民主力量”人员投降，但主要是非关键性战斗人员，这未能消除该团体的威胁，也未实现所要求的全面投降。安理会重申，需立即采取军事行动，按照安理会有关决议，通过联刚稳定团的干预旅，执行解除“卢旺达解放民主力量”的计划。2015 年 1 月 29 日，联合国安理会一致通过决议，决定继续对在刚果（金）境内活动的武装团体实施武器禁运，并对破坏刚果（金）和平稳定的相关人员实施旅行禁令和资产冻结等措施，制裁期限延长至2016年7月1日。按照决议，各国均应对所有在刚果（金）境内活动的武装团体实施武器禁运，不得向其提供军事协助和训练等。对于制裁委员会认定的破坏刚果（金）和平、稳定和安全的个人和实体，各国应对其实施旅行禁令和资产冻结措施。此类人员包括违反武器禁运者、阻碍作战人员解除武装者、袭击妇女儿童者、招募儿童参与冲突者等。决议谴责在刚果（金）境内活动的武装团体袭击平民和维和人员、实施性暴力等违反国际法的行为，要求“卢旺达解放民主力量”、“圣灵抵抗军”等武装团体立即停止暴力，解除武装。决议同时强调，要切断通过非法买卖自然资源为武装团体提供资金的渠道。2015年2月14日，联合国称撤销支持刚果（金）政府针对反政府武装“卢旺达解放民主力量”的军事进攻，原因是刚果（金）未按联合国要求撤换被指有侵犯人权行为的军方将领布鲁诺·蒙德乌将军（Bruno Mundevu）和法尔·斯卡布韦将军（Fall Sikabwe）。此前，因反政府武装“卢旺达解放民主力量”在1月份的最后期限前没有投降，联合国希望与刚果（金）军队采取联合军事行动打击反叛分子。但是刚果（金）总统约瑟夫·卡比拉宣布要刚果军队领导军事行动，联合国维和部队提供支持。11月9日，安理会发表主席声明，对刚果（金）东部持续暴力冲突以及安全和人道主义危机表示关切，敦促刚果（金）及时举行和平选举。声明说，刚果（金）东部安全局势近年来有所改善，但由于国内外武装团体一直在破坏稳定，当地安全和人道主义危机不断。安理会强调，彻底解除刚果（金）境内各武装团体的作战能力极为重要，必须使前战斗人员切实解除武装并重返社会。安理会呼吁刚果（金）武装部队与联合国刚果（金）稳定特派团（联刚稳定团）立即恢复全面合作，联手解除包括“卢旺达解放民主力量”在内的境内各武装团体的作战能力。

第三节　乌干达

一、圣灵抵抗军（参见以往《年鉴》）

乌干达主要反政府武装，2013 年被乌干达政府军逐出本国领土后，在乌邻国刚果（金）、南苏丹、中非共和国活动。近几年，有不少报道认为苏丹政府支持“圣灵抵抗军”，并在苏丹西部达尔富尔地区庇护该反政府武装，以报复乌政府支持苏丹反政府武装和南苏丹。[①] 2015 年 9 月，非盟“圣灵抵抗军”问题特使访问苏丹首都喀土穆，调查“圣灵抵抗军”在苏丹的活动，对此苏丹政府予以否认，并表示苏政府不支持乌干达“圣灵抵抗军”。美国政府近年来支持乌干达等有关国家打击“圣灵抵抗军”，2011 年 10 月奥巴马曾宣布派遣 100 名军事顾问至非洲大湖地区，帮助乌干达、刚果（金）、南苏丹、中非共和国等国打击“圣灵抵抗军”。2015 年 8 月，位于华盛顿的“解决‘圣灵抵抗军’倡议组织”（Resolve LRA Crisis Initiative）认为，自 2010 年以来，在乌干达等国政府的军事打击下，“圣灵抵抗军”成员或被消灭或投降政府，力量大为削弱，2015 年该组织武装分子已由 2008 年的 800 人减少到 200 人左右。[②] 2015 年 1 月 6 日，“圣灵抵抗军”最高军事指挥官之一多米尼克·翁格文（Dominic Ongwen）向美国驻中非共和国驻军自首。此前，美国曾悬赏 500 万美元捉拿多米尼克·翁格文。他因涉嫌犯有战争罪和反人类罪而受到国

① “AU commission probing LRA activities arrive in Khartoum”, Sudan Tribune, September 14, 2015.

② “Lord’s Resistance Army (LRA)”, 29—09—2015, http: //www. globalsecurity. org/military/world/para/lra. htm. （上网时间：2016 年 2 月 18 日）

际刑事法院的通缉。

二、民主同盟军

又称"民主同盟军—乌干达解放国民军"（Alliance of Democratic Forces-National Army for the Liberation of Uganda，简称 ADF-NALU），是乌干达伊斯兰反政府武装。1989 年由贾迈勒·穆库卢（Jamil Mukulu）创建，成员包括"乌干达解放伊斯兰国民军"及乌干达前总统阿明军队中的穆斯林军人。该组织早期得到刚果（金）前总统蒙博托和苏丹伊斯兰领导人图拉比的支持。有报道说，20 世纪 90 年代早期，穆库卢曾在苏丹生活，与同时期在苏丹的"基地"组织领导人本·拉登和其他伊斯兰分子建立联系，并曾在苏丹和阿富汗接受过军事训练。该组织的目标是推翻穆塞维尼领导的乌干达现政权，建立一个伊斯兰国家。早期在乌干达西部地区多次发动恐怖袭击，2002 年被乌政府军赶出国境后，跨境至邻国刚果（金）东部活动，并在刚果（金）建立了营地。2005 年、2010 年乌政府军曾越境到刚果（金）东部进行军事打击，但均未铲除该武装。近几年，"民主同盟军"的力量不仅未削弱，反而有所增强，成员有 800—1400 人，[①] 在该地区建立了多个训练营，拥有迫击炮、机关枪和手榴弹等杀伤性武器，主要通过非法采金、走私木材和绑架人质等活动获取资金。2014 年该组织多次发动针对刚果（金）东部平民、人道援助人员和联合国维和部队的袭击。联合国驻刚果（金）联合人权办事处 2015 年 5 月 13 日发表的一份调查报告指出，2014 年 10 月 1 日至 12 月 31 日，有至少 237 名平民在刚果（金）东部贝尼（Beni）地区遭到"民主同盟军"战斗人员的杀害，其中包括 65 名妇女和 35 名儿童。该部队

① "The Rise of ADF-NALU in Central Africa and Its Connections with al-Shabaab", Terrorism Monitor, The Jamestown Foundation, January 9, 2015, p. 6.

对35个村庄进行了袭击，使用砍刀、铁锤和大刀等武器杀害民众，一些人被切喉、在企图逃离过程中遭到枪击或在家中被活活烧死。报告还记录了抢劫和摧毁财产等事件。联合国秘书长刚果（金）问题特别代表科布勒（Martin Kobler）呼吁刚果（金）政府尽快采取一切必要步骤，使平民免遭杀害。

"民主同盟军"与索马里伊斯兰极端组织"青年党"有联系。近几年，乌干达政府指出，乌反政府武装"民主同盟军"与索马里"青年党"结盟（乌支持并派兵参加了打击索马里"青年党"的非盟索马里特派团）。有报道称，"民主同盟军"自2011年11月起派武装人员到索马里接受训练，而"青年党"武装分子也来刚果（金）帮助"民主同盟军"发动袭击。①

第四节 南非

人民反强盗和毒品组织（参见以往《年鉴》）

第五节 尼日利亚

一、尼日尔三角洲解放运动（参见以往《年鉴》）

二、尼日尔三角洲人民志愿军（参见以往《年鉴》）

① "The Rise of ADF-NALU in Central Africa and Its Connections with al-Shabaab", Terrorism Monitor, The Jamestown Foundation, January 9, 2015, p. 6.

三、实现比夫拉主权国运动（参见以往《年鉴》）

四、博科圣地（Boko Haram，参见以往《年鉴》）

尼日利亚最大的反政府武装，也是2014年全球致死人数最多的恐怖组织。[①] 2015年2月，尼日利亚、乍得、喀麦隆、尼日尔等乍得湖流域成员国与贝宁组建多国部队、共同打击极端组织“博科圣地”以来，该组织行动方式较2014年有重大调整。一是袭击范围不断向外扩展。继2014年“博科圣地”首次在喀麦隆发动恐怖袭击之后，2015年又首次在尼日尔、乍得发动恐怖袭击。2015年9月以来，“博科圣地”在尼日利亚发动16次恐怖袭击，在尼日利亚以外的邻国发动12次袭击，[②] 表明该组织已从尼日利亚一国演变成为乍得湖流域地区国家（包括喀麦隆、尼日利亚、尼日尔、乍得等）乃至西非地区的头号安全威胁。二是袭击方式更多采取自杀式袭击。2014年以前，“博科圣地”一般使用枪支袭击，很少采取自杀式炸弹袭击。2014年“博科圣地”共31次采取自杀式炸弹袭击，[③] 而2015年该组织大部分袭击属于自杀式炸弹袭击。同时，他们更多利用女性尤其是女童作为“人弹”发动袭击。三是袭击目标瞄准人群众多的场所。“博科圣地”袭击目标从警察局、军营等政府机

① Institute for Economics and Peace, “2015 Global Terrorism Index”, November 2015, http://economicsand peace.org/wp-content/uploads/2015/11/Global-Terrorism-Index-2015.pdf.（上网时间：2016年1月25日）

② “Terrorisme: le bilan macabre de Boko Haram en 2015”, Jeune Afrique, 31 décembre 2015.

③ Institute for Economics and Peace, “2015 Global Terrorism Index”, November 2015, http://economicsand peace.org/wp-content/uploads/2015/11/Global-Terrorism-Index-2015.pdf.（上网时间：2016年1月25日）

构和西方国际组织、游客转到尼当地学校、教堂或清真寺、市场、车站等公共场所，旨在制造轰动效应。四是效忠极端组织“伊斯兰国”。2012年11月，该组织发表视频，表示支持“基地”组织的全球“圣战”。但“伊斯兰国”2014年6月建立“哈里发国”后，“博科圣地”又很快转向“伊斯兰国”靠拢。2015年3月7日，“博科圣地”宣布效忠极端组织“伊斯兰国”。《纽约时报》引用专家分析称，拥有6000名武装分子的“博科圣地”将有可能成为向ISIS效忠的最大组织。3月初，“博科圣地”还发布了与“伊斯兰国”类似的斩首视频。[①] 3月13日，“伊斯兰国”发声宣布接受“博科圣地”效忠，称此举为“‘哈里发国’扩展至非洲西部的好消息”，呼吁无法去伊拉克和叙利亚加入“伊斯兰国”的支持者改为前往非洲“战斗”。[②] 4月下旬，“博科圣地”宣布改名为“伊斯兰国西非省”（Islamic State's West Africa Province，简称ISWAP），以显示其对“伊斯兰国”的从属关系。

2015年，尼日利亚极端组织“博科圣地”继续频繁发动袭击，造成大量人员伤亡。据联合国人权事务协调办公室12月4日发布的报告，自年初以来，该组织发动的恐怖袭击造成至少3500名平民丧生。[③] 1月3—8日，“博科圣地”武装人员对尼东北部博尔诺州的巴加镇及周边地区发动大规模袭击，烧毁至少16个城镇和村庄，造成大量人员丧命，大批民众弃家逃亡。[④] 此轮袭击是2009年以来“博科圣地”发动的一次最血

① “博科圣地视频显示斩首两名所谓间谍”，http：//www. voachinese. com/content/nigeria-boko-haram-20150302/2664965. html。（上网时间：2015年3月3日）

② “ISIS宣称收编‘博科圣地’煽动支持者前往非洲”，http：//news. ifeng. com/a/20150314/43340640 _ 0. shtml。（上网时间：2015年3月15日）

③ http：//lcclc. info/breaking-news/africa-boko-haram-more-than-3500-civilians-killed-in-2015-by-boko-haram/.

④ 各媒体报道的平民死亡数字相去甚远，在数百到2000人之间。

腥的袭击，不仅造成巨大人员伤亡，还击退多国部队，攻占尼重要军事基地巴加镇（多国联合行动团总指挥中心所在地）。[①] 1月10—11日，尼日利亚东北部连续两天发生两起自杀式炸弹袭击，造成约21人丧命，66人受伤。1月10日周六发生的首起袭击案攻击者是一名10岁女童，而11日在约贝州波蒂斯库姆镇一个手机市场发生的袭击则由两名10岁左右的女童发动。利用女性执行自杀式爆炸袭击，是“博科圣地”新近采取的策略。1月18日，“博科圣地”从尼日利亚越境对喀麦隆北部一个村庄展开袭击，至少3人被杀身亡，大约80人被绑架，这是喀麦隆境内最多人数遭绑架的事件之一。一名高级军官说，被掳走的有约30人是成年人，以牧人居多；其余的50人是年龄介于10岁到15岁之间的小孩。[②] 2月3日和4日，“博科圣地”分别向喀麦隆和尼日利亚边境以及喀麦隆福托科尔镇发动袭击，造成喀麦隆士兵、乍得士兵和大量平民死亡。2月6日，“博科圣地”首次向紧邻尼日利亚的尼日尔博索镇发动袭击，尼日尔也由此成为继喀麦隆之后第二个遭受这一组织破坏的尼日利亚邻国。2月9日，“博科圣地”武装分子袭击了3个喀麦隆村庄，并劫持30名村民。2月12日，尼日利亚东北部博尔诺州两座村庄遭武装分子袭击，导致至少20人死亡。2月12日夜间，“博科圣地”武装人员乘摩托艇穿越乍得湖，袭击了对岸的一个乍得村庄。他们在乍得村庄杀害约10人之后被乍得军队击退。此系“博科圣地”首次袭击乍得领土，此前乍得刚刚加入打击“博科圣地”的地区多国部队。2月15日，一名女性自杀袭击者在尼日利亚东北地区约贝州首府达马图鲁市一个拥挤的公交车站引

---

① 多国联合行动团，1998年成立，最初使命是打击越境犯罪活动，后扩展至打击“博科圣地”武装。

② “博科圣地越境袭击 绑架80喀麦隆村民”，http：//www.zaobao.com/news/world/story20150120－437252。（上网时间：2015年1月20日）

爆身上的炸弹，袭击者自杀身亡并炸死至少 10 人，炸伤 30 余人。2 月 22 日，尼日利亚东北部约贝州波蒂斯库姆市一个电子市场遭自杀式炸弹袭击，至少造成包括袭击者在内 7 人死亡，19 人受伤。据报道，袭击者或是一名 7 岁女孩。3 月 7 日，尼日利亚东北部博尔诺州首府迈杜古里发生连环爆炸，造成 54 人遇难，140 人受伤。3 月 25 日，"博科圣地"在尼日利亚博尔诺州邻近乍得的边境城镇达玛萨克镇掳走了大约 500 名儿童，这些儿童的年龄都在 11 岁或以下。博尔诺州参议员马伊纳·玛吉·拉万称，达玛萨克镇发生的事件并不鲜见，甚至"颇为典型"。"年幼的孩子会被送往伊斯兰学校……16 岁至 25 岁的青壮年则会被'博科圣地'招募入伍，然后将其洗脑训练成死士。"[①] 6 月 15 日，乍得首都恩贾梅纳（中央警署和国家警校）发生两起自杀式炸弹袭击事件，造成至少 38 人死亡，逾百人受伤。这是近年来首次在乍得首都发生类似袭击事件。此前，"博科圣地"领导人阿布巴卡尔·谢考曾公开威胁乍得总统，声称将报复乍得与尼日利亚联手打击该组织。[②] 6 月 22 日，尼日利亚东北部最大城市迈杜古里发生两起自杀式炸弹袭击，两名少女携带炸弹爆炸，导致至少 30 人死亡，大量人员受伤。据报道，一名十几岁的女孩携带炸弹装置，在一个清真寺附近的鱼市上引爆。因为炸弹在拥挤的人群中爆炸，导致大量人员伤亡。此后，另一名携带爆炸装置的女孩从现场附近跑开，但她身上的炸弹也被引爆，造成这名女孩身亡，第二次爆炸未波及周围民众。7 月 4 日，疑似"博科圣地"武装分子在尼日利亚东北部博尔诺州发动攻击，几名女性自杀式炸弹袭击者冲入村庄引爆炸弹，

---

① "尼日利亚极端组织博科圣地绑架数百名平民"，http：//news. sina. com. cn/w/2015－03－25/225131645279. shtml。（上网时间：2015 年 3 月 26 日）

② "Attack me if you dare，Boko Haram chief taunts 'African kings'"，AFP，22 January 2015.

随后武装分子冲入村庄打死近 150 人。7 月 5 日，尼日利亚东北部约贝州第二大城市波蒂斯库姆的一座基督教堂遭自杀式炸弹袭击，导致 5 人死亡。7 月 6 日，在中部高原州首府乔斯市发生两起炸弹袭击（分别发生在市场和清真寺），至少 44 人死亡。7 月 7 日，24 名疑似尼日利亚极端组织“博科圣地”成员袭击位于喀麦隆极北大区博多镇的一个军营时被驻守在军营内的安全部队打死。此外，7 月 7 日，尼日利亚卡杜纳州北部城市扎里亚一处政府机构遭炸弹袭击，造成至少 20 人死亡，多人受伤。爆炸发生后，尼日利亚政府向全国范围发布了警告，告诫人们在近期避免前往人群拥挤的场所。7 月 11 日，乍得首都恩贾梅纳中心市场发生自杀式炸弹袭击，至少 15 人丧生，多人受伤。7 月 16 日，尼日利亚东北部贡贝州首府贡贝市一市场遭两起连环爆炸袭击，至少 25 人丧生。7 月 17 日，尼日利亚东北地区约贝州首府达马图鲁市一穆斯林礼拜场所遭两起自杀式炸弹袭击，造成至少 50 人丧生。袭击者是一名妇女和一名 10 岁左右女童。7 月 22 日，喀麦隆北部城市马鲁阿遭两名十多岁女孩发动的“双重自杀式”炸弹袭击，造成至少 20 人死亡。7 月 25 日，一名 12 岁女孩在马鲁阿一家餐馆发动自杀式炸弹袭击，造成至少 21 人死亡，67 人受伤。此外，“博科圣地”武装分子还对尼日利亚东北部村庄发动一系列袭击，至少造成 25 人死亡，迫使数百人逃离家园。8 月 11 日，尼日利亚东北部一市场发生炸弹袭击，至少 47 人死亡，50 多人受伤。8 月 14 日，“博科圣地”武装人员进攻了尼日利亚东北部约贝州的一个偏远村庄，造成至少 150 人死亡，其中多数村民是在逃跑过程中在河中溺水而亡，许多死者是妇女和儿童。8 月 18 日，“博科圣地”武装人员在喀麦隆北部边境两座村庄发动两起袭击，造成 4 人死亡。8 月 25 日，一伙疑为极端组织“博科圣地”人员的武装分子洗劫了尼日尔南部一座名叫阿巴丹（Abadam）的村庄，并杀死一名军人和两名平民。8 月 25 日，尼日利亚东北部约贝州首府达马图鲁市发生两起自杀式炸弹袭击，造成

5人死亡，数十人受伤。其中一起袭击事件中，一名少女在当地人口密集的公交车站入口处引爆炸弹，造成5人死亡。9月3日，喀麦隆极北大区发生两起自杀式爆炸袭击，造成至少15人死亡，袭击者为两名女性。9月20日，尼日利亚东北部发生连环爆炸，造成超过100人死亡，另有150人受伤。东北部发生的连环爆炸已经造成超过100人死亡，另有150人受伤。连环爆炸发生于20日晚，爆炸地点位于尼东北部博尔诺州首府迈杜古里，以及距离迈杜古里125公里的蒙古诺镇。迈杜古里遭遇至少三次爆炸，而蒙古诺镇遭遇了两次爆炸。这次连环爆炸被认为是尼日利亚最近几个月来发生的最严重的袭击事件。10月10日，乍得巴加索拉镇一市场遭三起自杀式炸弹袭击，共有41人死亡，48人受伤。10月11日，喀麦隆极北大区与尼日利亚边境地区桑格勒赫镇发生自杀式爆炸袭击，11人死亡，另有29人受伤。当天一名25岁左右的女性在桑格勒赫镇引爆身上的爆炸装置，包括袭击者在内至少11人死亡。喀安全部门怀疑袭击由尼日利亚极端组织“博科圣地”策划实施。自7月以来，喀麦隆极北大区已发生14起自杀式袭击事件。10月23日，尼日利亚东北部迈杜古里和约拉的清真寺遭自杀式炸弹袭击，42人遇难。10月24日，4名女性自杀炸弹手在尼日利亚东北城市迈杜古里附近引爆炸弹自杀，此前保安人员对她们进行盘问，并且试图进行搜查。爆炸中还有第5个人死亡，另有10人受伤。11月8日，乍得恩古布瓦遭连环自杀式爆炸袭击，至少2人死亡，14人受伤。次日，乍得政府宣布在乍得湖地区实施紧急状态。11月9日，喀麦隆极北大区与尼日利亚交界处的福托科尔镇一清真寺附近发生自杀式爆炸袭击，造成两名少女袭击者和3名平民共5人死亡，多人受伤。11月14—15日，喀麦隆极北大区阿法代镇发生两起疑似“博科圣地”武装人员袭击事件，5名袭击者死亡，两名平民被劫持。11月17日，尼日利亚东北部阿达马瓦州首府约拉一停车场发生爆炸，造成32人死亡，80人受伤。11月18日，尼日利亚北部卡诺州首府卡诺市两名女性自杀炸弹手在一个手机市场引爆炸弹，导致至少 15 人丧生，100 多人受伤。11 月 27 日，尼日利亚北部卡诺市附近发生自杀式爆炸袭击，导致至少 22 名在什叶派朝圣者队伍中行进的人丧生。28 日，“博科圣地”在“推特”上发布声明，宣布对此事件负责，声明还誓言该组织为在尼日利亚北部及喀麦隆、乍得、尼日尔建立一个独立的“伊斯兰哈里发国”将发动更多袭击。[①] 11 月 28 日，喀麦隆北部小镇达班加（Dabanga）发生两起自杀式炸弹袭击，包括两名女性自杀式袭击者在内的 7 人死亡，另有 12 人受伤。喀麦隆当局说，自杀式袭击者以尼日利亚难民身份进入喀麦隆。喀麦隆已经驱逐了数千名难民。12 月 1 日，喀麦隆极北大区瓦扎镇发生两起自杀式爆炸袭击，造成包括两名袭击者在内的 6 人死亡。12 月 5 日，在乍得湖地区的古勒古阿村发生了系列自杀式袭击，共造成 19 人死亡，另有 130 人受伤。乍得安全部门人士说，古勒古阿村位于乍得湖一个岛上，袭击是由极端组织“博科圣地”发起的。12 月 11 日，喀麦隆极北大区发生一起自杀式爆炸袭击，至少 11 人死亡，多人受伤。袭击者为一名十多岁的女孩，自 2015 年 7 月以来喀极北大区发生多起自杀式炸弹袭击，袭击者基本上都是未成年少女。12 月 12 日，尼日利亚北部三座村庄遭“博科圣地”袭击，造成至少 30 人死亡，20 人受伤。12 月 22—23 日，尼日尔东部迪法省多次遭袭击，至少 5 人死亡，10 余人受伤。12 月 25 日，尼日利亚东北部博尔诺州一村庄遇袭，致 16 人死亡，另有 6 人被绑架。12 月 28 日，尼日利亚东北部博尔诺州首府迈杜古里一清真寺遭炸弹袭击，造成 30 人死亡，65 人受伤。

---

① “‘博科圣地’宣称对最近尼日利亚自杀爆炸负责”，http：//www. voachinese. com/content/voa-news-nigeria-blast-20151128/3078877. html。（上网时间：2015 年 11 月 29 日）

五、安萨鲁（Ansaru）

第六节 埃塞俄比亚

一、欧加登民族解放阵线（参见以往《年鉴》）

二、奥罗莫解放阵线（参见以往《年鉴》）

第七节 苏丹

一、苏丹解放运动（参见以往《年鉴》）

二、正义与平等运动（参见以往《年鉴》）

第八节 乍得

一、争取民主和发展力量联盟（参见以往《年鉴》）

二、变革力量联盟（参见以往《年鉴》）

三、争取乍得民主和正义运动（参见以往《年鉴》）

第九节　中非共和国

一、争取团结民主力量联盟（参见以往《年鉴》）

二、恢复共和与民主人民军（参见以往《年鉴》）

三、中非人民民主阵线（参见以往《年鉴》）

第十节　马里

一、图阿雷格马里北部变革联盟（参见以往《年鉴》）

二、信仰捍卫者（Ansar Dine）（参见以往《年鉴》）

马里主要伊斯兰极端组织。2015 年该组织的活动范围从此前的马里北部扩展到该国南部地区。6 月 30 日，其发言人伊斯梅尔·哈利勒（Ismaël Khalil）宣布该组织对 6 月 27 日和 28 日分别在马里邻国毛里塔尼亚和科特迪瓦的袭击事件负责，他表示“未来还将在科特迪瓦、马里、毛里塔尼亚及其他与伊斯兰为敌的国家发动袭击”。[1] 此前在 6 月 20 日，马里政府与北部图阿雷格部族领导的主要反政府武装组织“阿扎瓦德协调运动”在首都巴马科签署《和平与和解协议》。“阿扎瓦德协调运动”与马里政府签署和平协议，意味着全面和平协议的最终达成。有分析认为，“信仰捍卫者”6 月底发动的袭击事件旨在破坏《和平与和解协议》的执行。

三、马西纳解放阵线（le Front de libération du Macina，英文名 Macina Liberation Front）

2015 年马里新出现的一个极端组织。成立于 2015 年 1 月，主要由颇尔族组成。[2] 该组织主要在马里中部地区活动，目标是恢复 19 世纪富拉尼人在马里中部一度建立的伊斯兰神权国家马西纳帝国。[3] 创建人和领导人是哈马杜·库法（Hamadou Kouffa）。库法在 20 世纪 90 年代作为伊斯兰教长在马里宣教，2001—2008 年他前往阿富汗、印度和卡塔尔等国，返回马里后宗教思想更加激进。2012 年，他曾谴责马里宗教领袖和法官腐败、不执行伊斯兰教法。此后，库法 2013 年 1 月与“伊斯兰马格里布基地组织”、“信仰捍卫者”和“西非统一与圣战运动”等极端组织一道对马里中部城市科纳（Konna）进行军事进攻，并自称为“科纳苏丹”。法国和非洲联军出兵马里后，上述马里北部伊斯兰极端组织的“南

① “Terrorisme：Ansar Eddine revendique deux attaques au Mali”，1er juillet 2015，Afrik.

② 颇尔族又称富拉尼族或富尔贝族，主要分布在尼日尔河中游地带，游牧和半游牧民族，人口占马里总人口的 11%。

③ 马西纳帝国，19 世纪马里中部的伊斯兰神权国家，面积约 13 万平方公里，包括尼日尔河流域重要城市杰内和通布图。当时马西纳帝国以伊斯兰圣战为旗帜，严格执行伊斯兰教法，推动该地区伊斯兰化。

下”势头受挫，之后库法一度沉寂直到 2015 年 1 月重新出现。“马西纳解放阵线”与马里北部活动的“伊斯兰马格里布基地组织”、“信仰捍卫者”和“西非统一与圣战运动”等极端组织均有联系，与布基纳法索、科特迪瓦、毛里塔尼亚和阿尔及利亚等国的极端分子也有联系。同时该组织试图与尼日利亚极端组织“博科圣地”或“安萨鲁”结盟。因此，马里军方称该组织领导人库法为新的“阿布巴卡尔·谢考”（“博科圣地”最高头目），将“马西纳解放阵线”视为马里的“博科圣地”。①

2015 年“马西纳解放阵线”在马里中部和南部地区多次发动恐怖袭击。4 月 22 日，两名该组织武装分子袭击马里中北部一村庄，指责村长伊萨·迪克奥（Issa Dicko）被马里政府军、联合国维和部队及法国军队收买，后杀死该村长。6 月 27 日，该组织与“信仰捍卫者”武装分子对马里邻近毛里塔尼亚的纳拉市一处军营进行袭击，共造成 12 人死亡，其中 3 人为马里安全部队士兵。8 月 10 日，该组织武装分子在马里中部城市莫普提抢劫多个商铺，并焚烧马里安全部队的一辆汽车，打死 3 名马里安全部队士兵。8 月 7 日，该组织与“穆拉比通”武装分子袭击了马里中部城市塞瓦雷（Sevaré）的一家酒店（l'Hôtel le Byblos），致 13 人丧生，此前塞瓦雷从未发生过此类袭击。“马西纳解放阵线”宣布对此事件负责，称“安拉指引塞瓦雷的‘圣战’战士进行了对伊斯兰敌人的袭击”。② 8 月 15 日，该组织两名武装分子在马里巴克鲁（Barkerou）杀死一名 63 岁的伊斯兰伊玛目和当地一名议员，据说该伊玛目是其宗教反对派。9 月 12 日，该组织两名武装分子在马里中部莫普提邦卡斯的一村庄

① “The Sahel's Militant ‘Melting Pot’: Hamadou Kouffa's Macina Liberation Front (FLM)”, Terrorism Monitor, The Jamestown Foundation, November 13, 2015, p. 4.

② Ibid.

（Ouenkoro）的安全检查站，打死两名警察和两名平民。该村庄与马里邻国布基纳法索邻近。9月19日，该组织两名武装分子袭击马里中部莫普提一安全检查站，打死两名警察和两名平民。10月9日，该组织数十名武装分子袭击了邻国布基纳法索一宪兵队执勤点后，又在邻近布基纳法索的马里中部莫普提附近发动袭击，杀死3名平民。11月20日，马里首都巴马科丽笙酒店（Hôtel le Radisson Blu）遭到恐怖分子袭击，酒店内约170人被扣为人质。此次事件中有包括两名袭击者在内的至少21人遇难，其中有3名中国公民、6名俄罗斯人、2名比利时人、1名美国人和1名塞内加尔等多名外籍人士丧生。事件发生后，“马西纳解放阵线”发表声明，宣布对此次袭击事件负责。声明指出，11月20日袭击是对法国及马里政府军针对“马西纳解放阵线”和“伊斯兰捍卫者”武装人员军事行动的回击。[①]“马西纳解放阵线”还指出，此次行动共由5名武装人员实施，其中3人逃脱了特种部队的追捕。[②] 11月20日和8月7日酒店袭击如出一辙，均为武装人员闯入酒店后向酒店内人员开枪射击。两家酒店均为当地西方人，尤其是欧盟训练团、联合国马里多层面综合稳定团（马里稳定团）、外国商人和航空公司人员经常下榻和活动的场所。除了“马西纳解放阵线”之外，隶属于“基地”组织的极端组织“穆拉比特”也宣称对20日发生的马里酒店人质劫持事件负责（详情见下一节有关内容）。

① http：//www. lavenir. net/cnt/dmf20151123 _ 00739842.（上网时间：2015年11月24日）

② http：//malijet. com/a _ la _ une _ du _ mali/140670-attaque-du-radisson-a-bamako-trois-suspects-activementrecherche. html.（上网时间：2015年11月24日）

第十一节　阿尔及利亚

一、伊斯兰马格里布基地组织（参见以往《年鉴》）

“基地”组织北非分支。主要在北非及萨赫勒地区活动。2015 年 11 月 20 日，马里首都巴马科丽笙酒店（Hôtel le Radisson Blu）遭受恐怖袭击，大约 170 人被扣为人质，共有包括两名袭击者在内的 21 人丧生。袭击事件发生后，极端组织“穆拉比特”发声称，“伊斯兰马格里布基地组织”与其联手实施了这起袭击行动（详情见“穆拉比特”有关内容）。

2015 年“伊斯兰马格里布基地组织”在马里北部多次发动针对马里政府军和联合国马里多层面综合稳定特派团（马里稳定团）的袭击。其中 7 月 2 日，马里稳定团巡逻队在马里北部通布图遭遇袭击，6 名维和士兵被杀，另有 5 人受伤。8 月 3 日，马里北部通布图的一处军营遭到袭击，11 名马里政府军士兵被杀。“伊斯兰马格里布基地组织”宣布对上述袭击事件负责。

2015 年 12 月 4 日，“伊斯兰马格里布基地组织”头目阿卜杜勒马利克·德罗克代尔（Abdelmalek Droukdel）发布一段录音讲话，称“穆拉比特”加入到“伊斯兰马格里布基地组织”的行列（详情见“穆拉比特”有关内容）。[1]

---

① “AQIM confirms death of former MUJAO spokesman”, http://www.longwarjournal.org/archives/2016/02/aqim-confirms-death-of-former-mujao-spokesman.php.（上网时间：2016 年 2 月 19 日）

二、西非统一与圣战运动（The Movement for Oneness and Jihad in West Africa，参见以往《年鉴》）

由“伊斯兰马格里布基地组织”分化而来，活跃于西非马里等国的伊斯兰极端和恐怖主义组织。2013 年初法国和非洲联军出兵马里后，该组织势头受挫。2013 年 8 月与“伊斯兰马格里布基地”组织的另一分支“血盟者”组成极端组织“穆拉比特”（Al-Mourabitoune），但仍保持独立行动能力。2015 年 3 月 30 日，国际红十字会的一辆车在马里北部加奥附近遇袭，造成 1 死 1 伤。事件发生后，该组织宣布负责，称“在安拉的帮助下，我们在加奥杀死了为敌人工作的一名司机”。①

三、穆拉比特（Al-Mourabitoune，参见以往《年鉴》）

北非和西非地区宗教极端组织。有媒体称之为“纳赛尔主义独立运动”。“穆拉比特”创立于 2013 年 8 月，由“伊斯兰马格里布基地组织”原两大分支“血盟者”（Signers in Blood）和“西非统一与圣战运动”合并而成，领导人为穆赫塔尔·贝勒穆赫塔尔（Mokhtar Belmokhtar）。2012 年 12 月贝勒穆赫塔尔因不愿听从“伊斯兰马格里布基地组织”指挥而宣布独立，另组建“血盟者”。“穆拉比特”成立后，贝勒穆赫塔尔宣称将放弃该组织领导权，退居幕后。2014 年“穆拉比特”在法军的军事打击下接连遭受重大损失：4 月该组织领导人、埃及“圣战”分子阿卜巴卡尔·纳斯里（Abubakr Al-Nasri）等 7 人在马里北部地区被法军击毙，同年 12 月该组织另一领导人艾哈迈德·提勒西（Ahmed al-Tilemsi）

---

① “Qui sont les Mujao，les terroristes qui revendiquent l’attaque d’un véhicule de la Croix Rouge dans le Nord Mali”，VICE news，March 31，2015.

及6名成员被法国特种部队击毙，另有3人被俘。

2015年3月7日，马里首都巴马科一家酒吧遭枪击袭击，造成包括两名欧洲人（1名法国人和1名比利时人）在内的5人死亡，8人受伤。这是马里首都首次遭遇如此严重的恐怖袭击。袭击发生当天，“穆拉比特”宣布为此事件负责，声称此袭击是对艾哈迈德·提勒西被杀的报复行动。4月15日，一辆装有炸弹的车辆试图闯入联合国马里多层面综合稳定特派团（马里稳定团）位于加奥昂松戈的尼日尔营区，并在营区门口发动自杀式袭击。袭击造成3名平民死亡，16人受伤，伤者中包括9名尼日尔籍维和人员。事件发生后，该组织向媒体宣布制造了这起自杀式爆炸袭击事件，袭击目标是马里稳定团驻扎在加奥昂松戈的尼日尔部队，发动袭击是为了反对法国和美国在马里设立军事基地以及尼日尔总统参加了声援法国讽刺杂志《查理周刊》的集会活动。11月20日，马里首都巴马科丽笙酒店（Hôtel le Radisson Blu）遭到恐怖分子袭击，共造成包括两名袭击者在内的21人丧生。袭击事件发生当天，“穆拉比特”通过“推特”和“半岛电视台”发布声明，宣布为此袭击事件负责，称“伊斯兰马格里布基地组织”与“穆拉比特”的成员一道实施了袭击，并将继续发动恐怖袭击，直到满足两项要求：结束在马里北部进行的反恐行动和释放“圣战”分子。两名袭击者为阿卜杜勒·安萨里（Abdel Hakim Al-Ançari）和莫阿德·安萨里（Moâdh Al-Ançari）。分析认为，马里首都巴马科3月7日和11月20日发生的恐怖袭击案具有高度相似性，实施者均为两名袭击者，使用的武器均为轻武器，袭击的地点均为外国人尤其是西方人经常光顾的场所。

2015年“穆拉比特”内部就是否转而效忠“伊斯兰国”发生严重分歧。贝勒穆赫塔尔领导的“蒙面旅”（“血盟者”的前身）虽于2012年12月脱离“伊斯兰马格里布基地组织”（即“基地”北非分支），但仍与“基地”总部联系紧密，并多次宣誓效忠“基地”最高领导人扎瓦希里。

“穆拉比特”2013年8月成立时，亦宣布以忠于“基地”首领扎瓦希里为己任。2014年4月“穆拉比特”发表声明，称在叙利亚极端武装组织“支持阵线”（Al-Nusra Front）与“伊拉克和黎凡特伊斯兰国”（ISIL）矛盾问题上支持“基地”总部决定，即不承认ISIL为“基地”正式分支，并重申效忠“基地”首领扎瓦希里。2015年5月，原“西非统一与圣战运动”领导人阿布瓦利德·萨拉维（Abou Walid Al-Sahraoui）签发一份声明称，“穆拉比特”向“伊斯兰国”宣誓效忠。但这一决定只得到“穆拉比特”中原“西非统一与圣战运动”成员支持，贝勒穆赫塔尔领导的“血盟者”并不支持。两天后，后者否认“穆拉比特”向“伊斯兰国”宣誓效忠，并称萨拉维的声明不是“穆拉比特”的“舒拉委员会”（该组织最高决策机构）发出的，贝勒穆赫塔尔重申向“基地”组织最高领导人扎瓦希里效忠。5月18日，萨拉维确认向“伊斯兰国”效忠，并且其发言人称萨拉维被“舒拉委员会”指定为（马里）阿扎瓦德地区“埃米尔”（最高领袖）。但贝勒穆赫塔尔的发言人对此予以否认，指责萨拉维自称“埃米尔”。7月21日，“穆拉比特”宣布贝勒穆赫塔尔为“埃米尔”，该组织首次自称为西非“基地”组织（Al-Qaïda en Afrique de l’Ouest）。“穆拉比特”宣布免除萨拉维的职务，重申向“基地”组织效忠。此后可能为避免与埃及一个支持“基地”组织的一个组织名称混淆，“穆拉比特”自称“穆拉比特－基地”西非“圣战”组织（Al-Mourabitoune-Al-Qaïda du jihad en Afrique de l’Ouest ），也被称为“基地”组织西非分支。[①] 8月，“伊斯兰国”发布通知呼吁“清除”贝勒穆赫塔尔，并公布了贝勒穆赫塔尔的一份简历。据“伊斯兰国”的消息，贝勒穆赫塔尔在2013年初法军干预马里后在利比亚避难，在利比亚东部城市德尔纳

① “Al-Mourabitoune se présente comme étant la branche d’Al-Qaïda en Afrique de l’Ouest”，AFP，15 ao？ t 2015.

创立“穆拉比特”。2015 年 6 月，贝勒穆赫塔尔在德尔纳与“伊斯兰国”武装分子作战。[①] 2015 年 12 月 4 日，“伊斯兰马格里布基地组织”头目阿卜杜勒马利克·德罗克代尔（Abdelmalek Droukdel）宣布，“穆拉比特”及其“埃米尔”贝勒穆赫塔尔与“伊斯兰马格里布基地组织”重新结盟。[②] 同一天，“穆拉比特”发言人阿布杜加纳·卡斯米（Abou Dujana al-Qasimi）对此予以确认。有分析认为，“基地”组织最高领导人扎瓦希里可能要求“伊斯兰马格里布基地组织”与“穆拉比特”联合应对“伊斯兰国”的影响力上升。

据阿尔及利亚媒体报道，2015 年 6 月 14 日，“穆拉比特”中原“西非统一与圣战运动”领导人阿布瓦利德·萨拉维在马里北部城市加奥附近与“伊斯兰马格里布基地组织”及“穆拉比特”武装分子作战时受伤，14 名来自原“西非统一与圣战运动”的“穆拉比特”武装分子战死。[③] 此事件反映了“穆拉比特”的内讧及萨赫勒地区极端组织之间的争斗。

四、哈里发战士（Soldiers of the Caliphate，或 Jund Al-Khilafa，参见以往《年鉴》）

阿尔及利亚宗教极端组织。2014 年 9 月 14 日，脱离“伊斯兰马格里布基地组织”而成立，并效忠“伊斯兰国”。2014 年 12 月其阿卜杜勒马立克·苏莱曼·阿卜·古里（Abdulmalik Suleiman Abu Gori）被阿尔

① “ Mohamed Berkani，Daech condamne à mort Mokhtar Belmokhtar，Al Qaïda parle de trahison”，Francetv info，24 ao？ t 2015.

② “ L'émir d'Aqmi annonce le ralliement de Mokhtar Belmokhtar”，RFI，4 décembre 2015.

③ “ Al Qaeda attack on MUJAO commander in Mali highlights increasing risk of competition among jihadists in Sahel”，IHS Jane's Country Risk Daily Report，June 18，2015.

及利亚安全部队击毙后，该组织受重创。2015 年该组织又接连因阿军方打击而实力受损：4 月 28 日，阿军方在首都阿尔及尔以东的提济乌祖地区行动中打死该组织 5 名武装分子。5 月 20 日，阿军方对首都阿尔及尔以东“哈里发战士”的一次会议进行突袭，打死至少 21 名武装分子，另外逮捕两人。

2015 年该组织未对任何一次袭击宣布负责。

第十五章　中东地区主要恐怖组织

第一节　巴勒斯坦

一、哈马斯（参见以往《年鉴》）

4 月 20 日，巴勒斯坦联合政府高级代表团与哈马斯对话因分歧过大中止，联合政府代表团于当天傍晚离开加沙地带返回约旦河西岸地区。由联合政府 8 位内阁部长及 22 位官员组成的巴勒斯坦高级代表团 19 日经以色列进入加沙地带，原计划于 24 日上午离开加沙地带返回西岸城市拉姆安拉。但由于双方分歧无法弥合，巴勒斯坦领导层指示代表团中止对话，即刻返回。据称，哈马斯立场强硬，不肯接受联合政府代表团提出的一揽子解决问题的建议，包括哈马斯雇员的工资问题。此外，由于受到人为阻挠，抵达加沙的联合政府官员无法进入各自部门设在当地的办公室。

5 月 7 日，巴勒斯坦两大派别法塔赫和哈马斯代表团在黎巴嫩议长贝里的主持下在贝鲁特举行会议，讨论实现两派和解和加强巴民族团结等事宜。据黎巴嫩通讯社报道，贝里当天分别同法塔赫和哈马斯代表团会晤。此后，在贝里主持下举行三方联合会议。贝里在会上提出了一些推动实现巴勒斯坦内部和解和加强巴民族团结的设想和建议，受到了巴勒斯坦两派的欢迎。哈马斯代表团团长、政治局副主席马尔祖克会后对媒体说，会议讨论了巴勒斯坦局势和巴内部和解等问题，贝里就巴内部和解等问题提出了一些建设性的建议。哈马斯将执行已达成的共识。法塔赫代表团团长、法塔赫中央委员会委员艾哈迈德表示，法塔赫对贝里提出的关于消除巴联合政府所面临的障碍的建议表示欢迎，认为这些建议积极而务实。他说，他同马尔祖克同意再次举行会晤，继续讨论贝里的建议，致力于结束巴内部分裂，使巴联合政府在各派支持下有效运转。

6月初，以色列军方表示，以方针对加沙地带北部发动了一次空袭，还击从哈马斯控制的这一地区向以色列南部发射的火箭弹袭击。

6月6日，埃及紧急事务上诉法院以缺乏司法权为由，撤销埃及一家法院先前将哈马斯列为恐怖组织的裁定。埃及律师阿什拉夫·法拉哈特先前提起诉讼，指控哈马斯利用地道从巴勒斯坦加沙地带向埃及走私武器。2015年2月，埃及一家法院裁定，把哈马斯列为恐怖组织。这一裁定遭到哈马斯强烈谴责。

10月，巴以冲突升级至今，已有约50名巴勒斯坦人丧生，2000多人受伤，数百人被逮捕。以色列方面则有10人死亡，100多人受伤。10月5日，约旦河西岸多地爆发巴勒斯坦民众与以色列军警冲突。愤怒的巴勒斯坦青年向以军警投掷石块和自制燃烧弹，以军警还以橡皮子弹、催泪弹和实弹。冲突造成两名巴勒斯坦人被打死，20多名巴勒斯坦人受伤。巴以地区近期安全局势持续恶化。双方在约旦河西岸以及耶路撒冷老城发生多次冲突，多名巴勒斯坦人被捕。哈马斯等巴勒斯坦武装派别呼吁巴勒斯坦国总统阿巴斯立即中断与以色列的任何安全合作。哈马斯等巴勒斯坦武装派别称，连日来的冲突是巴勒斯坦人发起的新一轮“起义”，以色列将会为其对巴勒斯坦人犯下的罪行付出沉重代价。10月20

日凌晨，以军和国家安全总局在一次联合行动中，以“煽动恐怖主义”为名，逮捕了哈马斯在约旦河西岸的领导人优素福。哈马斯发言人通过卡塔尔半岛电视台发表声明称，以色列此举意在“向哈马斯和巴勒斯坦人民施压”。20日，以色列代理警察总长萨乌还宣布，警方计划在未来几天内逮捕数百名东耶路撒冷的巴勒斯坦人，以进一步控制安全局势。埃及《七日报》称，巴方准备再次提出“成立国际调查委员会”的请求。哈马斯和伊斯兰圣战组织10月22日曾号召巴勒斯坦民众举行抗议活动，反抗以军士兵。当天，两组织还在加沙组织大规模游行，号召持续抵抗以色列占领。

12月23日，以色列逮捕了和哈马斯有牵连的25名巴勒斯坦人，这些人策划从事针对以色列人的炸弹和自杀袭击。

二、巴勒斯坦伊斯兰圣战组织（参见以往《年鉴》）

三、解放巴勒斯坦人民阵线（参见以往《年鉴》）

四、解放巴勒斯坦民主阵线（参见以往《年鉴》）

五、阿布·尼达尔组织（参见以往《年鉴》）

六、解放巴勒斯坦人民阵线总指挥部（参见以往《年鉴》）

七、阿克萨烈士旅（参见以往《年鉴》）

八、人民抵抗委员会（参见以往《年鉴》）

九、真主战士（参见以往《年鉴》）

十、巴勒斯坦伊斯兰军（参见以往《年鉴》）

8月20日，以色列空军在阿什杜德部署了一套“铁穹”火箭弹拦截系统，以应对以色列与加沙地带边境因为一名绝食的巴勒斯坦囚犯可能死亡而出现的紧张局势。被以色列当局关押的巴勒斯坦囚犯穆罕默德·阿兰已经绝食64天，他的身体状况逐步恶化。以色列最高法院19日做出判决，要求以色列当局停止未经审判关押阿兰，但因为他生命垂危，仍需继续留在以色列医院。31岁的阿兰是约旦河西岸一名巴勒斯坦律师，以当局认为他是巴勒斯坦伊斯兰圣战组织的成员。阿兰为抗议以当局对他“非法拘捕”，绝食两个多月后陷入昏迷，被送进以色列医院。但医院认为应当尊重其个人意愿，因此拒绝根据以色列议会刚通过的强制喂食法对他进行喂食。巴勒斯坦伊斯兰圣战组织此前威胁说，如果阿兰因绝食死亡，该组织将对以色列发动袭击。

十一、加利利自由军（参见以往《年鉴》）

十二、伊玛德·穆格尼耶（参见以往《年鉴》）

十三、雷电（参见以往《年鉴》）

十四、风暴之鹰（参见以往《年鉴》）

十五、安萨尔逊纳（参见以往《年鉴》）

第二节　埃及

一、埃及伊斯兰圣战组织（参见以往《年鉴》）

二、伊斯兰组织（参见以往《年鉴》）

三、赎罪与迁移组织（参见以往《年鉴》）

四、埃及伊斯兰自尊旅（参见以往《年鉴》）

五、阿卜杜拉阿扎姆旅（参见以往《年鉴》）

六、埃及圣战者（参见以往《年鉴》）

七、圣战与统一组织（参见以往《年鉴》）

八、穆斯林兄弟会（参见以往《年鉴》）

12 月 17 日，英国政府发布针对穆斯林兄弟会的官方调查报告，认为穆兄会在某些层面与英国的价值观、国家利益和国家安全相悖，但并未要求英国禁止这一组织。报告说，穆兄会和针对英国的恐怖活动没有关联，但报告认为该组织在英国的成员构成、资金筹集和教育项目等方面的信息和相关活动过于“隐秘”。该报告指责穆兄会屡次为哈马斯袭击以色列的行为辩护。英国首相卡梅伦当天向议会提交书面声明说，穆兄会的部分成员与暴力极端主义存在“高度暧昧”关系，认为该组织“故意不透明”和“习惯性地偷偷摸摸”。卡梅伦说，穆兄会的意识形态和活动中有一些方面与英国的民主法治、个体自由、平等互尊、信仰宽容等价值观相左，加入穆兄会或者与穆兄会存在联系，应当被视为可能导致极端主义的指标。卡梅伦表示，英国将持续审查穆兄会在英国的言论和活动，对曾发表极端观点的穆兄会成员及其同伙拒发签证，但并未决定在英国取缔穆兄会。穆兄会当天在其官方网站发表声明，拒绝接受卡梅伦对该组织的批评，认为上述调查报告缺乏可信证据，存在“严重缺陷”，其结论是错误的，将通过法律途径维护自己声誉。

12 月 22 日，埃及一家军事法院判处穆斯林兄弟会最高决策机构指导局前主席穆罕默德·巴迪亚以及另外两名穆兄会领导人 10 年监禁。他们三人被控在 2013 年 8 月埃及军方对穆尔西总统支持者示威营地清场后，在埃及东北部的苏伊士市煽动暴力、纵火以及谋杀平民等。此外，本案中还有 90 名被告被判终身监禁，56 名被告被缺席判处 3—7 年不等的有期徒刑，50 人被无罪释放。

九、耶路撒冷支持者

西奈半岛发生的袭击中，多数由“耶路撒冷支持者”发动。“耶路撒冷支持者”由阿布·乌萨马·马斯里领导，还吸收了埃及特种部队前军官。这一组织 2014 年 11 月宣布归附“伊斯兰国”。7 月 1 日，“耶路撒冷支持者”武装人员在埃及西奈半岛的北西奈省发动多点袭击，打死打伤数十名埃及军警，为2013年7月埃及军方解除时任总统穆罕默德·穆尔西职务以来西奈半岛发生的最严重武装袭击之一。袭击当天上午开始，交火持续至下午。极端组织“伊斯兰国”旗下“耶路撒冷支持者”组织在网络上发表声明，宣称发动了这次袭击。这一组织称，袭击了超过15处埃及军队和警察目标，包括检查站和警察局；发动了3次自杀式爆炸袭击。埃及军方则说，5座检查站遇袭，袭击者有大约70人并且动用了迫击炮和火箭筒等重武器。

第三节　黎巴嫩

一、真主党（参见以往《年鉴》）

1月19日黎巴嫩真主党称，6名真主党成员死于以色列当天对叙利亚南部的一次空袭，包括原真主党二号人物伊马德·穆格尼耶之子。真主党在一份声明中说，多名真主党成员在叙利亚库奈特拉省一座小镇查看地形时遭遇以色列直升机发射的火箭弹袭击。其中6人丧生，包括吉哈德·穆格尼耶。吉哈德·穆格尼耶的父亲伊马德·穆格尼耶原为真主党高级军事指挥官，涉嫌参与1985年一起美国客机劫持和1992年以色列驻阿根廷使馆遇袭等事件。他2008年在叙利亚大马士革遭汽车炸弹袭击身亡。真主党认定他死于以色列暗杀，誓言为他报仇。伊马德·穆格尼耶死后，真主党对其子委以重任。美联社援引多名没有公开姓名的真主党成员的话报道，吉哈德·穆格尼耶是真主党在戈兰高地行动的指挥官之一。丧生者还包括真主党高级军事指挥官穆罕默德·伊萨。一名接近这一组织的消息人士说，伊萨负责指挥真主党在叙利亚和伊拉克的军事行动。

5月16日，黎巴嫩真主党总书记纳斯鲁拉称，截至当天，真主党已有13名成员在叙利亚卡拉蒙战役中丧生。纳斯鲁拉当晚通过真主党旗下的“灯塔”电视台发表讲话说，自5月初以来，叙利亚政府军及支持政府的民兵武装和黎巴嫩真主党向盘踞在叙利亚卡拉蒙山区的极端组织“伊斯兰国”和“支持阵线”发动攻势，展开一系列激战，取得重要战果。纳斯鲁拉说，叙利亚政府军和真主党武装在卡拉蒙战役中迄今已收复350平方公里的叙利亚土地和与此接壤的部分黎巴嫩领土，摧毁了极端组织在该地区的主要指挥中心和据点，捣毁了一些安装汽车炸弹的工厂，打通了该地区与黎巴嫩边界的连接。

6月10日，黎巴嫩真主党总书记纳斯鲁拉在贝鲁特表示，真主党同极端组织“伊斯兰国”的战役已经打响，黎巴嫩与叙利亚边境地区的恐怖主义将消亡。纳斯鲁拉在宗教会议上发表电视讲话说，真主党武装最近在黎巴嫩东部与叙利亚接壤的阿尔萨勒地区重创“基地”组织叙利亚分支“支持阵线”。同时，真主党同“伊斯兰国”的战役已经开始，不论做出多大牺牲，真主党都决心消灭恐怖组织在黎叙边境地区的存在。纳斯鲁拉说，“伊斯兰国”9日出动数百名武装分子对真主党在黎叙边界附近的拉斯巴尔贝克山区阵地发动进攻，真主党武装随即予以反击，击退了“伊斯兰国”的进攻，打死打伤数十名武装分子，摧毁多辆汽车。真主党方面也有人员伤亡。

7月10日，黎巴嫩真主党总书记纳斯鲁拉在贝鲁特呼吁，通过政治途径解决叙利亚危机。纳斯鲁拉当天发表讲话说，叙利亚危机已经持续4年多，所有叙利亚人都希望解决这场危机。他呼吁一些国家停止对叙利亚一些派别的资金支持以及阻碍叙利亚实现和解。纳斯鲁拉表示，真主党主张政治解决叙利亚危机。

8月14日，黎巴嫩真主党总书记纳斯鲁拉发表讲话，指责美国利用极端组织“伊斯兰国”分裂中东地区。纳斯鲁拉当天在真主党的集会上发表讲话说，美国在打击“伊斯兰国”过程中采取了欺骗手段，言行不一。其真正计划是从政治上分裂叙利亚和伊拉克，推翻叙利亚现政权。他呼吁阿拉伯国家采取坚定立场，阻止中东地区出现分裂。纳斯鲁拉还指出，目前黎巴嫩面临着真正的危机，国家没有总统，政府无法做出决策。他呼吁各政治派别通过对话寻求解决这些危机的方案。

12 月 19 日，以色列出动战机轰炸了叙利亚首都大马士革郊区贾拉曼纳镇的一栋居民楼，造成坎塔尔和一些叙利亚居民身亡。坎塔尔遇袭身亡后，黎以边界局势骤然紧张。20 日晚，有 3 枚火箭弹从黎巴嫩南部射向以色列北部边界地区。随后，以色列军队向黎巴嫩南部发射了 8 枚迫击炮弹。20 日晚双方袭击没有造成人员伤亡。27 日，黎巴嫩真主党总书记纳斯鲁拉在贝鲁特再次对以色列发出威胁，称将对真主党高级成员萨米尔·坎塔尔在叙利亚遭以色列空袭身亡事件实施报复。纳斯鲁拉当天下午在真主党举行的纪念坎塔尔遇害一周群众集会上通过大屏幕发表讲话说，真主党对以色列杀害坎塔尔事件的报复行动即将实施，而且不可避免，从黎以边界最西端的纳库拉到东部以色列占领的戈兰高地的以军阵地都将成为真主党报复的目标。纳斯鲁拉说，真主党决不会姑息以色列的所作所为，同时真主党也不会惧怕以色列发出的威胁和恐吓。这是一周内真主党领导人第二次向以色列发出报复威胁。纳斯鲁拉 21 日晚通过真主党旗下的“灯塔”电视台发表讲话说，以色列应对坎塔尔遇袭身亡承担全部责任，真主党有权在它认为合适的时间和地点对以色列实施报复。

二、伊斯兰法塔赫（参见以往《年鉴》）

三、安萨尔联盟（参见以往《年鉴》）

四、扎耶德·杰拉哈支队（参见以往《年鉴》）

第四节　叙利亚

一、萨姆军（参见以往《年鉴》）

二、伊斯兰圣战组织（参见以往《年鉴》）

三、萨姆统一与圣战组织（参见以往《年鉴》）

四、支持阵线（参见以往《年鉴》）

1月23日，数百名“支持阵线”等极端组织的武装分子向与叙利亚接壤的巴勒贝克地区一个黎军前沿哨所发动袭击，黎军随即向该地区增兵进行反击，双方展开激战，造成40多名“支持阵线”武装分子死亡，数十人受伤。

4月6日，“支持阵线”在叙北部劫持约300名库尔德平民。报道说，“支持阵线”组织在叙北部伊德利卜省的代纳镇附近劫持了这些平民，其中包括许多妇女和儿童。这些平民当天乘坐5辆大巴车从阿勒颇省的埃夫林镇前往阿勒颇市和首都大马士革，但在经过“支持阵线”占据的伊德利卜省时被该组织武装人员劫持。目前“支持阵线”已将这些平民带往当地的宗教法院。埃夫林镇位于阿勒颇省西北，是叙利亚库尔德人的聚居区。在“支持阵线”攻占阿勒颇市西南的伊德利卜市之后，多次发生针对库尔德人的袭击和劫持事件。

4 月 25 日，“支持阵线”向叙政府军控制的吉斯尔舒古尔市发起猛攻，打死至少 60 名政府军士兵，并基本控制了市区。“支持阵线”等极端武装在伊德利卜省吉斯尔舒古尔市制造了一场“屠杀”，30 多名平民被杀害，其中大部分是妇女和儿童。

4 月 27 日，“支持阵线”攻占叙利亚政府军在叙北部伊德利卜省的一处军事基地，迫使政府军从该基地撤离。据叙利亚独立媒体“沙姆调频”报道，“支持阵线”自当天凌晨开始持续炮击政府军卡尔米德基地，并对基地进行自杀式爆炸袭击。当天上午“支持阵线”基本控制基地，叙政府军已撤至基地附近地区。至少 15 名政府军士兵在交火中丧生，叙政府军在撤出基地后向“支持阵线”发动多轮空袭，打死近百名该组织成员。

7 月 20 日，叙政府军在多地展开军事行动，打死大批极端组织“支持阵线”武装分子。报道援引军方人士的话说，叙政府军当天向“支持阵线”在叙北部哈马省、伊德利卜省的武装据点发动密集攻势，打死至少 50 名极端武装分子。

五、“呼罗珊”网络

10 月 18 日，美国防部宣布，“基地”组织分支“呼罗珊”组织头目萨纳菲·纳斯尔已在以美国为首的联军空袭中身亡。五角大楼在一份声明中说，纳斯尔于 15 日在叙利亚西北部一次联军空袭中被击毙。声明没有透露空袭的具体地点和细节。声明说，纳斯尔身亡前是“呼罗珊”最高级别领导人，也是过去 4 个月中该组织被打死的第五名高级头目。这次空袭使“呼罗珊”试图对美国及其盟友发动袭击的计划“遭到严重打击”。声明还说，纳斯尔早年曾为“基地”组织在 伊朗 的后勤机构工作，

2012 年出任“基地”组织财务主管，2013 年转移到叙利亚活动。纳斯尔擅长于为“基地”组织转移资金和偷运战斗人员，他还负责协助“基地”组织恐怖分子在西方开展活动。

第五节　伊拉克

一、“伊斯兰国”

在伊拉克，“伊斯兰国”连遭重创，控制区地盘损失约 40%，其控制边界不断西移、南移，逐渐缩小。除 2015 年 5 月控制了靠近叙利亚边界的伊拉克最大逊尼派省份安巴尔的首府拉马迪外，接连遭受重挫，包括失去了对连接叙利亚基地与伊拉克主要据点的辛贾尔、提克里特、白茇等地。组织及其领导层持续受创，人员遭受较大折损。联军的斩首行动对“伊斯兰国”领导层施加了很大压力。联军自 2015 年 5 月以来消灭大约 70 名“伊斯兰国”中高层头目，包括该组织第二号人物阿布·穆塔兹·夸拉希在 8 月一次美国空袭行动中死亡。还有消息称，“伊国”头目巴格达迪 10 月在一次空袭中负伤，目前正在接受治疗。美国防部 7 月 2 日证实，“伊斯兰国”“后勤部长”塔里克·本·塔赫尔·奥尼·哈尔齐在美军 6 月发动的空袭中毙命。哈尔齐毙命对“伊斯兰国”构成沉重打击，严重影响“伊斯兰国”招募外籍恐怖分子进入叙利亚和伊拉克参与武装活动的能力，同时“伊斯兰国”将人员和设备运入叙利亚和伊拉克境内的能力也将受到制约。8 月 18 日，“伊斯兰国”媒体事务头目阿卜杜拉（Abu Abdullah）死于美军在伊拉克摩苏尔附近的空袭行动。8 月 27 日，美军宣布，其在对叙利亚境内的“伊斯兰国”武装进行空袭时除掉了该组织头号黑客朱奈德·侯赛因。此人据信是“伊斯兰国”“网军”

的头目，曾多次对美国发动网络攻击。打击“伊斯兰国”国际联盟在12月24日的空袭中铲除了“伊斯兰国”负责策划恐怖袭击的领导人查拉菲·穆阿丹（Charaffe al Mouadan）等10名该组织领导人。2015年11月12日，美国国务卿克里宣称，美国主导的打恐联盟过去一年对“伊斯兰国”展开了超过8000次空袭，对抗“伊斯兰国”的战斗取得进展。[①] 美国副国务卿布林肯2015年6月表示，联军自2014年8月以来已击毙大约1万名“伊斯兰国”武装分子，平均每月击毙千人。俄罗斯从9月30日开始对叙利亚境内“伊斯兰国”武装力量进行空袭以来，重创“伊斯兰国”。10月20日，俄总参谋部作战管理总局局长卡尔塔波罗夫表示，已摧毁约四成“伊斯兰国”基础设施，迫使恐怖分子试图躲进难以接近的山林地和居民区。“伊斯兰国”损失惨重，已经不再进行主动的战术行动转而采取防御策略。在俄空袭支持下，叙军方也在阿勒颇、伊德利卜、拉塔基亚以及霍姆斯等省份发起攻势，并且重新控制了数十个城镇和村庄。

在伊拉克，“伊斯兰国”仍至少控制12座城镇，包括第二大城市摩苏尔及萨拉赫丁的广大区域。在叙利亚，“伊斯兰国”控制叙利亚的东北部、中部地区大片领地，至少占领了13座城镇，包括拉卡。2014年“伊斯兰国”在伊拉克展开强势军事攻势后，2015年开始着力巩固叙利亚控制区。加之在伊拉克的频频受挫，“伊斯兰国”加紧向叙利亚推进。“伊斯兰国”在伊拉克遭受重创，失去了对萨拉赫丁省首府提克里特的控制。4月初，“伊斯兰国”成员便开始渗透至大马士革郊区，控制了距大马士革市区5公里的一座城镇。这是“伊斯兰国”首次攻占大马士革郊区。仅用3天时间，“伊斯兰国”就控制了拥有15万居民的雅尔穆克难

① “美国推出叙利亚战略，与俄展开外交角力”，2015年11月14日，http://news.xinhuanet.com/mil/2015-11/14/c_128428959.htm。

民营 90%的区域。2015 年“伊斯兰国”重创支持阿萨德的武装组织，继续向西扩展地盘，包括幼法拉底河及与土耳其、伊拉克接壤的边境地区村镇。“伊斯兰国”从代尔祖尔向西南推进，掠取了中部城镇德摩。此举使叙中心沙漠十字路口处于“伊斯兰国”控制并进一步隔离了反对阿萨德的武装。“伊斯兰国”攫取当地古文物病继续向西推进，占领了霍姆斯省东部的 QARYATAYN 城，该地距连接叙西部城市的重要高速公路 M5 仅 40 公里。由于美及联军不断在东西面的伊拉克及北面土耳其展开军事打击，未来“伊斯兰国”可能向南、向西推进。由于“伊斯兰国”能够持续招募大致数量甚至更多的新人补齐损失，因此其成员数量仍在 2 万—3 万人之间。[①] 据美政府官员评估，“伊斯兰国”仍能在伊叙迅速集结 1.9 万—2.5 万人，在其他地区可召集数千人。

该组织暴恐手段残忍无度。4 月 10 日，“伊斯兰国”武装分子从多个方向进攻幼发拉底河北岸的阿尔布法拉杰地区，在与政府军和当地逊尼派部族武装激烈交火后攻占该地，大量当地居民被迫逃往附近的拉马迪市。攻占阿尔布法拉杰地区后，“伊斯兰国”武装分子绑架了 33 名当地居民，并于当天晚些时候以协助政府军和民兵作战为由分两批杀害了这些人。6 月 1 日，伊拉克嘉达发现一处“万人坑”，坑中有 80 名雅兹迪派信众尸体，其中有 32 名儿童和 20 名妇女。据悉，这些人都是被“伊斯兰国”分子所屠杀。联合国发布的报告指出，从 2014 年 1 月 1 日起至 2015 年 10 月 31 日，伊拉克境内共有 18802 名平民遇害身亡，另有 36245 人受伤。9 月初，“伊斯兰国”绑架百余伊拉克儿童充当人弹实施恐怖袭击。库尔德民主党摩苏尔分部发言人赛义德·马穆齐尼接受媒体

---

① Sean D. Naylor, “Airstrikes Killing Thousands of Islamic State Fighters, but It Just Recruits More”, http: //foreignpolicy. com/2015/06/09/airstrikes-killing-thousands-of-islamic-state-fighters-but-it-just-recruits-more/.

采访时说：“这一组织绑架了127名儿童，他们年龄在11岁至15岁之间。极端武装人员把这些孩子送到特殊营地，训练他们使用武器，实施恐怖袭击。过去一段时间，‘伊斯兰国’绑架了数以百计儿童，训练他们当人弹，实施自杀性炸弹袭击。”

二、真主党旅（KH，Kata’ib Hezbollah，Hezbollah Brigades）（参见以往《年鉴》）

三、伊斯兰辅助者组织（参见以往《年鉴》）

四、穆罕默德军（参见以往《年鉴》）

五、伊拉克伊斯兰军（参见以往《年鉴》）

六、黑旗手（参见以往《年鉴》）

七、安萨尔逊纳军（参见以往《年鉴》）

八、伊斯兰军—哈立德·本·瓦利德军团（参见以往《年鉴》）

九、伊斯兰圣战旅（参见以往《年鉴》）

十、萨达姆牺牲者（参见以往《年鉴》）

十一、伊拉克全国伊斯兰抵抗运动（参见以往《年鉴》）

十二、伊拉克伊斯兰抵抗阵线（参见以往《年鉴》）

十三、贾什—拉什丁组织（参见以往《年鉴》）

十四、纳赛尔主义者（参见以往《年鉴》）

十五、恢复（参见以往《年鉴》）

十六、穆罕默德第二军武装先锋队（参见以往《年鉴》）

十七、伊拉克抵抗旅（参见以往《年鉴》）

十八、觉醒与圣战（参见以往《年鉴》）

十九、阿布—德拉组织（参见以往《年鉴》）

二十、圣战与改革路线（参见以往《年鉴》）

二十一、伊拉克哈马斯（参见以往《年鉴》）

二十二、天堂战士（参见以往《年鉴》）

二十三、纳科什班迪命令者之军（参见以往《年鉴》）

二十四、伊拉克真主党旅（参见以往《年鉴》）

二十五、圣战军（参见以往《年鉴》）

第六节　约旦

约旦“基地”组织（参见以往《年鉴》）

第七节　突尼斯

一、突尼斯伊斯兰战斗团（参见以往《年鉴》）

二、突尼斯伊斯兰教法支持者（参见以往《年鉴》）

第八节　摩洛哥

一、摩洛哥伊斯兰战斗团（参见以往《年鉴》）

二、继承圣战组织（参见以往《年鉴》）

三、安萨尔—迈赫迪（参见以往《年鉴》）

四、穆斯林沙漠地区的安萨尔—伊斯兰（参见以往《年鉴》）

五、青年伊斯兰战斗团（参见以往《年鉴》）

第九节　利比亚

利比亚伊斯兰战斗组织（参见以往《年鉴》）

第十节　毛里塔尼亚

一、毛里塔尼亚萨拉菲宣教与战斗组织（参见以往《年鉴》）

二、伊斯兰马格里布基地组织（参见以往《年鉴》）

第十一节　也门

一、阿拉伯半岛“基地”组织（参见以往《年鉴》）

利用也门内乱而升级的教派与部族矛盾、国内及地缘政治争夺，连横合纵，图谋扩充势力，东山再起。一是势力范围大幅扩展。目前，阿拉伯半岛分支已巩固对东部据点的控制，并将势力范围辐射到也门大部分地区，东可至哈德拉毛，西至萨那，南至阿比扬，中部深入马里卜，同时逐步由山区向城市挺进。阿拉伯半岛分支通过积极拉拢当地部落支持及抢在胡塞武装踏足其“领地”之前强化力量，势力已远超南部和东部的偏远山区，逐步向大城市辐射。3 月 9 日，该组织从阿比扬省首府马赫法德城周边山区向城市中心发起攻击，3 月 20 日攻占了南部拉赫季省胡塔城的部分军营和政府机构，4 月 3 日攻入东部哈德拉毛省省会、第五大城市穆卡拉，12 月 2 日占领了南部两个区镇。二是行动能力显著提升。频繁袭击反胡塞武装。自 2014 年下半年，阿拉伯半岛分支调整袭击策略，加大对胡塞武装的袭击力度。4 月 21 日，阿拉伯半岛分支通过组织媒体声称，自 2014 年 8 月起共发动了 374 起袭击，其中 224 起针对胡塞武装。反胡塞战略凸显了其更深远的战略意图，即通过频繁袭击，给胡塞在萨那控制区制造更多政治负担，并引发当地民众更大的不安全感，阿拉伯半岛分支则可趁机渔利，扩大在首都及周边地区影响力。同时，行动策略更趋灵活机动，行动能力进一步增强。该组织在组织影响力薄弱的地区进行暗杀、伏击，用简易爆炸装置袭击胡塞和政府军；在哈德拉毛省、舍卜沃省和阿比扬省等具有一定民意基础的地区则主要袭击军政目标，尤其那些涉嫌与美国无人机行动进行合作的军事基地。同时，袭击模式不断变化。据统计，其每月至少运用8种不同的攻击类型，显示了该组织针对不同对手采取不同战术的适应能力。阿拉伯半岛分支不断对西部、南部及中部诸省发动攻击，充分展现了较强的行动灵活性和战场调度能力。在舍卜沃等地，该组织袭击军事基地，制造爆炸，甚至直接使用重炮武装攻击胡塞武装和忠于萨利赫的民兵组织。2月12日，阿拉伯半岛分支在舍卜沃发动了数小时的袭击，运用了简易炸弹装置和自动武器等复杂战术，夺取了亲萨利赫的陆军第19步兵旅在舍卜沃毕昂地区的基地控制权。4月2日，该组织在穆卡拉市袭击了中心监狱并释放300余名在押犯，其中包括该组织高级指挥官、前阿比扬地区头目及众多组织成员，随后攻入市区，占领了港口、军政大楼及多家商业银行、证券交易所等，这将进一步充实其人力、装备和资金支持，提升战斗力。三是积极争取当地部落及民众支持。通过挑拨教派矛盾、充当逊尼派代言人及建立掩护组织，阿拉伯半岛分支重拾当地民意支持的努力初显成效。4月17日，该组织在哈德拉毛省穆克拉海滩举办大型公共集会，吸引了数百人参加。在集会上，该组织的一位发言人表示，劫持银行和其他国家设施乃正义之举，是以“圣战”之名反对胡塞异教徒。4月2日，阿拉伯半岛分支选择在下午两点进攻穆卡拉市，不乏有意避免造成大量民众伤亡。该组织在哈德拉毛省组建“哈德拉毛之子”（Sons of Hadramawt）武装，博取当地民众支持之意凸显。同时，近期的密集攻势显示，其可能已在东、南部老巢外建立起大型有效的地下网络。

二、亚丁伊斯兰军（参见以往《年鉴》）

三、也门伊斯兰圣战组织（参见以往《年鉴》）

四、阿布·阿里·哈尔西旅（参见以往《年鉴》）

五、阿布 哈夫斯 马斯里旅（参见以往《年鉴》）

六、青年信仰者（参见以往《年鉴》）

七、也门士兵旅（参见以往《年鉴》）

第十二节　沙特阿拉伯

阿拉伯半岛“基地”组织（参见以往《年鉴》）

第十三节　科威特

一、科威特圣战组织（参见以往《年鉴》）

二、阿卜杜勒阿齐兹穆克林旅（参见以往《年鉴》）

三、半岛雄狮（参见以往《年鉴》）

四、社会改革协会（参见以往《年鉴》）

五、伊斯兰遗产复兴协会（参见以往《年鉴》）

第十四节　巴林

解放巴林伊斯兰阵线（参见以往《年鉴》）

第十五节　以色列

一、犹太人联盟（参见以往《年鉴》）

二、卡哈尼运动（参见以往《年鉴》）

三、保卫犹太联盟（参见以往《年鉴》）

第十六节　土耳其

一、库尔德工人党（参见以往《年鉴》）

二、伊斯兰解放党（参见以往《年鉴》）

三、革命人民解放党/阵线（参见以往《年鉴》）

四、大东部伊斯兰袭击者阵线（参见以往《年鉴》）

五、伊斯兰拯救军（参见以往《年鉴》）

六、安拉之军（参见以往《年鉴》）

七、解放库尔德斯坦之鹰（参见以往《年鉴》）

八、库尔德特雷阿扎迪耶（参见以往《年鉴》）

九、土耳其革命共产主义联盟（参见以往《年鉴》）

十、埃尔盖内孔（参见以往《年鉴》）

十一、"灰狼"组织（参见以往《年鉴》）

第十七节　伊朗

一、伊朗人民圣战者组织（参见以往《年鉴》）

二、真主旅（参见以往《年鉴》）

三、库尔德自由生命党（参见以往《年鉴》）

四、伊朗人民法达游击队（参见以往《年鉴》）

五、阿瓦士阿拉伯人民民主阵线（参见以往《年鉴》）

六、阿瓦士阿拉伯复兴党（参见以往《年鉴》）

第三部分

国际重大恐怖活动案例分析

第十六章　法国《查理周刊》总部遇袭案

第一节　案件全景

当地时间1月7日，法国遭受该国1961年以来的“最致命袭击”。极左翼著名讽刺漫画杂志《查理周刊》位于巴黎的总社突遭伊斯兰恐怖分子闯入枪击，造成至少12人死亡（包括杂志社总编辑及2名警察），4人生命垂危，20人受伤。案件引发国际社会高度关注，凸显出法国乃至欧洲面临日益严重的暴恐威胁。

一、事件经过

当天时间1月7日早上8点28分，《查理周刊》发布了一条“推特”，专门讽刺“伊斯兰国”领导人巴格达迪。10点整，《查理周刊》相约在巴黎的办公室举行每周例会。约11点30分，3名恐怖嫌犯枪手乘车来到编辑部所在地尼古拉·阿佩尔大街。当天3人外着黑色连帽服、黑色头罩的“圣战制服”，内穿防弹衣，身背卡其色弹药袋，1人负责驾轿车接应，另2人埋伏街边等到1名女社员，在打招呼确认身份后，胁迫其至杂志社门前输开门密码，随后使用在法并不常见的枪击手段，持AK－47突击步枪、火箭筒等重武器闯入，枪手进入后向前台询问办公室位置并当场射杀一人；之后来到二楼，在新闻室里对人们进行无差别射击；数分钟后，枪手乘车离开，与拦截的数组警察交火，并向一名疑似受伤的警察近距离补射致死。作案期间他们自称“‘基地’组织成员”，并以阿拉伯语高喊“真主至大”、“我们已为先知复仇”等伊斯兰极端口号，得手后即劫持人质驾车逃窜，途中两度弃车并分别抢夺路人轿车、摩托车后继续逃跑，还撞倒1名行人，一度摆脱警方追缉，但后于7日夜间被捕。事件造成至少12人死亡（包括杂志社总编辑及2名警察），4人生命垂危，20人受伤。当地时间14日，“基地”组织阿拉伯半岛分支公布视频，承认该组织制造了法国《查理周刊》恐怖袭击。而该组织的一名头目称，他们已经策划这起袭击数年。报道称，“基地”组织阿拉伯半岛分支的一名头目通过一段新视频表示，该组织已经策划《查理周刊》恐怖袭击多年，且该组织前头目、美国籍伊斯兰教传教士安瓦尔·奥拉基是这起袭击的主谋。安瓦尔·奥拉基曾是“基地”组织阿拉伯半岛分支的头目，他在2011年美国在也门实施的无人机袭击中被打死。同时，“伊斯兰国”也对该案件表示“祝贺”。

二、各方反应

法国总统奥朗德在案发后赶赴现场，之后召开内阁紧急会议，商议对策。他在袭击现场对记者说：“这无疑是一起恐怖袭击。”他说，法国近几周已经挫败了几起恐怖袭击图谋，法国将加强警戒，防止类似袭击再次发生。恐怖袭击发生后，法国迅速将警戒等级提升至最高级别，11

区的学生被疏散，巴黎警方则加强对传媒、百货公司、宗教场合及交通要道的保护。1月8日，奥朗德宣布当天为国丧日，全国下半旗志哀。他表示，恐怖袭击“使法国人民的心灵受到打击”，在这样的悲剧面前需要互相团结。这次事件发生后，法国政府还被迫关闭了设在20个伊斯兰国家中的使领馆、学校和艺术馆等机构，以防止潜在的袭击。1月10日，法国总统府宣布，将于当天15时在巴黎城区举行反恐大游行，法国总统奥朗德以及多位外国领导人将参加游行。法国媒体报道说，参加此次反恐大游行的有德国总理默克尔、英国首相卡梅伦、意大利总理伦齐、西班牙首相拉霍伊等欧洲国家领导人以及多位非洲国家领导人。此外，欧盟委员会主席容克、多位法国前总统和前总理、法国议会主要负责人和政府官员也将参加游行。法国内政部长卡泽纳夫10日在记者会上宣布，法国政府将采取非常的安全措施，保证11日在巴黎举行的反恐大游行安全举行。1月11日，根据法国内政部当天公布的统计数据，全法共有多达370万人走上街头纪念系列恐怖袭击的死难者，创下法国史无前例的纪录。仅巴黎的游行人数就在120万—160万之间，还有60余位外国元首、政府首脑或国际组织领导人赶到巴黎，与法国总统奥朗德并肩参加游行。法国内政部当天表示，370万人是迄今法国最高游行人数纪录。1月14日，法国政府命令全国检察官对发表仇恨言论、反犹太主义以及颂扬恐怖主义的行为进行严厉打击，并于当日对外宣布，法国将向中东派遣一艘航空母舰，与美国共同打击“伊斯兰国”武装分子。

同时，该案引发国际社会高度关注，各大国际组织和国家均对此予以强烈谴责，并对法国表示同情和慰问。联合国安理会和秘书长潘基文等7日强烈谴责法国武装分子袭击事件，认为这一针对记者和媒体的袭击令人无法容忍。安理会7日发表媒体声明说，安理会以最强烈的言辞谴责位于法国巴黎的《查理周刊》总部遭袭，认为这是一起“野蛮、懦弱的恐怖主义袭击”。美国总统奥巴马致电法国总统奥朗德，表示美国将与法国团结一致，并愿意为法国追捕袭击者提供帮助。英国女王伊丽莎白二世向奥朗德发去吊唁函，对遇难者表示哀悼并慰问受害者家属。英国外交部还发出旅行安全警告，提醒前往法国的英国公民特别注意人身安全。德国总理默克尔称，这起恐怖事件是针对欧洲共同价值观的野蛮暴行，他们与全体欧洲人民一道强烈谴责一切形式的恐怖主义，并将向法国提供一切力所能及的帮助。俄外交部发表声明说，这一事件再次表明，国际社会应继续积极合作共同应对恐怖威胁。俄罗斯总理梅德韦杰夫说，恐怖主义不管表现形式如何都应遭到坚决打击。意大利总统纳波利塔诺对该事件表达了“最强烈的谴责”，并认为这次恐怖袭击是“恶劣的懦夫行径”，而总理伦齐于 7 日下午专程前往法国驻意大利使馆表达慰问。

三、关于嫌犯

两名嫌犯为兄弟，哥哥叫赛义德，弟弟叫谢里夫。赛义德曾前往也门，与“基地”组织分支的武装分子一起接受过数月培训。根据也门方面的情报，其先进入一家原教旨主义的大学，随后加入“基地”组织的训练营，同什叶派民兵作战。这位年轻人的一位“战友”说他“那时候很守纪律，很安静，也很谨慎”。2005 年，弟弟谢里夫准备通过叙利亚前往伊拉克时被警方拘捕，当时为他辩护的律师奥利维耶在法国媒体上表示，谢里夫当时曾很庆幸自己被捕，他说如果真的去了伊拉克就可能回不来了。律师说，12 年前的谢里夫和普通法国年轻人一样，喜欢追女孩、吸大麻，也曾梦想成为拉普歌手，对捍卫伊斯兰教先知穆罕默德并不太感兴趣。后来谢里夫 2008 年因为参加一个向伊拉克输送“圣战”战士的组织而被判入狱 3 年，缓期执行 18 个月。在这次审判之后，奥利维耶律师就与谢里夫失去了联络，但他指出，在此之前，谢里夫已经“重新融入社会”，并结了婚，而且也没有任何暴力倾向。对于记者问是不是监狱经历让谢里夫激进化了的问题，这位律师说，不是激进化，而是“更成熟了”。但法新社报道指出，2005 到 2006 年被监禁在巴黎近郊的监狱期间，谢里夫认识了法国伊斯兰激进组织的重要人物贾迈勒·贝加勒（Djamal Beghal），此人当时正在服十年刑期。接近案情的人士表示，从那时起，谢里夫就深受贝加勒的影响，并开始对伊斯兰教表现得极为虔诚。据法国一位研究激进伊斯兰组织活动的研究员介绍，谢里夫与“伊斯兰国”有联系。兄弟两人因为过去的经历而“几年以来”都出现在美国反恐黑名单上。法国反恐部门也曾注意到这两人的行踪，但没有将他们列入危险人物的行列。

第二节　经验教训分析

一、内部原因

法遭恐袭绝非偶然，既有穆斯林群体与白人主流群体两大族群矛盾长期累积的背景，也与“伊斯兰国”新一轮暴恐潮迫近和近年来法强势对外干预有关。

穆斯林移民与本土白人两大族群长期积怨的暴恐宣泄。法有欧洲国家中最庞大的穆斯林人口，约占全国 6000 多万人口的 1/10，但因文化和宗教差异，穆斯林移民与主流社会长期对立，2005 年曾引发大规模骚乱。近年来，经济不振更使法社会排外情绪增强，以反移民和反伊斯兰为口号的极右势力“国民阵线”趁机坐大，要政府收紧移民政策和打击非法移民。法政府为抢选票推进“政教分离”，立法禁止公众场合出现伊斯兰教标志，如佩戴头巾和穿“罩袍”，要求穆斯林移民“来了就得像法国人”，警方也常对移民搞各类例行检查，穆斯林与白人对立加剧陷入恶性循环。法总理瓦尔斯坦言，“法正为30多年来的社会、地域和种族隔离付出代价”。

强势反恐招致仇怨。法因历史和地理原因，一贯热衷干预中东、非洲事务，近年来更冲锋在前成“出头鸟”，挑头干预利比亚、叙利亚、马里和中非等穆斯林国家内部纷争，甚至出兵打击“伊斯兰马格里布基地组织”、“博科圣地”和“伊斯兰国”。这些势力将法视为与美相当的袭击目标，甚至“超越美成伊斯兰极端分子的头号目标”。法境内穆斯林日趋激进，目前保守估计法国内有近1200人与“伊斯兰国”有染。法前任内政部长、现总理瓦尔斯曾一再警告，法“面临前所未有的伊斯兰恐怖主义威胁”。

原教旨主义式“言论自由”酿恶果。欧洲以所谓民主和言论自由等“普世价值”为傲，法更以“西方民主发源地”自居，政府和有识之士虽也认为社会上各种仇视和丑化伊斯兰教的言论不当，但并未加以整治。此次遭袭的《查理周刊》政治光谱属极左，2006年以来因发表讽刺伊斯兰教系列漫画而频遭伊斯兰极端分子网络攻击、起诉、骚扰、袭击和死亡威胁，2012年一度在伊斯兰世界引发大规模的反法浪潮，法被迫临时关闭驻20多个穆斯林国家的使领馆和文化中心。此次案发当日，该杂志社新发期刊中又有亵渎伊斯兰教的内容，并在“推特”网站发文讽刺“伊斯兰国”头目巴格达迪。案犯自称以阿拉伯语高喊“真主至大”、“我们已为先知复仇”等极端口号。

二、欧美面临的恐怖威胁增加

欧美“圣战”分子从潜伏到行动，“伊斯兰国”引发的暴恐威胁进入黑云压城的高危期。2014年底至2015年初，参与美打击“伊斯兰国”

国际联盟军事行动的加拿大、澳大利亚、比利时和法等国相继遭袭，欧美内有滋生暴恐的社会基础，外有国际暴恐势力虎视眈眈，“伊斯兰国”暴恐流毒扩散成为欧美必须面对的现实。一是暴恐团伙成形。伊叙由“圣战”磁场演变为国际暴恐输出源，受“伊斯兰国”影响和派遣的暴恐势力在欧美落地生根，网络化、组织化和规模化特点明显，英、比、法、西班牙和土耳其等国均遭渗透。此案中，3名法籍男性袭击者均系2014年夏自叙返法，武器装备专业、暴恐技术娴熟、行动策划缜密。欧美反恐专家认为，“伊斯兰国”跳到欧美开辟新战线的趋势明显，未来或发动更大规模恐袭。二是西方极端分子加速回流。伊叙参战的西方人员逾3000人，“伊斯兰国”专门遴选背景清白的“圣战”分子培训后派送回国，伺机作案。英、法情报部门估算，两国已有约500名“圣战”分子归国，建立小组、发展下线，可在申根国家间流窜，监控难，暴恐威胁与日俱增。三是怂恿就地“圣战”。“伊斯兰国”2014年8月曾号召支持者袭击欧美大城市的公共场所和交通枢纽。“基地”半岛分支更在其刊物中怂恿极端分子“惩罚西方反伊斯兰教的罪行”。英反恐专家表示，英数百名“伊斯兰国”的支持者可能会推迟或停止到伊叙参战，转而对英国境内目标发动袭击。

三、凸显欧洲的反恐短板

法国《查理周刊》总部案在欧洲并非孤例，背后凸显出法国乃至整个欧洲反恐的薄弱环节。欧洲若不能有效解决这些环节，其或将面临长远甚至遭致更大的恐怖威胁。

一是强化安保、严密安检与欧洲追求的民主、自由的社会体系格格不入。欧洲在反恐和公民权利保护之间缺乏合理界限，难以在寻求安全和保证个人自由之间保持平衡。“9·11”恐袭案后，欧洲虽然加强了国内安防，但从早年英国、西班牙列车纷纷遭袭，以及近年瑞典、挪威、比利时和法国等国也连遭重大恐袭等案例可以看到，欧洲本土的安防并不成功。这其中很重要的原因就是，欧洲人重视隐私，讲究法制，追求生活的便利和舒适，这导致相关加强安保的措施，比如强化监控的法律法规，使用人体扫描仪，增加行李安检以及与他国的国际反恐合作等都难以真正推行。即使有关措施被强制执行，多半也是因为该地发生特大恐袭后的“头痛医头脚痛医脚”应急式反应，一旦危机过后，安保措施又故态复萌，恢复原样。为此，松弛的安保给了恐怖分子大量机会，加上欧洲申根国家之间的免签证制度，恐怖分子常“自由行走”，各国很难防范。此次《查理周刊》案件之前，法国就在2014年12月底遭过多次小型恐怖袭击，但仍未引起重视，最终导致惨案发生。

二是欧洲穆斯林与欧洲主流人群的矛盾加大，移民问题难解。由于历史上殖民地原因和劳工需要等原因，英、法、德、意等欧洲大国都居住着大量穆斯林移民及其后裔，且该族群人数增长很快，但该族群在欧洲社会中始终处于边缘，难入主流，长期受到排斥，在近来欧洲经济疲软的大环境下处境越发艰难，加上美“9·11”后反恐战争造成的西方世界与伊斯兰世界的对抗也对这些穆斯林移民产生强烈触动。欧洲穆斯林的这种长期积怨，加上受极端恐怖组织的蛊惑，欧洲本土“独狼”和赴海外“圣战”再回流的人数大量涌现，致欧洲穆斯林制造的恐袭案件频发。此外，欧洲社会近年严重右倾，以反移民、反全球化为主要目标的欧洲极右势力的影响快速扩张。极右势力宣言的“移民犯罪，争夺饭碗”等口号在欧洲经济疲软的大背景下广获人心，使得本地民众与外地移民的矛盾更加尖锐和普遍化，反伊斯兰势力加剧抬头，逐步出现“反伊斯兰恐怖主义”。2011年7月，挪威发生震惊世界的右翼恐怖袭击案件，导致70多人死亡。目前，欧洲穆斯林与主流人群对立的社会基础已逐步形成，经济、社会和宗教矛盾更趋激烈，未来或发生更多类似恐袭。

三是国际反恐和国内防恐之间的脱节。同美国一样，欧洲国家长期以来坚持在世界范围内推广自己的民主价值观，对外奉行积极干预政策。为此，欧洲在国际反恐事务中“积极进取”，常直接参与打击恐怖分子。如“9·11”后，欧洲多国参与美领衔的反恐战争，在阿富汗和伊拉克战争中发挥了重大作用，而在近年非洲反恐和 2014 年组建打击“伊斯兰国”的国际联盟中更是冲锋在前。同时，英法等国还以安全援助的名义直接或间接帮助多国打击恐怖主义。但在国内反恐中，欧洲国家表现却乏善可陈，未能建立起与其国际反恐相配套一致的国内反恐体系。这一点欧洲与美国差距较为明显。目前，欧洲已成为“基地”组织、“伊斯兰国”和“基地”组织北非分支等多股恐怖势力的主攻目标，法国还成为不少恐怖势力的“头号敌人”。在这种背景下，欧洲尤其需要做好本土防御。但是欧洲各国军力不足，国内安全开支受到各方掣肘，加上其军警部门对境内涉极端、涉暴恐嫌疑人情况和动向掌握不足等因素影响，致其本土防线连遭突破。

第十七章　俄罗斯空客爆炸案

第一节　案件全景

一、案件经过

当地时间2015年10月31日5点51分，俄罗斯科加雷姆航空公司一架A321客机在执行从埃及西奈半岛沙姆沙伊赫飞往俄罗斯圣彼得堡航线任务的途中在西奈半岛上空失事。飞机在起飞23分钟后自雷达屏幕消失。该客机航班号7K9268，属于俄罗斯科加雷姆（Kogalymavia）航空公司。据航班监控网站Flightradar24资料，该客机机龄为18年。该客机从雷达上消失时正在31000英尺（约合9448米）的高度。机上217名乘客和7名机组人员全部遇难，这是俄罗斯历史上最大的一次空难。

在当地时间11月4日公布的一段阿拉伯语在线音频资料中，埃及极端组织“耶路撒冷支持者”宣称，其对俄罗斯客机在西奈半岛坠毁负责。不过，埃及官方《金字塔报》表示，在这段长约三分钟录音讲话中，该组织表示其“没有提供任何证据的义务，也不会透露是通过何种手段使客机坠落的”。该组织说，通过解析黑匣子，人们能了解到有关客机坠落的更多情况。这则消息特别提到，这起空难的发生正值其宣布效忠极端组织“伊斯兰国”一周年。2014 年 11 月 10 日，“耶路撒冷支持者”组织宣布效忠“伊斯兰国”。在俄客机坠毁数小时内，该组织曾发布文字消息称对空难负责。不过，该言论曾遭多方驳斥。

11 月 19 日，据路透社和美联社报道，“伊斯兰国”的杂志上发布了一枚疑似被武装分子同伙带上在埃及失事的俄罗斯 A321 航班的自制炸弹的照片。照片上显示有一个 Schweppes Gold 牌子的饮料罐以及一个被认为是雷管的东西。美联社称，恐怖分子们找到了沙姆沙伊赫机场安全系统中的漏洞，把炸弹带上了飞机。与此同时，恐怖分子称，原计划在西奈炸毁一架西方的飞机，但在俄罗斯开始空袭在叙利亚的“伊斯兰国”阵地后改变了主意。①

对该案件的调查仍在进行中。最新消息称，俄罗斯 A321 客机恐怖事件可能是使用美国制造的塑料炸弹所实施。据 LifeNews 电视台报道，俄罗斯特工部门与埃及同行联合查出执行 A321 航班恐怖袭击的人的身份，他似乎是沙姆沙伊赫机场的搬运工，但埃及当局迄今未正式评论这一消息。②

二、各方反应

此次空难事件发生在俄罗斯打击“伊斯兰国”恐怖势力一个月整的时间节点上，因此备受各方关注。

（一）俄罗斯

事发后，俄总统普京立即责令政府相关部门展开调查，并成立了以

---

① http：//sputniknews. cn/society/20151119/1017058638. html＃ixzz425cAP9RO.

② http：//sputniknews. cn/russia/20160129/1017885302. html＃ixzz425c1xYcI.

交通部长索科洛夫为首的调查埃及空难原因政府委员会。克里姆林宫新闻局10月31日发布消息称，总统普京“对在埃及空难的遇难者表示最深切的哀悼，对其亲属示慰问”。新闻局还宣布，由于俄罗斯客机在埃及失事，总统普京签署总统令，宣布11月1日为全国哀悼日。

11月2日，普京责令有关部门对帮助埃及A321空难受难者家属的问题特别加以注意。他在会见俄罗斯交通部长索科洛夫时称：“社会问题应尽快解决”，“应对受难者家庭进行最大程度的关心”。俄外交部发布消息称，外交部受总统委托通知外国伙伴，俄当局已开始搜索A321空难的参与者。声明中称：“在A321空难的参与者没有全部出现并找到以及绳之以法之前，无论他们在哪，搜索行动不会结束。”“就该情况，俄罗斯联邦呼吁所有国家、组织和个人、所有朋友以及伙伴就此提供帮助，令犯罪分子受到相应的惩罚。”11月3日，俄罗斯联邦委员会副主席、前紧急情况部副部长尤里·沃罗比约夫表示，联邦委员会准备制订关于提高航空运输安全的提议，提议或将提交给相关部门审议。他称，“议员们准备制定关于提高航空运输安全的提议”，并将其呈交给专门部门。[1] 11月6日，俄罗斯总统新闻秘书德米特里·佩斯科夫表示，在A321空难原因查明之前，暂停俄罗斯与埃及间的所有航班。

11月8日晚，A321空难调查委员会发表声明：“情报部门领导认为，‘伊斯兰国’西奈半岛分支人员安装的炸弹导致了这架载有224人的飞机失事。该组织头目阿布·乌萨马·马斯里是一名埃及伊斯兰宣教者，2014年他在叙利亚与‘伊斯兰国’签署了协议。”俄联邦安全局局长亚历山大·博尔特尼科夫在空难调查结果的会议上表示：“根据俄方专家的调查结果，飞机在飞行时，一枚威力等同于1公斤TNT炸药的自制爆炸装置引爆，并造成飞机在空中解体，这也是机身残骸碎片散落地点相距

① http：//sputniknews.cn/russia/20151103/1016866090.html＃ixzz425bSsW30.

甚远的原因。”他表示，专家在对个人物品与飞机碎片的研究中发现了A321客机上爆炸物的痕迹。

11月17日，俄罗斯官方宣布，上个月在埃及西奈半岛失事的俄罗斯客机是因为遭遇恐怖袭击而坠毁，一枚威力相当于1公斤TNT炸药的简易炸弹炸毁了客机。俄罗斯总统普京下令在全球范围内搜寻制造空难的恐怖分子，并将加强对叙利亚“伊斯兰国”的打击力度。俄联邦安全局局长博尔特尼科夫说，“我们可以明确地宣布，这是一起恐怖袭击”。博尔特尼科夫表示，调查人员逐一检查了失事客机上的个人行李、包裹和飞机的残骸，在飞机的残骸里找到了爆炸物的痕迹，得出的结论是飞机上安装有一枚简易炸弹，威力相当于1公斤TNT炸药。飞机从沙姆沙伊赫起飞后不久炸弹就被引爆。博尔特尼科夫说，“飞机在空中解体，这也能解释为什么残骸和碎片如此大范围地分散”。俄总统普京在客机坠毁原因调查结果会议上表示，在西奈半岛对俄罗斯公民的戕害，其造成的遇难者人数之多，是最血腥的罪行之一。普京强调，“我们将不惜一切代价找到他们，无论他们藏在哪里，我们将搜遍地球上的每一个角落，并惩罚他们”。普京还表示，俄罗斯将加强对叙利亚“伊斯兰国”的打击力度。他说：“我们在叙利亚的军队不仅会继续工作，而且还会继续增强，这样恐怖分子将会明白作恶者必须付出代价。”确定客机是被爆炸装置炸毁后，俄联邦安全局宣布悬赏5000万美元，征集有助缉拿凶手的信息和线索。

俄罗斯外长拉夫罗夫强硬表示，在A321恐怖袭击事件中杀害俄罗斯公民也就是袭击整个俄罗斯。俄罗斯将采取一切措施进行自卫。拉夫罗夫与黎巴嫩外长巴西勒会晤后强调：正如普京总统所说，将依据《联合国宪章》第51条搜捕和惩处恐袭嫌犯。第51条规定，一个国家受武力攻击时，有权行使单独或集体自卫权。拉夫罗夫还表示：“我们将采取一切可能的措施行使自卫权，包括政治措施、军事措施或通过情报部门等。”拉夫罗夫称，目前已收到伙伴国提供的恐袭嫌犯的相关资料。他指出：“伙伴国主要通过情报部门向俄罗斯传递了搜集到的可能的罪证、相关资料及关于恐怖袭击参与者藏身地点的消息。”①

（二）埃及

作为事件的另外一个当事国，埃及官方和媒体一直表态谨慎，十分担心该事件给本已十分严峻的经济形势造成更大的冲击。11 月 4 日，在接受英国广播公司采访时，埃及总统塞西驳斥了外界就埃及俄客机空难可能是导弹或炸弹所致的消息，并称这是毫无根据的猜测。他指出，现在对空难原因做出评论还为时尚早，并且缺乏事实证据，极端组织当时的声明只是一种宣传手段。同日，《金字塔报》网站表示，对黑匣子的破译工作已在开罗当地时间 3 日午间正式开始进行，分析对象具体包括座舱语音记录器和飞航资料记录器。在接受埃及一家电视台的电话采访时，埃及内阁发言人卡维士表示，对黑匣子的解析工作可能需要持续数周甚至一个月时间才能完成。11 月 5 日，埃及民航部部长穆罕默德·胡萨姆·卡迈勒发表声明称，侦查人员没有发现表明失事俄 A321 客机舱内曾发生爆炸的迹象。他称：“俄飞机发生爆炸的假说并未建立在事实的基础上，侦查人员没有任何能证实这一说法的证据或信息。”② 11 月 17 日，埃及拘留了两名涉嫌将炸弹放入俄 A321 客机中的沙姆沙伊赫机场工作人员。位于埃及西奈半岛的沙姆沙伊赫机场是 10 月 31 日俄 A321 客机出发的机场。客机在埃及西奈半岛坠毁，俄罗斯官方 17 日承认这起空难是恐怖袭击导致。据外媒报道，埃及官方表示，针对该起空难一共有 17 人被控制，其中两人涉嫌伙同他人在机场将炸弹植入俄 A321 客机。俄

① http：//sputniknews.cn/russia/20151118/1017052058.html#ixzz425X3guZ5.

② http：//sputniknews.cn/society/20151105/1016891919.html#ixzz425ZelQfi.

A321 客机坠毁后，客机失事原因逐渐指向机上的爆炸物，沙姆沙伊赫机场负责人被免职，但埃及国营航空公司主席 Adel Mahgoub 说，这一人事变动与外界对于沙姆沙伊赫机场安保措施的质疑“没有联系”。11 月 9 日，埃及西奈半岛 A321 空难调查委员会负责人穆加达姆呼吁媒体要依据官方调查声明进行报道，称引述不具名调查参与者的话报道是不可靠的。埃及航空部发表声明说，“媒体援引据称参与事故调查的匿名知情人士的话报道的消息是不可靠或不可信的”。他说，事故调查委员会公开的所有消息都包含在官方声明中文本中，声明文本由俄罗斯、埃及、法国、德国和爱尔兰五个国家的所有专家签字。他说，媒体应当依据这样的声明进行报道。穆加达姆表示，专家们还没有得出飞机失事原因的最终结论，仍在继续收集信息，目前还在研究各种可能。他还表示，驾驶舱内的黑匣子最后一秒钟有噪音。①

与埃及一样，涉事的航空公司也急于摆脱干系。11 月 2 日，俄罗斯科加雷姆航空公司表示，飞机空中解体原因只可能是机械故障。因为在埃及失事的 A321 客机机尾此前曾出现过异常，在进行过必要的维修后，飞机的技术状态未出现问题。公司高管表示，该公司认为 A321 客机空难的原因是外力作用。他称，在 A321 客机开始坠落前，很可能受到严重的结构性损伤。科加雷姆航空公司称，A321 客机出现危机情况时，机组完全失去了对飞机的控制。公司称，该公司在埃及坠毁的飞机于 2014 年接受了金属材料疲劳耐久检测。俄科加雷姆航空公司证实，有 16 人未登上在埃及坠毁的 A321 客机。② 埃及媒体援引消息人士的话称，对两个黑匣子中的飞行数据记录器的初步分析显示，客机从地面雷达上消失前，飞行员没有发出遇险信号。

---

① http：//sputniknews. cn/society/20151109/1016926511. html＃ixzz425YmjEyh.

② http：//sputniknews. cn/russia/20151102/1016854451. html＃ixzz425bpx67i.

（三）英国

11 月 4 日，英国外交大臣菲利普·哈蒙德也表示，存在爆炸装置致使飞机坠毁的“高度可能”。“政府代表周末确认称，马斯里引起了侦查人员的兴趣，并且英国可以在抓捕和消灭恐怖分子方面帮助埃及和俄罗斯。这需要在埃及部署英国特别空勤团（SAS）的力量。”案件发生后，英国已决定停飞往返埃及沙姆沙伊赫的航班。1 月 16 日凌晨，英国首相府发布的该声明中称：“俄罗斯科加雷姆航空公司飞机埃及空难发生后，政府计划修改航空安全措施。我们认为，俄飞机失事的原因是爆炸物爆炸，并且这很有可能与恐怖组织‘伊斯兰国’有关。”英国首相卡梅伦责令尽快评估全世界机场的安全措施。航空安全专家将在两个月时间内进行此项工作。首相府消息称，首先应检查中东和北非国家的机场。[①] 11 月 9 日，《星期日泰晤士报》报道称，英国政府表示，已获得有关恐怖组织“伊斯兰国”在西奈半岛的分支头目阿布·乌萨马·马斯里参与俄罗斯 A321 客机机上爆炸的情报。

（四）美国

11 月 4 日，美国有线电视新闻网称，美方情报显示，事故可能是由极端组织提前放入飞机的炸弹引起的。此前，美国国防部官员曾表示，俄罗斯客机在埃及西奈半岛坠毁时，美方卫星在几乎同一坐标处探测到热源——有分析认为，客机当时可能经历某种程度的爆炸。不过，美方官员认为，卫星并未探测到地空导弹击中客机的热源轨迹，因此可以排除此前有关导弹击落客机的猜测。[②] 11 月 12 日，CNN 电视台援引埃及

① http：//sputniknews. cn/society/20151116/1017018078. html＃ixzz425XLRJ00.

② http：//sputniknews. cn/society/20151103/1016872178. html＃ixzz425bIjfLN.

外长舒凯里的话称，美国国家运输安全委员会的专家准备赴埃及调查A321客机空难。电视台援引舒凯里的话称："他们将和其他国际专家一样，拥有进入空难地点的权利。"舒凯里11月10日向电视台确认，埃及方面"收到了美国关于参与调查的提议，并立即批准了"。预计，美国国家运输安全委员会将派出飞机发动机制造厂商Pratt&Whitney的专家。失事空客A321客机使用的V2500发动机的美国制造厂商11月11日向俄新社表示，公司正在与埃及政府合作，对情况进行评估。昨天美国联邦调查局代表确认该机构准备协助调查俄客机空难。[①]

（五）"伊斯兰国"

空难发生后，宣称效忠于"伊斯兰国"（IS）的埃及激进分子立即声称他们击落了这架空客A321客机，主要为报复俄罗斯对"伊斯兰国"的空袭行动。9月30日，俄罗斯对叙利亚"伊斯兰国"进行首次空袭。此后，俄罗斯出动多架次苏－24、苏－25和苏－34战机，对"伊斯兰国"目标展开密集空袭。俄罗斯的空袭成功摧毁多处"伊斯兰国"武装目标，导致"伊斯兰国"撤退。

此后，"伊斯兰国"再度发布视频，确认其炸毁了俄空客。该组织发布了一张照片，称是埃及西奈半岛上空炸毁俄罗斯客机的炸弹。极端分子称，最初计划炸毁一架属于在伊拉克和叙利亚境内对"伊斯兰国"武装人员进行空袭的美国领导的盟军国家的飞机。但是在莫斯科9月份开始对叙利亚打击效忠阿萨德总统部队的反对派武装发动空袭以后，俄罗斯客机成为目标。"在俄罗斯做出轻率决定近一个月后，一枚炸弹被偷运上飞机，导致了219名俄罗斯人和另外5人丧生"，"伊斯兰国"说，在埃及的沙姆沙伊赫机场找到了一个"破坏其安全的方式"来安放炸弹。

---

① http：//sputniknews. cn/society/20151112/1016971331. html＃ixzz425YYN8Nj.

俄罗斯一家报纸说，当局认为炸弹是在飞机主客舱的后部，靠近机尾的地方，而不是最初认为的行李舱里。11月9日，此前在俄A321客机失事后公开宣称击落该客机的“伊斯兰国西奈省”（前身为Ansar Bait al-Maqdis，即“耶路撒冷支持者”）的首领Ashraf Ali al-Gharably被埃及开罗警方击毙。埃及内务部一名官员表示，警方在开罗东北一处社区实施抓捕行动的过程中被Gharably发觉，后者向警方开火并试图开车逃跑，被警方当场击毙。据悉，Gharably被认为对此前在埃及发生的多起臭名昭著的袭击及暗杀事件负责，并且正在谋划在开罗各地实施大规模袭击。

三、案情仍扑朔迷离

A321案目前仍处于调查之中。对于将此次空难定性为恐怖袭击，各方已基本形成共识。但对于何人作案，目前仍争议较大。尽管恐怖组织“伊斯兰国”多次主动“认领”此案，但俄罗斯并未轻易做出结论。最近，俄媒又指土耳其右翼组织可能策划A321空难。据俄罗斯《生意人报》2016年2月1日报道，知情人士透露，2015年10月对俄罗斯A321客机实施恐怖袭击的可能是臭名昭著的土耳其极右翼组织“灰狼”，该组织与“伊斯兰国”恐怖组织亦有联系。其实，2015年12月，俄罗斯联邦安全局局长博尔特尼科夫就曾表示，俄联邦安全局知晓对A321客机实施恐怖行动的组织，但是没有指明具体是哪个组织。《生意人报》援引知情人士消息称，这次恐怖袭击是土耳其极右翼组织“灰狼”所为，该组织在包括埃及在内的很多阿拉伯国家实施恐怖行动。“据俄罗斯安全部门消息，‘灰狼’组织也曾参与了在车臣的作战行动，为其提供作战物资。‘灰狼’组织的领导人之一、32岁的切利克曾宣称对射杀苏24战机的飞行员负责。”知情人士透露，“灰狼”属于土耳其极右翼组织，该组织通常都以“灰狼”或“苍狼”为图腾，妄图建立包括中国新疆在内的

“大突厥斯坦国”。该组织组建于 20 世纪 60 年代，曾参与多起恐怖袭击，其中包括 2015 年夏天的反华行动。

第二节　经验教训分析

长期以来，民航客机一直都是恐怖分子觊觎的目标。历史上曾发生过多起针对民航客机的恐怖袭击，酿成多起惨绝人寰的悲剧。尤其在国际恐情日甚的今天，如何在提高民航的安全性和便利性之间寻找平衡，是国际航空业面临的重大课题和挑战。“9·11”事件以来，国际社会和航空业界在提高民航客机的安全性方面做了大量的工作，取得了长足进步，但仍难以杜绝恐怖分子针对民航客机发动的恐怖袭击，这其中的经验和教训值得认真思考和汲取。

一、埃及机场安检漏洞百出给恐怖分子可乘之机

空难发生后，美联社记者对 7 名沙姆沙伊赫机场安全负责人分别进行了采访。由于涉及相关规章制度，受访者均未透露姓名。受访者反映，机场的部分扫描装置失灵已久，故障报告也早已向上级呈交，但旧设备始终未能被替换。一名受访者说，该机场设备陈旧只是安全漏洞的一个方面，还有一些安全隐患是“人为愚蠢”造成的——有时为了省电，行李分拣处干脆拔掉设备电源。另一名受访者称，机场方面十分注重“面子工程”，只有外国专家来访时，机场方面才会对设备的运转情况格外上心。他说：“一旦上级听到这样的消息，所有设备马上就维护好了。我们真希望天天有人来访。”英国《独立报》称，机场监控室存在严重的玩忽职守问题，室内空无一人的现象时有发生。不仅如此，很多摄像头早已

年久失修。还有人披露，收受贿赂在机场安检处十分普遍，只要10欧元左右的“好处费”，这些低薪酬的安全工作人员就会对行李睁一只眼闭一只眼。这名受访者称：“成包的毒品或武器顺利通关，这种事情被我抓住过好多次，简直数都数不清。”此外，该机场对于食物和燃料的安检环节尤为松懈，当地旅馆甚至可以直接把食品送上飞机。负责该类物品检查的安全人员通常和送货人员十分熟悉，“碍于情面不好细查，否则显得很粗鲁”。有时候，工作人员还会有些“势利眼”：比如，如果他们看到有人穿戴阔绰或从一部豪车中走出，也会免去检查。

二、恐怖袭击对埃及旅游业打击巨大

俄罗斯客机在埃及上空坠毁的事件重挫埃及旅游业。据西班牙《国家报》11月9日报道，坠机事件发生后，旅游胜地沙姆沙伊赫的旅客人数锐减，沙姆沙伊赫的机场挤满了急于离开埃及的游客。2万名英国游客几乎已经走光，8万名俄罗斯游客也准备离开，只剩下一些海湾国家的游客。沙姆沙伊赫许多酒店及度假村业者为缩减成本，不得不强迫员工放无薪假，成千上万的人面临断炊厄运，一些新酒店甚至有倒闭之虞。一豪华酒店员工11月13日受访时说：“他们叫我明天开始不用来上班，等情况好转会通知我。没有其他清楚的交待。”他透露，还有5名同事也被要求暂时不上班。据报道，至少有4家豪华酒店证实他们要求部分员工请假。秋冬季的沙姆沙伊赫一直是埃及旅游业重镇，在这里一年四季都可以享受到充沛的阳光和温暖的海水，而今在街头巡逻的军人和警察令整座城市都陷入一种凝重的气氛之中。一天在一架由开罗飞往沙姆沙伊赫的客机上，一名埃及空军士兵全程陪同机上乘客，并对所有人进行了严格的身份检查。南西奈省旅游商会主席吉法拉说：“目前的情况是，约有4万人恐怕会在这几个月内失业。”旅游业是埃及的第二大外汇来源，而在沙姆沙伊赫，旅游业是近 8 万人赖以生存的行业。除了当地人，也有不少外国人在那里从事与旅游业相关的工作，他们同样面临失业问题。报道称，20 世纪 90 年代发生针对游客的恐怖袭击后，埃及用了 10 多年才恢复元气。2010 年游客达到 1500 万人次。但随后“阿拉伯之春”来临，穆巴拉克政府被推翻，民选总统穆尔西上台仅一年就因军事政变下台，如今埃及在塞西将军的统治之下。政局的剧烈动荡同时也导致前往埃及的游客数量骤减，甚至只有不到 1000 万人次。

三、海外利益保护难度大，易成恐怖分子报复目标

众所周知，当今国际恐怖势力早已联合成为具有国际性质的“全球圣战联盟”，因此迫切需要反恐一方建立更为密切的国际合作关系，联手应对日益猖獗的恐怖主义全球化趋势。遗憾的是，由于各国意识形态各异，亲疏关系不一，反恐能力各有大小，很难形成万无一失的反恐网络，从而给国际恐怖势力以可乘之机，这已经成为当今国际反恐面临的最重大短板之一。俄罗斯政府正式确认在西奈半岛坠毁客机是因为遭遇恐怖袭击，意味着俄罗斯比法国更早成为“伊斯兰国”报复的目标，俄罗斯为反恐付出了沉重的代价。

9 月 30 日，俄罗斯对叙利亚“伊斯兰国”进行首次空袭，成功摧毁多处“伊斯兰国”武装目标，严重打击了“伊斯兰国”的嚣张气焰。然而，仅在一个月之后的 10 月 31 日，俄罗斯客机在接近“伊斯兰国”控制区域的地方坠毁，“伊斯兰国”西奈半岛分支宣布对此负责，并表示恐怖袭击是针对俄罗斯空袭叙利亚的报复。在民航客机上引爆炸弹并不是一件容易的事，恐怖分子能通过重重安检把炸弹送上飞机，明显是经过了精密的策划，甚至有可能是“里应外合”的结果。

四、国际恐怖势力紧盯航空安全漏洞，袭击手法多样

国际航空安全一直存在三大主要问题难以妥善解决，即：发达国家与发展中国家安检技术建设和管理水平不平衡；过度重视客机，忽视机场等其他设施安全；重视始发安检，忽略客机落地后或外籍客机入境风险，恐怖分子易乘虚而入。航空恐怖案代价小、轰动效应大，一直是恐怖分子青睐的目标。“9·11”事件后，针对航空业的恐袭不断。十余年来，约20个恐怖组织运用各种手段试图发动“航空圣战”，并制造大量相关案件。其方式包括：一是引爆机体。近年来，恐怖分子先后革新简易爆炸装置，多次突破航空安检，直接瞄准客机或货机等飞行器。2009年12月，尼日利亚人穆塔拉布携带“内裤炸弹”，企图引爆从荷兰阿姆斯特丹飞往底特律的客机。2010年10月，“基地”半岛分支企图利用“包裹炸弹”引爆两架由也门首都萨那途经伦敦、迪拜飞往美芝加哥的货机未遂。二是远程武器袭击。便携式防空导弹、火箭弹和迫击炮等远程武器可对飞行器起降或缺乏足够的安全防范措施时造成致命杀伤。2011年利比亚内战爆发后，卡扎菲开放军火库使得该国大量武器流失，“基地”组织北非分支趁乱偷盗不少地空导弹。此后的马里内乱及伊叙战事，“伊斯兰国”等国际暴恐势力又获取大量武器，远程武器流失成国际民航业的危险之源。尼日利亚、印度、哥伦比亚等国也多次发生恐怖分子用迫击炮、火箭筒等袭击地面飞机事件。三是直接袭击机场等地面设施。2010年后，因各国登机安检较严，恐怖分子直接引爆飞行器难度增加，遂将机场作为重点袭击目标。2011年1月，“人弹”反向从莫斯科多莫杰多沃机场出口混入接机人群实施爆炸，致35人死亡。2012年12月15日，恐怖分子对巴基斯坦白沙瓦国际机场综合使用“车弹”、火箭弹和手榴弹等武器搞“多维暴恐战”，造成50余人伤亡。2014年6月，巴基斯

坦卡拉奇“真纳”国际机场再遭“巴塔”袭击，造成至少28人死亡。四是雇佣“内鬼”作案。恐怖组织常借助内鬼套取信息、直接袭击，或破坏航空公司的飞行指挥与信息系统，导致飞机出事概率增大。2010年，一与阿富汗塔利班来往密切的男子成功混入美达美航空公司；2011年2月，英国航空公司一职工因向恐怖组织泄露英航空和安检信息被捕。

五、俄罗斯的反恐斗争具有多重目标

俄罗斯反恐政策不但满足于其消灭恐怖分子的战术目标，还服务于其达成地缘政治目的的战略目标，这一点可以从事件发生后，俄罗斯在对案件定性的反复和变化中得以考察。11月17日上午11点14分，俄罗斯政府对外宣布：A321客机坠毁的原因是遭受了恐怖袭击。其实在早前，“A321客机遭受恐怖袭击”的说法就一直存在，而俄罗斯政府对于这一说法的态度则经历了“否认—不承认、模糊—承认”的过程。

俄罗斯一开始对“暴恐说”是拒绝的。10月31日，A321客机在埃及的西奈半岛坠毁，机上224人全部遇难。随后，“伊斯兰国”在西奈半岛的分支宣布对这起空难负责。消息传出后，俄罗斯政府和埃及政府均在第一时间否认了客机遭受导弹袭击的可能性。“‘伊斯兰国’在西奈的分支军事力量非常薄弱，他们的实力还不足以能够将万米高空中的飞机击落”，当时各方专家都给出了这样的分析。

然而，事情在几天后发生了转折。11月5日，英国政府向外界宣称，情报分析表明，A321客机失事原因可能为恐怖袭击。美国政府很快也公开表示，A321客机因遭受恐怖袭击坠毁的可能性较大。此消息一出，很快受到了全球各国媒体的关注。对于“A321暴恐说”，俄罗斯政府在调查初期持否定态度。在英国发布消息后不久，俄政府很快回应称，没有任何调查迹象表明A321客机受到了恐怖袭击。然而，随着客机飞行记录的解码，各界对于“A321客机遭受恐怖袭击”的猜测再次甚嚣尘上。俄罗斯政府对此事的态度却仍旧十分模糊。莫斯科时间11月9日晚间，俄总理梅德韦杰夫在接受媒体采访时表示，不排除A321客机飞行时遭受恐怖袭击的可能，但一系列的调查还在继续，下定论为时尚早。此后，对于A321失事客机的调查便进入了“无声”的状态。11月10日，英国外交大臣在接受采访时说，参与调查的当事国埃及和俄罗斯政府应该更清楚A321客机坠毁的原因。可是，俄罗斯和埃及政府却迟迟没有公布关于失事客机的调查信息。

巴黎暴恐让普京打开外交局面。10月，俄罗斯空军对叙利亚境内的“伊斯兰国”武装分子展开军事打击。这一举措曾遭到西方许多国家的非议，许多西媒指责俄罗斯打着反恐的幌子，重创叙利亚反对派以支持阿萨德政府。A321空难发生之后，人们就难免会怀疑，这是不是“伊斯兰国”对俄罗斯的报复行为。一直以来，俄罗斯视叙利亚为自己在中东的重要盟国，叙利亚形势的稳定与俄罗斯的利益息息相关。俄罗斯不愿承认A321遭到恐怖袭击，很大程度上是因为不希望在叙利亚的军事行动受阻。

11月13日晚，巴黎发生多起恐怖爆炸枪击案，造成129人死亡，350余人受伤。这场发生在浪漫之都的恐怖事件是欧洲二战后发生的最大规模恐怖袭击事件，在国际社会上引起了轩然大波。11月15日在土耳其安塔利亚，G20峰会紧随巴黎事件召开。通常情况下，G20峰会的主要议题是经济发展、环境保护等领域的热点问题，而由于此次巴黎暴恐案影响恶劣，各国领导人在G20峰会上谈话的主题变成了A321空难、巴黎恐袭事件和欧洲难民问题。

在此次的G20峰会上，俄罗斯政府几乎参加了所有关于国际政治的会议，普京很大程度上突破了各国对于俄罗斯的排挤和隔离，并改变了各国对于俄罗斯的看法。西方媒体们也罕见地对俄罗斯给予了大量关注。

彭博社报道称，俄罗斯领导人不再游离于国际事务之外，而是积极与各国展开讨论。而美国《华尔街杂志》表示，普京成为土耳其 G20 峰会的焦点人物。这在近几年来的国际会谈中是前所未有的。俄罗斯政府很早就呼吁将反恐问题放到国际政治讨论的首要地位上，然而鲜有国家予以积极回应。在之前举行的 G8 会议上，各国代表拒绝了与俄罗斯政府在反恐领域合作的提议。但过去一个月发生的种种事件表明，不仅是俄罗斯，世界各国都饱受恐怖主义威胁，而俄罗斯在国际安全事务中的作用是不可或缺的。

G20 峰会后，俄罗斯选择公开空难原因，承认 A321 客机遭到恐怖袭击，是因为美国、法国和西方媒体对俄政府的态度在 G20 峰会后已经发生了巨大转变。这一方面是因为“伊斯兰国”等恐怖主义势力日益猖獗，A321 空难、巴黎暴恐事件接连发生，各国不得不重新思考世界安全问题。另一方面，俄罗斯总统普京在 G20 峰会上的积极斡旋也收获了显著成效。在 G20 峰会取得显著成果后，俄罗斯政府很快就发表声明证实，在西奈半岛坠毁的客机曾受到了恐怖袭击。在客机飞行过程中，机舱中有自制爆炸装置启动，其威力相当于 1 公斤的 TNT 炸药。

尽管对于此消息，埃及政府仍旧持怀疑态度。他们发布声明表示，日前尚未找到确凿证据以证明 A321 客机遭受过恐怖袭击，相关人员仍在调查各种可能的事故原因。但俄罗斯政府显然对自己做出的判断充满信心。在公布空难原因调查结果后，普京表示要加大俄空军对叙利亚境内“伊斯兰国”恐怖分子的打击力度。随后不久，俄军总参谋部就宣布将增派 37 架飞机，用以对叙利亚境内“伊斯兰国”恐怖分子的空袭行动。

与一个月前不同的是，俄罗斯如今在叙利亚的军事行动获得了美国和法国的支持。俄罗斯政府发布消息称，俄总统普京与法国总统奥朗德进行电话会议，他们都表示要加强两国在军事和特工调查方面的合作，共同打击恐怖主义。双方商定将于 11 月 26 日在莫斯科进行会晤。11 月 18 日，美国总统奥巴马在菲律宾马尼拉参加亚太经合组织会议时表示，美国一直支持俄罗斯打击“伊斯兰国”组织的行动。他还表示，将与俄罗斯总统进行商谈，确定如何加强俄罗斯对于“伊斯兰国”恐怖组织的打击力度。

就像俄外长拉夫罗夫在 G20 的新闻发布会上所说的那样，支持或反对阿萨德并不重要，“伊斯兰国”才是共同的敌人。俄罗斯利用巴黎恐袭和 A321 空难事件，及时进行了巧妙的反危机处理，成功扭转了自乌克兰事件以来的不利局面，维护了地缘政治利益，显示了俄高超的外交技巧，其经验和做法值得认真研究。

第十八章 突尼斯博物馆案

3月18日，2名恐怖分子乘坐公交车抵达突尼斯首都的巴尔多博物馆（Bardo National Museum）并开枪扫射，袭击者后进入博物馆并把游客劫为人质。随后赶到现场的突尼斯警方迅速发动进攻，与劫持者发生激烈交火。事件造成至少包括20名游客、1名警察、2名袭击者在内的23人死亡，47人受伤。

第一节 案件全景

一、事件经过

3月18日上午，3名持有冲锋枪和手雷、伪装成士兵的武装分子乘坐公交车抵达突尼斯首都的巴尔多博物馆并开枪扫射，随后挟持了在博物馆参观的大量游客。按突尼斯内政部发言人阿鲁因的说法，事发时有大约100名游客在场。巴尔多博物馆位于一座15世纪的宫殿内，是突尼斯最大的博物馆，馆藏丰富。处在事发地的导游瓦利德表示，当时他带队的旅游团正准备从停靠在博物馆门外的旅游客车上下来，“恐怖分子向所有移动的目标开枪射击”，游客随后跑进博物馆内躲避。恐怖分子当场射杀了10多名游客，随后进入博物馆，挟持了另外30名游客作为人质。

事件发生后，突尼斯警察和反恐部队在直升机的协助下，火速赶到现场，对博物馆所在区域实施封锁，疏散人群，随后发动进攻，现场发生持续交火。围攻行动持续了3个小时，警方突入建筑击毙袭击者，击毙2名武装分子，成功解救人质。事件总共造成23人死亡，40多人受伤，其中遇难外国游客至少有18人，分别来自日本、意大利、哥伦比亚、西班牙、法国、波兰、英国、澳大利亚。此外，袭击还至少造成一名突尼斯警察遇难。突尼斯总理哈比卜·埃西德当晚发表电视讲话称，“这是针对突尼斯的一次懦弱袭击，我们应当团结起来、共同保卫我们的国家”。突尼斯女议员赛义达·乌尼西3月19日接受英国广播公司四台“今日”节目采访时说，突尼斯安全部门认定，武装人员原本是冲着议会大厦而去，但由于在进门时遭安保人员阻拦，最终将目标锁定巴尔多博物馆。

二、袭击主谋

3月19日，极端组织“伊斯兰国”在网络上发布一段音频，声称对发生在突尼斯巴尔多博物馆的袭击事件负责，并宣称“这只是开始”，将这次袭击事件形容为“对异教徒窝点的神圣入侵”。“伊斯兰国”称，两名“殉教”的武装分子分别为阿布·扎卡里亚·突尼斯（Abu Zakariya al-Tunisi）和阿布·阿纳斯·突尼斯（Abu Anas al-Tunisi），他们使用“自动武器和手榴弹”导致“十字军和叛教者”的伤亡，并称呼两名被击毙的武装分子为“‘伊斯兰国’的骑士”。2014年以来，“伊斯兰国”已经把分支机构拓展到了突尼斯的邻国——利比亚，并把该国发展为在非洲进一步扩张的大本营。有分析认为，博物馆袭击或许是为了给“伊斯兰国”利比亚据点的高级头目艾哈迈德·鲁伊西报仇。鲁伊西是突尼斯头号恐怖分子通缉犯，他被指在突尼斯境内制造了多起恐怖袭击，在此次袭击案一周前与利比亚一个民兵组织交火时被杀。2014年12月，“伊斯兰国”曾发布视频，煽动突尼斯极端分子策动恐怖袭击，或是暗杀，以示效忠。案发前，一名“伊斯兰国”武装分子还在网上质问，突尼斯人怎么还没加入“伊斯兰国”。就在巴尔多博物馆遇袭事件发生前，一个突尼斯极端分子发帖说：“等待喜悦的浪潮，给你们带去欢愉……延迟公开宣布效忠，是为了做好准备。”

但是突尼斯政府认定奥克巴·伊本·纳法阿营（Okba Ibn Nafaa Brigade）是巴尔多博物馆袭击案的幕后黑手。突尼斯内政部长纳吉姆·葛哈萨利3月26日宣布，警方共逮捕了23名涉嫌参与袭击案的人员，其中包括一名女性。他说，被捕嫌疑人大多隶属于武装组织奥克巴·伊本·纳法阿营。该组织活跃于阿尔及利亚与突尼斯边境山区，其领导者是一名阿尔及利亚籍极端分子。该组织策划巴尔多博物馆袭击案的目的在于“扰乱突尼斯的经济发展和国家安全”。葛哈萨利说，目前仍有少数涉案嫌疑人在逃，其中包括两名摩洛哥人、一名阿尔及利亚人以及数名突尼斯人。3月28日夜间，突尼斯安全部队在西迪艾什山区对一个武装组织据点发起突袭，打死9名武装人员，包括奥克巴·伊本·纳法阿营的头目卢克曼·阿布·塞赫尔。塞赫尔是阿尔及利亚人，被认定是巴尔多博物馆袭击案的幕后主谋。突尼斯政府表示，塞赫尔领导的奥克巴·伊本·纳法阿营自2012年底对安全部队发动多次袭击，导致约60人死亡。5月20日，意大利米兰警方宣布，一名涉嫌参与策划突尼斯巴尔多博物馆袭击案的嫌疑人在米兰附近被捕。这名嫌疑人名叫图伊勒·阿卜杜勒·马吉德，2015年22岁，摩洛哥人，被捕前生活在米兰附近的加贾诺镇。根据意大利警方记录，图伊勒·阿卜杜勒·马吉德2015年2月乘非法移民船只抵达意大利西西里岛，当时警方已经对其下达驱逐令。

三、案件主犯

案发后，突尼斯当局在官方“脸谱”页面上放出巴尔多博物馆遇袭时的部分监控录像，时长约1分钟。视频记录了两名行凶者在博物馆内的一些情节。视频显示，其中一人身着夹克衫、头戴棒球帽，另一人身着连帽衫和运动裤，两人各持一支突击步枪。突尼斯总理埃西德公布两名袭击者的身份为亚辛·拉比迪（Yassine Laabidi）和哈塔姆·哈什纳维（Hatem Khachnaou）。两人都是20多岁的突尼斯年轻人，曾长期居住在突尼斯西部的卡塞林省。拉比迪现年27岁，来自突尼斯一个中产阶级家庭，与父母、兄弟姐妹等人共同住在突尼斯市郊。他曾在一所地方大学学习法语，但学习成绩不佳，就读两年后辍学。之后，他在一家快递公司找到一份工作。在周围人看来，拉比迪的日常生活状态和当地其他普通青年没什么区别。拉比迪的父亲阿赖比在位于市郊的住所外对媒体记者说，恐袭事发当天，拉比迪和往常一样，吃过早饭就出去送快递。当天晚些时候，拉比迪与现年26岁的哈特姆·哈什纳维前往议会大厦附近的巴尔多博物馆，制造了恐怖袭击事件。

拉比迪的哥哥接受媒体采访时表示，“我们一直都在诅咒凶犯，但万万没想到我的弟弟竟然是其中之一”，拉比迪生前曾经是一个非常热爱生活、懂得享乐的年轻人，“他是个精神利落的小伙子，享受和家人在一起或被朋友簇拥的感觉”。在亲戚友人看来，拉比迪待人友善、热心、合群，相貌英俊又十分聪明，实在和“圣战分子”的形象扯不上半点干系。拉比迪的哥哥表示，家人至今无法理解到底发生了什么，更无法接受拉比迪已经死亡的事实。2011年，突尼斯爆发“茉莉花革命”，在这段时期，拉比迪对伊斯兰教义产生浓厚兴趣。当时，家人并未意识到拉比迪已经误入歧途。2014年12月，拉比迪离家出走27天。经突尼斯当局披露，这段期间他和另一名袭击者哈什纳维在利比亚的一个训练营接受军事训练。他的哥哥说，拉比迪肯定是“被坏人洗了脑”。

四、国际反应

突尼斯总统埃塞卜西3月18日晚发表电视讲话，向在袭击中丧生的突尼斯人及外国游客的家属表示慰问，对多国支持突尼斯人民的表态表示感谢。他向突尼斯民众承诺，对“少数的野蛮分子”将采取零容忍态度。3月29日，为纪念巴尔多袭击案死难者、声援突尼斯打击恐怖主义，法国总统奥朗德、巴勒斯坦总统阿巴斯等多国政要参加了在突尼斯首都举行的反恐大游行。联合国安理会18日晚发表媒体声明，强烈谴责突尼斯巴尔多博物馆当天发生的武装袭击和劫持人质事件，强调要打击一切形式的恐怖主义。声明说，安理会以最强烈言辞谴责这起袭击，强调必须将这一恐怖主义行径的实施者、组织者、资助者和支持者绳之以法，敦促所有国家按照国际法和安理会相关决议规定的义务，在这方面与突尼斯积极合作。安理会强调，任何恐怖袭击也无法逆转突尼斯民主道路及其经济恢复和发展的努力。安理会重申将根据《联合国宪章》规定职责，坚决打击一切形式的恐怖主义，同时提醒会员国的反恐措施必须符合国际法。中国外交部发言人洪磊19日在例行记者会上应询时表示，中方一贯坚决反对任何形式的恐怖主义，谴责针对无辜平民的袭击行为。洪磊指出，中方认为，国际社会应按照联合国宪章宗旨和原则以及其他公认的国际关系基本准则，进一步加强合作，共同应对恐怖主义威胁。澳大利亚外交部长朱莉·毕晓普称，总理艾伯特向袭击中遇害的澳大利亚人的家人表示亲切慰问。英国外交大臣菲利普·哈蒙德称屠杀是“懦弱的恐怖袭击”，而首相戴维·卡梅伦称事件是“骇人听闻的野蛮行为”。哥伦比亚总统胡安·曼努埃尔·桑托斯对袭击中丧生的两名哥伦比亚人表示遗憾，愿意帮助他们的家人。意大利总理马泰奥·伦齐谴责此次袭击，并强调意大利是突尼斯政府的近邻，总统塞尔焦·马塔雷拉谴责袭击是“史无前例的暴力实证”。

第二节　经验教训分析

据法国国际广播电台4月2日报道，在3月18日突尼斯巴尔多博物馆恐怖袭击案之后，突尼斯旅游业或将迎来一个低迷的夏季。因受恐怖袭击案的影响，有意前往突尼斯旅行的游客数量锐减。法国旅行社工会主席让·皮埃尔·马斯表示，虽然回国的游客以及取消、延期或更改旅行目的地的游客不算多，但预计前往突尼斯旅行的游客较2014年同期将减少60%，这将重创突尼斯旅游业。2015年3月18日发生巴尔多博物馆袭击事件后，突尼斯在游客眼中已经成为一个“不稳定”和“不安全”的地方。突尼斯旅游部门发布的数据显示，2015年1月1日至6月20日，突尼斯游客数量与2014年同期相比下降21.9%，与2010年同期相比则下降28.3%，其中欧洲游客数量与2010年同期相比下降了45.2%。3月30日博物馆重新对外开放，同时也加强了安保力度。

此次恐怖袭击展现出有别以往的特点。3月19日，突尼斯总统埃塞卜西发布声明说：“恐怖行动从山区转移到了城市，因此有必要加强各大城市的戒备。”同时，袭击也暴露出突尼斯的反恐漏洞。一方面，情报部门与警方合作不足。拉比迪曾长期被情报部门监控，但仍未能提前获得恐袭情报。卡塔尔“半岛电视台”新闻网3月22日称，突尼斯总统埃塞卜西在接受法国《巴黎竞赛画报》采访时坦言，突尼斯当局的“安全漏洞”在一定程度上为巴尔多博物馆袭击事件提供了便利。所谓的“漏洞”就是指该国警方和情报部门的整体部署不够系统，未能保证博物馆的安全。他还表示，突尼斯“圣战分子”群体高达 1 万人，其中大多数是走投无路的无业青年。

另一方面，安保不力，警方在该事件安保工作中存在的“诸多疏漏”。当时负责博物馆区域安保工作的一名警察已经被捕。据悉，突尼斯博物馆恐怖袭击事件发生时，本应负责议会大楼及附近国家博物馆安保工作的警卫正在咖啡馆。“我发现当时只有 4 名警察在议会大厦地区值勤，而其中两人去喝咖啡了，第三名正在吃零食，第四名则没有出现”，突尼斯方面一名官员称，“这太失败了。”总理哈比卜·埃西德 3 月 23 日下令解除 5 名安保官员的职务，包括突尼斯市警察局局长、一名情报部门官员、当地交警部门主管、巴尔多街区安保队长和当地一名指挥官被解职。总理府发言人莫夫迪·穆谢迪说，埃西德 22 日视察遇袭博物馆及周边地区，指出安保方面多处不足，之后做出解职决定。

第十九章　马里首都巴马科酒店恐怖袭击案

当地时间 11 月 20 日早晨，马里首都巴马科的丽笙蓝标（Radisson Blu）酒店发生恐怖袭击事件，酒店内约 170 名人质遭劫持并发生枪击。袭击发生后，马里当局展开营救，特种部队对酒店发起强攻，营救行动持续 7 个多小时。此次事件共造成 22 人死亡，包括 3 名中国人遇难。

第一节　案件全景

一、事件经过

巴马科（Bamako），马里共和国首都，该国的政治、经济、教育、交通和通信中心，也是该国最大的城市。市区位于马里的西南部，跨尼日尔河两岸，北倚库鲁巴山，南部可通过巴马科大桥连接对岸。11 月 20 日上午 7 点钟左右，2 名恐怖分子突袭马里首都巴马科的丽笙蓝标酒店，虽然有媒体报道称袭击者共有 10 人，但后来的调查显示为 2 人。自

2012年内战以来，马里动乱频仍，类似丽笙蓝标酒店的高档场所都有军警驻扎。装备有冲锋枪和手榴弹的恐怖分子趁安保人员早晚班换班时发动袭击，并且驾驶外交牌照（02CD0211）汽车闯入，一定程度上弱化了酒店安防。恐怖分子冲入酒店大厅，对住客和员工扫射，之后在酒店各层游窜，袭击在走廊上遇到的人，店内共有140名顾客和30名员工，大部分被困在房间中。英国《卫报》称，枪手在行动中高呼“真主伟大”。另据媒体报道，获救人质说袭击者用英语交谈，“我听到他们用英语说，‘你上膛了吗？出动’”。马里安全官员透露说，枪手曾逐层逐屋搜索，并且释放了一些能背诵宗教典籍段落的人质。

马里安全部队反应较为迅速，包围封锁了酒店，在联合国维和部队以及法国、美国特种部队的协助下，在9点时发动强攻，击毙了恐怖分子。截至当地时间2015年11月20日下午4点，酒店已无人质被扣。袭击最终共造成2名恐怖分子在内的22人死亡，20人受伤。遇难平民包括6名俄罗斯人、5名马里人、3名中国人、2名比利时人、1名美国人和1名塞内加尔人。

二、袭击主谋

马里两恐怖组织“穆拉比特”（El Mourabitoune）和“马西纳解放阵线”（Le Front de Libération de Macina）先后声称对丽笙蓝标酒店袭击案负责。“穆拉比特”成立于2013年8月，由“血盟者”和“西非统一与圣战运动”两大组织合并而成，目标是“清除法国及其盟友在非洲的存在”，成员多来自马里、阿尔及利亚和突尼斯等国，目前以利比亚南部为基地，活跃于尼日尔、马里及周边地区，被联合国、美、英等国列入“外国恐怖组织名单”，被认为是“美欧在萨赫勒地区利益的最直接威胁”。该组织2015年发动多次恐怖袭击，共造成46人死亡。此次袭击后，其领导人贝勒穆赫塔尔通过“推特”、向半岛电视台发送视频和发布录音三种方式声称丽笙蓝标酒店袭击由其与“基地”组织北非分支共同策划实施，并威胁将会继续发动恐怖袭击，直到法国和马里政府释放关押的“圣战者”，并停止在马里北部的反恐行动。视频公布了两名袭击者的名字：阿卜杜勒·哈基姆·安卡里（Abdel Hakim Al-Ançari）和穆阿德·安卡里（Moâdh Al-Ançari）。

“马西纳解放阵线”（Le Front de Libération de Macina）在袭击发生两天后发布公告，宣称对袭击负责。该组织是2015年初崛起的马里新恐怖组织，领导人哈马杜·库法是极端伊斯兰教士、图阿雷格族人。该组织由“西非统一与圣战运动”部分成员及其他组织成员组成，欲重建19世纪末马西纳帝国（19世纪前期的马里古国）。该组织从2015年1月开始活跃，发动多次袭击，并焚毁公共建筑，发放传单，采取缓慢渗透的战术，主要在马里与布基纳法索边境柏柏尔人居住地区活动，这里一般被认为是马里北部与首都巴马科之间的“缓冲区”。在其宣称负责的公告中，有两点值得注意：首先，宣称袭击是出于对法国和马里军队对其和另一恐怖组织“伊斯兰卫士”打击行动的报复，表明其与“伊斯兰卫士”的密切盟友关系；其次，“马西纳解放阵线”称袭击是由5名恐怖分子发动的，有3人从安全部队的围剿中逃脱了。

一些安全分析师认为，此次袭击动机可能是企图打断马里中央政府与北部分离主义武装脆弱的和平进程。另一方面，丽笙蓝标酒店是当地一家五星级酒店，平时入住的欧美人士较多，属安保敏感场所。而且酒店位于使馆区，临近美国使馆和多家西方企业总部驻地。以上酒店餐厅在马里属于高档消费场所，多服务西方人和维和部队，恐怖组织的有针对性袭击显示了马里极端分子对西方的极端仇视。[1]

此外，这起袭击可能意在与制造巴黎袭击的极端组织“伊斯兰国”比风头，显示“基地”组织及其分支的存在感。此次袭击矛头显然对准西方人士。至于袭击时机，看起来更是经过深思熟虑。法国巴黎最近刚刚发生严重恐怖袭击，此时在属于法国传统势力范围的马里制造袭击事件，明显意在最大程度地制造恐慌和扩大影响。

三、国际反应

联合国安理会和联合国秘书长潘基文 11 月 20 日分别发表声明，对 20 日发生的马里恐怖袭击事件进行谴责。安理会指出，任何形式的恐怖主义都是对国际和平与安全构成的最严重威胁之一，恐怖主义不论发生在何时何地、由谁实施、出于何种动机，都是犯罪行为且无法开脱罪责。潘基文说，此次袭击发生在马里和平进程正在取得进展之时。他谴责任何破坏《和平与和解协议》的企图，对马里当局打击恐怖和极端组织的努力表示全力支持。

11 月 21 日，习近平主席就 3 名中国公民在马里人质劫持事件中遇害做出重要批示，对这一残暴行径予以强烈谴责，向遇难者家属表示深切慰问，要求有关部门加大投入和保障，加强境外安全保护工作，确保中国公民和机构安全。中国将加强同国际社会的合作，坚决打击残害无辜生命的暴力恐怖活动，维护世界和平与安宁。获悉发生重大变故，中国驻马里使馆立即启动应急机制，迅速派出“现场应急”小组赴事发现场，追踪情况，并设法与酒店内被扣中国人员联系，且要求包围酒店的马里特警指挥官采取一切必要手段，营救中国公民。在陆续有人质被救

---

① 孙红、殷悦：“马里丽笙酒店恐怖袭击背后 地区安全局势更趋严峻”，http：//world. huanqiu. com/hot/2015－11/8059493. html。

出后，使馆“现场应急”小组兵分两路，一路人马留在酒店外围，等待辨别被解救人质中的中国公民；另一路则前往马里方面指定的人质撤离地点，等候被解救人质的到来。此外，使馆方面还与中国援助马里医疗队联合组成“医疗救援”小组，携带急救设备、食品、饮用水等，赶往人质撤离地点，随时准备为获救的中国公民提供医疗救助，进行心理安抚。中国外交部在第一时间召集相关部门研究救援方案。外交部非洲司负责人向马里驻华大使提出交涉，要求马方在确保中方人员安全的前提下开展营救。

当地时间11月20日，美国白宫表示，美国以最强烈言辞谴责发生在马里首都巴马科市丽笙蓝标酒店的恐怖袭击事件，并将协助马里开展事件调查。白宫国家安全委员会发言人普莱斯当天在声明中做上述表示，称白宫正在确认所有身在马里的美国公民的具体位置。普莱斯说，美方对遇难者家属表示最深切慰问，我们的心与所有伤者在一起，为他们祈祷。美方将继续与马里政府和地区各方合作应对恐怖主义，还准备协助马里方面对这起“悲剧性恐袭事件”开展调查。美国总统奥巴马对这一袭击事件表示谴责。他说，这起事件将更加坚定美国及其盟国打击恐怖主义的决心，美国将对极端组织展开无情的反击，让他们没有避难之地。俄罗斯总统普京21日致信马里总统凯塔，对马里袭击事件中的遇难者表示哀悼，并对所有遇难者国家的政府和人民表示支持。法国总统奥朗德对马里人民表示支持。他要求身在“敏感国家”的法国人采取预防措施，切实保护人身安全。

第二节　经验教训分析

袭击者乘隙而入，事件防范难度高。躲过一劫的丽笙蓝标酒店保安谢赫·达博回忆说，袭击者20日早晨是趁夜班保安准备与上午班保安交接班时发动袭击。当时有5名保安在场，装备两把手枪和一支短枪，但“注意力不集中”，而且“没有预料到”会发生袭击。达博说，两名袭击者朝保安开枪，当场打死一人，打伤3人。此外，安全分析人士称，在马里，不费吹灰之力便可获得攻击性武器。这意味着“只要有人愿意执行自杀式袭击任务，就难以阻止这种袭击”。

马里首都巴马科丽笙蓝标酒店发生人质劫持事件后，马里总理莫迪博·凯塔和安全部长迅速组成危机应急小组，设立联合行动中心，以应对人质劫持危机。马里总统易卜拉欣·布巴卡尔·凯塔提前结束对乍得的访问，回国应对这起事件。凯塔当晚召开紧急会议，根据会后马里政府发布的新闻公告，从20日午夜开始，马里全境将进入紧急状态，为期10天。全国为此次袭击的遇难者哀悼3天，在此期间，全国各地国旗降半旗。

马里国家电视台11月23日发布了2名被击毙男子的照片，称这是首都巴马科丽笙蓝标酒店袭击事件的“筹划者”，并呼吁大众提供关于这两人身份的信息。马里检方称，相关机构从这2名武装分子的尸体上，找到了手机和枪支。目前，法国、比利时、加拿大及美国正为调查提供技术援助。11月26日，马里安全部门发布公告说，马里军方当天抓获2名与首都巴马科丽笙蓝标酒店恐怖袭击事件有关的嫌疑人，目前调查还在进行中。公告说，经过情报部门的通力合作及有关人士的积极配合，马里军方当天抓获2名嫌疑人。经调查，这2名嫌疑人来自巴马科郊区的两个居民区。目前对这2名嫌疑人的审讯正在进行中。一名不愿透露姓名的调查官员对媒体称，在袭击现场发现的一部手机对抓获这2名嫌疑人起到重要作用。

第二十章 “11·13”巴黎恐怖袭击事件

2015 年 11 月 13 日晚，法国巴黎发生“史无前例”的系列恐怖袭击事件，超过 132 人死亡，300 人受伤。法国全境进入紧急状态，全面封锁边境。这是继 2004 年西班牙马德里“3·11”恐怖袭击事件后西欧最大规模，也是法国有史以来规模最大、性质最恶劣的恐怖袭击事件，被喻为“欧洲 9·11”。这是继 2015 年法国巴黎发生多起涉“伊斯兰国”恐怖事件后的又一严重恐袭案，凸显法国及西方国家本土安全威胁日益严峻。

第一节 案件全景

一、事件经过

11 月 13 日 21 点 20 分，法国巴黎多处地点接连遭到恐怖袭击，参与袭击的恐怖嫌犯分成 3 组，分别袭击了包括正举行法德足球友谊赛

（总统奥朗德在场）的圣丹尼区法兰西体育场、巴黎第10区的“小柬埔寨”餐厅、卡里伦酒吧、国王拉封丹街的“拉卡萨诺思卡”比萨饼店、伏尔泰大街附近的多个露天咖啡座，以及正举行美国重金属摇滚乐队“Eagles of Death Metal”专场音乐会的巴塔克兰（Bataclan）音乐厅。第一组，几名枪手先在剧院附近的咖啡店扫射，随后进入剧院劫持人质，在警方到来之前对人群扫射。第二组袭击者在法兰西体育场发动自杀式袭击。几乎同一时间，第三组在其他几处地点发动攻击。从11月13日21时20分至次日零时20分，恐怖袭击事件持续整整3个小时，法国巴黎多个地方共遭到至少4次炸弹爆炸袭击，以及多次持枪射击。其中，来自巴塔克兰音乐厅的现场持枪扫射造成的伤亡人数众多，至少89人遇难。

11月13日21点20分，在法兰西体育馆正在举行法国对德国的足球友谊赛期间，第一次爆炸发生，1人遇难。现场发现恐怖分子尸体身着内部装有预制破片（以增加爆炸时杀伤力）的自爆背心。25分，在巴黎市第10区的柬埔寨风味餐馆和卡里伦酒吧，枪击造成15人遇难，10人受伤。人们看到使用AK－47自动步枪的恐怖分子坐在路边的一辆黑色汽车里向酒吧和餐馆开火。30分，法兰西体育馆发生第二次爆炸。现场发现的另一个自杀式袭击者的尸体上也穿着相似的自爆背心。32分，在巴黎市第11区的波恩·比埃尔酒吧外的枪击中又有5人遇难，8人受伤。本次袭击者使用的车辆和武器与第一次枪击的袭击者相似。36分，在伤亡情况最严重的巴塔克兰音乐厅，袭击发生时正在举办音乐会，该音乐厅可容纳1500人。在巴黎市第11区的贝莱·伊奎普餐馆外的枪击中多达19人遇难，9人受伤。目击者仍然看到了一辆黑色汽车和车里手持AK－47自动步枪开火的袭击者。40分，又有一人在第11区伏尔泰餐馆的自杀式爆炸袭击中严重受伤，使用的爆炸物材料和前两次自杀式爆炸的相似。与伏尔泰餐馆爆炸同时，4位武装分子驾驶一辆黑色POLO

轿车抵达巴塔克兰音乐厅，闯入现场并朝人群开火，导致89人死亡。53分，法兰西体育馆附近的第三次爆炸发生，现场发现了第三具穿着自爆背心的自杀式袭击者的尸体。零点20分，巴塔克兰音乐厅的4名恐怖分子全部死亡，一名被法国警方击毙，另3名使用自爆背心自杀。恐怖嫌犯使用了至少两辆比利时牌照汽车，部分袭击者和武器装备系从法国—比利时边界运入。恐怖分子使用了AK－47毫米自动步枪，以及俗称“熵炸药”的三过氧化三丙酮（TATP）炸药，这种爆炸物也被称为“撒旦之母”，其材料容易获得，制造成本也很低，且一般的检查手段难以发现。事件共造成132人死亡，300人受伤，其中99人重伤。

为解救巴塔克兰音乐厅内被劫持的人质，警方采取强攻行动，14日凌晨0点08分，法国安全部队向音乐厅发起冲锋，击毙了全部4名持枪袭击者。

奥朗德撤离体育场后，赶往内政部，与总理和内政部长举行紧急会议。稍后，奥朗德发表电视直播讲话称，巴黎遭到史无前例的恐怖袭击，全国进入紧急状态并关闭了法国所有边境口岸。这是法国自20世纪阿尔及利亚战争以来首次进入国家紧急状态。“我们必须体现出同情心和团结一致，我们必须展现团结保持冷静，法兰西必须坚强。”法国全国最高级别反恐戒严实施，自1944年以来首次全国宵禁。交通戒严，法国全国国境关闭，所有航班取消。

二、案件调查

案件发生后，巴黎军警人员重装出动，约1500名军人、200名警察及800名高速交警被派到了巴黎各个街道上进行戒备；约150名郊区警力在高速公路及收费站维持秩序。15日深夜至16日凌晨，法国警方在全国多地行动，共进行了168处搜查，拘捕23名嫌疑人，缴获包括火箭弹发射器在内的 31 件武器。另外，还有被情报部门密切注意的 104 人接受软禁。法国警方 15 日发布公告，恐怖袭击案中有 7 名袭击者死亡，1 名直接参与者潜逃。警方在法国巴黎发生恐怖攻击的巴塔克兰音乐厅附近发现一辆挂有比利时牌照的汽车，并根据这个线索于 11 月 14 日在布鲁塞尔的一个居民区采取了数次搜查逮捕行动，逮捕了 3 名嫌疑人。同时，国际社会积极援助案件调查。比利时警方立即配合法国在国内展开极端与恐怖嫌犯调查。美国联邦调查局委派计算机专家奔赴法国，这些专家精于恢复手机、电脑等电子设备删除的数据，可协助法方分析处理头绪繁杂的破案信息。巴黎恐怖袭击发生后几个小时，以色列国安机构利用监控“伊斯兰国”武装得到的情报，向法方提供了袭击凶嫌的相关信息。

三、幕后黑手

法国警方已确认 8 名嫌犯，其中主谋为摩洛哥裔比利时人阿卜杜勒·哈米德·阿巴乌德。2015 年 11 月 19 日，法国检方发布声明称，确认巴黎系列恐怖袭击案主谋阿卜杜勒·哈米德·阿巴乌德在法国警方 18 日实施的突袭行动中死亡。根据对阿巴乌德的电话通讯和银行信息分析，他在巴黎恐怖袭击中扮演“关键”角色。这名摩洛哥裔比利时男子为极端组织“伊斯兰国”在欧洲策划和实施了多起恐怖袭击。法国内政部长贝尔纳·卡泽纳夫 19 日表示，2015 年发生在法国的 6 起未遂恐怖袭击中有 4 起由阿巴乌德策划。阿巴乌德此前曾在叙利亚负责训练极端组织中的外国人，从 2013 年起在叙利亚和欧洲之间多次往返。2015 年 7 月，阿巴乌德因在欧洲招募极端人员前往叙利亚作战而被缺席审判，法院判处他 20 年监禁。断指穆斯塔法伊。奥马尔·伊斯梅尔·穆斯塔法伊是法国警方认定的第一个恐怖分子。他有一根手指残缺，警方根据在巴塔克兰剧院袭击现场找到的尸首，确认他的身份。穆斯塔法伊现年 29 岁，出生于巴黎南郊库尔库罗讷，父亲是阿尔及利亚人，母亲是葡萄牙人。他们一家一直居住在库尔库罗讷，2012 年搬至附近的沙特尔镇。穆斯塔法伊曾在当地一家蛋糕店工作过。他有 8 起犯罪记录，但都是无证驾驶之类的轻微罪行，在 13 日前，从未牵扯进恐怖组织或遭到调查。巴黎检察官弗朗索瓦·莫林说，安全部门 2010 年时认为穆斯塔法伊已经变得极端化，并把他列为“高优先级监控目标”。安全部门怀疑，穆斯塔法伊 2013 年冬天曾赴叙利亚接受极端分子的培训，返回法国前可能在叙利亚打过仗。穆斯塔法伊 13 日晚在巴塔克兰剧院行凶后引爆炸弹背心自杀。比利时三兄弟。8 人中，唯一在逃的是萨拉赫·阿卜杜勒·萨拉姆。阿卜杜勒·萨拉姆现年 26 岁，居住在比利时首都布鲁塞尔郊区莫伦贝克。据信他在比利时租了至少两辆汽车，流窜到巴黎后作案。巴黎恐袭发生数小时后，阿卜杜勒·萨拉姆出现在法国与比利时边境地区。法国警察拦下他乘坐的汽车，盘问并查看身份证件后，将其放行。英国《泰晤士报》报道，警察拦车时，车内坐的除了阿卜杜勒·萨拉姆，还有另外两人。这两人目前已经被捕。阿卜杜勒·萨拉姆的哥哥易卜拉欣，现年 31 岁，在巴黎伏尔泰大街引爆自杀式炸弹背心身亡。他的另外一名兄弟默罕默德已被比利时警察抓捕。最年轻的恐怖嫌犯比拉勒·哈德菲。哈德菲仅 20 岁，住在比利时，曾在叙利亚与“伊斯兰国”成员并肩作战。持叙利亚护照的难民艾哈迈德·默罕默德。法国警方在一名袭击者尸体旁找到一本叙利亚护照。护照持有者名叫艾哈迈德·默罕默德，现年 25 岁，他的指纹信息显示，他曾在多个欧洲国家登记为难民。希腊当局 14 日说，默罕默德 10 月 3 日在希腊莱罗斯岛登记为难民。他是 70 名乘坐小船从土耳其抵达希腊的难民中的一员。法国地方电视台报道说，法国首都巴黎市 13 日连环恐攻案的炸弹制造专家穆罕默德·华雷（Mohamed Khoualed），已于 18 日傍晚在法国北部最大城市里尔市主动向警方投案。

19岁的华雷被控提供炸弹背心与引爆装置给巴黎恐袭案袭击者。

奥朗德13日发表全国讲话，谴责“伊斯兰国”组织是11月13日晚巴黎多处遭受袭击的幕后黑手。奥朗德说，此次恐怖袭击是“战争行为”，由境外的“伊斯兰国”组织策划实施，有法国国内势力的协助。14日，“伊斯兰国”宣称对巴黎系列袭击案负责 。“伊斯兰国”在“推特”上发文叫嚣称，伦敦将是下一个目标，罗马与华盛顿也在劫难逃。在声明中，“伊斯兰国”声称，其“斗士”在身上绑上自杀式炸弹，带着枪支在法国首都的心脏地带实施多处袭击，其行动经过仔细研究。据巴黎11区枪击案目击者称，在开枪前枪手高喊了“真主至大”，随后扣动扳机。

四、国际反应

国际社会哀悼逝者，痛斥凶手。美国总统奥巴马发表讲话谴责袭击，他在讲话中称，巴黎的袭击是“对无辜平民进行恐怖袭击的卑劣尝试”，“这不仅是对法国人民的进攻，也是对全人类的进攻”。他表示美国已经准备好向法国提供一切所需要的帮助，美国将尽一切所能“将这些恐怖分子绳之以法”。13日，美国纽约世贸中心点亮蓝白红三色灯为法国巴黎系列恐怖袭击遇难者致哀。加拿大新任总理贾斯汀·特鲁多对法国表示了支持。“我对许多人在巴黎袭击中遭遇死伤感到震惊和悲痛”，“在这个黑暗的时刻，加拿大和法国站在一起，并将提供一切可能的援助”。位于多伦多的加拿大国家电视塔13日点亮与法国国旗颜色相同的红白蓝灯光，悼念巴黎袭击事件中的遇难者。英国首相卡梅伦通过“推特”对袭击表示了谴责，并表示“将尽我们所能提供帮助”。中国国家主席习近平就法国巴黎系列恐怖袭击事件向法国总统奥朗德致慰问电。习近平表示，“惊悉巴黎发生系列恐怖袭击事件，造成惨重的人员伤亡。在此法国人民悲伤的时刻，我谨代表中国政府和人民，并以我个人的名义，对这一野蛮行径予以最强烈的谴责，向不幸遇难者表示深切的哀悼，向伤员和遇难者家属表示诚挚的慰问”。习近平指出，中国一贯反对一切形式的恐怖主义，愿同法国及国际社会一道，加强安全领域合作，共同打击恐怖主义，维护各国人民生命安全。14日傍晚，与法国巴黎埃菲尔铁塔同为世界高塔协会成员的上海东方明珠亮起红、白、蓝三色灯，悼念巴黎恐怖袭击事件遇难者。俄罗斯总统普京就巴黎发生的恐怖袭击事件向法总统奥朗德和法国民众表示慰问，并转达了支持和同情。“俄坚决谴责这种没有人性的杀戮，并准备提供一切援助调查这些恐怖罪行。”德国总统高克、总理默克尔、外交部长施泰因迈尔发表声明，向法方表示慰问和支持。

多国纷纷提高安保级别。在巴黎遭遇恐怖袭击后，英国立即启动自2005年“七七爆炸案”以来最高规格的安保措施。与此同时，伦敦警察厅加紧调查600起与叙利亚和伊拉克有关的恐怖案件。14日，德国内政部长德迈齐埃宣布，德国已加强火车站和机场的安全防范措施，提高对已知伊斯兰极端分子和极端右翼分子的监视，并加强对德法边境地区的检查。14日，菲律宾警方宣布全国进入警戒状态，并誓言将为下周出席亚太经合峰会的世界各国领导人提供“最高安全保障”。韩国政府对法国发布旅游安全预警，对巴黎所在的法兰西岛地区发布“旅游克制”黄色预警，对法国本土的其余全境发布“旅游注意”蓝色预警。23日，美国国务院发布全球旅行警告，强调恐怖主义威胁正日益增加，提醒美国公民在2016年2月24日前外出旅行时，要警惕和防范恐怖袭击。公告称，来自“基地”组织、“博科圣地”和“伊斯兰国”的恐怖威胁都在增加。公告表示，随着“伊斯兰国”恐怖分子从叙利亚和伊拉克返回，美国政府认为，其本土仍存在发生恐怖袭击的可能。

国际社会反恐共识与合作得到进一步提升。15日下午，二十国集团领导人第十次峰会在土耳其安塔利亚举行第一阶段会议。会议一开始，参会领导人全体起立，为在法国巴黎系列恐怖袭击事件中的遇难者默哀。受13日巴黎系列恐怖袭击事件的影响，打击恐怖主义引起此次峰会的热议，奥巴马与普京先后就此发表看法。奥巴马表示，美国将同法国人民团结在一起，帮助法国缉拿此次系列恐怖袭击事件的元凶，将他们绳之以法。美国将加大对极端组织"伊斯兰国"的打击力度，力求尽早解决叙利亚问题，铲除滋生极端恐怖主义的土壤。普京也强调协同应对恐怖主义。他说："只有全世界各国携手合作，才有可能解决恐怖主义威胁的问题，解救成千上万无家可归的难民。"欧洲理事会主席图斯克呼吁二十国集团领导人能够展示出"完全的决心"来应对恐怖主义，强调通过合作的途径来切断恐怖主义势力的经济来源。

第二节 经验教训分析

一、法国国内安保工作面临巨大挑战

一是法国国内安保工作存纰漏。参与袭击《查理周刊》的库阿奇兄弟属于在法国安全部门挂了号的危险分子，但一直没有受到严格的监控。此外，中东北非难民潮加重法国安防负担。近期大量来自叙利亚的难民潮涌入法国等欧洲国家，短时间内暴增的流动人口，尤其背景不详的国外难民人口，使法国的安全工作面临日益严峻的考验。

二是情报信息搜集与分析工作不力。多家西方媒体披露，此次连环恐怖袭击前一天，伊拉克高级情报官员曾向西方情报部门发送急件，称极端组织"伊斯兰国"正在筹划对西方国家实施袭击。另外，还有情报消息源称，法国情报人员早在2015年8月就从一名由叙利亚返回法国的男子口中得知，极端组织有意袭击法国音乐厅等场所。法国情报官员对

这些报道的回应是，类似情报提示“一直都有”、“每天都有”。法国总统府尚未就可能存在的情报漏洞发表看法。但就恐袭前有情报的各种说法，法国一名安全官员以不公开姓名为条件告诉美联社记者，法国情报部门每天接收这类情报。但是，情报太多，真假混杂。在2015年年初法国《查理周刊》遭遇恐怖袭击后，法国总理曼努埃尔·瓦尔斯曾公开承认情报工作“失灵”。实施袭击的恐怖分子之前已经在当局的黑名单上，但未受到重视。法国情报专家反思并总结教训，认为情报失误存在多个因素。其中最主要的因素是，情报工作沉迷于数据，整天忙于对存在嫌疑的目标进行电话和邮件追踪，耗费大量精力。而受限于法律程序，即便是获得线索或证据，也无法及时实施逮捕。

二、内忧外困致法国深陷极端暴恐活动旋涡

近期法国屡屡遭受带有原教旨主义背景的极端恐怖袭击。2015年1月7—9日，和“伊斯兰国”有关的北非裔原教旨极端分子袭击了《查理周刊》编辑部和蒙鲁日犹太商店等目标，造成包括3名嫌犯在内共20人死亡。6月26日，法国南部工业城市格勒诺布尔发生了一起血腥暴恐事件，现场出现“伊斯兰国”旗帜并写有原教旨主义口号，凶嫌系北非裔原教旨分子。此次巴黎恐袭案嫌犯高喊：“为了叙利亚”和“圣战”，“所有这一切都是你们总统的错”，凸显法国本土激进化趋强及对外干预政策或招致更多极端报复行动。

一是本土激进主义抬头。一方面，穆斯林移民问题长期不解导致极端暴恐思潮滋生。法国的穆斯林人口数量在所有欧洲国家中最多，但大量的穆斯林新移民及二、三代移民无法真正融入当地社会，造成法国穆斯林群体呈整体受教育程度低、就业率低、犯罪率高等特点。穆斯林占法国总人口的7%—10%，却占法国监狱关押人数6.8万人的一半左右。

很多穆斯林在入狱期间发生了转变并走向激进化，此前袭击《查理周刊》的两兄弟之一便是如此。另一方面，国内民族主义和种族主义抬头，法国民意右倾化趋势加剧了宗教、社会冲突隐患。近年来，法国及欧洲社会反移民、反穆斯林的极端右翼势力抬头，欧洲社会裂痕持续加剧，这无疑为极端势力壮大提供了土壤。

二是对阿拉伯世界政治及叙利亚内战的干涉政策让法国成为刺激“伊斯兰国”极端组织血腥报复的目标。2014 年 9 月，法国宣布对“伊斯兰国”武装据点展开空袭行动。2 月 23 日，法国派出“戴高乐”号航空母舰前往海湾巡游两个月以加强空中打击力度，这被视为法国因《查理周刊》事件，对“伊斯兰国”方面的打击报复升级。作为反击并迫于难民问题的压力，9 月法国决定将军事打击“伊斯兰国”的范围从伊拉克扩大到叙利亚境内，并在 11 月 5 日发公报称法国将再次部署包括“戴高乐”号航母在内的海空力量参与打击“伊斯兰国”极端组织的行动。11 月 15 日晚，法国国防部发表公报说，法国战机当天对“伊斯兰国”在叙利亚的目标实施空袭，摧毁该组织一个指挥所和一个训练营。公报说，法国战机向位于叙利亚拉卡市的“伊斯兰国”目标投掷了 20 枚炸弹。第一个空袭目标被“伊斯兰国”用作指挥所，并招募人员及存放武器弹药；第二个空袭目标是恐怖分子训练营。法国长期对阿拉伯世界的干预及武装干预叙利亚问题日益招致国际极端与暴恐组织的报复行动。据法新社消息，有目击者称，巴黎恐袭案中的一名袭击者“提到了法国在叙利亚开展的军事行动”。

三、中东暴恐外溢效应全面显现，西欧成外籍“圣战”分子回流作案热土，国际反恐斗争面临严峻挑战

一是极端意识形态加速扩散。“阿拉伯之春”及中东乱局持续变异导

致全球极端伊斯兰势力上升，同时，以“基地”为代表的全球“圣战”运动也因“伊斯兰国”的异军突起而引发剧烈震荡，并迅速分化为“基地”领导的传统“圣战”运动主流和“伊斯兰国”激起的新一代“圣战”分子两股势力，二者竞相交恶促国际暴力极端思潮沉渣泛起。

二是西方成新一轮暴恐袭击的主攻目标。“伊斯兰国”派遣“圣战士”直接赴欧美搞恐袭，或甚至利用欧洲难民潮涌入欧洲，或鼓动在伊叙的欧美籍人士回流，或直接教唆引诱其支持者自发搞恐袭，各国防不胜防，已发生多起相关案例。自2015年1月初法国巴黎《查理周刊》杂志社发生恐袭事件以来，法国接连发生恐袭案，特别是2015年11月13日巴黎特大连环恐怖袭击案表明，“伊斯兰国”对美欧威胁进入新的阶段。此次叙利亚难民潮加剧欧美穆斯林群体与白人主流群体两大族群间矛盾，滋生极端主义的内部土壤肥沃。

三是伊叙的外籍“圣战”分子返流威胁增大，加剧本土恐患。外籍“圣战”分子的人数不断增加。总部设在纽约的战略情报咨询公司苏凡集团12月8日公布的分析报告说，自2014年夏天以来，总共有来自86个国家的2.7万—3.1万人前往伊拉克和叙利亚两国加入“伊斯兰国”组织和其他类似极端组织。其中来自美欧等西方国家的激进分子达5000人，法国人数最多，达1800人。苏凡集团副总裁理查德·巴雷特表示，尽管西方各国政府极力阻止极端组织招募本国人前往中东，但是前往伊拉克和叙利亚加入该组织的外国人员不但没有减少，反而翻了一倍。报告还显示，20%—30%的人回流母国，伺机发动本土恐袭的威胁日增。巴黎的恐怖袭击事件显示，越来越多的恐袭将针对在中东地区以外的国家。法国政府此前曾发布数据称，至少有247名极端组织成员从伊拉克和叙利亚返回了法国。美府、情、学界评估认为，“伊斯兰国”威胁或随外籍“圣战”分子返流溢出中东，甚至取代“基地”成美西方长远而紧迫恐患，新一轮“圣战”高潮将在5年左右出现。外籍“圣战”分子在法国等西欧国家均建有网络，招募极端分子输送中东参加“圣战”，同时在境内搭建本土恐怖网络，返流“圣战”分子监控难，欧洲将面临长期安全隐患。奥巴马在 12 月 6 日的电视讲话中首次承认，恐怖主义威胁“已经进化至新的阶段”，恐怖主义的威胁已发展成为更加难以预防的“独狼”式袭击。美国司法部长洛蕾塔·林奇也表示，比起大规模、有组织的袭击，由极端组织煽动个体自主发动袭击更加普遍，也更难预防。美国前副国防部长、现任智库“新美国安全中心”总裁米歇尔·弗卢努瓦 12 月 8 日在出席国会听证会时说，“伊斯兰国”组织构成的威胁已经远远超出了美国政府一开始所预料的程度，并且这一威胁正日渐增大。因此，欧洲国家边境管控亟待进一步强化。国际恐怖分子进入申根区后，便能够自由地在申根国出入。法国总理瓦尔斯 11 月 19 日发出警告，此次巴黎恐袭主犯阿巴乌德已经遭到比利时的全球通缉，但他仍能够穿过多国边界进入法国策划实施恐怖袭击。

第二十一章　曼谷爆炸案

第一节　案件全景

2015年8月17日晚，泰国首都曼谷市中心四面佛神庙附近发生爆炸，造成20人死亡，超过120人受伤。遇难者中除7名中国公民外，还包括泰国、新加坡和马来西亚等国公民。[①] 这是泰国历史上最严重的单次爆炸案之一。同日，曼谷沙吞码头也发生爆炸，所幸未造成人员伤亡。泰国警方经过艰难破案，目前抓捕两名嫌犯，但否认这是恐怖袭击案，称这是极端人士对泰国打击国际人口走私活动的报复行动。泰国如此表态旨在避免引发国际游客、投资者对泰国安全局势的担忧。国际舆论则认为这是一起恐怖袭击案。案犯与“东突”恐怖组织存在关联，更是凸显了泰国这个祥和国家也面临着愈发严峻的国际恐怖袭击威胁。

---

① “Bomb toll revised：20 dead，125 injured”，Bangkok Post，August 18，2015.

一、事件经过

2015 年 8 月 17 日晚上 19 点左右，泰国曼谷市中心著名旅游景点四面佛附近发生爆炸，造成至少 20 人遇难，120 多人受伤，伤亡者中的游客较多。遇难者中包括 7 名中国公民（包括 5 名大陆居民和 2 名香港居民）、10 名泰国人、2 名马来西亚游客、1 名菲律宾人。四面佛周围的栏杆也在这次爆炸中受损，周边数十辆车被毁，冲击波导致数十米外建筑物的玻璃破碎。爆炸现场一片血腥与混乱，当局随即展开了伤者救护工作，并联系伤亡者家属。

四面佛，人称“有求必应”佛，该佛有四尊佛面，分别代表健康、事业、爱情与财运，掌管人间的一切事务。四面佛位于曼谷爱侣湾凯悦酒店边、崇光百货公司旁的马路转角处，声名远播，是泰国香火最旺的佛像之一，是曼谷知名旅游景点。在此地设立四面佛坛的原因，据说是在 1956 年 Erawan 酒店（君悦酒店前身）兴建之时，发生了一连串的不幸事故，业主请来了在泰国据说有天眼通的銮素威参佩少将察看并依其建议供奉四面佛，结果此后平安顺利。对信奉佛教的人来说，到曼谷来不拜四面佛，就如入庙不拜神一样，是一件不可想像的事。据说四面佛的灵验超乎寻常，因此有些游客为了在四面佛前许誓还愿而多次往返泰国，更有许多港台影视明星年年都来泰国膜拜四面佛，可见四面佛的魅力。

爆炸案后，当局立即清理现场，四面佛受损部分也得到修复。但爆炸案在国内外引发恐慌，一度打击国外游客数量，损害经济。

二、案件调查与抓捕嫌犯

事发后，没有组织或个人声称对案件负责。泰国警方立即调动国内外各种资源，展开案件调查，走访了超过230名现场目击者，抓捕逃犯。泰国警方事后通过监控录像锁定一名穿黄色T恤的男性嫌犯，录像显示该男子把一个背包放在长凳下（警方估计有3公斤TNT炸药），随后离开现场，其一名同伙再通过手机遥控炸弹爆炸。监控录影还显示身穿黄衣者，后来乘坐嘟嘟车离开现场附近。警方接获一名嘟嘟车司机提交的一张黄衣嫌犯曾使用的20泰铢钞票。不过，破案工作进展最初一度缓慢。泰国警察总长颂育8月24日向媒体公布爆炸案调查进展时坦承，曼谷市内安装的很多闭路监控都坏了，迟滞破案进程。

8月29日，100名军警在曼谷郊区抓获外籍男子，其护照显示是土耳其人，被逮捕的男子在同一座住宅中租赁了多个房间。警方在此搜获铁珠等炸弹材料，初步判定与曼谷四面佛及沙吞码头爆炸案的炸弹材料属于同一类型。警方是在整合100多个证人的证供和各项证据后，确认这名嫌犯就是监控录像中的黄衣男子。该嫌犯化名阿迪姆，真名为比拉尔·穆罕默德，但其使用的是假的土耳其护照。嫌犯否认涉案，土耳其也否认此人是其公民。泰国警方之前对爆炸地点周边所有手机电话记录进行了长达一星期的逐一排查，才成功实施了对嫌疑犯的抓捕。泰国警方继续追踪被捕嫌疑犯的手机信息，以便找到更多线索。8月31日，警方向参与抓捕嫌犯的警察授予300万泰铢（约53万人民币）的奖金，奖励他们逮捕了一名涉嫌制造曼谷爆炸案的男性嫌疑人。9月初，泰国警方抓捕另一位嫌疑人玉苏甫·米尔艾力，其当时企图逃往柬埔寨。9月26日，泰国警察总署长颂育将曼谷爆炸案的两名嫌疑人押往四面佛爆炸案现场，重现案件发生时的场景，以期找到更多案件信息，继续抓捕工作。这两名嫌疑犯最终确定身份：一名为监控录像中的"黄衣人"，名叫比拉尔·穆罕默德，负责放置炸弹；一名为引爆者，名叫玉苏甫·米尔艾力，通过手机遥控炸弹爆炸。

9月28日，泰国警察总署宣布曼谷爆炸案"告破"，称确信犯罪分子来自人口走私集团，作案动机是对泰国打击人口走私实施报复。警方公布17名嫌疑人肖像，当时已逮捕其中两人。但案件主谋在事发前一天逃离泰国，该男子护照名字是阿卜杜勒·拉赫曼，又名伊萨安，泰国媒体已刊出一张据称是他的照片。

泰国警方抓获的曼谷爆炸案嫌疑人在审讯时极不配合，否认犯罪。据泰国著名媒体《民族报》报道，2016年2月16日，泰国军事法庭审讯曼谷爆炸案两名案犯——比拉尔·穆罕默德和玉苏甫·米尔艾力，警方向两人提起10项罪名指控，包括制造爆炸、谋杀、非法入境等。两人承认他们是中国新疆维族人，但当庭否认对其的所有指控，玉苏甫·米尔艾力称“自己是无辜的穆斯林”，希望自己找到辩护律师。泰国警方称，两名案犯被捕后均承认涉嫌曼谷爆炸案，警方还认为他们与曼谷爆炸案当日的沙吞港爆炸案有关。但律师称，比拉尔·穆罕默德是在曼谷爆炸案发生后的8月21日进入泰国的，从未认罪，2015年9月下旬还受到泰国警方的折磨。法庭允许比拉尔·穆罕默德在30天内找到律师，将在4月20—22日审核与此案相关的证据。泰国警方表示，其掌握足够证据，不担心嫌犯翻供。泰国警方仍然在继续缉捕另外15名与本案相关的嫌疑人，但到2月为止，还没有新进展。①

三、幕后黑手

泰国警方否认曼谷爆炸案与国际恐怖势力有关联，否认这是一次恐怖爆炸，确信犯罪分子来自人口走私集团，作案动机是报复泰国打击人

① Jitraporn Senwong and Khanathit Srihirundaj, “Suspects claim innocence in court over Erawan bombing”, The Nation, February 17, 2016, http: //www. nationmultimedia. com/national/Suspects-claim-innocence-in-court-over-Erawan-bomb－30279472. html.

口贩运及偷渡的行动。[①] 因为，2015年7月，泰国将100余名新疆维吾尔人非法偷渡人员和组织偷渡团伙成员遣返回中国，这些人中既有涉嫌国内刑事犯罪的，也有在国内从事涉恐活动的，还有不少是被裹挟出境的。他们中间不少人计划通过泰国、马来西亚等东南亚国家辗转到达土耳其，再到叙利亚、伊拉克参加恐怖组织和所谓的“圣战”。

泰国警方表示，他们下达逮捕令的17名犯罪嫌疑人中，可能有泰国人，也有外国人，这些外国人持有的护照基本都是假护照，有土耳其等多国的假护照，较难确认这些人的真实国籍与身份。

四、各方反应

泰国总理巴育称曼谷爆炸案是泰国遭遇的最严重袭击，造成大量平民伤亡，袭击者企图打击泰国的旅游业和经济发展。[②] 泰国是东南亚第二大经济体，曼谷是东南亚航空运输枢纽之一，泰国一年吸引国际游客有两三千万人次，曼谷爆炸引发了国际游客以及国际投资者对泰国安全局势的担忧。美国、欧盟国家、东南亚国家等纷纷谴责曼谷爆炸案的制造者，美国、法国、韩国等很多国家一度向本国国民发布赴泰旅游警告。其中，美国、比利时、韩国、瑞典、法国、日本、新加坡等12个国家和地区建议其公民赴泰国时要格外小心，英国、澳大利亚、德国、意大利等9国向其公民发布赴泰的高级别警告。爆炸案后10天左右，亚洲国家

---

① 李颖、杨云燕：“泰警公布曼谷爆炸案进展　已抓获安放炸弹黄衣男子”，新华网，2015年9月28日，http：//news. xinhuanet. com/world/2015－09/28/c_1116703371. htm。

② “Bangkok bomb：CCTV video shows man leave backpack”，BBC News，August 19，2015，http：//www. bbc. com/news/world-asia-33969621.

赴泰国的游客一度下降10%，但随后基本恢复。[①]

泰国警方也向马来西亚等国家寻求国际协助，加快破案。马来西亚、土耳其、孟加拉国等国协助泰国警方破案，提供了一些信息。马来西亚政府在曼谷爆炸案后陆续逮捕了8名嫌疑人，其中4人为马来西亚当地人。马来西亚警方称，这些嫌疑人均涉及非法人口走私活动，不过目前尚无确切的证据能够证实他们与曼谷爆炸案直接相关，只能先在马来西亚接受调查，在没有确凿证据之前，不可能将其送至泰国进行调查，因为他们不是在泰国作案。印度尼西亚警方也调查当地恐怖组织“东印度尼西亚圣战士”（East Indonesian Mujahidin）是否牵涉到曼谷爆炸案。

泰国努力向国际社会证明其是安全的。曼谷爆炸案发生后，泰国总理巴育向各国发送公文，承诺泰国政府将全力打击恐怖主义，全力维护来泰外国游客的安全。泰国官员也多次向国外驻泰国外交官、媒体记者通报案件进展，并一再否认这是恐怖袭击，会保证外国人在泰国的安全。泰国警方否认爆炸案是恐怖主义事件，主要是担心一旦定性为国际恐怖主义事件，势必打击国际游客和投资者对泰国的信心，打击泰国经济。

第二节　经验教训分析

曼谷爆炸案暴露了泰国这个“微笑国度”确实在反恐方面存在漏洞。

① “Tourists avoid Thailand after Bangkok bombing”，Bangkok：Channel News Asia，August 26，2015，http：//www.channelnewsasia.com/news/asiapacific/tourists-avoid-thailand/2078166.html.

一、护照与签证管理上存在极大漏洞

泰国制造与贩卖假护照的犯罪活动猖獗，给恐怖分子提供可乘之机。每年赴泰国旅游的外国游客有两三千万人次，丢失护照者大有人在，这些丢失的护照就被当成制造假护照的模板。而且，在普吉岛等地方，很多外国游客都知道，出售自己的护照至少可以获得200美元，而后可去本国驻泰机构办理挂失手续，补办一些材料。还有一些罪犯偷窃外国游客护照。泰国本地罪犯和国际罪犯在泰国生产大批假护照出售，假护照的街头买卖非常便利，这就为非法移民和恐怖分子提供了可乘之机。[①]曼谷爆炸案嫌犯持有土耳其等国的多本伪造护照，护照中有明显错误，尽管不能证明这些护照来自哪国。而且，泰国是旅游国家，签证便利，也给偷渡分子和恐怖分子以可乘之机。

二、重点地区周边的安保设施存在严重漏洞

泰国警方在抓捕嫌犯时，进展缓慢，遇到的最大难题便是四面佛周边地区的很多监控摄像头不好用，这就导致他们很难连续追踪嫌犯的活动轨迹，有些嫌犯的影像资料也不全，延误了破案时机，抓捕案犯困难。加之，破案初期阶段时，警方获得的嫌犯信息也是真真假假，警方在验证与抓捕嫌犯时颇费周折，有些消息称罪犯逃亡马来西亚、孟加拉国、土耳其等国，警方还怀疑有泰国人涉案，但有些消息查着查着就断了线索，或者依据这些消息找到的“嫌犯”与曼谷爆炸案无关。

---

① “‘国际知名’的泰国护照黑市（图）”，《云南信息报》2014年11月13日。

三、泰国面临新的恐怖威胁和袭击方式

前几年，泰国面临的主要恐怖威胁是南部地区的本国恐怖分子作案，而这些恐怖分子主要在南部搞袭击，很少到曼谷去搞暴恐活动。而今，恐怖分子报复泰国当局打击非法移民犯罪，呈现新的严重恐怖形势，曼谷爆炸案又震惊泰国和国际社会，加之“伊斯兰国”也向泰国渗透，泰国面临的恐怖威胁明显上升，内忧外患，需要应对多种恐怖袭击的挑战。

泰国南部与马来西亚相连，国际机场又是东南亚的航空枢纽之一，泰国假护照犯罪又猖獗，非法移民、国际恐怖分子企图将泰国作为其外逃的中转地、发动恐怖活动的中转地，甚至希望利用泰国社会自由和重视吸引国外游客的条件在泰国发动对俄罗斯等国家驻泰使馆和人员的袭击，以报复俄罗斯在叙利亚空袭打击“伊斯兰国”的行动。尽管泰国在曼谷爆炸案后加强了多个地区的安全警戒，一度加强对俄罗斯驻泰国使馆的安全保护，并强化常态性的安保措施，提升军警的反恐能力建设，但要从根本上消除多个安全漏洞，非常困难。而且，很多恐怖分子可以通过网络和手机等现代通信手段、用非通用语或暗语联系，更是令国际恐怖分子在泰国的活动较难预防。如果出现国内外恐怖分子人规模勾连的情况，泰国的反恐形势将更加严峻。通过加强国际反恐合作来应对泰国等东南亚国家面临的日益严峻的恐怖威胁，已经迫在眉睫。

此外，值得指出的是，泰国打击国际人口偷渡和国际恐怖主义面临着一些不该有的国际压力。泰国不想成为国际非法移民的中转站，因为这会危害泰国和地区安全，损害泰国国家形象。但是，泰国 2015 年在遣返中转泰国偷渡的中国新疆维族人时，尽管其依法办事，合情合理，但是一些不怀好意的国际组织以所谓的保护人权为由频频向泰国施压，导致泰国遣返维族人时面临巨大的国际压力。

第四部分

国际恐怖活动与反恐怖斗争大事记

2015 年大事记

1 月

1 月 1 日，俄罗斯安全部队在俄车臣共和国击毙 2 名曾参与格罗兹尼恐怖袭击的武装分子，搜出大量武器和弹药。其中一名被击毙的恐怖分子为“塔吉罗夫”非法武装组织西部地区头目。

1 月 2 日，极端组织“青年党”对索马里南部城市拜多阿郊区一处政府军营地发动袭击，导致至少 5 名士兵丧生，数十人受伤。

1 月 3 日，巴基斯坦军方派出战机空袭西北部动荡地区，打死至少 31 名武装分子，捣毁 4 个武装分子藏身处。同日，当局又下令绞死另外 7 名武装分子。

1 月 3 日，希腊警方重点追缉的恐怖分子克西洛斯被逮捕。57 岁的克西洛斯曾因参与一系列恐怖袭击和爆炸事件被判处终身监禁。

1 月 5 日，沙特边防部队在北部和伊拉克交界处与恐怖分子交火，造成 7 人死亡，2 人受伤。

1 月 5 日，美国联邦法院对波士顿马拉松爆炸案嫌犯焦哈尔·萨纳耶夫进行审判。焦哈尔面临 30 项罪名指控，包括阴谋策划和使用大规模杀伤性武器。

1月5日，“博科圣地”攻占尼日利亚边境军事基地巴格，成千上万人流亡至博尔诺州，这是该组织一周内第二次攻占军事基地。

1月6日，土耳其伊斯坦布尔著名景区发生一起自杀式爆炸袭击，造成两死一伤。这是伊斯坦布尔2015年遭遇的第二起袭击。

1月6日，阿尔及利亚与毛里塔尼亚、马里、尼日尔在阿尔及利亚举行军方高层会议，重点讨论萨赫勒地区安全形势以及各方在反恐和打击有组织犯罪方面的合作。

1月6日，土耳其伊斯坦布尔著名景区附近的警察局发生一起自杀式爆炸袭击，造成一死两伤。革命人民解放党阵线宣称对事件负责。

1月7日，法国巴黎《查理周刊》杂志社遭一伙武装人员持冲锋枪和火箭炮袭击，导致至少12人死亡，多人受伤。这是法国本土40年来遭遇的死亡人数最多的恐怖袭击。法国政府随后将巴黎地区安全警戒提升至最高级别，最高反恐级别将扩大至巴黎大区范围。

1月7日，也门首都萨那一所警察学院发生汽车炸弹爆炸，造成至少50人死亡，100人受伤。

1月8日，伊拉克首都巴格达西部阿德尔区一座清真寺以及南部尤及苏菲耶镇发生自杀式爆炸袭击事件，导致至少7人死亡，30人受伤。

1月8日，巴黎发生一起枪击案，造成一名女警察和一名道路养护人员受重伤。

1月8日，被视为尼日利亚北部博尔诺州境内最后一个处于联邦政府控制下的城镇巴贾镇遭到“博科圣地”袭击，造成数十人死亡。

1月9日，法国警方在巴黎东郊人质劫持案现场击毙劫持者，事件共造成包括劫匪在内的5人死亡，另有7人受伤。

1月9日，美国判处一名激进的伊斯兰传教士终身监禁，该传教士罪行包括派遣信徒在美国建立“圣战者”训练营地、派人前往阿富汗支援“基地”组织，以及向1998年绑架西方游客的也门激进分子提供卫星电话。

1月9日，塔利班武装分子封锁一辆正在阿富汗东部地区进行排雷任务的汽车，2名工兵和6名组织工作人员被扣押为人质。

1月9日，巴基斯坦北部城市拉瓦尔品第一座清真寺发生爆炸袭击，造成至少8人死亡，20人受伤。巴基斯坦塔利班组织的一个分支宣称对袭击负责。

1月10日，法国警方和安全部队全力搜捕在逃的与人质劫持事件相关的女嫌疑人阿雅·博姆迪安。该嫌疑人持有武器，极具威胁，与巴黎南郊蒙鲁日枪击案有关。

1月10日，两名自杀式袭击者在黎巴嫩北部城市的黎波里穆哈辛山地区的一家咖啡馆先后引爆身上的炸药，造成至少9人死亡，37人受伤。极端组织“支持阵线”宣称制造了这起袭击事件。

1月10日，土耳其伊斯坦布尔东部郊区一家商场发现一枚简易炸弹，警方随即赶到拆除。警方还在邻近的一家商场拆除了可能装有爆炸性丁烷的装置。这是当月以来伊斯坦布尔遭遇的第三起恐怖袭击图谋。

1月10日，尼日利亚波蒂斯库姆镇的一警察局遭汽车炸弹袭击，造成两人死亡，多人受伤。

1月11日，尼日利亚东北部约贝州波蒂斯库姆镇遭连环炸弹袭击，造成至少5人死亡，46人受伤。

1月11日，数十名“伊斯兰国”武装分子突袭并占领巴格达以北约400公里的苏尔坦·阿卜杜拉镇，国际联盟派出战机轰炸武装分子多处据点，伊军队也发射大量炮弹，造成70多名武装分子死亡。

1月11日，法国共有多达370万人走上街头纪念恐怖袭击的死难者，创下法国史无前例的纪录。60余位外国元首、政府首脑或国际组织领导人在巴黎，与法国总统奥朗德并肩参加游行。

1月12日，黑客侵入美国中央司令部的“推特”和视频网站账号，公布美军的作战方案、士兵个人信息，上传视频宣传“伊斯兰国”的意识形态，还警告称，将继续破坏美军的网络和电子设备。

1月12日，法国全境维护国内安全的军人增至7000多人，其中约5500人负责执行法国反恐预警方案“警惕海盗计划”的武装巡逻等任务，约3000多人被部署在巴黎大区。

1月12日，法国总理瓦尔斯表示，大约1400名法国人或已加入叙利亚与伊拉克境内的“圣战”，或打算动身前往。有近70名法国公民或居民在叙利亚与伊拉克为恐怖分子效力时丧命。

1月12日，法国总统奥朗德动员1万名军人，保护法国全境的敏感地点。这是法国首次在本土动员如此多的军人参与安保。

1月12日，尼日利亚伊斯兰极端武装组织“博科圣地”继续控制巴加。在过去一周的交战中，至少已造成2000人丧生。

1月12日，纽约警局、美国联邦调查局和国土安全部都发布警告，要求全美执法人员保持高度警惕，因有人号召“伊斯兰国”的追随者攻击美国的“情报官员、警察、士兵和平民”，法国、澳大利亚、加拿大也是重点攻击目标 。

1月13日，法国国民议会投票决定，延长法国在伊拉克的军事介入期限，以对抗“伊斯兰国”组织。这一决定获488票赞成，仅1票反对。

1月13日，美国白宫发言人厄内斯特称，总统奥巴马将签署恐怖主义风险保险法案。法案已得到国会通过，一经奥巴马签署，美国将重启针对2001年“9·11”事件所实施的恐怖主义风险保险项目。

1月13日，正在巴基斯坦访问的美国国务卿克里表示，美国将继续在打击恐怖主义方面与巴方保持合作。美国将继续在能源、投资等多领域对巴基斯坦提供支持。

1月13日，巴基斯坦7名涉恐案件死刑犯被执行绞刑。

1月13日，保加利亚当局逮捕了一名与巴黎《查理周刊》总部遇袭案有关联的法国人，准备将他引渡到法国。

1月14日，德国内阁通过有关公民个人身份证件管理的新规，凡涉嫌威胁德国安全的宗教极端分子将被限制出境并没收现有身份证，以防止他们与境外恐怖组织联系。包括限制宗教极端分子出境、立法惩治恐怖主义活动资助者、增加治安部门人力及财力投入等。

1月14日，位于也门境内的“基地”组织阿拉伯半岛分支发布视频宣称制造了法国境内的恐怖袭击事件，并警告西方国家不要再次侮辱伊斯兰教，否则将制造更多袭击事件。美国情报机构确认视频确由该组织发布，但尚不能证实该组织与此次袭击有关。

1月14日，美国宣布挫败一起针对国会大厦和政府工作人员的袭击图谋，逮捕一名男性嫌疑人。

1月15日，比利时警方在东部列日省韦尔维耶市开展抓捕恐怖分子行动，2名恐怖嫌疑人被当场击毙，另有一名恐怖嫌疑人受伤。

1月15日，一伙武装分子包围了阿尔及利亚驻利比亚使馆，威胁要绑架阿尔及利亚大使和其他外交人员。在利比亚安全人员的干预下，武装分子未进一步冲击使馆。

1月15日，沙特开始沿着北部与伊拉克边境地区修建长达965公里的隔离墙，试图阻挡“伊斯兰国”的渗透。完工后的墙体将由双重护栏和沟渠组成，将从沙特与伊拉克和约旦交汇处的图里亚夫开始，延伸到该国与伊拉克和科威特交界处。

1月15日，印度陆军表示，极端组织针对美国总统奥巴马对印度的访问策划了一系列恐怖袭击。应美国情报部要求，新德里封闭中心街道周边所有建筑，在市中心所有高层建筑装备现代化的防空设备，房顶配备狙击手。

1月15日，澳大利亚政府宣布悉尼咖啡馆人质劫持事件属于“恐怖事件”。该事件造成包括劫持者在内的3人死亡，多人受伤。

1月16日，比利时联邦检察院宣布，在日前展开的大型反恐行动中共抓获15名恐怖嫌疑人，击毙2名恐怖嫌疑人。

1月16日，美国防部证实，美军计划在沙特、土耳其、卡塔尔等国训练超过5000名叙利亚反对派武装，对抗“伊斯兰国”。据估计，整个项目共需要培训1.5万名武装人员，耗资将达到5亿美元。

1月17日，阿尔及利亚驻利比亚使馆遭爆炸袭击，导致在使馆安全岗亭前执勤的3人受伤。

1月17日，伊拉克首都巴格达遭爆炸袭击，致3人死亡，18人受伤，其中3人伤势严重。爆炸使附近多家店铺受损。

1月17日，联合国驻马里的维和稳定团遭自杀式袭击，造成至少一人死亡，4人受伤。同时，稳定团营地遭到至少8枚火箭弹或迫击炮袭击，其中两枚击中营地，造成严重损毁。

1月17日，比利时宣布破获一起阴谋袭击警察部队的案件后，临时调动数百名士兵在布鲁塞尔等城市加强安保，同时搜捕逃窜恐怖嫌疑人。

1月18日，意大利内政部长阿尔法诺宣布自2014年12月底至今已驱逐9名恐怖主义嫌疑人。他们都持有意大利长期居留证，并已在意大利生活多年。其中两人涉嫌与恐怖主义组织合作，将家人送往叙利亚参战。

1月18日，比利时联邦检察院表示，希腊反恐警察日前逮捕的4名恐怖嫌疑人中的一人“可能”与比利时警方15日挫败的恐怖袭击阴谋案“有直接联系”，比利时已提出引渡该名恐怖嫌疑人的要求。

1月18日，尼日利亚北部城市波蒂斯库姆站发生自杀式汽车恐怖袭击，至少造成4人死亡，48人受伤。

1月18日，在塔吉克斯坦和阿富汗边境法尔霍尔地区，塔边防军与一伙企图从阿富汗潜入塔境内的武装分子发生交火，导致1名塔边防军士兵受伤。

1月18日，以色列政府宣布捣毁本土首个与“伊斯兰国”有关联的犯罪团伙，抓获7名来自阿拉伯国家的涉恐嫌疑人。这些人受到密谋在以色列国内发动恐怖袭击、与身处叙利亚的“伊斯兰国”武装人员联络等罪名指控。

1月19日，欧盟成员国外长例会在布鲁塞尔举行。莫盖里尼同来访的阿拉伯国家联盟秘书长纳比勒·阿拉比会晤，表示欧洲和阿拉伯世界面临共同挑战，双方尤其需要加强打击恐怖主义合作。

1月19日，美国无人机在巴基斯坦部落地区发动空袭，至少击毙5名嫌疑人员。该部落地区为“圣战”分子避难所，同样也是巴基斯坦军方行动的目标之一。

1月19日，欧盟成员国外长在比利时首都布鲁塞尔召开会议商讨国际形势。各国外长在会议中达成一致意见，同意与阿拉伯国家加强合作、分享情报，共同应对恐怖主义威胁。

1月20日，“伊斯兰国”挟持2名日本人质，索要2亿美元赎金。

1月20日，两名来自也门的男子在美国法院被控涉嫌谋杀和向“基地”组织提供物质支持。

1月20日，菲律宾政府军在南部巴西兰省与阿布沙耶夫反政府武装发生数次交火，共有3名武装分子被打死，6名武装分子受伤，政府军无伤亡。

1月20日，5名被怀疑企图发动恐怖袭击的俄罗斯车臣共和国居民在法国东南部埃罗省被警方逮捕。警方对其住所进行了搜查，发现一些爆炸物品。

1月20日，奥地利政府通过一项包括一揽子反恐措施的安全计划，将在未来3年投入2.6亿—2.9亿欧元，用于增加安全人员数量并改进技术装备。

1月20日，尼日利亚政府已下令向军事法庭起诉包括1名准将在内的22名军官，指控其涉嫌破坏打击恐怖组织“博科圣地”的行动，要求法庭对其做出审判，但指控内容尚不明确。

1月20日，英国秘密情报局前局长约翰·索沃斯说，情报机构应当与网络技术企业在通信数据共享方面达成新的协议，以避免类似法国巴黎恐怖袭击的事件重演。

1月21日，法国总理瓦尔斯宣布，未来3年将增加2680个执法和情报部门岗位以打击恐怖主义，其中1100人在情报部门工作。政府3年内将在反恐方面增加7亿欧元的支出，包括购买设备、支持反恐机构的建设和运转等。民航乘客信息注册系统将在9月投入运行。

1月21日，以色列城市特拉维夫的警察表示，一名巴勒斯坦男子持刀在巴士上袭击乘客，导致至少10人受伤，行凶者随后被警方射伤。

1月21日，法国正式起诉4名涉嫌协助极端主义分子对巴黎进行恐怖袭击的犯罪嫌疑人。

1月22日，打击“伊斯兰国”恐怖组织的国际联盟在伦敦举行会议，包括美国国务卿克里和法国外长法比尤斯在内的20多国外长与会。

1月22日，比利时政府派遣55名军人前往列日、于伊、韦尔维耶等城镇，负责执行法院、核电站等部分敏感区域的安保任务，以防止恐怖袭击事件发生。

1月22日，伊拉克首都巴格达以西200公里的哈迪萨市，安全部队和当地部族武装在“国际联盟”的空中支援下，与“伊斯兰国”武装分子发生激烈交火，至少有33人在武装冲突和爆炸袭击中丧生，另有47人受伤。

1月23日，上百名来自叙利亚的极端武装分子在位于黎巴嫩同叙利亚接壤的巴勒贝克地区向黎军岗哨发动袭击。后者随即予以反击，双方发生激烈交火，黎巴嫩军方宣布控制了该地区的局势。

1月23日，菲律宾南部城市三宝颜当天下午发生一起汽车炸弹袭击事件，造成至少1人死亡，40人受伤。

1月23日，马来西亚国防部长希山慕丁巡视沙巴东部安全指挥区表示，沙巴东岸正被多股伊斯兰恐怖主义武装组织威胁，包括菲律宾南部的摩洛伊斯兰自由斗士和阿布沙耶夫等已公开表态支持“伊斯兰国”组织的武装团体。

1月23日，法国宪法法院裁定，剥夺双重国籍极端分子艾哈迈德·萨努尼的法国国籍，符合法律。萨努尼本是摩洛哥人，2003年加入法国籍，2013年因参与一个恐怖组织的活动而被判7年监禁。

1月23日，黎巴嫩军队在东部地区同极端组织“支持阵线”武装分子展开激战，打死打伤多名武装分子。

1月23日，“伊斯兰国”组建一个完全由讲英语的武装人员构成的战斗营，并下令他们在使用这一语言的西方国家发动恐怖袭击。

1月24日，西班牙警方在从西班牙北非自治市休达通往摩洛哥边境逮捕了4名企图实施恐怖活动的伊斯兰极端分子。

1月24日，在政府宣布招募从事反恐行动的安全和侦察人员的计划之际，法国表示，裁减军事人员的规模将缩小，在原计划裁减3.4万人的基础上，少裁员7500人。

1月25日，美国中央情报局在也门开展无人机袭击行动，击毙3名“基地”组织武装分子。

1月26日，“伊斯兰国”上传视频展示一名被俘的约旦飞行员，并威胁美国总统奥巴马，如果24小时内不释放伊拉克裔女恐怖分子里莎维，将把日本人质后藤健二和约旦人质卡萨斯贝一同杀死。

1月26日，叙利亚库尔德武装宣布击败“伊斯兰国”武装分子，收复叙土边境重镇科巴尼。

1月27日，利比亚的黎波里五星级酒店科林西亚饭店遭恐怖袭击，9人遇难，另有5人受伤。

1月27日，联合国安理会强烈谴责利比亚首都的黎波里一家酒店当天遭恐怖袭击事件，强调必须打击一切形式的恐怖主义。

1月27日，巴基斯坦开伯尔—普什图省首府白沙瓦市的教师将配备武器，并且接受作战训练，在校园发生恐怖袭击时，与恐怖分子“交战”。

1月27日，比利时当局逮捕3名可能与恐怖组织有联系的嫌疑人。

1月27日，法国安全官员说，执法人员在南部城市蒙彼利埃展开打击宗教极端分子的突袭行动，迄今逮捕至少5人。

1月28日，美国互联网公司谷歌表示，其视频分享网站因视频数量过多而无法全部过滤含有恐怖主义、极端主义、种族主义和暴力倾向内容的视频。欧盟欲立法帮助谷歌解决现状。

1月29日，美国联邦调查局将一名索马里裔美国人列入恐怖分子名单，并悬赏5万美元将其捉拿。该男子名叫利班·哈吉·穆罕默德，在美期间曾秘密为索马里“青年党”和“基地”组织提供物资。

1月29日，埃及西奈半岛北部和苏伊士运河附近多处军警设施相继遭遇炮弹和自杀式汽车炸弹袭击，导致至少27人死亡，数十人受伤。自称效忠“伊斯兰国”的埃及极端组织“耶路撒冷支持者”宣称为袭击事件负责。

1月29日，3名美国承包商和1名阿富汗人在阿富汗喀布尔机场遭枪杀，塔利班已经声称对此事负责。

1月30日，比利时警察在布鲁塞尔、安特卫普，尤其是东部林堡省靠近荷兰边境的马塞克等城镇进行大规模反恐行动，共抓捕4名嫌疑人。

1月30日，巴基斯坦南部信德省希卡布尔地区的清真寺遇袭事件造成至少54人死亡，另有50多人受伤。

1月30日，南加州洛杉矶地区西柯汶纳南岗高中和梅沙小学再次传出校园“炸弹恐吓案”的恶作剧。

1月30日，美军空袭炸死一名为“伊斯兰国”卖命的化学武器专家。此人名叫阿布·马利克，2005年加入“基地”组织伊拉克分支，后加入“伊斯兰国”。

1月31日，国际恐怖组织卡伊达也门分支的头目称，法国已取代美国成为穆斯林首号敌人。

1月31日，“伊斯兰国”放出新视频显示，被绑架的日本记者后藤健二已被杀害，凶手还声称“日本的噩梦从此开始”。

1月31日，埃及开罗紧急事务法院宣布，巴勒斯坦伊斯兰抵抗运动下属武装派别卡桑旅为恐怖组织。卡桑旅利用埃及西奈半岛拉法口岸与加沙边境的地道大量走私武器弹药，被恐怖分子用于袭击军警。

2月

2月1日，非盟和平与安全理事会决定授权包括尼日利亚在内的多个非洲国家成立一支7500人的多国部队，打击“博科圣地”日益猖獗的恐怖行为。

2月1日，多名持有重武器的武装人员从尼日利亚迈杜古里市南部发起攻击，引爆多个爆炸物并试图进入市区。被政府军和当地民众合力击退，随后重新部署，试图从东部进入城市，再次遭遇顽强抵抗。政府军击毙12名武装人员。

2月1日，位于迈杜古里西南方大约300公里的约贝省首府波蒂斯库姆发生自杀式爆炸袭击，致使5人死亡，8人受伤。

2月1日，泰国暹罗百丽宫和一座火车站之间发生爆炸，致使车站停运约一小时。

2月1日，阿富汗一处警局遭极端分子密集自动武器袭击，导致4名警员遇害，3人受伤。

2月1日，尼日利亚约贝省一处政治聚会遭自杀式炸弹袭击，导致9

人死亡，24 人受伤。

2 月 2 日，巴基斯坦白沙瓦省的纳里巴巴发生炸弹袭击，导致 3 人死亡，2 人受伤。

2 月 2 日，伊拉克提克里特，7 人遭自杀式炸弹袭击身亡，另有 28 人受伤。

2 月 2 日，尼日利亚东北部一处市场发生两起自杀式炸弹袭击，导致 5 人遇害，8 人受伤。

2 月 2 日，阿富汗乌鲁兹甘省一处警方检查站遭袭击，4 名警察遇难，3 人受伤。

2 月 3 日，阿富汗南部乌鲁兹甘省和赫尔曼德省发生袭警事件，造成 6 人死亡，8 人受伤。

2 月 3 日，利比亚一油田遭伊斯兰分子袭击，13 名油田雇员遭割喉。同时，锡德拉湾遭当地伊斯兰武装“利比亚黎明”突袭，导致 5 人死亡，13 人受伤。

2 月 3 日，索马里一名神职人员在清真寺外遭极端分子杀害。同时，摩加迪沙发生“青年党”炸弹袭击事件，导致 1 名平民死亡，3 人受伤。

2 月 3 日，伊拉克巴格达发生 4 起炸弹袭击，共导致 13 人死亡，25 人受伤。

2 月 3 日，巴基斯坦库拉姆省 4 人遭“巴塔”肢解。

2 月 4 日，“博科圣地”激进分子从尼日利亚东北部博尔诺州偏远的马拉利村绑架约 40 人。

2 月 4 日，也门中部发生车载自杀式炸弹袭击，导致 5 名安全人员遇害，3 人受伤。

2 月 4 日，伊拉克发生 4 起暴力恐怖袭击事件，造成 16 人死亡，多人受伤。

2 月 4 日，刚果民主共和国东北部一村落 21 名村民遭民主同盟军一解放乌干达国民军斩首。

2月4日，阿富汗库纳尔省2人遭沙里亚法庭射杀。

2月4日，“博科圣地”激进分子闯入喀麦隆北部城镇佛托科的民宅和清真寺肆意屠杀，造成至少110人丧生，其中许多人遭割喉致死。

2月5日，20架约旦战机向“伊斯兰国”据点发动“毁灭性”空袭，炸死55人。

2月5日，喀麦隆北部靠近尼日利亚边界地区一辆公交车遭袭击，11人死亡，逾10人受伤。

2月5日，叙利亚大马士革主要的基督教社区遭火箭弹袭击，导致10人死亡，50人受伤。

2月5日，伊拉克提克里特遭“伊斯兰国”暴力袭击，22人死亡。

2月6日，巴基斯坦拉瓦尔品第市一清真寺遭袭击，至少6人死亡，10多人受伤。

2月6日，伊拉克拉马迪发生自杀式炸弹袭击，导致6人死亡，9人受伤。

2月6日，阿富汗西部赫尔曼德省遭炸弹袭击，导致4人死亡，3人受伤。

2月6日，伊拉克北部城镇舒马16名平民被极端组织“伊斯兰国”处决。

2月6日，伊拉克巴格达一市场发生炸弹袭击，3人遇害，5人受伤。

2月6日，伊拉克提克里特发生一起车载自杀式炸弹袭击，导致7人遇害，4人受伤。

2月6日，利比亚班加西发生自杀式炸弹袭击，导致2人死亡，20人受伤。

2月7日，黎巴嫩北方城市的黎波里一家咖啡馆遭袭击，炸死至少7

人，炸伤 30 人。

2 月 7 日，伊拉克首都巴格达发生多起自杀式爆炸袭击，造成至少 37 人死亡，逾 88 人受伤。

2 月 7 日，也门总统府外发生爆炸，至少 3 人受伤。

2 月 7 日，尼日利亚发生两起炸弹袭击，共导致 18 人死亡，20 余人受伤。

2 月 8 日，尼日利亚北部城市贡贝发生自杀式袭击，导致 5 人丧生。

2 月 8 日，"博科圣地"激进分子从尼日利亚越境对喀麦隆进行突袭，绑架至少 60 人。

2 月 8 日，尼日利亚迪法的一个胡椒市场遭自杀式炸弹袭击，导致 5 人遇害，15 人受伤。

2 月 8 日，巴基斯坦白沙瓦省纳里巴巴一会议召开地点发生爆炸，致 3 人死亡，5 人受伤。

2 月 8 日，一名自杀汽车炸弹杀手在索马里首都摩加迪沙炸死至少 4 人，炸伤 5 人。

2 月 9 日，大约 30 名公共汽车乘客在喀麦隆极北大区被绑架。

2 月 9 日，阿富汗喀布尔发生针对欧盟警察的自杀袭击，造成 1 人死亡，5 人受伤。

2 月 9 日，伊拉克首都市内和周边地区发生两起爆炸，造成至少 16 人死亡。

2 月 9 日，尼日利亚北部贡贝城一个体育场外发生炸弹爆炸，18 人受伤。

2 月 9 日，伊拉克卡迪西亚省首府以北一处繁华地段遭袭击，导致 13 人遇害，6 人受伤。

2 月 9 日，伊拉克摩苏尔 5 人被极端组织"伊斯兰国"处决，15 名妇女因未穿黑袍遭拘捕并被硫酸毁容。

2月9日，伊拉克巴格达北部的卡济迈区的一处什叶派穆斯林圣地遭逊尼派自杀式炸弹袭击，导致18名无辜民众遇害，42人受伤。

2月10日，埃及第二大城市亚历山大城遭遇连环爆炸袭击，导致至少10人受伤。

2月10日，阿富汗北部昆都士省发生两起自杀式炸弹袭击，造成至少2名警察受伤。

2月10日，恐怖分子在尼日利亚残杀了22名村民，20人受伤。

2月10日，“博科圣地”在喀麦隆抢劫一辆巴士，杀害7名乘客，并劫持8名青年女子。

2月10日，伊拉克东部萨迈拉市发生自杀式炸弹袭击，致6人死亡，29人受伤。

2月10日，伊拉克首都巴格达发生两起炸弹袭击，导致4人死亡，18人受伤。

2月10日，索马里中南部古里艾镇的政府大楼遭袭击，导致12人死亡，30人受伤。

2月10日，阿富汗的贾拉拉巴德发生一起大型自杀式炸弹袭击，导致2人遇害，3人受伤。

2月10日，武装分子在利比亚首都的黎波里的科林西亚酒店外引爆汽车炸弹，8人遇害。

2月11日，阿富汗塔利班发动多起炸弹袭击，致7人遇害，数人受伤，3人被绑架。

2月11日，也门首都警官学院外发生炸弹爆炸，造成至少30人死亡，40人受伤。

2月11日，伊拉克的巴格达发生两起炸弹袭击，导致9人遇害，25人受伤。

2月11日，伊拉克的提克里特遭自杀式炸弹袭击，导致12人遇害，

37人受伤。

2月11日，伊拉克巴格达两处什叶派社区遭袭击，导致10人死亡，25人受伤。

2月11日，警方在利比亚的班加西一处激进分子训练营发现40个被斩首的头颅。

2月12日，阿富汗发生多次炸弹袭击，致4人遇害，十余人受伤。

2月12日，巴基斯坦南部信德省一列火车遭炸弹袭击，造成至少25人受伤。

2月12日，土耳其伊斯坦布尔的一个警察局发生炸弹袭击，1名警察丧生，另1人受伤。

2月12日，伊拉克摩苏尔的塞拉米耶，30人因不愿为极端组织“伊斯兰国”效力被该组织围捕处决。

2月12日，尼日利亚21名村民被“博科圣地”残害。

2月12日，也门的西部一城镇发生自杀式炸弹袭击，导致8名防务兵遇害。

2月13日，三名“巴塔”激进分子用枪支和手榴弹向巴基斯坦城市白沙瓦富人区哈亚塔巴德的一所什叶派穆斯林清真寺发动攻击，造成22人死亡，50多人受伤。“巴塔”表示对此事件负责。

2月13日，极端组织“伊斯兰国”武装分子清晨试图潜入伊拉克安巴尔省的阿萨德基地发动袭击，并与负责守卫的伊安全部队发生交火。最终，武装分子被全部击毙。

2月13日，伊拉克一家6口遭“圣战”分子炸弹炸死。

2月13日，伊斯兰极端分子划船穿越乍得湖，对该地区发起突袭，至少10名村民遇害。

2月13日，埃及首都开罗，一名警察遭伊斯兰极端分子炸弹袭击遇害，另有8人受伤。

2月13日，极端组织“伊斯兰国”在伊拉克靠近叙利亚的边境重镇处决了9名平民。

2月13日，伊拉克的卡迪西亚，一名极端组织“伊斯兰国”成员处决了7名警察。

2月13日，埃及首都开罗东北部发生炸弹袭击，1人死亡，8人受伤。

2月14日，利比亚北部锡德拉湾沿岸的港口城市苏尔特，21名基督徒遭斩首。

2月14日，在马里的莫菩提镇一军营遭“基地”组织袭击，2名士兵遇害，另有3人受伤。

2月14日，坦桑尼亚的海运港口坦噶，一名警官被“青年党”分支成员谋杀。

2月14日，巴基斯坦的卡拉奇西北部一城镇，一名什叶派穆斯林被逊尼派激进分子枪杀。

2月14日，极端组织“伊斯兰国”在叙利亚阿勒颇东北方向重镇公开处决3人。

2月14日，伊拉克巴格达省萨德尔城，一名逊尼派领导人及其亲属共9人遇害。

2月14日，丹麦首都哥本哈根发生2起枪击案，致2人遇害，3人受伤。

2月15日，伊拉克西部城镇巴格达迪，3名警察被极端组织“伊斯兰国”绑架并处决。

2月15日，伊拉克基尔库克省的一村落，15名库尔德人遭极端组织“伊斯兰国”绑架并被处决。

2月15日，尼日利亚的约贝省首府达马图鲁一汽车站遭袭击，造成16人死亡，30人受伤。

2月15日，伊拉克巴格达以北的乌德海姆镇，15名水坝防务兵遭极端组织“伊斯兰国”袭击身亡。

2月15日，埃及的西奈半岛邻近加沙走廊边界的城镇谢克祖维伊，伊斯兰极端分子针对一处警署发动了2起自杀式车载炸弹袭击，致2人受伤。

2月15日，极端组织“伊斯兰国”利比亚分支发布视频斩首了21名埃及基督教人质。

2月16日，喀麦隆军方在尼日利亚边境针对极端组织“博科圣地”的突击行动中杀死86名武装分子，拘捕了上千人，另有5名喀麦隆军人在冲突中丧生。

2月16日，索马里的摩加迪沙，4名机场工作人员遭“青年党”袭击死亡。

2月16日，叙利亚的阿勒颇一个什叶派为主的社区遭袭击，致9人死亡，20人受伤。

2月16日，喀麦隆极北地区的瓦扎，伊斯兰极端分子杀害4名当地军队士兵，10人受伤。

2月16日，伊拉克东部地区的曼苏里亚气田一名电工遭路边炸弹袭击死亡，另有3人受伤。

2月16日，伊拉克的萨拉丁省，12名库尔德人遭极端组织“伊斯兰国”武装分子伏击遇害。

2月16日，塔利班反政府武装在阿富汗南部坎大哈省打死至少13名警察。

2月17日，尼日利亚发生三起爆炸事件，造成至少15人死亡，12人受伤。

2月17日，阿富汗东部卢格尔省省会普勒阿拉姆警察局总部大楼遭炸弹攻击，造成至少22名警察死亡，18人受伤。

2月17日，突尼斯中西部卡塞林省一处警察检查站遭袭击，致4人遇害。

2月17日，伊拉克的马什哈德15名居民被处决，首都巴格达西北部8名平民被处决，费卢杰11名平民被烧死。西部城镇巴格达迪45人被烧死，27名警察被处决。

2月17日，尼日利亚的东北部遭恐怖袭击，75人遇害，20人受伤。

2月17日，巴基斯坦拉合尔，至少8人在一家旅馆外的炸弹袭击中遇害，23人受伤。

2月17日，阿富汗一家餐厅遭自杀式炸弹袭击，22人遇害，8人受伤。

2月17日，乍得靠近尼日利亚东北部城镇边境地区发生恐怖袭击，2名边境警察被杀。

2月18日，极端组织“伊斯兰国”在伊拉克西部城镇巴格达迪烧死45人。

2月18日，巴基斯坦首都伊斯兰堡一什叶派清真寺外遭炸弹袭击，4人遇害，6人受伤。

2月18日，埃及首都开罗，宗教极端分子制造了一起炸弹袭击，炸死一名清洁工。

2月18日，伊拉克的萨迈拉城遭自杀式炸弹袭击，6人遇害，16人受伤。

2月19日，阿富汗南部坎大哈省斯平布尔达克地区遭武装分子袭击，造成10余人伤亡。

2月19日，伊拉克一个商业街遭极端分子炸弹袭击，2人遇害，8人受伤。

2月19日，尼日利亚东北部波诺州奇博克镇遭“博科圣地”枪手袭击，至少30人遇害。

2月19日，极端组织“伊斯兰国”在伊拉克西部城镇巴格拉迪公开处决100名部落居民。

2月19日，尼日尔迪法区遭“博科圣地”袭击，3人被残杀，3人受伤。

2月19日，阿富汗坎大哈边境地区，6人遭塔利班自杀式袭击身亡，10人受伤。

2月19日，伊拉克巴格达市的一家咖啡馆遭“圣战”分子炸弹袭击，3人遇害，11人受伤。

2月20日，索马里首都摩加迪沙中央酒店发生爆炸袭击，造成28人丧生，54人受伤。

2月20日，利比亚东部城市拱北发生3起汽车炸弹袭击，造成38人死亡。

2月20日，尼日利亚东北部博尔诺州3个村庄遭袭击，造成至少41人死亡，多人受伤。

2月20日，利比亚东部遭极端组织“伊斯兰国”自杀式炸弹袭击，47人遇害，80人受伤。

2月20日，伊拉克摩苏尔的美军基地5名部落长老被极端组织“伊斯兰国”武装分子劫持并杀害。

2月20日，泰国南部港口那拉提瓦一处酒吧外遭穆斯林叛乱分子袭击，13人受伤。

2月20日，尼日尔的卡拉姆加，“博科圣地”武装分子袭击了一处偏僻社区，致8人遇害。

2月20日，阿富汗逮捕了15名新疆的维族武装分子并交给中国方面，希望中国能通过巴基斯坦敦促塔利班和谈。

2月21日，尼日利亚卡诺州，23人遭“博科圣地”残害。

2月21日，伊拉克萨拉赫丁省，一位老妪遭宗教极端分子射杀。

2 月 21 日，叙利亚拉塔基亚省，至少 4 人在一处医院门前遭自杀式炸弹袭击身亡。

2 月 21 日，伊拉克北部萨拉赫丁省夏尔恰克区，包括 3 名妇女在内的 4 人被极端组织“伊斯兰国”处决。

2 月 21 日，叙利亚阿勒颇，一伙逊尼派武装分子闯入一社区，杀害 6 名居民，10 人受伤。

2 月 21 日，伊拉克西部城镇巴格达迪，43 名温和逊尼派穆斯林被极端组织“伊斯兰国”极端分子处以火刑。

2 月 21 日，联合国儿童基金会声明称，有一群不明身份的武装分子当天在南苏丹上尼罗河州首府马拉卡勒绑架了至少 89 名儿童。

2 月 22 日，尼日利亚东北部约贝州波蒂斯库姆市一个市场遭自杀式炸弹袭击，造成包括袭击者在内 7 人死亡，19 人受伤。

2 月 22 日，伊拉克提克里特发生自杀式卡车炸弹袭击，8 人遇害，15 人受伤。

2 月 22 日，伊拉克巴格达省宗教之乡一处市场外遭炸弹袭击，2 人遇害，10 人受伤。

2 月 22 日，伊拉克巴格达的一处商业区遭车载炸弹袭击，2 人遇害，6 人受伤。另有一排汽车维修商店遭汽车炸弹袭击，致 7 人遇害，14 人受伤。

2 月 23 日，一开往阿富汗首都喀布尔的客车遭袭击，车上有 30 名乘客被劫持。

2 月 23 日，极端组织“伊斯兰国”称袭击了伊朗驻利比亚大使官邸，没有造成人员伤亡。

2 月 23 日，叙利亚东北部哈塞克省一基督教徒聚居村遭袭击，至少 90 名人质被绑架。

2 月 23 日，叙利亚大马士革一什叶派清真寺遭连环自杀式炸弹袭击，6 人死亡，13 人受伤。

2 月 23 日，巴基斯坦俾路支省一处印度教神庙外遭摩托车炸弹袭击，1 人死亡，9 人受伤。

2 月 24 日，乍得军队在尼日利亚境内打死 207 名武装分子并缴获大量军事装备。

2 月 24 日，伊拉克首都巴格达及周边地区遭 7 起炸弹袭击，导致 37 人死亡，数十人受伤。

2 月 24 日，尼日利亚约贝省首府附近，4 名平民因违反伊斯兰教法遭极端分子杀害。

2 月 24 日，叙利亚 2 名平民遭极端组织“伊斯兰国”处决，理由是与库尔德人勾连。

2 月 24 日，尼日利亚约贝州首府波蒂斯库姆一公交车遭炸弹袭击，17 人死亡，53 人受伤。

2 月 24 日，伊拉克巴格达遭汽车炸弹袭击者袭击，4 人遇害，12 人受伤。

2 月 24 日，阿富汗洛迦省当地警员遭袭击，导致 20 人死亡，8 人受伤。

2 月 25 日，尼日利亚博尔诺州的 3 处村庄遭“博科圣地”袭击，100 余名村民遭屠杀。

2 月 25 日，也门萨那，什叶派极端分子向一处军营中投掷炮弹，致 10 人遇害。

2 月 26 日，埃及首都开罗发生多起爆炸，导致至少 1 人死亡，2 人受伤。

2 月 26 日，阿富汗首都喀布尔发生自杀式炸弹袭击，导致 2 人死亡，另有 1 人受伤。

2 月 26 日，伊朗驻喀布尔使馆大门处发生爆炸，伤亡人数不确定。

2月26日，在叙利亚逊尼派城镇，几天前被绑架的15名基督徒遭处决。

2月26日，尼日利亚东部城镇比乌的一处市场内，19人遭自杀式炸弹袭击遇害。

2月26日，在尼日利亚乔斯的一处公交车站遭炸弹袭击，17人遇害，14人受伤。

2月26日，伊拉克巴格达南部一家法院门前遭“圣战”分子炸弹袭击，4人遇害，8人受伤。

2月26日，在伊拉克西部城镇巴格达迪，至少26人因违反伊斯兰法被处以火刑。

2月27日，在叙利亚的大马士革东北部德梅尔一清真寺附近遭逊尼派炸弹袭击，11人遇害。

2月27日，在伊拉克摩苏尔，4名伊拉克人被极端组织“伊斯兰国”激进分子捆绑游街后，遭枪击死亡。

2月27日，在阿富汗东部楠格哈尔省，2名儿童遭自杀式炸弹袭击遇害，另有13人受伤。

2月27日，伊拉克巴格达东北区的胡森尼亚，6人在家中遭什叶派民兵杀害。

2月27日，也门候达城一支4人安全巡逻队伍遭炮火袭击，4名士兵全部遇害。

2月27日，伊拉克巴格达发生火箭弹袭击及车载炸弹袭击，致6人遇害，16人受伤。

2月27日，在尼日利亚博尔诺州一村落遭袭击，导致14名商人死亡，另有24人受伤。

2月27日，巴基斯坦政府宣布反恐新政，下令所有手机用户指纹建文件，2015年4月15日前未建档者，手机一律断讯。

2月28日，伊拉克巴格达发生两次炸弹袭击，致7名伊拉克人死亡，8人受伤。

2月28日，“支持阵线”在叙利亚阿勒颇发动突袭，导致29人死亡。

2月28日，伊拉克迪亚拉省什叶派城镇一处市场遭炸弹袭击，致11人遇害，50人受伤。

2月28日，伊拉克东部萨迈拉市发生两次自杀式汽车炸弹袭击，致16人死亡，31人受伤。

2月28日，尼日利亚博尔诺州恩加姆杜的一处汽车站遭自杀式炸弹袭击，导致2人死亡。

2月28日，叙利亚阿勒颇，2名平民遭伊斯兰极端分子的迫击炮袭击遇害，另有17人受伤。

2月28日，伊拉克西部城镇巴格达迪的一处平民区遭袭，5人死亡，另有6人受伤。

3月

3月2日，开罗市中心的埃及最高法院附近发生一起爆炸，造成至少2人死亡，9人受伤。

3月2日，澳大利亚政府再次实施新反恐法，禁止其公民前往伊拉克北部城市摩苏尔，以防止澳大利亚年轻民众激进化和到中东加入极端组织。

3月3日，澳大利亚总理阿博特宣布，澳大利亚将向伊拉克增派300名士兵，帮助训练伊拉克军队对抗“伊斯兰国”等极端武装。目前伊拉克境内大约有170名澳大利亚士兵，他们将在2015年9月驻扎期满后回国。新增的300名士兵将从2015年5月起执行任务，为期2年。

3月4日，据叙利亚通讯社报道，一伙恐怖分子在叙北部阿勒颇市制造了一起针对叙空军情报大楼的爆炸袭击事件，爆炸导致大楼外墙以及附近一所孤儿院遭损毁，伤亡人数不明。

3月7日，马里首都巴马科一间酒吧内发生枪袭事件，造成包括3名欧洲人在内的5人身亡，另有8人受伤。袭击发生区域是马里外籍人士经常聚集的地方。袭击者用机枪和手榴弹制造袭击，一名法国人和一名比利时人当场遇难，另一名未确定国籍的欧洲人救治未果身亡。袭击者在逃离过程中杀死两名马里人。

3月7日，伊拉克内政部消息，一伙不明身份的武装分子在首都巴格达东部绑架了32名伊拉克平民，其中包括妇女和儿童。

3月7日，利比亚国家石油公司证实，位于利比亚中部的一处油田6日遭武装分子袭击，至少7名外国人失踪。据利比亚负责石油设施安全的官员透露，疑似极端组织“伊斯兰国”武装分子6日袭击了利中部的加尼油田，随后在该油田纵火，造成至少11名负责保卫油田的士兵丧生，多名在该油田工作的外国人失踪。

3月7日，尼日利亚东北部博尔诺州首府迈杜古里发生3起爆炸，造成至少33人死亡，多人受伤。

3月8日，联合国马里多层面综合稳定特派团在马里北部城市基达尔的营地，遭到多枚火箭弹和炮弹袭击，造成一名维和士兵和两名儿童死亡，另有12人受伤。联合国安理会发表声明以最强烈严辞予以谴责。恐怖组织“纳赛尔主义独立运动”声称袭击事件为该组织所为。

3月10日，尼日利亚东北部博尔诺州发生两起恐怖袭击事件，造成至少4人死亡，20人受伤。其中一起袭击发生在博尔诺州首府迈杜古里，另一起袭击发生在博尔诺州南部的恩加姆杜村。袭击造成的伤亡情况不明。

3月12日，极端组织“伊斯兰国”组织头目巴格达迪透过发言人表示，已接纳尼日利亚极端组织“博科圣地”的效忠，有关“伊斯兰国”

被击退的报道被夸大。伊拉克政府军和什叶派民兵 12 日展开第二阶段攻势，准备重夺北部重镇提克里特的市中心地区。

3 月 12 日，伊拉克正式成立首支完全由基督教战斗人员组成的常规部队，旨在从“伊斯兰国”恐怖组织的“圣战”分子手中重夺基督教城市及村庄。这支基督徒部队听从库尔德斯坦自治区政府指挥。库尔德安全部队在对抗“伊斯兰国”组织的战斗中占据了重要位置。

3 月 12 日，欧盟召开成员国内政部长会议，就加强应对移民问题和打击恐怖主义达成一致。会后发表的公报说，欧盟各国内政部长同意加强对欧盟外部边界的监控，扩大欧盟境外合作行动局的资源并提高行动能力。为保护移民，打击走私和贩毒犯罪网络应当成为优先事项。此外，欧盟还将与第三国合作以加强对移民潮的有效管控。

3 月 15 日，两名枪手试图闯进拉合尔郊区正在做弥撒的两所基督教堂。警卫将他们挡在门外，枪手随后引爆了炸弹，导致 15 人丧生，还有 70 人在爆炸中受伤。一个同巴基斯坦塔利班结盟的激进组织宣称对这两起爆炸负责。

3 月 16 日，联合国秘书长潘基文强烈谴责巴基斯坦东部城市拉合尔基督教堂遭恐怖袭击事件，并呼吁巴基斯坦政府尽一切努力防止针对宗教场所的袭击再次发生。

3 月 17 日，法国当局使用新赋予的权力，在不需法庭令的情况下，屏蔽了 5 家网站，原因是这些网站纵容恐怖主义。

3 月 18 日，伪装成士兵的武装分子袭击了突尼斯首都巴尔多博物馆。突尼斯卫生部长萨德·艾迪称，袭击事件共造成 23 人死亡，包括 18 名外国游客和 5 名突尼斯人，另有两名武装分子被击毙。极端组织“伊斯兰国”声称对袭击事件负责，并宣称“这只是开始”。

3 月 18 日，阿富汗南部赫尔曼德省发生一起汽车炸弹袭击，造成至少 8 人死亡，46 人受伤。一名自杀式袭击者当天上午在省议会附近引爆了载有炸药的车辆，爆炸破坏力巨大，摧毁了附近多处建筑。

3月18日，伊拉克和科威特边境附近发生爆炸袭击，导致至少3人死亡，另有7人受伤。

3月18日，巴基斯坦军方宣布，军方当天出动战机对西北部开伯尔部落地区的非法武装目标实施空袭，打死至少34名恐怖分子。巴基斯坦塔利班武装经常出没在这一地区。自2014年6月15日开始，巴基斯坦军方对盘踞于西北部的本国及外国非法武装势力发起全面清剿行动，已打死逾千名武装人员。

3月19日，意大利国防部长皮诺蒂表示，突尼斯武装袭击事件加大了恐怖主义对意大利的威胁，军方将增加在地中海的海空力量部署。

3月20日，巴基斯坦卡拉奇一清真寺下午遭炸弹袭击，2死7伤。

3月20日，也门发生4起针对政府和清真寺的炸弹袭击，造成至少142人死亡，351人受伤。极端组织“伊斯兰国”宣称制造了爆炸袭击事件。

3月20日，美国新奥尔良阿姆斯特朗国际机场，一名男子手持大砍刀和杀虫喷雾剂袭击了两名联邦官员。

3月24日，13名乘坐公共汽车前往阿富汗南部的乘客被持枪人员杀害，目前阿富汗乡地区针对平民的血腥攻击仍然很严重。上述事件发生于临近阿富汗首都喀布尔的瓦尔达克省。

3月25日，意大利警方当天捣毁一个涉嫌为极端组织“伊斯兰国”招募成员的跨境组织，并抓捕3名嫌疑人。其中两名是阿尔巴尼亚人，一名是摩洛哥裔意大利人。

3月26日，美国司法部宣布，包括一名国民警卫队队员在内的两名美国人因密谋资助极端组织“伊斯兰国”而被逮捕，罪名是“密谋向一个外国恐怖组织提供资助”。根据计划，一人将奔赴叙利亚加入“伊斯兰国”参加战斗，另一人则负责对伊利诺伊州一处军事设施发动攻击。

3月27日，索马里首都摩加迪沙一家酒店发生自杀式汽车炸弹袭击和枪战，造成至少10人死亡，另有多人受伤。索马里驻瑞士大使优素福·伯拉里在袭击中受伤，后在医院不治身亡。索马里宗教极端组织“青年党”随后声称制造了此次袭击。

3月27日，联合国安理会一致通过决议，敦促各国打击利比亚境内的恐怖主义活动，并向利比亚政府提供相关支持和援助。决议说，安理会谴责“伊斯兰国”及效忠它的组织“安萨尔旅”，以及在利比亚境内活动的其他与“基地”组织有关的个人和组织的恐怖活动，考虑将为利比亚境内的上述组织提供资金、武器、招募等活动的个人和团体列入制裁名单，并要求相关委员会在180天内就上述组织的具体情况提交报告，并提出反恐措施。

3月28日，联合国安理会发表媒体声明，强烈谴责索马里“青年党”27日在首都摩加迪沙一家酒店制造的自杀式汽车炸弹袭击。声明说，此次袭击及任何其他无意义的恐怖主义行为都不会削弱安理会支持索马里和平与和解进程的决心。

3月29日，为纪念巴尔多博物馆袭击案死难者、声援突尼斯打击恐怖主义，法国总统奥朗德、巴勒斯坦总统阿巴斯等多国政要参加了在突尼斯首都举行的反恐大游行。

3月29日，突尼斯内政部发言人阿鲁因说，国民卫队28日在西南部加夫萨省击毙9名恐怖分子。突尼斯安全部队还在西北部的卡夫省打伤几名恐怖分子。

3月30日，巴基斯坦《特快论坛报》网站报道称，巴中经济走廊将吸引巨大投资，一些中国工人也将到巴基斯坦帮助建设工程。据熟悉内情的巴方官员透露，巴基斯坦计划为这些中国工人提供安全保障——设立特别安全部队，巴军方将训练超过1.2万名人员加入其中。

3月30日，美国国家安全局总部大门外发生枪击事件，造成1人死亡，2人受伤。两名化装成女性的男子驱车试图冲击位于马里兰州米德堡的国家安全局总部大门，国家安全局保卫人员开枪阻挡，车上一名男子被当场打死，另一人受重伤。

3月30日，北约秘书长斯托尔滕贝格出席欧洲议会外事委员会的讨论会时称，北约与欧盟都面临着新的安全挑战，需要加强合作共同应对。斯托尔滕贝格说，北约与欧盟是两个有着诸多共同之处的不同组织，有22个欧盟成员国同时又是北约成员国。

3月30日，联合国秘书长潘基文访问伊拉克，与伊方领导人举行会谈，传递国际社会对伊拉克抗击“伊斯兰国”极端组织的支持。伊总统办公室当天发表声明说，潘基文在会见总统马苏姆时表示，国际社会一致支持伊拉克在打击以“伊斯兰国”极端组织为代表的恐怖主义方面所做的努力。

3月30日，伊拉克警方人士说，当天首都巴格达东北部城区发生连环爆炸袭击事件，导致至少3人死亡，15人受伤。

3月31日，土耳其最大城市伊斯坦布尔一法院发生检察官遭绑架事件。土警方采取营救行动，打死2名武装分子，遭绑架的检察官在行动中受重伤后不治身亡。

4月

4月1日，联合国伊拉克援助团发表公报说，2015年3月，伊拉克境内发生的暴力冲突和恐怖袭击导致至少997人死亡，2172人受伤。据联合国伊拉克援助团统计，3月份死者中包括729名平民和268名安全部队成员，而伤者中包括1785名平民和387名安全部队成员。上述伤亡人数仅为可核实数字，实际伤亡情况可能更为严重。

4月2日，阿富汗东部的霍斯特发生一起自杀式炸弹袭击，造成至少16人死亡，55人受伤。

4月2日，索马里宗教极端组织“青年党”当天在肯东北部加里萨市莫伊大学制造的袭击事件已造成147人死亡，179人受伤，部分伤者已被送往首都内罗毕的医院接受治疗。肯政府军在此次营救行动中救出500多人。索马里“青年党”声称是为了报复肯尼亚政府对该组织的打击。

4月2日，法国国际广播电台报道称，埃及西奈半岛发生多起恐怖袭击事件，造成30多人死亡，其中包括15名士兵与2名平民。埃及军队击毙了发动袭击的15名恐怖分子。据分析，发动此次恐怖袭击的可能是“伊斯兰国”极端组织在埃及的一个分支。他们使用自动武器及火箭筒攻击了埃及西奈半岛北部的5处军事检查站。

4月5日，隶属埃及内政部的安全机构在毗邻开罗的吉萨省击毙极端组织“埃及战士”创始人和头目哈马姆·阿提亚。同日上午，埃及开罗市中心“5·15”桥警察岗亭附近发生一起恐怖爆炸事件，造成一名警官死亡和两名平民受伤。

4月6日，肯尼亚国防军发言人戴维·奥博尼奥证实，该国战机5日和6日对索马里宗教极端组织“青年党”位于索马里南部盖多地区的两个后勤基地发动了空袭，两处基地已彻底损毁。

4月7日，土耳其英文报纸《萨巴日报》称，土耳其军方当天证实，土耳其军方在叙土边境抓获2名试图非法越境的中国籍“伊斯兰国”成员以及他们的孩子。根据土耳其总参谋部公布的声明，这些人是在叙土边境土耳其一侧被抓获的。当时土耳其正在其东南部地区发动大规模边境巡逻。

4月7日，黎巴嫩军队突袭了盘踞在与叙利亚交界地区的恐怖组织据点，打死3名恐怖分子，打伤4人。摧毁了包括火炮、重机枪和车辆在内的武器装备，黎军方无人伤亡。

4月8日，法国电视频道“TV5Monde”发表了一项声明称，当天一名自称为“伊斯兰国”极端组织效忠的黑客攻陷了该电视台的后台网络及社交网站 Facebook 主页，并使电视播放一度暂停。事发时，电视台的播放全部被黑客强制暂停，后台网络、网站及社交网站主页都不受控制，不停循环播放极端组织的宣言，以及一些参与打击极端组织的法国士兵的个人信息和履历。

4 月 8 日，肯尼亚财政部宣布，该国冻结了一些被怀疑资助恐怖主义的银行账户。肯尼亚首席财政官员图格说，根据国际法有关资助恐怖组织的条款，肯尼亚采取了行动。肯尼亚制作了一个可能参与帮助恐怖主义活动的个人与实体名单。

4 月 9 日，塔利班武装分子 9 日袭击了阿富汗北部城市马扎里沙里夫市中心的一座法庭，造成包括警察局长在内的至少 10 人死亡，66 人受伤。马扎里沙里夫是巴尔赫省的首府。

4 月 10 日，上海合作组织地区反恐怖机构理事会第二十六次会议在乌兹别克斯坦首都塔什干举行。哈萨克斯坦、中国、吉尔吉斯斯坦、俄罗斯、塔吉克斯坦和乌兹别克斯坦代表与会。各方主管机关共同总结梳理了上阶段合作的情况，肯定了 2014 年的合作成果，并就进一步加强打击“三股势力”务实合作达成重要共识。

4 月 12 日，位于利比亚首都的黎波里的韩国驻利比亚大使馆遭武装分子袭击，造成在使馆哨所值勤的两名利比亚内政部警员死亡，另有一名警员受伤。韩国政府 13 日发表外交部声明，强烈谴责韩驻利比亚使馆遭袭。

4 月 13 日，澳大利亚霍巴特国际机场的网站日前遭到黑客攻击。实施攻击的黑客是极端组织“伊斯兰国”的支持者，这些黑客在机场网站上留下了支持“伊斯兰国”的声明。

4 月 13 日，欧盟与地中海南岸国家外长非正式会议在西班牙巴塞罗那举行，会议就安全、反恐、移民等议题进行对话并讨论共同应对策略。

4月13日，法国国民议会将就情报法草案举行为期4天的辩论，5月5日对此进行表决。情报法一旦生效，迄今一些非法的情报活动将合法化，这样情报人员在开展工作时将有法可依。其主要内容包括：为了加强监控措施，采用多种相关工具，如监视恐怖嫌犯时，情报部门有权直接进入其网络，获取与此人有关的所有信息，包括通信往来、社交网络、网站服务器等；情报部门即使尚未确定嫌犯，也有权通过安装数字“黑匣子”自动获取高风险行为信息；草案还准许使用其他工具，对反恐斗争不设限制，它还涉及预防有组织犯罪，维护法国重大外交、经济、科技利益等。其中对公众而言最敏感的两点是：截取手机通话与对网络进行监控。所有这些监控措施的实施将受到国家情报技术监管委员会检查。国家情报技术监管委员会是独立机构，将由两名国民议会议员、两名参议员、两名内阁会议成员、两名法官、一名精通电信技术的知名人士组成。任何怀疑被情报部门监控的公民都可以向国家情报技术监管委员会提出申诉。

4月14日，索马里教育部遭遇“青年党”武装分子袭击，造成包括6名士兵在内的21人死亡。联合国安理会发表媒体声明，强烈谴责宗教极端组织“青年党”武装分子袭击索马里教育部事件。

4月14日，伊拉克警方人士说，首都巴格达及附近地区当天发生多起爆炸袭击事件，导致至少12人死亡，41人受伤。

4月15日，意大利参议院通过反恐法案，意大利警方将加大对网络的监控力度，同时允许意大利情报机构采取预防措施，例如可在意大利境内监狱展开调查，防止恐怖组织招募新成员。作为反恐法案的一部分，意大利政府宣布在全国招募3000人反恐部队的基础上，将在2015年6月再增加300兵力。另一方面，为了加强对地中海区域航行的渔船、商船的保护，意政府开展名为“海上安全”的行动，投入超过4000万欧元用以配备巡逻舰艇和飞机。

4月22日，伊拉克首都巴格达及北部城市萨迈拉当天分别发生爆炸袭击事件，共导致至少10人死亡，35人受伤。

4月22日，土耳其总统埃尔多安呼吁美国领导的打击“伊斯兰国”军事联盟，采取地面军事行动打击在叙利亚和伊拉克的“伊斯兰国”极端组织武装。

4月23日，伊拉克首都巴格达北部的巴拉德镇发生自杀式汽车炸弹袭击事件，造成至少8人死亡，16人受伤。据一名不愿透露姓名的官员表示，汽车炸弹的袭击目标是伊拉克什叶派的朝圣者，他们刚从一座什叶派清真寺做完礼拜返回。目前尚无组织声称对该事件负责，但该地区大部分被极端组织“伊斯兰国”占领，警方怀疑是“伊斯兰国”发动了此次袭击。

4月23日，联合国安理会就“青年在打击暴力极端主义和促进和平方面的作用”举行公开辩论会。中国常驻联合国代表刘结一说，恐怖和极端势力利用互联网等新媒体传播恐怖和极端思想，蛊惑、煽动青年，造成严重危害。他呼吁国际社会切断恐怖和极端势力伸向青年的黑手。

4月23日，比利时联邦政府宣布将增加联邦警察反恐特别行动队人员和资金投入，以满足当前反恐需要。比利时内政大臣让·让邦当天表示，政府将增派50名警员到联邦警察反恐特别行动队，同时增加1500万欧元拨款用于武器和设备升级。

4月26日，伊拉克警方说，当天首都巴格达及周边地区发生3起爆炸袭击事件，导致至少7人死亡，32人受伤。

4月27日，24岁的波黑穆族人伊布里杰袭击了位于波黑塞族共和国东部小镇兹沃尔尼克的一个警察局，造成1名警察死亡，2名警察受伤。伊布里杰在现场交火中被击毙。波黑国家调查保卫局28日逮捕两名与警局恐怖袭击案相关的嫌疑人。

4月27日，伊拉克警方说，首都巴格达当天发生3起爆炸袭击事件，共导致 10 人死亡，38 人受伤。

4 月 27 日，第 26 届东盟峰会通过《全球温和运动宣言》，“全球温和运动”旨在倡导宽容互谅，其核心价值在于追求永久和平，这也是缓和紧张、应对及消除各种形式的激进主义和极端主义的重要手段。宣言同时强调，决不容忍任何形式的恐怖主义、激进主义和暴力极端主义。

4 月 28 日，尼日尔国防部发布公报说，在尼东南部城市卡拉姆加驻防的政府军 25 日遭近 2000 名“博科圣地”武装人员袭击，46 名政府军士兵丧生，9 人受伤，32 人下落不明，28 名平民被武装人员打死。政府军在交火中击毙 156 名武装人员。

4 月 28 日，欧盟委员会公布了未来 5 年的欧盟安全计划。欧盟的安全行动目标主要是针对欧盟的恐怖袭击、有组织犯罪以及网络犯罪三大主要威胁。

4 月 29 日，中国国务委员、国家反恐怖工作领导小组组长、公安部部长郭声琨在全国公安机关反恐怖工作电视电话会议上强调，要深入学习贯彻习近平总书记关于反恐怖工作的重要指示精神，保持警觉、主动作为，强化措施、落实责任，进一步提高对暴恐犯罪活动的预警预知、侦查打击和应对处置能力，确保各项重大活动安全顺利进行，确保全国社会大局持续稳定。

4 月 29 日，海湾阿拉伯国家合作委员会内政大臣会议在卡塔尔首都多哈举行。六个成员国在会上就反恐行动机制达成了一致。反恐行动机制包括对恐怖组织的定义、反恐措施、设立恐怖组织黑名单等内容。

4 月 29 日，法国总统奥朗德当天在国防会议上宣布，为应对恐怖主义威胁，法国军方将在 6 年内少削减 1.85 万个岗位转用于增加反恐力量。2016—2019 年间，法国军事预算将增加约 38 亿欧元。增加的军事预算主要用于法军的人员和设备支出以打击恐怖主义，尤其是防范网络袭击，以及购买航空设备和加强情报工作。

4月30日，欧洲议会全体会议通过决议，要求欧盟制订计划，帮助肯尼亚培训军队和警察，以对抗索马里极端组织“青年党”的嚣张行为，阻止其继续扩张。

5月

5月1日，意大利米兰市中心爆发反世博会的抗议冲突。参与暴力冲突的示威者有500多人。

5月1日，伊拉克白芨16名伊拉克人死于沙希德派自杀式炸弹袭击，10人受伤。

5月1日，利比亚班加西3名医务人员被迫击炮炸死，7人受伤，怀疑是安萨尔伊斯兰所为。

5月1日，巴基斯坦卡拉奇4个本地人被塔利班开车撞死。

5月2日，持枪歹徒在墨西哥西部哈里斯科州向军方直升机开枪射击，直升机紧急降落，造成7人死亡，10余名军警人员受伤。

5月2日，伊拉克巴格达发生两次汽车炸弹爆炸，造成14名平民死亡，30多人受伤。

5月2日，以美国为首的联军在叙利亚北部空袭极端组织“伊斯兰国”武装时炸死了52名平民。

5月2日，伊拉克政府军与准军事部队在西部安巴尔省遭到汽车炸弹袭击，至少12人死亡。

5月2日，巴基斯坦军方在西北部开伯尔和北瓦济里斯坦发动空袭，击毙44名武装分子。

5月2日，伊拉克政府军在通往极端组织“伊斯兰国”所控制重镇费卢杰公路上的火车站遭到袭击，12人以上死亡。

5月2日，尼日利亚穆斯林激进分子杀死59名基督徒。

5月2日，伊拉克一火车站发生自杀式炸弹袭击，12名伊拉克人死亡。

5月2日，叙利亚阿勒颇成员向居民区投弹，致使22人死亡，45人受伤。

5月2日，伊拉克迪亚拉一公交车上爆炸，7名乘客死亡。

5月2日，伊拉克卡拉达一家购物区爆炸，9人死亡，另有20人受伤。

5月2日，叙反对派武装日向北部城市阿勒颇市多处居民区发射了多枚迫击炮弹，造成包括3名儿童在内的14人死亡，另有约60人受伤。

5月3日，“伊斯兰国”炸死5名伊拉克人，6人受伤。

5月3日，伊拉克巴格达，6名伊拉克人被沙希德自杀式炸弹袭击身亡，9人受伤。

5月3日，宗教极端分子用机枪扫射阿富汗一处检查站，17人死亡，20人受伤。

5月4日，阿富汗安全部队在昆都士、查布尔、库纳尔等10余个省份执行反恐行动。截至4日，安全部队共打死73名武装人员，打伤40余人，逮捕6名武装人员，拆除多个路边炸弹，并缴获一批武器。

5月4日，阿富汗首都喀布尔发生一起针对政府汽车的自杀式炸弹袭击，造成1人死亡，15人受伤。塔利班组织称对这次袭击事件负责。

5月4日，美国得克萨斯州举行以先知穆罕默德为主题的漫画比赛会场外发生枪击事件，造成1名安保人员受伤，2名枪手遭击毙。

5月4日，欧盟委员会介绍2015年至2020年安全计划，主要针对恐怖袭击、有组织犯罪和网络犯罪三大主要威胁。

5月4日，叙利亚首都大马士革北部的鲁肯丁区发生两起连环自杀式爆炸，导致至少1死6伤。“基地”组织分支“支持阵线”宣布制造了事件。

5月4日，伊拉克敢死队发动自杀式炸弹袭击，3名伊拉克人死亡，

5人受伤。

5月4日，极端组织“伊斯兰国”成员冲进索马里一个警察局，杀死3名警察。

5月4日，索马里“青年党”武装分子向街上扔手榴弹，导致1死2人伤。

5月5日，位于英国首都伦敦的叙利亚人权观察组织发表声明，指责美军对叙利亚一处村庄发动空袭，造成至少52名当地平民死亡。

5月5日，尼日利亚政府军近两天在桑比萨森林的军事行动中相继解救出275名妇女和儿童。

5月5日，美国务卿克里签署命令，悬赏2000万美元捉拿4名“伊斯兰国”组织高级头目。

5月5日，刚果两名联合国维和成员遭到伊斯兰教徒的伏击身亡。

5月5日，在也门亚丁湾，什叶派激进分子用研钵杀死一名男子及6名援助人员。

5月5日，也门什叶派民兵越过边境向沙特奈季兰一个小镇投弹，杀死2名居民，5人受伤。

5月5日，极端组织“伊斯兰国”袭击伊拉克巴格达一个宾馆，杀死6名平民，11人受伤。

5月5日，叙利亚，“支持战线”在一处居民区发动连续攻击，2名平民死亡，23人受伤。

5月5日，印度3名朝圣者死于穆斯林暴徒袭击，另有8人受伤。

5月5日，美国务院悬赏700万美元捉拿阿尔卡杜里，悬赏500万美元捉拿阿尔阿德纳尼和巴蒂拉什维利，悬赏300万美元捉拿阿尔哈兹。

5月6日，德国当局展开突击行动，逮捕了4名涉嫌密谋实施炸弹袭击的人员。

5月6日，恐怖组织要犯乌斯曼因进入“摩洛伊斯兰自由战士”组织地盘被擒。

5月6日，加拿大国会通过一项反恐法案，扩大了加情报机构的权力。

5月6日，在叙利亚，极端组织“伊斯兰国”自杀式袭击致使16名库尔德人死亡。

5月6日，在尼日利亚，“博科圣地”屠杀了8名村名，另有8人受伤。

5月6日，在沙特奈季兰，什叶派激进分子朝一个小镇开火，杀死5名居民，11人受伤。

5月6日，在伊拉克哈奈根，“伊斯兰国”成员杀死3名沿高速路行驶的坦克的驾驶员。

5月6日，“伊斯兰国”在叙利亚一处居民区发动自杀式炸弹袭击，3人死亡。

5月6日，“博科圣地”成员烧毁尼日尔一房屋并杀死5名村名。

5月6日，阿富汗塔利班发动炸弹袭击，2名儿童死亡，4人受伤。

5月7日，在喀麦隆，“博科圣地”成员在一处村庄杀害7人。

5月7日，伊拉克哈姆林22人被自杀式炸弹杀死，另有34人受伤。

5月7日，埃及拉法宗教极端分子杀害2名警卫。

5月7日，利比亚班加西，伊斯兰激进分子袭击一处居民区，2名平民死亡，5人受伤。

5月7日，叙利亚阿勒颇，逊尼派激进分子对一处居民区发动火箭弹攻击，3名儿童和一名妇女死亡。

5月7日，伊拉克，4名伊拉克人在一场自杀式炸弹袭击中丧生，16人受伤。

5月8日，一名印度尼西亚籍男子被发现行李中藏有子弹及类似“伊斯兰国”旗帜等物品，警方将其逮捕。

5月8日，埃及阿里什，在学校和市场分别发生袭击事件，4名警卫身亡。

5月8日，伊拉克巴拉德鲁斯发生爆炸，18名什叶派教徒死亡，另有41人受伤。

5月8日，伊拉克卡纳安发生自杀式汽车炸弹爆炸，4人死亡，18人受伤。

5月8日，尼日利亚一所大学发生自杀式炸弹袭击，3人死亡，10人受伤。

5月8日，极端组织“伊斯兰国”在叙利亚代尔吕佐尔发动袭击致19人死亡，随后又在机场发动袭击。

5月9日，“胜利战线”发动的火箭弹袭击致使叙利亚阿勒颇5人死亡，19人受伤。

5月9日，恐怖分子杀死了伊拉克一所监狱的12名守卫，14人受伤。

5月9日，阿富汗帕克蒂亚原教旨主义者袭击了一场板球比赛并杀死2人，另有5人受伤。

5月9日，针对伊拉克什叶派朝圣者的炸弹炸死了7人，另有20人受伤。

5月10日，“圣战者”在伊拉克塔吉一处露天市场引爆炸弹，3人死亡，8人受伤。

5月10日，叙利亚一个小镇发生自杀式炸弹袭击，32人丧生。

5月10日，伊拉克一处自杀式汽车炸弹爆炸致使5名无辜的平民死亡，10人受伤。

5月10日，穆斯林恐怖分子与马其顿库马诺沃警察发生枪战，至少8人死亡，37人受伤。

5月10日，阿富汗喀布尔一辆公交车上发生自杀式炸弹袭击，3名乘客死亡，18 人受伤。

5 月 11 日，巴基斯坦里亚托集市 3 名变性人被撞死，另有 6 人受伤。

5 月 11 日，印度穆斯林恐怖分子杀死建设公路的 2 名守卫人员。

5 月 11 日，也门奈季兰什叶派武装分子向一处居民区发射火箭弹，致使 1 人死亡，4 人受伤。

5 月 11 日，巴基斯坦塔利班分子设置的路边炸弹致使 6 人丧生。

5 月 11 日，刚果马维维米亚 5 人被冠以“伊斯兰教的叛徒”之名被砍死，7 人受伤。

5 月 11 日，巴基斯坦靠近阿富汗边境地区发生爆炸，至少 6 人丧生。

5 月 11 日，马其顿北部库马诺沃村社发生袭击事件，导致 8 名执法人员死亡。

5 月 11 日，瑞士北部小镇维伦林根发生一起枪击事件，5 人死亡。

5 月 12 日，巴基斯坦宗教激进分子随意进入一处工地并开火，4 人丧生。

5 月 12 日，利比亚班加西 4 名儿童被极端组织“伊斯兰国”发射的火箭弹击中。

5 月 12 日，伊拉克 3 名朝圣者被极端组织“伊斯兰国”设置的路边炸弹炸死，8 人受伤。

5 月 12 日，极端组织“伊斯兰国”在伊拉克发射 3 枚火箭弹，致使 4 名什叶派的朝圣者丧生，12 人受伤。

5 月 12 日，极端组织“伊斯兰国”对向伊拉克什叶派朝圣者提供食物的小摊发动炸弹袭击，10 人死亡，25 人受伤。

5 月 12 日，恐怖分子向叙利亚霍姆斯什叶派地区投掷炸弹致使 4 名无辜的人死亡，17 人受伤。

5 月 12 日，阿富汗坎大哈发生汽车炸弹爆炸，5 人死亡，3 人受伤。

5月12日，逊尼派的炸弹炸死伊拉克巴格达两名什叶派的朝圣者，9人受伤。

5月13日，美国芝加哥安全和恐怖主义项目发布了全球第一份关于自杀式恐怖袭击的年度总结报告《2014自杀式袭击数据》。

5月13日，巴基斯坦南部城市卡拉奇发生袭击事件，43名什叶派伊斯兰教徒遇害，另有部分人员受伤。

5月13日，埃及西奈半岛北部发生爆炸，4名军人死亡。事发前数小时，埃及军方打死4名极端分子，并逮捕了23名恐怖袭击嫌疑人。

5月13日，“博科圣地”杀死尼日利亚29名村民，并放火烧了他们的村庄。

5月13日，阿富汗一名政府官员被伊斯兰教法支持者绑架并被斩首。

5月13日，逊尼派极端主义者向巴基斯坦卡拉奇一辆载有伊斯玛仪少数派人员的公共汽车开火，造成47人死亡，24人受伤。

5月13日，阿富汗拉什卡尔加一处清真寺发生枪击案，7人死亡，7人受伤。

5月13日，极端组织“伊斯兰国”攻击叙利亚苏赫纳一个小镇，30人遇害。

5月13日，阿富汗首都喀布尔一家宾馆遭武装分子袭击，14人遇难。塔利班发称该组织实施了这起袭击。

5月14日，巴勒斯坦恐怖团伙企图发动血腥袭击，用刀斧砍杀当地犹太会堂保安。

5月14日，爱尔兰警方逮捕了6名男子，他们涉嫌计划刺杀即将对爱尔兰进行访问的英国查尔斯王子夫妇。

5月14日，“博科圣地”向尼日利亚一家人开火，7人死亡。

5月14日，极端组织“伊斯兰国”向利比亚班加西一处公寓楼发射火箭炮，8 人死亡，另有 11 人受伤。

5 月 14 日，23 名刚果村民被伊斯兰教徒用砍刀和短柄斧砍死。

5 月 14 日，伊拉克什叶派民兵烧死 4 名逊尼派教徒，另有 17 人受伤。

5 月 14 日，尼日利亚迈杜古里发生自杀式炸弹袭击，造成至少 12 人死亡，12 人受伤。

5 月 14 日，塔利班袭击了阿富汗喀布尔一家宾馆，14 人死亡，7 人受伤。

5 月 14 日，极端组织“伊斯兰国”在叙利亚帕尔米拉屠杀了 26 名村民。

5 月 14 日，穆斯林激进分子在泰国亚拉引爆 28 枚炸弹，造成 20 人受伤。

5 月 15 日，“博科圣地”极端组织武装人员袭击了尼日利亚的两个村庄，至少 55 人被杀害。

5 月 15 日，比利时国家情报局表示，目前确定有 236 名比利时人参加叙利亚“圣战”，另外还有 122 人返回比利时。

5 月 13 日，尼日利亚东北部博尔诺州首府迈杜古里发生自杀式爆炸袭击，造成 11 人死亡。

5 月 15 日，叙利亚军队在距巴迈拉古城数公里的地方与“伊斯兰国”极端分子交战。

5 月 15 日，极端组织“伊斯兰国”在叙中部历史古城台德穆尔杀害 30 名平民。其中大部分为儿童、妇女和老人。

5 月 16 日，美军对叙利亚东部发起特别军事行动，杀死了“伊斯兰国”负责管理石油、天然气和财务等业务的高级头目萨耶夫。

5 月 16 日，巴基斯坦军方在西南部格拉德地区的清剿行动中打死至少 20 名武装人员。

5月16日，塔利班武装分子在阿东部帕克蒂亚省拦截数辆汽车，绑架了车上超过50名乘客，其中包括几名政府工作人员。

5月16日，尼日利亚东北部约贝州首府达马图鲁一公交车站遭自杀式炸弹袭击，至少7人死亡，27人受伤。

5月16日，原教旨主义者杀死一家伊拉克巴格达妓院三男两女。

5月16日，极端组织“伊斯兰国”杀死叙利亚帕尔米拉23名平民。

5月16日，埃及阿里什，伊斯兰激进分子用机枪将3名法官及他们的司机扫射致死。

5月17日，阿富汗首府喀布尔国际机场附近发生自杀式炸弹袭击，造成18人受伤，至少2人死亡。塔利班武装称对此次事件负责。

5月18日，土耳其人民民主党设在南部梅尔辛省和阿达纳省的选举办公室遭爆炸袭击，至少3人受伤。

5月18日，极端组织“伊斯兰国”向叙利亚帕尔米拉一处居民区发射火箭炮，导致5人死亡。

5月18日，美国在对叙利亚的地面行动中打死了“伊斯兰国”的高级指挥官阿布·萨耶夫，并抓获了他的妻子。

5月18日，埃及对6名参与恐怖活动的极端武装分子处以绞刑。

5月19日，极端组织“伊斯兰国”在夺取伊拉克重镇拉马迪后，继续向东部的首都巴格达挺进。

5月19日，阿富汗喀布尔一个停车场发生自杀式炸弹袭击，4人死亡。

5月20日，美国特种部队突袭叙利亚极端组织“伊斯兰国”，击毙该组织一名头目及其他两名重要人物。

5月20日，阿尔及利亚军方在反恐行动中击毙至少21名当地武装分子，另有两人被抓获。这些武装分子所属组织宣布效忠“伊斯兰国”。

5月20日，俄罗斯驻大马士革大使馆遭到轰炸。俄表示将此次轰炸视为“恐怖主义行为”。

5 月 20 日，法国特种部队在马里北部发动突袭，击毙两名北非“基地”组织头目。

5 月 21 日，“伊斯兰国”向叙利亚中部历史古城台德穆尔再次发动大规模攻势，叙政府军帮助城内居民撤出该城。

5 月 21 日，集体安全条约组织秘书长博尔久扎表示，南部责任范围区受来自阿富汗境内“塔利班”极端运动武装分子的威胁。

5 月 21 日，加拿大警方逮捕了 10 名涉嫌前往伊拉克和叙利亚加入“伊斯兰国”的年轻人。

5 月 22 日，沙特东部一所什叶派清真寺遭自杀式炸弹袭击，导致多人死伤。

5 月 22 日，“基地”组织分支机构“努斯拉阵线”突袭一家位于叙利亚西北部的医院，绑架了至少 150 名政府军士兵和十余名平民。

5 月 22 日，美军准备向伊拉克军队提供 2000 枚轻型反坦克导弹，用于防御极端组织“伊斯兰国”的自杀式汽车炸弹袭击。

5 月 22 日，伊斯兰教支持者潜入尼日利亚一处村庄，屠杀 10 名村民。

5 月 22 日，索马里摩加迪沙亲伊斯兰教激进分子，用机枪扫射一辆载有政府工作人员的汽车，造成 3 人死亡，1 人受伤。

5 月 22 日，逊尼派激进分子向巴基斯坦一户什叶派家庭开火，造成 2 人死亡，2 人受伤。

5 月 23 日，阿富汗塔利班在吉兰引爆炸弹，造成 4 人死亡。

5 月 23 日，伊拉克白芨 16 名商人惨遭哈里发成员割喉。

5 月 24 日，阿拉伯国家军方领导人在埃及举行会议，起草建立阿拉伯联合部队的计划。草案规定，阿盟成员国“自愿”加入联军。只要获得最少 3 个成员国签署，建立联军的计划就可以正式实施。

5月24日，极端组织“伊斯兰国”攻占古城台德穆尔后杀害数百人。同一天，政府军在一次解救行动中打死了超过300名反对派武装人员。

5月24日，巴基斯坦总统儿子的车队在巴北部省份俾路支省遭炸弹袭击，爆炸导致3人身亡，15人受伤，其本人未受伤。

5月25日，阿富汗南部扎布尔省发生一起由塔利班实施的自杀式炸弹袭击，造成1人死亡，超过40人受伤。

5月25日，叙利亚文物和博物馆管理局局长马蒙称，极端组织“伊斯兰国”已攻占位于叙利亚东部的历史古城巴尔米拉博物馆，并损毁了部分设施。

5月25日，土耳其武装部队总参谋部发表声明说，反政府的土耳其库尔德工人党武装24日袭击了土东南部地区一处政府军军事阵地。库尔德工人党武装高层人士则认为土耳其政府缺乏诚意，将“和平进程”当作执政党正义与发展党在2015年6月7日议会选举中争取选票的筹码。

5月25日，突尼斯首都一处军营内发生了一起枪击事件，造成7名士兵死亡，十余人受伤，袭击者本人则在事后开枪自尽。

5月25日，“博科圣地”在尼日利亚占领一处村庄后，造成43人死亡，50人受伤。

5月25日，巴基斯坦奎达市两名哈扎拉少数派人员在医疗中心外的一场袭击中丧生，另有9人受伤。

5月25日，阿富汗扎布尔发生一起严重的自杀式卡车炸弹袭击事件，造成5人死亡，另有73人受伤。

5月26日，尼日利亚中部贝努埃州数个村庄遭不明身份的武装人员袭击，造成至少96人身亡。

5月26日，阿富汗政府机构遭塔利班人弹连环袭击。两名自杀式袭击者闯进位于中部的瓦尔达克省一处法庭发动袭击，致7人身亡，70人受伤。

5月26日，极端组织索马里“青年党”称，约25名肯尼亚警察在肯东部一座村庄遭其伏击身亡；此前，其他肯尼亚警察所乘车辆触发了“青年党”埋下的地雷被炸。

5月26日，奥地利一家法庭判处一名14岁男孩监禁两年、缓刑16个月，罪名是图谋在维也纳火车站等地制造爆炸袭击。

5月26日，一枚自加沙地带发射的火箭弹落在以色列南部城市阿什杜德附近。这是在加沙地带经历巴以冲突并实现停火以来，射程最远的火箭弹袭击事件。

5月27日，德国一对金发碧眼双胞胎兄弟皈依伊斯兰教后，自愿成为恐怖组织“伊斯兰国”人体炸弹并身亡，引起该国社会震动。

5月27日，阿富汗首都喀布尔市中心发生激烈枪战，4名武装分子被军警击毙，没有平民和军警伤亡。阿富汗塔利班武装宣称制造了这起事件。

5月27日，巴基斯坦奎达市，2名哈扎拉宗教少数派人员在他们的店外被逊尼派激进分子枪杀，2人死亡，1人受伤。

5月27日，伊朗近期正在举办一场以“揭露‘伊斯兰国’丑恶本质”为主题的漫画大赛，有超过40个国家的漫画家、800多幅作品参赛。

5月28日，伊拉克卫生部宣布，伊官方在萨拉赫丁省首府提克里特发现多个“万人坑”并挖掘出470具遗体。

5月28日，“伊斯兰国”在伊拉克巴格达一所宾馆附近引爆炸弹，造成6民无辜人员死亡，14人受伤。

5月29日，尼日利亚发生沙希德自杀式炸弹袭击事件，造成7人死亡，30人受伤。

5月29日，利比亚班加西一居民区遭到伊斯兰教徒的火箭弹袭击，

8人死亡，8人受伤。

5月29日，沙特阿拉伯东北部城市达曼的一座清真寺遭遇汽车炸弹袭击，造成4人死亡。“伊斯兰国”称对袭击负责。

5月29日，一名全副武装的菲律宾政府军士兵在菲北部南甘马粦省劫持一辆载有31人的大客车，与军警人员对峙4个多小时后投降。

5月29日，日本政府在首相官邸召开“国际有组织犯罪等及国际恐怖活动对策推进总部”会议。该机构主要措施是在日本外务省设立统一管理外务省、内阁情报调查室等对外信息收集业务的“国际恐怖信息收集组”。

5月29日，美国国务院说，美国已把古巴从支持恐怖主义国家的黑名单中去除。

5月29日，巴基斯坦西南部俾路支省晚发生武装分子劫持两辆长途客车事件，35名乘客遭绑架，其中至少20人已经遇难。

5月30日，尼日利亚迈杜古里，敢死队在一处清真寺制造一起自杀式炸弹袭击，导致至少24名在寺内做礼拜的人死亡，28人受伤。

5月30日，阿富汗穆斯林极端分子向一所政府学校发射火箭弹，造成1名老师和2名学生死亡，4人受伤。

5月30日，利比亚米苏拉塔市发生自杀式炸弹袭击，导致5名路人死亡，7人受伤。

6月

6月1日，伊拉克西部的安巴尔省拉马迪东部的一个小镇遭袭击，导致至少33名伊拉克军队士兵死亡，40余人受伤。另外，费卢杰市军队的炮击导致至少12名平民死亡，18人受伤。

6月1日，印控克什米尔的一个印度军营发生枪战，导致1名平民和3名武装分子死亡。

6月1日，伊拉克拉马迪市发生自杀式炸弹袭击，造成47名伊拉克士兵死亡，63人受伤。

6月1日，伊拉克巴格达，“圣战者”发起系列袭击，造成10名伊拉克人死亡，27人受伤。

6月1日，阿富汗巴尔赫，9名援助工作者和2名保卫人员被宗教激进分子枪杀。

6月1日，也门冲突持续，4名美国人在也门首都萨那遭胡塞武装劫持。

6月2日，阿富汗巴尔赫省一家小型旅馆遭到武装分子袭击，造成9人丧生。

6月2日，尼日利亚的迈杜古里一处肉市发生爆炸，造成50人死亡，30人受伤。

6月2日，人道救援组织“需要帮助的人”位于阿富汗的驻地遭到袭击，造成9人死亡。

6月2日，伊拉克北部重镇拜伊吉市郊区遭自杀式袭击，造成至少28人死亡，36人受伤。

6月2日，伊拉克首都巴格达市中心一餐馆遭到炸弹袭击，造成至少4人死亡，10人受伤。

6月2日，35名叙利亚人被极端组织“伊斯兰国”斩首和处死。

6月2日，伊拉克白茇发生自杀性炸弹袭击，造成至少28人死亡，36人受伤。

6月3日，埃及旅游胜地吉萨金字塔群发生枪击事件，导致2名警察死亡。

6月3日，阿富汗安全部队在多地发动了系列军事行动，击毙36名武装分子，打伤23人，还缴获了大量武器弹药。此外，有8名阿安全部队士兵在行动中身亡。

6月3日，泰国亚拉一辆民用汽车的休班士兵们被穆斯林恐怖分子用机枪扫射，4人死亡。

6月3日，阿富汗楠格哈尔，10名俘虏惨遭“伊斯兰国”斩首。

6月3日，尼日利亚迈杜古里一工厂发生爆炸，造成6人死亡，29人受伤。

6月3日，伊拉克巴格达发生多起爆炸案，造成11人死亡，28人受伤。

6月3日，阿尔及利亚巴特纳，“基地”组织发动两起袭击，导致5人死亡，2人受伤。

6月4日，阿富汗拉什卡尔加发生自杀式炸弹袭击，造成4名阿富汗人死亡，6人受伤。

6月4日，尼日利亚约拉发生自杀式炸弹袭击，造成45名无辜人士死亡，40人受伤。

6月4日，伊拉克发生砂浆弹袭击，造成4人死亡，另有9人受伤。

6月4日，伊拉克一处小镇发生火箭弹袭击，造成6人死亡，4人受伤。

6月4日，伊拉克塞尔萨尔湖发生自杀式炸弹袭击，造成2人死亡，另有6人受伤。

6月4日，伊拉克费卢杰一处安全区发生自杀式袭击，造成17人死亡。

6月4日，尼日利亚迈杜古里，敢死队自杀式炸弹袭击造成8名尼日利亚人死亡。

6月5日，亲库尔德的土耳其人民民主党在库尔德人聚居的土东南部迪亚巴克尔省举行议会选举造势活动时现场发生爆炸，死亡人数升至4人，另有184人受伤。

6月5日，伊拉克巴古拜一枚路边炸弹爆炸造成5民平民死亡。

6月5日，沙特吉赞，什叶派民兵在边境交界处发起袭击，造成4名沙特人死亡。

6月6日，尼日利亚博尔诺州孔杜加地区一村庄发生爆炸，2人受伤。

6月6日，伊拉克迪亚拉省拜拉德鲁兹镇发生爆炸，造成14人死亡，32人受伤。

6月6日，菲律宾阿布沙耶夫武装俘获1名男子，并将其斩首。

6月6日，索马里瓦吉尔1名伊斯兰教徒向一群人开火，造成包括3人死亡。

6月6日，伊拉克巴格达发生一系列炸弹袭击，造成10名伊拉克人死亡，28人受伤。

6月6日，伊拉克巴拉德鲁斯一处餐馆附近发生爆炸，造成15名顾客死亡，37人受伤。

6月7日，尼日利亚东北部遭自杀式炸弹袭击，2人身亡，4人受伤。

6月7日，尼日利亚迈杜古里一处露天市场发生爆炸，造成16人死亡，24人受伤。

6月7日，巴基斯坦奎达，逊尼派袭击了属于哈扎拉宗教少数派的茶店，5人被枪杀。

6月7日，利比亚米苏拉塔，极端组织“伊斯兰国”成员抓住2名安保人员，并将他们割喉处死。

6月7日，尼日利亚博尔诺一条高速公路附近发生自杀式袭击，2人死亡，4人受伤。

6月7日，伊朗东北部什叶派圣城马什哈德一家酒店发生中毒事件，造成33名来自沙特阿拉伯的朝圣者中毒，其中4名未成年人死亡，29名中毒者住院治疗。

6月8日，比利时警方在一起全国性的反恐行动中，逮捕了16名车臣籍极端分子。

6月8日，埃及加沙地带边境发生一起袭击，造成4名士兵受伤。

6月8日，巴基斯坦西北部发生自杀式爆炸袭击事件，造成该国7名士兵丧生。

6月8日，沙特2名边境守卫被什叶派火箭弹袭击身亡。

6月8日，伊斯兰教徒走进尼日利亚一处村庄开枪射击，造成19人死亡，3人受伤。

6月8日，巴基斯坦北瓦济里斯坦发生自杀式炸弹袭击，造成7人死亡，14人受伤。

6月9日，真主党武装对在黎巴嫩东部与叙利亚接壤的阿尔萨勒山区的武装分子聚集地发动炮击和火箭弹袭击，打死大量武装分子。

6月9日，伊拉克费卢杰发生自杀式袭击，造成9人死亡，15人受伤。

6月9日，尼日利亚“博科圣地”向一群洗衣服的妇女开火，造成16人死亡。

6月9日，伊拉克巴格达发生多起袭击事件，造成至少16人死亡，45人受伤。

6月9日，尼日利亚博尔诺两个村庄遭恐怖袭击，造成至少27人死亡。

6月9日，阿富汗法利亚布一户人家遭塔利班炸弹袭击，造成5人死亡，2人受伤。

6月9日，泰国那拉提瓦一辆卡车遭穆斯林分离主义者射击，导致2人死亡。

6月10日，埃及警方在阻止南部旅游城市卢克索的卡纳克神庙附近的一场自杀式炸弹袭击事件时，击毙了袭击者的2名同伙。而自杀式袭击者被自己引爆的炸弹当场炸死。

6月10日，伊拉克马姆迪耶一辆摩托车发生爆炸，造成附近商业区的3名顾客死亡。

6月10日，极端组织“伊斯兰国”处死130名伊拉克俘虏。

6月10日，伊拉克巴格达一处城市街道发生自杀式炸弹袭击，造成9人丧生，22人受伤。

6月10日，叙利亚“基地”组织杀害了20名德鲁兹人。

6月10日，埃及卢克索发生自杀式炸弹袭击，4人受伤。

6月11日，阿富汗国防部发表声明说，在最新一轮的联合军事行动中，至少有110名武装分子被击毙，另有52名武装分子受伤。8名阿富汗国家安全部队成员在行动中丧生。

6月11日，巴基斯坦北部城市白沙瓦发生自杀式炸弹袭击事件，造成1人丧生，3人受伤。

6月11日，巴基斯坦塔利班发起沙希德自杀式炸弹袭击，造成2人死亡，6人受伤。

6月11日，喀麦隆士兵遭遇了“博科圣地”的火箭袭击，2人死亡，23人受伤。

6月12日，美国五角大楼发布声明称，为打击叙利亚和伊拉克境内“伊斯兰国”恐怖分子而开展的军事行动已耗资27亿美元，平均每天花费900万美元。

6月12日，一伙利比亚民兵闯入突尼斯驻的黎波里总领事馆并绑架了10名总领馆工作人员。

6月12日，埃及摩苏尔6名人质被“伊斯兰国”处死。

6月12日，沙特吉赞一处清真寺遭什叶派火箭弹袭击，造成1人死亡，1人受伤。

6月12日，利比亚德尔纳发生抗议极端组织“伊斯兰国”运动，7

名抗议者被枪杀，30 人受伤。

6 月 12 日，巴基斯坦托尔哈姆发生爆炸，造成 2 人死亡死亡，4 人受伤。

6 月 13 日，伊拉克军队与极端组织“伊斯兰国”武装分子在伊境内多个地区爆发武装冲突，至少 38 名伊军士兵及民兵丧生，另有 19 名“伊斯兰国”武装分子死亡。

6 月 13 日，上百名“伊斯兰国”武装分子袭击了首都巴格达以西约 50 公里的加马镇拜伊吉市北郊的一座伊军营地，造成至少 18 名伊军士兵及什叶派民兵死亡，另有 25 人受伤。

6 月 13 日，巴基斯坦军方对北瓦济里斯坦部落地区发动空袭，击毙至少 20 名武装分子。

6 月 13 日，埃及北西奈 3 名贝都因人被伊斯兰激进分子斩首。

6 月 13 日，阿富汗赫尔曼德警察遭遇原教旨主义武装分子的伏击，20 人死亡，10 人受伤。

6 月 13 日，伊拉克嘉玛发生自杀式袭击，造成 18 人死亡，25 人受伤。

6 月 13 日，肯尼亚茫崖一村里的清真寺遭伊斯兰教徒袭击，至少 2 人死亡。

6 月 13 日，尼日利亚一骑自行车的自杀式炸弹袭击者引爆炸弹，造成 3 人死亡，5 人受伤。

6 月 14 日，叙利亚政府军当天在多地发动攻势，打死超过 200 名极端分子。

6 月 14 日，阿尔及利亚天然气田劫持案的幕后黑手穆赫塔尔·贝勒穆赫塔尔被美军击毙。

6 月 14 日，逊尼派恐怖分子在叙利亚霍姆斯一所学校安置了炸弹，造成 32 人受伤。

6月14日，伊拉克巴格达发生自杀式袭击，造成10人死亡，20人受伤。

6月14日，伊拉克摩苏尔，极端组织“伊斯兰国”处死25名伊拉克人。

6月14日，阿富汗哈利勒巴格，塔利班炸弹袭击导致至少4人丧生，3人受伤。

6月14日，伊斯兰教激进分子在尼日利亚发起疯狂的射击并且四处放火，导致4人丧生。

6月15日，乍得首都恩贾梅纳发生两起炸弹袭击事件，造成至少25人死亡，数十人受伤。

6月15日，伊拉克费卢杰，极端组织“伊斯兰国”武装分子杀死13名伊拉克人，23人受伤。

6月15日，突尼斯西迪布济德，一处检查站的3名警察被伊斯兰教徒枪杀，1人受伤。

6月15日，乍得恩贾梅纳，“博科圣地”制造自杀式袭击，导致33人死亡，10人受伤。

6月15日，阿富汗逊尼派原教旨主义者向一处检查站扫射，造成6名阿富汗人死亡。

6月15日，尼日利亚2名沙希德自杀式炸弹袭击者发动袭击，11人死亡，9人受伤。

6月15日，叙北部城市阿勒颇一居民区遭迫击炮弹袭击，造成23人死亡，上百人受伤。

6月16日，阿富汗政府军在最新一轮军事行动中打死109名武装分子。

6月16日，菲律宾穆斯林极端分子炸死1名当地正在巡逻的士兵，另有8人受伤。

6月16日，尼日利亚，“博科圣地”引爆路边炸弹造成至少8名安全人员死亡。

6月16日，伊拉克迪亚拉，哈里发成员引爆路边炸弹炸死4名女学生，另有6人受伤。

6月16日，索马里摩加迪沙，“青年党”引爆路边炸弹，造成3名索马里人死亡，9人受伤。

6月16日，伊拉克费卢杰，“伊斯兰国”杀死5名防守人员，6人受伤。

6月16日，叙利亚大马士革，恐怖分子炮击一处公园，造成9人死亡，13人受伤。

6月16日，阿富汗昆都士，3人遭塔利班枪击身亡，另有2人受伤。

6月16日，伊拉克白芨，4名伊拉克人遭遇“伊斯兰国”袭击身亡，另有6人受伤。

6月17日，“基地”组织也门分支处决两名被指控为美国从事间谍活动的男子。

6月17日，恐怖分子在也门首都萨那制造汽车炸弹袭击，造成31人死亡，数十人受伤。

6月17日，尼日利亚，“博科圣地”炸弹在一处市场引爆，造成63人死亡，45人受伤。

6月17日，阿富汗穆萨堡一栋政府大楼里的11名安全人员在塔利班的袭击中身亡。

6月17日，伊拉克巴格达发生沙希德自杀式炸弹袭击，7人死亡，另有16人受伤。

6月17日，也门萨那一处什叶派清真寺发生自杀式袭击，造成31人死亡，60人受伤。

6月17日，菲律宾一辆民用汽车被袭击，4名乘客全部死亡。

6月17日，极端组织“伊斯兰国”狂热分子潜入伊拉克安巴尔一处军事基地，杀害了12名军营人员。

6月18日，极端组织“伊斯兰国”击落一架伊拉克战机，在也门发起连环爆炸袭击，造成30余人死亡，数十人受伤。

6月18日，叙利亚阿勒颇，逊尼派火箭弹袭击居民区，12人中弹身亡，21人受伤。

6月18日，索马里“青年党”声称发动了一场袭击，有4名索马里人死亡，6人受伤。

6月18日，尼日尔迪法，“博科圣地”的信徒向两个小镇开火，造成38人死亡，24人受伤。

6月18日，伊拉克费卢杰，“伊斯兰国”炮击导致11人死亡，23人受伤。

6月18日，突尼斯官方消息称，10名遭利比亚民兵绑架的突尼斯外交人员已经全部获释。

6月19日，美国务院发布2014年度恐怖主义报告显示，2014年全球范围内的恐怖袭击数量增加35%，致死人数增长81%。

6月19日，阿富汗楠格哈尔，极端组织“伊斯兰国”枪杀了2名男子，并将另外1名斩首。

6月19日，以色列，1名犹太男子被1名巴勒斯坦的恐怖分子枪杀，还有1人受伤。

6月19日，也门希巴姆，“基地”组织枪手刺杀了1名伊玛目。

6月19日，伊拉克安巴尔的一场葬礼发生自杀式袭击，30名送葬者死亡，30人受伤。

6月20日，索马里伊斯兰强硬派枪杀8名警察，并窃取了他们的车辆。

6月20日，也门萨那一处清真寺发生自杀式袭击，2人死亡，6人受伤。

6 月 20 日，叙利亚阿勒颇一居民区遭火箭弹袭击，造成 3 名居民死亡，18 人受伤。

6 月 20 日，伊拉克摩苏尔，3 名前伊拉克议会候选人被俘并被哈里发处死。

6 月 20 日，阿富汗加拉巴格，宗教激进分子谋杀了 6 名警官，另有 2 人受伤。

6 月 20 日，阿富汗马尔杰一家 18 口遭炸弹袭击死亡，还有 4 人受伤。

6 月 21 日，伊拉克马赫穆迪亚，恐怖分子的炸弹在一处露天市场引爆，3 人死亡，9 人受伤。

6 月 21 日，澳大利亚格拉茨，一名“精神病”穆斯林在购物区杀害了 3 人。

6 月 21 日，叙利亚卡米什里发生自杀式袭击，2 人死亡，4 人受伤。

6 月 22 日，阿富汗首都喀布尔的国会大厦遭袭击，造成 2 人死亡，30 多人受伤。

6 月 22 日，尼日利亚迈杜古里，一处清真寺发生自杀式袭击，造成 30 人死亡，30 人受伤。

6 月 22 日，菲律宾 2 名没有武装的正在休班期间的士兵被枪杀。

6 月 22 日，利比亚班加西，伊斯兰教徒引爆汽车炸弹，造成 4 人死亡，20 人受伤。

6 月 22 日，叙利亚一辆逊尼派汽车炸弹爆炸造成 4 人死亡，3 人受伤。

6 月 22 日，伊拉克多个地区当天发生恐怖袭击事件，造成至少 59 人死亡，28 人受伤。

6 月 23 日，什叶派民兵向也门一处居民区发射火箭弹，导致 7 名平民死亡，94 人受伤。

6 月 23 日，伊拉克一个小型会议遭自杀式炸弹袭击，造成 12 人死亡，24 人受伤。

6 月 23 日，叙利亚一所儿童医院附近遭自杀式炸弹袭击，造成 10 人死亡，16 人受伤。

6 月 23 日，尼日利亚一处人潮涌动的市场遭自杀式炸弹袭击，造成 10 人死亡，30 人受伤。

6 月 23 日，叙利亚一处清真寺的 13 名朝圣者被汽车炸弹袭击全部死亡。

6 月 23 日，“博科圣地”袭击了两处村庄，一共造成 42 人死亡，24 人受伤。

6 月 23 日，叙利亚阿勒颇，逊尼派火箭弹袭击一处居民区，造成 2 人死亡，8 人受伤。

6 月 23 日，菲律宾阿布沙耶夫组织炸弹爆炸造成 2 名正在巡逻的士兵死亡，3 人受伤。

6 月 24 日，阿联酋大使馆车队在索马里首都摩加迪沙遭遇自杀式袭击，至少 6 人丧生。

6 月 24 日，索马里首都摩加迪沙发生自杀式汽车炸弹袭击，造成至少 14 人死亡，5 人受伤。

6 月 24 日，极端组织“伊斯兰国”袭击伊拉克阿拉维一处村庄，3 名守卫人员丧生，6 人受伤。

6 月 24 日，伊拉克曼迪，一辆汽车炸弹在屋外爆炸，造成 14 名平民死亡，21 人受伤。

6 月 24 日，伊拉克塔尔阿费尔，5 名平民被极端组织“伊斯兰国”杀害。

6 月 24 日，索马里摩加迪沙，3 名索马里人遭到沙希德自杀式炸弹袭击身亡，7 人受伤。

6 月 24 日，伊拉克一名自杀式炸弹袭击者炸死 2 人，还有 8 人受伤。

6 月 25 日，一枚来自叙利亚的火箭弹落入约旦境内，造成 1 人死亡，4 人受伤。

6 月 25 日，带有恐怖组织“伊斯兰国”印章图案的金币照片在社交网络出现，“伊斯兰国”疑似在为自己的货币造势。

6 月 25 日，极端组织“伊斯兰国”在叙北部库尔德人聚居地艾因阿拉伯镇杀害 22 名平民。

6 月 25 日，叙利亚哈里发成员国将 23 名平民处死。

6 月 25 日，极端组织“伊斯兰国”汽车炸弹袭击造成 15 名叙利亚库尔德人死亡，另有 70 人受伤。

6 月 25 日，叙利亚敢死队自杀式炸弹袭击导致 5 名伊拉克人死亡，5 人受伤。

6 月 25 日，阿富汗巴达赫尚，塔利班的炸弹袭击造成 1 人死亡，另有 1 人受伤。

6 月 26 日，科威特首都一座什叶派清真寺遭炸弹袭击，造成至少 13 人死亡，25 人受伤。

6 月 26 日，突尼斯旅游城市苏寨两处酒店附近沙滩发生袭击事件，造成至少 27 人死亡。

6 月 26 日，突尼斯苏斯一处著名的海滩发生枪击案，造成 39 人死亡，36 人受伤。

6 月 26 日，叙利亚艾因阿拉伯一处库尔德人聚集的村庄被袭击，造成 103 人，150 人受伤。

6 月 26 日，科威特的科威特市一什叶派清真寺发生炸弹袭击，造成 27 人死亡，227 人受伤。

6 月 26 日，沙希德派在非洲联盟基地发起恐怖袭击，造成 50 人死亡，20 人受伤。

6 月 26 日，塔利班对阿富汗发起袭击，导致 12 人死亡，25 人受伤。

6 月 26 日，叙利亚的政府大楼发生一起自杀性炸弹袭击，导致 20 人死亡。

6 月 27 日，尼日利亚迈杜古里一所专治麻风病的医院发生恐怖袭击，3 人死亡，16 人受伤。

6 月 28 日，西班牙总理拉霍伊宣布，将召集“5＋5”（五个欧洲国家——西班牙、法国、马耳他、意大利和葡萄牙和五个非洲国家——阿尔及利亚、利比亚、突尼斯、摩洛哥和毛里塔尼亚）模式的会议。

6 月 29 日，乍得警方在首都恩贾梅纳附近发动对极端组织“博科圣地”一据点的军事打击，共有 6 名“博科圣地”武装人员和 5 名警察死亡。

6 月 29 日，巴基斯坦西南部发生武装冲突，造成至少 20 人死亡。

6 月 29 日，以色列发生一场专门针对犹太司机的袭击，导致一名司机死亡，3 人受伤。

6 月 29 日，伊斯兰教徒在埃及开罗袭击国家最高检察官并致其死亡，另有 7 人受伤。

6 月 29 日，也门萨那宗教和平主义分子在一葬礼上发动袭击，28 名送葬者死亡。

6 月 30 日，阿富汗首都喀布尔市中心当天下午发生自杀式爆炸袭击，造成包括袭击者和平民在内的 2 人死亡和 22 人受伤。

7 月

7 月 1 日，埃及西奈北部多个军方检查站遭武装分子袭击，造成百人伤亡。效忠“伊斯兰国”的埃及极端组织“西奈省”宣称对此负责。

7 月 1 日，伊拉克巴格达，极端分子在一处商业区引爆炸弹，3 名顾客死亡，11人受伤。

7月1日，肯尼亚曼德拉，“青年党”发动袭击，9人死亡，6人受伤。

7月1日，阿富汗瓦尔达克，塔利班发动夜间突袭，导致7名当地警察死亡。

7月2日，突尼斯政府称，当局已经逮捕了12名苏塞海滩恐怖袭击的涉案嫌疑人，并且正在追踪与枪手同时受训的2名武装分子。

7月2日，巴基斯坦旁遮普省的官员表示，警方在东部城市拉合尔进行的一场突袭中，击毙了“基地”组织在巴基斯坦的头目阿布达里。

7月2日，美国国防部宣布，“伊斯兰国”组织后勤高层负责人塔里克·哈尔兹在叙利亚展开的一次空袭中死亡。

7月2日，哥伦比亚首都波哥大发生两起炸弹袭击事件，导致至少10人受伤。第一次炸弹袭击发生在波哥大金融区一家基金会办公地，第二场爆炸发生在该基金会位于另一区域的分支机构。

7月4日，埃及军方对北西奈省多个极端分子藏匿点发动空袭，共炸死至少36名极端分子。空袭从3日深夜持续到4日早晨，目标是北西奈省谢赫祖韦德市和拉法市的多个极端分子藏匿点。这些极端分子隶属于效忠极端组织“伊斯兰国”的“耶路撒冷支持者”组织。

7月4日，伊拉克巴拉德鲁斯，“伊斯兰国”宣布对一起汽车炸弹袭击事件负责，这起事件中有3人死亡，2人受伤。

7月5日，埃及军方在北西奈省发动了空袭以及地面行动，打死63名极端分子。这些极端分子藏匿于北西奈省谢赫祖韦德市和拉法市之间的村庄中。埃及军方在这里发现了4个极端分子藏匿地点。此外一些属于极端分子所有的汽车也遭到了袭击。

7月5日，阿富汗坎大哈，一名沙希德自杀式炸弹袭击者在一处清真寺外引爆炸弹，导致3人死亡，包括一名妇女，另外有13人受伤。

7月5日，尼日利亚东北部约贝州最大城市波蒂斯库姆一座教堂遭到自杀式炸弹袭击，导致至少5人丧生。在过去一周里，这些袭击事件已经导致大约200人丧生。

7月6日，尼日利亚中部城市发生两起爆炸事故，造成44人死亡。两起爆炸事故均发生在尼日利亚中部乔斯市。其中一起发生在餐厅，另一起发生在清真寺。尼日利亚国家应急管理机构称，爆炸还造成67人受伤。

7月6日，阿富汗内政部发表声明宣布，阿安全部队在过去24小时内，对该国昆都士、乌鲁兹甘、赫尔曼德和坎大哈等10个省份展开军事行动，击毙41名武装分子，打伤16人，行动还拆除了10枚简易爆炸装置。

7月6日，印度孟买警察在大街上举行反恐模拟演习，但不明详情的大量市民以为真的发生恐怖活动，陷入恐慌。

7月7日，据俄罗斯卫星网报道，上合组织地区反恐机构新闻处消息称，该机构与印度政府已开始制定共同机制来打击“伊斯兰国”恐怖主义组织。

7月7日，北约驻阿富汗部队两辆汽车在开往阿富汗国防部途中遭到自杀式爆炸袭击，共造成5人死亡，至少2人受伤。

7月7日，尼日利亚北部城市扎利亚的一处政府机构总部遭到自杀式炸弹袭击，造成至少25人遇难，另有32人受伤。该恐怖袭击疑似是“博科圣地”所为。

7月7日，极端组织“伊斯兰国”武装分子在伊拉克北部石油重镇拜伊吉向伊军队阵地发动多轮自杀式袭击，造成至少10名伊军队士兵死亡，另有约30人受伤。两名自杀式袭击者驾驶装满炸药的汽车，冲入了拜伊吉市西部城区的伊军阵地后引爆了炸药。与此同时，第三名自杀式袭击者冲入市中心的伊军阵地并引爆炸药，连续的自杀式袭击造成伊军士兵大量伤亡。

7 月 7 日，一名肯尼亚官员称，肯尼亚北部曼德拉遭“青年党”武装分子袭击，造成至少 14 人死亡，11 人受伤。

7 月 8 日，阿富汗国安局证实，恐怖组织“伊斯兰国”在阿富汗的二号人物扎曼在美军的无人机空袭中丧生。

7 月 8 日，突尼斯总理哈比卜·埃西德表示，苏塞市度假胜地发生恐怖袭击后，该国已开始在与邻国利比亚的边境线修建隔离墙，以防止极端组织“伊斯兰国”成员进入该国。该隔离墙长度预计为 168 公里，将于 2015 年年底前完工。

7 月 11 日，位于埃及首都开罗的意大利领事馆外发生爆炸，爆炸导致领事馆大楼严重受损，造成至少 1 人死亡，7 人受伤。领事馆附近停靠的一辆小汽车底部被事先安装了爆炸装置。

7 月 11 日，乍得首都恩贾梅纳遭遇自杀性爆炸袭击。一名男扮女装者在遭到警察追捕时引爆了身上携带的炸药，这名男子被当场炸死，爆炸另外造成 14 人死亡，74 人受伤。乍得政府认为袭击事件是尼日利亚极端组织“博科圣地”所为。

7 月 11 日，泰国警方表示，泰国南部地区多地发生爆炸袭击，造成 3 人死亡，十余人受伤。另外还有 4 人在枪击和纵火袭击中身亡。

7 月 11 日，索马里“青年党”向该国首都摩加迪沙的旅馆发动袭击，造成 6 名平民和 4 名武装分子死亡。

7 月 11 日，美国总统奥巴马罕见地前往五角大楼宣布调整一项军事战略。在重申美国将全力打击“伊斯兰国”的时候，奥巴马仍然强调继续通过空中打击、切断经济来源、训练当地武装力量、开展舆论战等既定手段，以实现“削弱并最终打败”这一极端组织的战略目标。

7 月 11 日，阿富汗情报部门证实，极端组织“伊斯兰国”在阿富汗和巴基斯坦分支的头目在美军空袭中毙命。阿富汗情报部门说，赛义德是巴基斯坦人，先前是塔利班成员，后来和少数塔利班高层陆续易帜，宣布投靠“伊斯兰国”。

7月11日，埃及开罗，伊斯兰教激进分子在意大利驻埃及领事馆外发起汽车炸弹袭击，导致一名路人死亡，4人受伤。

7月12日，伊拉克首都巴格达遭到自杀式汽车炸弹袭击，导致35人死亡。此次袭击的目标是什叶派穆斯林聚居区。

7月12日，阿富汗霍斯特发生一起自杀式汽车炸弹袭击，造成33人死亡，11人受伤。大多数是无辜平民。

7月12日，位于喀麦隆北部的极北大区福托科尔镇中心发生自杀式爆炸袭击事件，一名被疑来自极端组织“博科圣地”的女子引爆了身上的爆炸物，袭击者当场身亡，还造成包括一名乍得士兵在内的13人死亡。

7月12日，在阿富汗东南部一个安全检查站附近，一名自杀炸弹杀手引爆了装满炸药的汽车，导致至少25人丧生，其中包括妇女和儿童。

7月13日，英国首相戴维·卡梅伦发表演讲，呼吁英国应该增加在侦察机、无人机和特种部队等方面的国防预算，以此来打击武装分子和伊拉克、叙利亚境内的“伊斯兰国”。

7月13日，联合国阿富汗问题特使海索姆发表声明，对发生在阿富汗霍斯特省的爆炸袭击事件予以强烈谴责，爆炸袭击至少造成27名平民死亡，其中包括12名儿童。除此之外，还有6名阿富汗安全部队成员也被炸死。

7月13日，联合国人权事务高级专员办公室发布报告称，伊拉克境内持续冲突造成平民严重伤亡，自2014年1月至2015年4月底，已有至少1.5万人被杀害，约3万人受伤，尤其是极端组织“伊斯兰国”控制区内的平民遭到残酷虐杀。

7月14日，巴基斯坦空军对北瓦济里斯坦特区的阿尔瓦拉地区的多处恐怖分子巢穴发动攻击，导致包括高级指挥官在内的 14 名激进分子死亡。

7 月 16 日，马来西亚国防部长希山慕丁指出，尽管马国目前只是极端组织“伊斯兰国”的中转站，而不是发动攻击的目标国，但仍有可能会受到恐怖袭击，因此当局会继续关注马国人参与“伊斯兰国”组织的情况。

7 月 16 日，据吉尔吉斯斯坦国家安全委员会发布的消息，吉警方和强力部门在首都比什凯克共进行了两次抓捕恐怖分子的专项行动，吉警方击毙了 6 名恐怖分子。

7 月 16 日，沙特内政部称，该国安全级别最高的监狱附近一检查站发生汽车炸弹爆炸事件，车上司机死亡，2 名安全官员受伤。“伊斯兰国”宣称对此次事件负责。

7 月 16 日，尼日利亚东北部贡贝州首府贡贝市一个市场遭遇连环爆炸袭击，造成至少 25 人遇难，30 人受伤。

7 月 16 日，吉尔吉斯斯坦政府国家安全委员会（SCNS）在吉尔吉斯斯坦首都比什凯克进行的两个单独的特别行动阻止了当地监狱中的伊拉克和黎凡特伊斯兰国成员的袭击。吉尔吉斯斯坦政府国家安全委员会击杀至少 7 名持枪歹徒，逮捕 7 人。武装分子密谋于 7 月 17 日开斋节祈祷期间在比什凯克中心广场进行袭击，还计划夺取俄罗斯国防部设在吉尔吉斯斯坦的康德空军基地的武器和军事装备，包括直升机。

7 月 17 日，尼日利亚东北部城镇达马图鲁的人们正准备庆祝开斋节，两名女性自杀式袭击者却分别引爆了身上的炸弹。两起爆炸共造成 9 人死亡，18 人受伤。其中一名自杀式袭击者是个仅 10 岁的女童。

7 月 17 日，欧盟各国政府急欲阻止欧洲人加入恐怖组织“伊斯兰国”，一直在推动对航空乘客数据进行共享。欧洲议会民权委员会日前通过一项计划，要求收集所有进出欧盟国家的飞机乘客个人资料，并将资料保存长达5年。

7月17日，伊拉克发生汽车炸弹袭击事件，造成至少86人死亡，超过100人受伤。“伊斯兰国”组织已经通过社交网站声称对此次袭击事件负责。此次袭击发生在伊拉克东部迪亚拉省的坎贝尼萨德市，距离伊拉克首都巴格达约32公里。

7月18日，沙特阿拉伯内政部发言人说，沙特安全部门捣毁了与极端组织“伊斯兰国”有联系的恐怖分子网络，共逮捕了431名成员。

7月19日，伊拉克巴格达地区的一个商业街道上发生一起炸弹袭击事件，造成4死7伤。

7月20日，土耳其靠近叙利亚边境的叙吕奇镇发生爆炸，造成28人死亡，近百人受伤。土耳其官员说，这起袭击很可能与极端组织“伊斯兰国”有关系。

7月20日，也门首都萨那发生汽车炸弹袭击事件，造成至少8人死亡，多人受伤。袭击者将一辆装有炸药的汽车停放在什叶派胡塞武装组织高层人员阿布杜·卡里姆·库拉尼的住宅附近，当库拉尼的车队经过时发生爆炸。库拉尼和他的7名保镖在爆炸中丧生。爆炸发生后，极端组织“伊斯兰国”在社交网站上发表声明，宣布实施了此次袭击。

7月21日，3名西班牙记者在叙利亚北部城市阿勒颇失踪，疑似已遭到极端组织“伊斯兰国”绑架。

7月21日，加拿大两个团体——加拿大公民自由协会和加拿大记者言论自由协会，上书联邦法院称，联邦政府推行的C—51反恐法案部分章节损害公民自由，违反加拿大权利与自由宪章，应予撤销。

7月21日，“伊斯兰国”极端分子炸弹袭击位于伊拉克曼德里的一个露天市场，造成8死16伤。

7月22日，阿富汗北部法里亚布省的一个集市发生自杀式爆炸袭击事件，造成至少15人死亡，其中包括妇女和儿童。

7 月 22 日，意大利警方称逮捕了两名嫌犯，他们涉嫌以恐怖组织“伊斯兰国”的名义在“推特”上威胁攻击该国最负盛名的历史遗迹。

7 月 22 日，一辆载满炸弹的汽车在巴格达西南部一个集市爆炸，造成至少 18 人死亡，另有 36 人受伤。其后，巴格达东北部一处住宅区，发生另一宗汽车炸弹爆炸，造成 8 人死亡，另有 22 人受伤。

7 月 22 日，喀麦隆极北大区首府马鲁阿发生两起自杀式爆炸袭击，两名女孩在人口密集的街区和市场先后引爆炸弹，造成 11 人死亡，32 人受伤。

7 月 23 日，澳大利亚总理阿博特和澳 6 个州、两个地区的地方政府首脑决定，澳大利亚将从 2014 年下半年起采用新的恐怖主义预警制度。

7 月 24 日，美国五角大楼方面称，美军在空袭中打死了阿富汗“基地”组织高级指挥官。

7 月 24 日，土耳其总理办公室宣布，土耳其政府在 13 个省共拘留了 251 人，这些人涉嫌与“伊斯兰国”极端组织或库尔德武装有关。

7 月 25 日，突尼斯国会通过新反恐法，寻求在“伊斯兰国”宣称发动多起致命攻击后，加强对抗其威胁。

7 月 25 日，喀麦隆极北大区首府马鲁阿发生一起自杀式爆炸袭击事件。一名 12 岁女孩在一家餐馆发动自杀式炸弹袭击，造成至少 21 人死亡，67 人受伤。在此前一周，这座城市刚遭受“博科圣地”指使两名 10 多岁女孩发动的“双重自杀式”炸弹袭击，造成至少 20 人死亡。

7 月 26 日，索马里极端组织“青年党”在首都摩加迪沙的半岛皇宫酒店发动自杀式汽车炸弹袭击，造成至少 15 人遇难，40 余人受伤。中国驻索马里大使馆一名负责安全警卫的工作人员在袭击中受重伤医治无效不幸去世，另有 3 名使馆工作人员受轻伤。此外，有一名卡塔尔外交人员在袭击中受伤。

7 月 26 日，尼日利亚东北部约贝州首府达马图鲁一处市场遭炸弹爆炸袭击，造成至少 14 死亡，数十人受伤。

7 月 26 日，也门萨那，恐怖分子引爆安放在一辆公交座椅下的炸弹，导致 3 名乘客死亡，5 人受伤。

7 月 26 日，索马里摩加迪沙，一家宾馆发生自杀式汽车炸弹袭击，导致 15 人死亡，20 人受伤。

7 月 26 日，尼日利亚达马图鲁，一名 10 岁男孩在一处拥挤的市场发动炸弹袭击，导致 19 人死亡，47 人受伤。

7 月 27 日，土耳其警方在发表的一项声明中指出，在首都安卡拉，警方在突击安全检查行动中逮捕了至少 15 名疑似效忠于“伊斯兰国”的极端分子。

7 月 27 日，身着陆军制服的 4—5 名枪手在巴基斯坦边界附近的旁遮普省古达斯普尔县攻击一辆公交车，造成 6 名乘客死亡。枪手后来又抢夺一辆汽车，开到古达斯普尔县迪纳纳加尔镇对当地警局开枪，造成两名警察殉职，多人受伤。上述事发地点附近连通巴坦科到阿姆利则的铁轨也被安置了 5 枚炸弹，所幸列车通行前已被发现。

7 月 29 日，阿富汗北部一城市遭到自杀式汽车炸弹袭击，造成 2 名平民身亡，另有 11 人不同程度受伤。

7 月 29 日，美国联邦调查局在纽约州西部的拉克万纳逮捕了一名 42 岁男子阿拉法特·纳吉，此人曾前往土耳其欲效忠极端组织“伊斯兰国”，还试图在纽约当地为该组织招募成员。

7 月 31 日，阿富汗塔利班武装组织发表声明，宣布曼苏尔担任新领导人。

7 月 31 日，尼日利亚迈杜古利，一处拥挤的市场遭到自杀式炸弹袭击，导致 6 人死亡，11 人受伤。

8 月

8 月 1 日，伊拉克摩苏尔，15 名警察遭到“伊斯兰国”围捕，随后全部被枪毙。

8 月 2 日，尼日利亚马德加利（Madagali）地区，5 人被“博科圣地”枪杀。

8 月 2 日，伊拉克摩苏尔，4 名新闻专业的学生因为在社交媒体上报道新闻而遭到“伊斯兰国”的杀害。

8 月 2 日，伊拉克拉什迪耶，伊斯兰教徒在一处露天市场引爆炸弹，导致 3 人死亡，11 人受伤。

8 月 3 日，美国《洛杉矶时报》报道，在被认为是“伊斯兰国”最重要据点的叙利亚城市拉卡，当地所有网吧 7 月中旬接到“伊斯兰国”安全部门通知，对居民上网采取严格限制措施，严防西方国家情报部门“渗透”进这一组织窃取重要信息。

8 月 3 日，马里廷巴克图，“基地”组织对一处安全营地发动袭击，导致 11 人死亡，1 人受伤。

8 月 4 日，在最高领导人奥马尔的死讯得以公布后，塔利班内斗加剧。一名负责与阿富汗政府和谈的塔利班高官公开对新领导人曼苏尔表示不满，4 日宣布辞职。

8 月 4 日，伊拉克白茇，一枚被“伊斯兰国”遗留在一处人家的炸弹爆炸，导致 3 人死亡，2 人受伤。

8 月 5 日，马来西亚一名 31 岁男子前往叙利亚参与国际恐怖组织“伊斯兰国”活动，回国后落网并被控支持恐怖组织罪。若罪名成立，可判终身监禁或监禁不超过 30 年。

8 月 5 日，阿富汗遭 2 起汽车炸弹袭击，爆炸共造成至少 10 人丧生，另有约 23 人受伤。第一起袭击在萨德尔城北部发生，造成 6 名平民丧生，12 人受伤。随后，第二起爆炸在胡塞尼亚发生，造成 4 人丧生，11 人受伤。

8 月 5 日，尼日利亚博尔诺，一名警察被绑架，之后被高喊着“真主阿克巴”的人斩首。

8 月 5 日，伊拉克哈巴尼亚，“伊斯兰国”的袭击导致 5 人死亡，9 人受伤。

8 月 5 日，伊拉克摩苏尔，15 名伊拉克人被排在一起，随后被“伊斯兰国”的枪手全部击毙。

8 月 5 日，伊拉克巴格达，“伊斯兰国”的汽车炸弹导致 4 名什叶派人士死亡，13 人受伤。

8 月 6 日，沙特阿拉伯南部城市艾卜哈一所供警方使用的清真寺遭遇炸弹袭击，造成至少 17 人死亡。

8 月 6 日，塔利班武装在完成“权力移交”后发动首次炸弹袭击，造成 6 人死亡。此次袭击发生在喀布尔南面的一个省份。塔利班使用了卡车炸弹发动袭击。

8 月 6 日，互联网上出现疑似“伊斯兰国”武装分子的人使用德语对德国和该国总理默克尔发出威胁的视频。这是“伊斯兰国”恐怖分子首次用德语录制的视频。据德国联邦宪法保卫局信息，到目前为止，共有 720 名德公民加入极端组织在叙利亚和伊拉克的武装行动。

8 月 6 日，美国研究人员利用人工智能系统分析“伊斯兰国”的作战策略，发现了后者涉及汽车炸弹和土制炸弹的多种行为规律。

8 月 6 日，沙特艾卜哈，一处清真寺遭到自杀式炸弹袭击，寺内 15 名信徒被炸死，25 人受伤。

8 月 7 日，阿富汗首都喀布尔发生卡车炸弹爆炸事件，已造成 8 人死亡，198 人受伤。

8 月 7 日，塔利班在喀布尔实施了一系列恐袭，造成至少 44 人死亡，约400人受伤。攻击目标是北约使团和位于城市人口密集地区的基地，该基地被美国特种部队所用。

8月7日，也门一处军事基地发生汽车炸弹袭击事件，造成至少15人死亡，20人受伤。

8月7日，阿富汗喀布尔市中心发生自杀式炸弹袭击，造成20名平民死亡，包括一名教师和6名学生，另有240人受伤。

8月8日，阿富汗首都喀布尔接连遭遇多起在不同地点发生的爆炸袭击，造成至少30人死亡，数百人受伤。其中最严重的一起攻击事件发生在临近市中心警察学校，一名自杀炸弹攻击者引爆身上携带的炸弹，导致至少20名警校学员身亡。其后不久，先是喀布尔机场附近传来巨大爆炸声，接着在市区有一辆汽车炸弹爆炸，均造成严重伤亡。塔利班已经声称对当日所有炸弹袭击负责。

8月8日，马里政府和军方宣布，发生在该国中部城市塞瓦雷的酒店劫持事件结束，军方与持枪袭击者对峙超过20小时，最终解救4名人质，包括两名外国人在内的至少12人身亡。

8月8日，阿富汗昆都士发生一起自杀式炸弹袭击，由于爆炸发生在拥挤的人群中，造成29人死亡，19人受伤。

8月9日，菲律宾苏鲁一处市场的两名保卫人员遭到阿布沙耶夫武装人员的袭击后身亡。

8月9日，阿富汗亚当汗，6名当地警察遭到一名身穿制服的塔利班分子从背后偷袭中枪身亡。

8月10日，阿富汗官首都喀布尔国际机场的入口环岛路处发生一起自杀式汽车炸弹袭击，造成至少7人受伤、4人死亡的惨剧。

8月10日，4名土耳其警察在遭到路边炸弹袭击后身亡，另有一名警察受重伤。此次炸弹袭击发生在土耳其与伊拉克、叙利亚边境处的尔纳克省。

8月10日，在巴古拜市东北约20公里的卡纳安市的一处检查站发生自杀式爆炸，一名自杀式袭击者驾驶一辆载有爆炸物的汽车冲入，爆炸造成至少7人死亡，另有25人在爆炸袭击中受伤。极端组织“伊斯兰国”目前控制着伊拉克北部和西部的大部分地区，该组织宣称对此次袭击负责，并表示，他们的目标是那些什叶派“抵制者”。

8月10日，伊拉克东部迪亚拉省遭遇两起汽车炸弹袭击，共造成至少60人死亡，69人受伤。爆炸还导致集市上20多家店铺以及附近的车辆遭损毁。

8月10日，美国联邦检察官表示，一名20岁的男子被控在纽约和新泽西州帮助恐怖组织“伊斯兰国”招募战士而被逮捕。该男子欲组建“小型军队”，并计划出国加入这个恐怖组织。

8月10日，利比亚德尔纳，一枚伊斯兰国的汽车炸弹爆炸导致9名无辜人士死亡，25人受伤。

8月11日，俄罗斯国家反恐委员会宣布，俄特种部队在位于北高加索地区的达吉斯坦共和国击毙4名非法武装分子，其中包括恐怖组织“高加索酋长国”的头目穆罕默德·苏莱曼诺夫。

8月11日，被土耳其和美国列为恐怖组织的“革命人民解放阵线”宣称对美国驻伊斯坦布尔领事馆遭袭负责。联合国秘书长潘基文表示强烈谴责，土外交部再度强调与盟友合作反恐的决心。

8月11日，尼日利亚的塞伯恩加里地区，一名女性自杀式袭击者在一处拥挤的市场引爆炸弹，导致47人死亡，52人受伤。

8月12日，巴基斯坦安全部门在情报部门协助下，挫败一起企图在巴独立日发动袭击的图谋。巴军方发表的声明说，恐怖分子企图于14日在卡拉奇举行的巴基斯坦独立日庆祝活动上发动袭击。涉案的恐怖分子已被逮捕，其中包括巴基斯坦塔利班成员。

8月12日，在尼日利亚东北部博尔诺州首府迈杜古里附近，恐怖组织“博科圣地”成员发动袭击，造成至少 6 人死亡。

8 月 12 日，“博科圣地”在尼日利亚博尔诺州首府迈杜古里附近发动袭击，杀死 6 名村民并与尼日利亚军队爆发冲突，导致 8 人死亡，还有 4 名妇女被绑架。

8 月 12 日，伊拉克拉马迪，伊斯兰国路边炸弹爆炸导致 14 人死亡，10 人受伤。

8 月 13 日，巴基斯坦当局表示，决定对在 2014 年制造了白沙瓦学校恐怖袭击的 6 名罪犯执行死刑。

8 月 13 日，“基地”组织头目艾曼·扎瓦希里在一份录音讲话中表示，效忠于新上位的阿富汗塔利班领导人曼苏尔。

8 月 13 日，利比亚官方发表声明称，该国城市苏尔特当天遭到“伊斯兰国”极端组织分支机构的袭击。极端分子炮击了该城的一个居民区。

8 月 13 日，伊拉克首都巴格达发生一起卡车炸弹爆炸袭击，造成 76 人丧生，200 余人受伤。极端组织“伊斯兰国”已宣称对此案负责。

8 月 13 日，极端组织“伊斯兰国”扬言，已经通过网络黑客拿到 1400 名西方军政界人士的资料，准备将这批人列为攻击目标。攻击目标绝大部分是美国人，包括美国国务院及国防部人员，此外还有英国、澳大利亚的军政人员、外交人员。

8 月 13 日，巴基斯坦军方说，巴军事法庭已判处 7 名涉恐案件武装分子死刑。军事法庭对 2014 年 12 月发生的军人子弟学校恐怖袭击涉案嫌犯进行了审判。根据犯罪的性质和严重程度，其中 6 名嫌犯被判处死刑，1 名嫌犯被判处终身监禁。此外，另有一名参与 2015 年 5 月卡拉奇公共汽车袭击事件的嫌犯被判处死刑。

8 月 13 日，“伊斯兰国”疑似对巴格达附近发起爆炸袭击，在一处汽车市场引爆了汽车炸弹，导致 15 人死亡，35 人受伤。另一场袭击发生在哈比比亚地区附近的萨德尔城，有一辆装满炸药的卡车被引爆，导致大约 70 人死亡。在巴格达北部地区的小镇塔吉，一家汽车修理店附近发生爆炸袭击，导致 2 人死亡，7 人受伤。

8 月 14 日，伊拉克基尔库克，恐怖分子袭击了一辆公共汽车，车上有好几户家庭，造成 4 人死亡，9 人受伤。

8 月 14 日，利比亚班加西，“伊斯兰国”的袭击导致至少 6 人被杀。

8 月 15 日，伊拉克首都巴格达各地发生一连串炸弹攻击，造成至少 24 人丧生。

8 月 15 日，伊拉克巴格达，发生炸弹袭击导致 5 人死亡，37 人受伤，发动袭击的两名嫌犯疑是“伊斯兰国”成员。

8 月 16 日，“基地”组织叙利亚分支“支持阵线”释放此前绑架的 7 名叙反政府武装人员。这些被绑架人员均曾接受美国的训练。

8 月 16 日，巴基斯坦沙迪汗，2 名自杀式炸弹袭击者将炸弹从一个会议大厅的屋顶上扔下，导致 18 人死亡，25 人受伤。

8 月 17 日，泰国曼谷市中心旅游景点四面佛附近发生爆炸，导致 27 人遇难，其中包括 2 名中国人和 1 名菲律宾人。警方称有 78 人在爆炸中受伤，包括许多中国游客。现场有两个爆炸点。

8 月 17 日，埃及总统塞西已批准了一项严苛的新反恐法，用以打击境内越来越多的极端主义分子。

8 月 17 日，阿联酋与印度在阿布扎比发表联合公报，强调共同协调，打击极端主义和恐怖主义。

8 月 17 日，伊拉克拉马迪，3 名“伊斯兰国”自杀式炸弹袭击者发动卡车炸弹袭击，导致 25 人死亡，33 人受伤。

8 月 18 日，“博科圣地”武装人员在喀麦隆北部边境两座村庄发动两起袭击，造成 4 人死亡。此前，“博科圣地”武装人员曾于 14 日进攻尼日利亚东北部约贝州的一个偏远村庄，造成至少 150 人死亡，其中多数村民是在逃跑过程中在河中溺水而亡，许多死者是妇女和儿童。由于袭击者割断了村庄的电话线，这起惨绝人寰的事件在数天后才为人所知。“博科圣地”归顺“伊斯兰国”后3个月的时间里，已造成尼日利亚900多人死亡。

8月18日，伊拉克安巴尔，“伊斯兰国”发起一系列炸弹袭击，导致29人死亡，43人受伤。

8月19日，土耳其安全部队在东南部锡尔特省巡逻时遭遇路边炸弹袭击，导致8名士兵死亡，多人受伤。另有2名土耳其士兵在东南部迪亚巴克尔省与库尔德工人党武装分子交火时被打死。

8月19日，叙利亚卡米什利，一个小镇中部地区遭到自杀性炸弹袭击，导致13名路人死亡，40人受伤。

8月20日，澳大利亚和印度尼西亚联合召开一项会议，邀请本区域执法单位及国家安全机构参加，商讨如何遏制极端组织的资金来源。

8月20日，埃及首都开罗郊区一国家安全机构办公楼及法院附近发生汽车炸弹爆炸，这起爆炸造成至少29人受伤。此前，埃及内政部就这起事件公布声明称，事发时，一名男子突然将其驾驶的汽车停在相关建筑前，随后跳下汽车，乘一辆摩托车逃跑。

8月20日，也门南部城市亚丁遭炸弹袭击，造成4人死亡，10人受伤。支持极端组织“伊斯兰国”的西奈武装分子此前宣称对安全部队遇袭负责。

8月21日，马来西亚警察总长阿布·巴卡尔表示，该国反间谍机关在一次特别行动中逮捕了10名涉嫌与极端组织“伊斯兰国”有关联的马来西亚公民。这些嫌犯的年龄为24岁至42岁，8男2女，其中6人为马来西亚国家安全部队人员，2人为国家公务人员。

8月21日，白宫国家安全委员会发言人普莱斯在一则声明中说，法迪勒·艾哈迈德·哈亚利，也被称为穆塔兹，死于美军18日在伊拉克城市摩苏尔附近实施的空袭行动，当时穆塔兹正在乘车途中。“伊斯兰国”

媒体事务头目阿卜杜拉也死于同一场空袭。

8月22日，阿富汗喀布尔发生一起自杀式炸弹袭击，导致12人死亡，66人受伤，受害者中包括妇女和儿童。

8月22日，索马里基斯马尤，一所大学里的建筑楼遭到了敢死队自杀式炸弹袭击，导致16人死亡，21人受伤。

8月23日，叙利亚哈塞克，13人遭到敢死队的爆炸袭击死亡，50人受伤。

8月24日，埃及警方称，埃及开罗北部发生炸弹袭击事件，导致1名警察死亡，29名警察受伤。此次袭击发生在距离开罗260公里的布海拉省，遭到袭击的警察乘坐民用公交车上班。

8月25日，尼日利亚东北部发生自杀式炸弹袭击事件，造成5人死亡，41人受伤。爆炸地点在公交车的入口处，人员拥挤。袭击者可能是一名14岁的小女孩。据悉，“博科圣地”组织可能是幕后指使者。

8月25日，西班牙与摩洛哥在一项联合行动中逮捕了至少14名与极端组织“伊斯兰国”有关的人，他们涉嫌向伊拉克和叙利亚输送“圣战”战士。

8月25日，尼日利亚达马图鲁，2名年轻女性自杀式炸弹袭击者在一处公交站台引爆炸弹，导致5人死亡，41人受伤。

8月26日，美国国务院宣布将极端组织“哈卡尼网络”头目的兄弟阿卜杜勒·阿齐兹·哈卡尼列入“特别指定的全球恐怖分子”名单。美国已扣押其所有资产，并悬赏500万美元对其进行抓捕。

8月26日，英国《泰晤士报》网站援引西班牙官方报道，约有800名从叙利亚或伊拉克归来的伊斯兰极端分子准备对欧洲发动袭击。这些极端分子目前居住在欧洲，但已被极端组织“伊斯兰国”或“基地”组织招募为成员。

8月27日，日本国土交通省宣布，10月起将依次在成田、羽田、关西三个机场试用以电磁波透视乘客衣服进行安检的“全身扫描仪”。此举旨在防止飞机遭恐怖袭击。

8月27日，索马里“青年党”武装分子伏击军方护航部队，随后双方发生交战，造成32名青年党武装分子和11名政府军士兵死亡。

8月27日，极端组织“伊斯兰国”在伊拉克境内制造了自杀式炸弹袭击事件，造成两名伊拉克将领死亡。

8月27日，尼日尔安全部门人士表示，一伙疑为极端组织“博科圣地”人员的武装分子日前洗劫了尼日尔南部一座名叫阿巴丹的村庄，并杀死了一名军人和2名平民。

8月28日，美国五角大楼证实，极端组织“伊斯兰国”的一名核心电脑技术专家在美军一次空袭中身亡。美军24日对“伊斯兰国”位于叙利亚拉卡市的大本营实施“定点清除”，成功炸死该组织电脑专家、现年21岁的英国人朱奈德·侯赛因。

8月28日，伊拉克首都巴格达东南部一警察署发生汽车炸弹爆炸事件，造成6人死亡，10人受伤。

8月28日，尼日利亚的巴阿努（Baanu）地区，“博科圣地”袭击了一处村庄并屠杀了64人，另有56人受伤。.

8月29日，欧洲九国政府代表在巴黎举行跨境铁路安全问题的高级别会议，一致决定携手加强在列车上和火车站内的安全保障措施。

9月

9月1日，泰国警方表示，警方在泰国和柬埔寨边境地区逮捕一名曼谷爆炸案嫌犯，该嫌犯与此前被公布影像的穿黄色T恤主犯外貌“高度相似”。同日，泰国一家法院批准警方再逮捕三名曼谷爆炸案嫌疑人。这三人均为土耳其人，他们和四面佛及沙吞码头爆炸案有关。

9月1日，一群索马里“青年党”武装分子在与政府军交火后，袭击了该国南部的一处非洲联盟营地。武装分子在展开袭击前，已先行用炸药炸毁了附近的一座桥梁，以防止索马里军队从这里撤离。

9月1日，阿富汗政府军在南部地区的空袭至少击毙27名塔利班武装分子，另有16人受伤。空袭的目标是赫尔曼德省的格雷什克地区。

9月1日，巴基斯坦西北部贾姆鲁德市政府大楼入口处发生自杀式爆炸，共造成至少6人死亡，31人受伤。

9月1日，美国官员透露，美国中情局和特种作战部队正开展一项秘密行动，派遣无人机到叙利亚寻找恐怖组织嫌犯，这是一项有目标的杀人计划的一部分。该行动是独立于美国针对极端组织“伊斯兰国”而开展的军事行动之外的。

9月2日，叙利亚沿海城市拉塔基亚一个广场遭汽车炸弹袭击，造成至少10人死亡，40人受伤。

9月2日，也门首都萨那的一座什叶派清真寺遭到自杀式炸弹袭击，至少造成28人丧生和75人受伤。住在清真寺周围的居民说，一名绑了爆炸装置腰带的男子在萨那北部地区针对信徒引爆了炸弹。极端组织“伊斯兰国”也门分支宣称对爆炸事件负责。

9月3日，喀麦隆极北大区发生两起自杀式爆炸袭击，造成至少15人死亡。两起袭击均发生在极北大区靠近尼日利亚边境的科拉瓦镇，袭击者有意避免在安全检查较为严格的较大城镇，而选择在科拉瓦镇发动袭击。由于当天是当地的集市日，遇难者多为平民。袭击者为两名尼日利亚女性，可能是极端组织“博科圣地”成员，两人已在袭击中身亡。

9月4日，叙利亚南部省会城市苏韦达发生汽车炸弹袭击事件，爆炸发生在市中心国立医院附近，致4人死亡，14人受伤。

9月4日，塔吉克斯坦瓦赫戴特（Vahdat），“伊斯兰国”武装分子向当地警察发动袭击，导致8人死亡，2人受伤。

9月4日，伊拉克迈达，“圣战”分子在一处商业区发动爆炸袭击，导致 3 名路人死亡，6 人受伤。

9 月 5 日，澳大利亚总检察长布兰迪斯表示，由于恐怖威胁的形式发生演变，澳大利亚应准备应对更多小规模恐怖袭击和“独狼”式恐袭。

9 月 5 日，阿富汗 2 所学校发生学生吸入不明气体事故，已经有超过 300 名女生中毒送院。报道称，警方怀疑这些事件是蓄意袭击。

9 月 6 日，叙政府逮捕一名此前在南部城市苏韦达参与制造两起爆炸袭击的嫌疑犯。被捕嫌犯名为阿布·特拉比，是“支持阵线”极端组织成员，涉嫌于本月 4 日在苏韦达参与制造两起导致 38 人死亡的爆炸案，其中包括拥有很高声望的当地宗教人士瓦希德·巴卢斯。

9 月 6 日，西班牙警方逮捕了一名计划到叙利亚加入极端组织“伊斯兰国”的 18 岁女子。她还涉嫌在网上招募女性一同加入“伊斯兰国”。

9 月 6 日，土耳其军方两辆汽车在东部哈卡里省达格勒贾地区遭库尔德工人党武装地雷袭击，16 名士兵死亡，6 名士兵受伤。土军方随后出动战机轰炸伊拉克北部 13 个库尔德工人党武装据点，炸死 35 名武装人员。

9 月 7 日，据英国《星期日快报》报道，4000 余名“伊斯兰国”组织分子扮成难民秘密潜入欧洲国家。

9 月 7 日，巴基斯坦的开伯尔地区，被取缔的激进组织“伊斯兰教虔诚军”向部落区发动袭击，造成 5 名和平委员会的志愿者死亡。和平委员会的 11 名成员被绑架，其中 2 人被斩首，3 人被枪杀。该袭击发动的原因是因为和平委员会的志愿者为政府提供服务。

9 月 8 日，土警方一辆汽车在东部厄德尔省遭遇炸弹袭击，11 名警员遇难，多人受伤。土耳其警方认为，这是反政府的库尔德工人党武装所为。

9 月 8 日，埃及军方表示，埃及开展打击境内极端武装组织“西奈省”行动，两天内已击毙 56 名武装分子，两名士兵在行动中牺牲。

9月9日，联合国反恐执行局执行主任让—保罗·拉博德在联合国举行的记者会上表示，应当增强妇女能力，以使其在全世界的反恐和应对暴力极端主义的斗争中发挥更大作用。联合国纽约总部当天举行了题为“妇女在打击恐怖主义和暴力极端主义过程中的作用”的公开通报会和研讨会。

9月9日，“基地”组织头目艾曼·扎瓦希里近期罕见发声，拒绝承认极端组织“伊斯兰国”。在一段流传到网上的音频中，扎瓦希里称“基地”组织“不承认（‘伊斯兰国’）这个组织”，但在可能的情况下，“基地”在叙利亚和伊拉克的成员可以与“伊斯兰国”人员一起对抗西方国家。“伊斯兰国”曾是“基地”组织分支，势力壮大后逐渐拥兵自重，拒绝宣誓效忠扎瓦希里。

9月9日，“基地”组织公开号召袭击包括比尔·盖茨在内的多名美国商界大亨，除非他们自行把资金从美国经济中撤出。

9月9日，伊拉克安巴尔，两名自杀式炸弹袭击者发动袭击导致13人死亡，13人受伤。

9月9日，伊拉克德里克，“伊斯兰国”发动自杀式炸弹袭击，导致35人死亡。

9月9日，叙利亚一机场遭到“基地”组织袭击，导致56人死亡，40人受伤。

9月10日，叙利亚人权观察组织表示，“伊斯兰国”对叙东部的代尔铝佐尔市附近的的空军基地发动至少两起汽车炸弹袭击，导致18名士兵和23名伊斯兰国战士死亡。

9月10日，阿富汗加兹尼，5名巡逻警遭到塔利班炸弹袭击身亡。

9月10日，伊拉克阿布格莱布，“和平宗教”发动炸弹袭击导致2人死亡，7人受伤。

9月11日，美国政府将哈马斯4名高级负责人列入国际恐怖分子黑名单，同时被列入黑名单的还有被指控向哈马斯提供援助的一家公司。

9 月 11 日，欧洲安全专家乔治·施佩特列在匈牙利国家电视台 M1 频道节目中表示，“伊斯兰国”极端组织在叙利亚夺取了原版的空白护照，并利用这些表格将伪装成难民的武装分子派遣到欧洲国家。

9 月 11 日，阿富汗军警在最新一轮军事行动中打死了 51 名武装分子。报道称，此次军事行动是由阿富汗警察、安全部队和国家安全局联合发起的。安保人员在 24 小时内对北部昆都士、南部坎大哈、西部赫拉特等 11 个省份实施了清剿，击毙了 51 名武装分子，打伤了 24 人，逮捕了 10 人，并缴获了大量武器。

9 月 11 日，尼日利亚约拉，“博科圣地”在一处难民营发动炸弹袭击，导致 7 人死亡，20 人受伤，受害者包括儿童。

9 月 11 日，也门马里卜，什叶派激进分子向一处集市发动火箭弹袭击，造成至少 20 名平民死亡，40 人受伤。

9 月 11 日，埃及西奈，伊斯兰极端分子发动爆炸袭击导致 4 名本地士兵死亡。

9 月 13 日，英国情报机构政府通信总部说，极端组织“伊斯兰国”成员侵入英国多名内阁大臣的电子邮箱账户，可能密谋刺杀政府官员和王室成员。

9 月 13 日，巴基斯坦中部城市木尔坦的一个车站夜间发生爆炸，至少 10 人在爆炸中身亡，另有 43 人受伤。

9 月 13 日，在土耳其东南部一处警察检查站附近，库尔德武装分子引爆了装满炸药的车辆。这次袭击导致 2 名警察死亡，5 人受伤。同时，在迪亚巴克尔省西尔地区，库尔德工人党武装分子发射火箭弹并开火，造成一个警官死亡，另有一人受伤。继袭击之后，当局宣布在迪亚巴克尔的苏尔区实施宵禁。

9 月 14 日，叙利亚东北部城市发生汽车炸弹爆炸事件，造成至少 20

人丧生。

9月14日，巴基斯坦木尔坦发生一起自杀式炸弹袭击，导致11人死亡，59人受伤。

9月14日，叙利亚卡什曼（Khashman）地区“伊斯兰国”自杀式汽车炸弹袭击导致16人死亡，40人受伤，死者包括2名儿童。

9月14日，叙利亚马哈塔（Mahata）地区发生自杀式汽车炸弹袭击，导致10人死亡，40人受伤。

9月14日，埃及卡里扎（Khareeza）地区，一场婚礼上发生枪杀案，导致12人死亡，4人受伤，怀疑是“耶路撒冷游击队”圣战组织所为。

9月15日，叙利亚哈赛克，“伊斯兰国”自杀式炸弹袭击者在水务局大楼前引爆炸弹，导致7死21伤。

9月16日，联合国教科文组织警告说，卫星影像显示，叙利亚考古遗址正遭到大规模掠夺，充当“伊斯兰国”极端组织的经费。

9月16日，阿富汗喀布尔，一名自杀式汽车炸弹袭击者引爆炸弹，导致4名无辜人士死亡，41人受伤。

9月16日，喀麦隆艾萨哈德（Aissa Harde）地区，“博科圣地”成员火烧40户家庭，并杀死9名村民。

9月17日，阿富汗塔利班宣称，该组织内部领导权纷争已解决，并将实施权力改革。阿富汗塔利班前领导人奥马尔的亲属已表态支持曼苏尔，其内部领导权纷争得到解决。作为回报，曼苏尔派系承诺将确保奥马尔家族的安全，并对塔利班内部领导和决策制度进行改革。

9月17日，伊拉克巴格达一广场发生一起爆炸，导致包括一名警察在内的7人死亡，29人受伤。报道称，袭击者身着附有炸弹的背心，而他的目标是广场内的警察检查哨。极端组织“伊斯兰国”宣布对此负责。

9月17日，索马里基斯马尤，“青年党”将炸弹安置在树上，爆炸造成3人死亡，7人受伤。

9 月 17 日，泰国那拉提瓦，穆斯林“反叛分子”发动连环炸弹袭击，导致 3 死 10 伤。

9 月 17 日，喀麦隆极北大区靠近尼日利亚边界地区发生恐怖袭击事件，袭击地点是极北大区莫拉镇附近一处村庄，9 名村民被杀。随后，政府军在喀尼边境遭袭，多辆军用车被毁，疑似“博科圣地”所为。

9 月 18 日，伊斯兰堡消息：巴基斯坦西北部城市白沙瓦的一处空军基地遭塔利班武装分子袭击，巴军方在交火中击毙 8 名武装分子。袭击事件发生后，巴基斯坦的塔利班分支领袖默罕默德·拉撒尼称对此次袭击负责。

9 月 18 日，菲律宾南部城市三宝颜市一辆公共汽车发生炸弹爆炸事件，已造成至少 1 人遇难，32 人受伤。

9 月 18 日，利比亚官员称，武装分子袭击了利比亚首都的黎波里的一处空军基地，企图释放里面的囚犯。双方发生了交火，造成 3 名利比亚士兵身亡，还有 8 名武装分子死亡。“伊斯兰国”宣布对事件负责。

9 月 19 日，阿富汗扎迈特（Zarmat）地区发生枪击和“独狼”式自杀袭击，造成 5 死 24 伤。

9 月 20 日，喀麦隆极北大区发生两起自杀式爆炸袭击，造成包括袭击者在内的 5 人死亡。爆炸由两名疑似“博科圣地”成员所为，地点位于喀麦隆与尼日利亚边境的小镇莫拉，距离极北大区首府马鲁阿约 80 公里。两名袭击者在一个安全检查站引爆随身携带的炸弹，两人当场被炸死，同时还造成两名平民与一名警察遇难。

9 月 20 日，尼日利亚博尔诺州首府迈杜古里遭受连环爆炸袭击，至少 54 人在多起爆炸中遇难。第一起爆炸发生在一个清真寺里，人们正在那里做祷告；第二起爆炸发生在一个小型商业区；第三起爆炸则发生在一个游戏娱乐室里。

9 月 20 日，极端组织“伊斯兰国”位于埃及的分支机构宣布对一起爆炸事件负责。该起爆炸造成埃及首都开罗2人受伤。报道称，此次爆炸发生在位于开罗的埃及外交部大楼。

9月20日，喀麦隆莫拉（Mora）地区，2名女性自杀式炸弹袭击者引爆自己，导致3人死亡，29人受伤。

9月20日，尼日利亚迈杜古里，“博科圣地”袭击了对手的清真寺和其他建筑，导致至少85人死亡，90人受伤，死者包括儿童。

9月21日，白宫国家安全委员会发言人内德·普赖斯说，“伊斯兰国”二号人物法迪勒·艾哈迈德·哈雅利1于8日在伊拉克第二大城市、北部尼尼微省摩苏尔行驶途中被美军空袭身亡。

9月21日，据俄罗斯“卫星”新闻网消息，“伊斯兰国”组织武装分子禁止当地居民在其控制地域使用手机通信。

9月21日，尼日利亚官员称，该国东北部发生的连环爆炸已经造成超过100人死亡，另有150人受伤。爆炸被怀疑系极端组织“博科圣地”策划。

9月21日，索马里别墅区入口处发生一起汽车炸弹式袭击。总统府及总理在摩加迪沙的办公室也位于该区域，安保级别极高。袭击造成包括数名路人在内至少7人死亡。

9月21日，一个土耳其军方车队在行驶过程中遭遇路边炸弹袭击，造成车队中13名军人受伤。此前，土耳其空军对哈卡里省的库尔德武装进行了空袭，炸死了5名库尔德武装人员，因此军方怀疑此次袭击是库尔德工人党所为。

9月21日，伊拉克巴格达，一处蔬菜市场发生恐怖爆炸，导致11人死亡，40人受伤。

9月21日，索马里摩加迪沙，1名自杀式汽车炸弹袭击者发动袭击，导致5死12伤。

9月22日，西班牙内政部表示，2名巴斯克分裂组织“埃塔”的政治领袖在法国南部被警方逮捕。

9 月 22 日，德国情报机构发布警告称，由于近期大量难民的涌入，极端组织“伊斯兰国”的成员也有可能混在其中进入了德国。此外，情报机构还担心，极端组织成员有可能在难民中招募新的成员。

9 月 22 日，伊拉克首都巴格达发生汽车炸弹袭击事件，造成至少 12 人死亡，41 人受伤。一辆载有爆炸物的汽车在巴格达南部什叶派聚居区的一个市场爆炸。除人员伤亡外，爆炸还造成附近多家商铺和多辆汽车着火。

9 月 22 日，菲律宾军方称，两名加拿大人、一名挪威人和一名菲律宾妇女在棉兰老岛达沃城附近的萨马尔岛上遭绑架。

9 月 23 日，尼日利亚军方宣布，该国军队在近期的一次打击“博科圣地”的行动中，突袭了该组织的两处营地，并从中解救出 241 名被扣押为人质的妇女和儿童。

9 月 24 日，也门首都萨那一所清真寺遭炸弹袭击，造成至少 29 人死亡，另有数十人受伤。同日，极端组织“伊斯兰国”宣称对此次袭击事件负责。发生爆炸的清真寺位于萨那一所警察学校附近，该地区由也门反政府胡塞武装控制。爆炸发生时，清真寺内有伊斯兰教信徒正进行宰牲节祈祷。

9 月 24 日，据俄罗斯卫星新闻网报道，叙消息人士表示，曾接受美国训练的几名叙利亚反对派战士加入了“胜利阵线”恐怖组织，并向其交出了所有武器。

9 月 24 日，也门萨那，逊尼派自杀式炸弹袭击者发动袭击，导致至少 29 名什叶派信徒死亡，60 人受伤。

9 月 25 日，土耳其总参谋部发表声明说，库尔德工人党武装分子 24 日和 25 日在土东部袭击土军，造成 2 名士兵死亡。军方随后进行了反击，打死 34 名武装分子。

9月25日，沙特当局表示，一伙武装分子在该国北部一省的两处检查点向执勤士兵发动袭击，造成至少3人死亡。

9月26日，埃及北西奈省阿里什市发生一起袭击事件，造成至少2名警察死亡，另有16人受伤。一辆载有安保人员的警车在行进途中被炮弹击中。一个自称“伊斯兰国”西奈分支的组织已宣称制造了这起袭击事件。

9月27日，阿富汗东部地区，至少300名极端组织“伊斯兰国”的民兵向多处检查站点发起罕见的协同性攻击。在南加哈省的攻击行动当中，共有两名警察被打死。这名官员还说，在亚珍区，政府军展开还击，已经击毙60名武装分子。在帕克蒂卡省发生的另外一起攻击事件中，自杀炸弹攻击者在一场排球比赛期间引爆身上的爆炸装置，导致至少9名平民丧生，数十人受伤。

9月28日，马尔代夫总统出行时乘坐的快艇发生爆炸，马尔代夫总统亚明的一名高级助手表示，总统本人未受伤，总统夫人和其他两名随行人员受伤。

9月28日，据俄罗斯卫星网报道，俄罗斯、伊拉克、伊朗和叙利亚成立打击“伊斯兰国”信息中心令美国措手不及。

9月28日，美国媒体报道，2011年至今，近3万名外国武装人员已经进入伊拉克和叙利亚境内，其中多数加入了极端组织“伊斯兰国”。

9月28日，俄罗斯总统普京在联合国大会上发言，呼吁国际社会成立广泛的有伊斯兰国家参与的国际反恐联盟。

9月29日，纽约联合国总部召开由美国政府倡议的反恐峰会，美国总统奥巴马亲自主持，逾一百个国家代表共商打击“伊斯兰国”等极端组织。

9月29日，澳大利亚外长毕晓普透露，过去一年，在叙利亚和伊拉克为恐怖组织“伊斯兰国”作战的澳大利亚人数量增加了一倍，但预料这个数字将不会再这样如此快速地上升。

9月29日，为打击恐怖组织“伊斯兰国”，英国政府将向联合国提交4名在叙利亚为其效力的英国人名单，要求对他们进行旅行禁令与财产冻结制裁。

9月29日，美国宣布针对“伊斯兰国”主要头目和金融人士进行金融制裁，并将一些个人和组织列为外国恐怖主义战斗人员。美国财政部和国务院一共对30个个人和组织施加惩罚，一名奥巴马政府高级官员称，这是美国“真正加大力度”阻止“伊斯兰国”组织利用全球金融系统。

9月30日，印度法院对制造了2006年孟买列车连环爆炸案的5名嫌犯判处了死刑，另有7名嫌犯被判处终生监禁。

9月30日，美国有线电视新闻网消息称，随着“伊斯兰国”武装劫掠伊拉克和叙利亚境内的古迹和油田，美国决定悬赏500万美元征求阻止该组织油气和古董走私的线索。打击“伊斯兰国”联盟已将战线扩展至新的领域——金融。

9月30日，阿富汗国家安全局发表声明说，在美军前一天发动的空袭中，塔利班武装在北部省份昆都士的“影子省长”毛拉维·萨拉姆及其他16名武装分子被炸死。

10月

10月1日，俄国防部称，俄方飞机再次在叙利亚实施空袭，于夜间袭击了4个“伊斯兰国”在叙利亚的设施，摧毁了该组织的工厂和据点。俄罗斯飞机在叙利亚摧毁了恐怖分子制造汽车炸弹的工厂，还摧毁了“伊斯兰国”在伊德利卜地区的总部和仓库，及一处设防指挥点。

10月1日，菲律宾南部巴西兰省伊莎贝拉市发生一起爆炸事件，该市副市长车队遭袭，3人死亡，多人受伤。当天下午，一辆载有简易爆炸装置的三轮车在该市市长桑托斯—阿克巴尔居所附近发生爆炸。事件发生时，伊莎贝拉市副市长阿基博恩的车队正好在爆炸点附近。

10 月 1 日，尼日利亚东北部博尔诺州首府迈杜古里连续发生 4 次炸弹袭击，造成至少 14 人死亡，39 人受伤。尼日利亚安全部门指认“博科圣地”实施上述袭击。

10 月 1 日，菲律宾巴西兰发生一起爆炸，导致 4 人死亡，23 人受伤，疑似是阿布沙耶夫武装所为。

10 月 2 日，“博科圣地”在尼日利亚首都阿布贾发动两起爆炸袭击，一起发生在警察局附近，另一起发生在一处公交站附近，至少 18 人遇袭身亡，41 人受伤。

10 月 2 日，尼日利亚迈杜古里，“博科圣地”派出 5 名身穿自杀式炸弹背心的女孩前往对手的清真寺，该自杀式炸弹袭击导致至少 14 人遇难，29 人受伤。

10 月 3 日，3 名自杀式炸弹袭击者对伊拉克首都巴格达一处检查站发动袭击，爆炸造成至少 24 人丧生，61 人受伤。“伊斯兰国”极端组织事后已宣称对此次攻击负责。

10 月 3 日，伊拉克巴格达，3 名自杀式炸弹袭击者在什叶派居民区的一个小广场发动爆炸袭击，导致 24 人死亡，61 人受伤。

10 月 4 日，孟加拉国警方称，该国北方一周内发生了第二次针对外国人的行凶案件，一名日本男子遭遇枪击死亡。65 岁的日本公民星邦雄在孟加拉国首都达卡以北 335 公里的卡乌尼亚镇遭遇枪手袭击身亡。极端组织“伊斯兰国”武装分子已经声称对上述两起袭击事件负责。

10 月 4 日，伊拉克塞尔萨尔，“伊斯兰国”绑架了 70 名伊拉克人并将他们全部处死。

10 月 4 日，尼日尔迪法发生两起自杀式炸弹袭击，导致 6 死 4 伤。

10 月 4 日，俄罗斯空军在叙利亚拉卡省的埃特塔布卡市地区对“伊斯兰国”武装分子训练中心实施了空袭，摧毁了匪帮的三个武器弹药库。俄空军使用KAB—500准确击中目标，导致武器库内弹药发生爆炸，大批基础设施被摧毁。

10月5日，阿富汗警方官员说，阿国家安全部队当天在北部法里亚布省首府迈马纳击退塔利班武装的大规模进攻，打死23名塔利班武装分子。数百名塔利班武装分子4日晚开始从三个方向向迈马纳市发起大规模进攻，试图夺取这座城市。驻守在该地区的国家安全部队随即进行回击，双方激烈交火数小时。5日凌晨，塔利班武装被击退，此外，安全部队还缴获塔利班武装的一辆坦克。

10月5日，伊拉克阿尔卡尔兹（al-Khales）地区的一处商业区遭到逊尼派发动的汽车炸弹袭击，导致35名什叶派人士死亡，58人受伤。

10月5日，伊拉克巴格达一处居民区内发生一起汽车炸弹袭击，造成居民区内大约14名无辜平民死亡，25人受伤。

10月5日，阿富汗喀布尔，3名自杀式炸弹袭击者在一处房屋和其他袭击目标外引爆炸弹，造成11人受伤。

10月5日，也门亚丁，一家宾馆发生自杀式炸弹袭击，15人死亡，“伊斯兰国”声称对此事负责。

10月6日，伊拉克南部石油重镇巴士拉附近的祖拜尔小镇发生一起自杀式汽车炸弹袭击，造成约50人遇难。极端组织“伊斯兰国”宣布对此事负责。

10月6日，塔吉克斯坦最高检察院宣称，因涉“恐怖主义、煽动种族和宗教仇恨”逮捕23名塔吉克斯坦伊斯兰复兴党领导层成员和积极分子。塔最高检察院称，被逮捕人员系塔前国防部副部长阿布杜哈里穆·纳扎尔佐德的同伙，并指出该团伙触犯了塔刑法中涉及“恐怖主义、煽动种族和宗教仇恨、地方主义、试图武力夺取政权、鼓动推翻宪政制度和军事政变”的相关条款。

10月6日，乍得军方称，尼日利亚极端组织“博科圣地”武装人员向乍得政府军发动袭击，造成政府军士兵11人死亡，13人受伤，而“博科圣地”方面有37名武装人员被击毙。

10月6日，4名波黑男子因与极端组织“伊斯兰国”有牵连，被波黑一家法院判处有期徒刑。波黑男子埃迪奇招募胡希迪奇和凯塞洛维奇加入“伊斯兰国”，为他们安排经土耳其伊斯坦布尔前往叙利亚的路线。另一名男子特拉科向胡希迪奇和凯塞洛维奇提供资金支持并为他们订购机票。

10月6日，也门亚丁发生4起袭击，导致11名也门士兵和4名阿联酋的士兵丧生，“伊斯兰国”宣布对这一系列的袭击负责。其中，在也门萨那的铝纳哈达区的阿尔—努尔清真寺发生的袭击导致7人死亡。

10月6日，也门萨那，一名“伊斯兰国”自杀式炸弹袭击者在对手的清真寺发动爆炸袭击，导致7人死亡。

10月7日，尼日利亚东北部约贝州首府达马图鲁发生两起自杀式袭击，导致16人死亡，10人受伤。第一起袭击发生在早晨6时左右，两名袭击者随身携带爆炸装置在达马图鲁市内一处商业区引爆。另一起爆炸发生在达马图鲁市郊一处人员聚集区。爆炸发生后，警方赶赴现场并展开救援。

10月7日，恐怖组织“伊斯兰国”声称对发生在也门港口城市亚丁的一系列针对政府办公设施和由沙特阿拉伯领导的联军所在地进行的袭击事件负责。

10月7日，“青年党”宣布对索马里总统哈桑·谢赫·马哈茂德的侄子遇害一事负责。“青年党”该军事行动的发言人谢赫·阿布·穆萨布说，总统侄子在总统府内担任高位是其被刺的主因。

10月7日，尼日利亚达马图鲁，和平宗教自杀式炸弹袭击者发动爆炸袭击，导致9人死亡，5人受伤。

10 月 7 日，尼日利亚达马图鲁的一处商店外发生一起自杀式炸弹袭击，导致 7 人死亡，5 人受伤。

10 月 7 日，尼日利亚达马图鲁，一处清真寺外发生一起自杀式炸弹袭击，导致至少 1 人死亡，5 人受伤。

10 月 7 日，尼日利亚的古比奥（Gubio）地区，“博科圣地”向对手的清真寺发动自杀式炸弹袭击，导致 12 人死亡。

10 月 9 日，伊拉克巴古拜市郊的多处村庄遭到迫击炮袭击，造成至少 35 人遇难，另有至少 45 人受伤。警方怀疑是“伊斯兰国”所为。

10 月 9 日，为防止飞机上发生恐怖事件，日本国土交通省决定从本月 15 日开始依次在关西机场、成田机场和羽田机场的国际航线进行“人体扫描仪”的试验应用。这种“人体扫描仪”可通过电波来透视乘客的衣服，以防止其携带危险物品。

10 月 9 日，伊拉克迪亚拉，“伊斯兰国”向一处村庄发动迫击炮袭击，导致 35 人死亡，45 人受伤。

10 月 10 日，伊拉克首都巴格达周边发生连环爆炸事件，造成 8 人死亡，十多人受伤。在巴格达东郊地区，一枚粘性炸弹在一辆小公共汽车上被引爆，造成 3 人死亡，7 人受伤。随后，巴格达东北郊地区，一枚路边炸弹在一处人群拥挤的集市旁发生爆炸，致 2 人死亡，9 人受伤。此外还有 2 名平民在巴格达西南郊遭路边炸弹袭击后身亡。另有 1 名平民在经过一处军事检查点时，遭路边炸弹袭击身亡。

10 月 10 日，土耳其首都安卡拉中央火车站附近发生爆炸事件，造成至少 100 人死亡，另有 246 人受伤。土耳其政府将此次袭击定性为恐怖袭击。内政部在声明中称这是有目的的袭击，针对该地当天晚些时候将举行的一场和平集会。

10 月 10 日，美国联邦调查局局长科米表示，有意前往伊拉克和叙利亚加入“伊斯兰国”组织的美国人有年轻化的趋势，其中出现了更多女性，尤其是 18 岁以下的少女。

10 月 10 日，乍得新闻部长巴卡里发表公告说，巴加索拉镇一个市场遭极端组织“博科圣地”爆炸袭击，造成 41 人死亡，48 人受伤。公告说，死者中包括 5 名自杀袭击者，分别为 1 名男性、2 名女性和 2 名儿童。“博科圣地”多利用女性和儿童发动恐怖袭击，乍得政府呼吁民众提高警惕。

10 月 10 日，乍得巴加索拉，两名女信徒在一处拥挤的市场和难民营发动自杀式爆炸袭击，导致 41 人死亡，48 人受伤。

10 月 11 日，喀麦隆极北大区与尼日利亚边境地区桑格勒赫镇发生自杀式爆炸袭击，一名 25 岁左右的女性在桑格勒赫镇引爆身上的爆炸装置，包括袭击者在内至少 8 人死亡，另有数人受伤。喀安全部门怀疑袭击由尼日利亚极端组织“博科圣地”策划实施。

10 月 11 日，北约驻阿富汗国际安全援助部队车队在喀布尔市区遭爆炸袭击，两辆汽车被严重炸毁。喀布尔警察局长阿卜杜勒—拉赫曼·拉希米说，一名袭击者在国际安全援助部队车队经过时引爆炸弹，造成至少 7 名平民受伤，袭击者当场死亡。阿富汗塔利班宣称实施此次袭击，并称炸死数名外国军事人员。

10 月 11 日，俄罗斯反恐安全部门逮捕了 15 名涉恐分子，其中 12 人来自北高加索地区，另外 3 人为叙利亚人。此外，警方还拆除了一个自制爆炸装置，成功挫败了在莫斯科公共场所实施爆炸袭击的企图。

10 月 11 日，美国警方表示，一名涉嫌在美国加州北部一座高尔夫球场放置两枚土制炸弹的男子已遭逮捕，事件没有造成人员伤亡。

10 月 11 日，喀麦隆的远北地区莫拉镇，两名疑似“博科圣地”成员的女子开展联合的自杀式爆炸袭击，造成 9 人死亡，29 人受伤。这起袭击的原因可能是因为喀麦隆加入了尼日尔和乍得打击“博科圣地”的地区联盟。

10 月 11 日，巴基斯坦空军在北瓦济里斯坦对恐怖分子的藏身之所发动空袭，打死超过 22 名恐怖分子。

10 月 12 日，联合国秘书长潘基文通过发言人发表声明，强烈谴责在乍得巴加索拉镇连续发生的 5 起自杀式爆炸袭击并导致数十名平民死伤的事件。他同时对于事件中 3 名自杀式袭击者据报道为年轻的女童表示痛惜。

10 月 13 日，位于叙利亚首都大马士革的俄罗斯驻叙利亚大使馆再次遭遇武装分子发射的迫击炮袭击。有两枚炮弹落入俄使馆区域，俄方外交官没有伤亡。“基地”组织叙利亚分支宣称对俄使馆遇袭事件负责。

10 月 13 日，尼日利亚东北部地区遭遇多起自杀式炸弹袭击，造成十余人死伤。尼日利亚官方将袭击归咎于“博科圣地”武装。

10 月 13 日，在尼日利亚迈杜古里的一居民区，3 名敢死队成员发动自杀式炸弹袭击，导致 4 人死亡，11 人受伤。

10 月 14 日，土耳其警方表示，当天逮捕了 2 名与安卡拉爆炸案有关的重大嫌疑人。这两人在爆炸前一天曾在“推特”上发推文称，安卡拉火车站附近可能会有爆炸袭击。

10 月 14 日，法国警方表示挫败了一起恐怖袭击，并逮捕了两名欲发动攻击的嫌犯。两名嫌犯是在塞纳—圣德尼大区被逮捕的。他们欲对巴黎郊区的一处教堂发动恐怖袭击，还曾为一名被法国通缉的恐怖分子提供帮助。

10 月 14 日，澳大利亚将进一步收紧反恐法，新草案将把恐怖分子嫌犯行动限制令的法定最低年龄从目前的 16 岁降至 14 岁。

10 月 14 日，尼日尔宣布，由于“博科圣地”武装的威胁，该国毗邻尼日利亚的东南部地区进入紧急状态。据统计，几周尼日尔有至少 40 人被“博科圣地”武装杀害。

10 月 14 日，美国白宫称，美国总统奥巴马通知国会，他将部署 300

名军事人员到西非国家喀麦隆，以进行空中搜集情报、监视和侦察行动，对付极端组织“博科圣地”分子。

10月14日，巴基斯坦德拉加齐汗的一栋大楼遭到自杀式爆炸袭击，导致楼内的7人死亡，13人受伤。

10月15日，美国联邦调查局局长詹姆斯·科米在俄亥俄州召开的一次部门会议上表示，极端组织“伊斯兰国”正在大肆招募美国公民，并且每天24小时不间断。

10月15日，尼日利亚迈杜古里，2名自杀式炸弹袭击者在对手的清真寺发动爆炸袭击，导致42名信徒死亡，9人受伤。

10月16日，俄罗斯武装力量总参谋部作战总局局长安德烈·卡尔塔波洛夫在接受《共青团真理报》采访时表示，俄军总参谋部评估“伊斯兰国”有4万到5万名武装分子。

10月16日，尼日利亚国家紧急情况处理中心表示，当天在该国东北部城市迈杜古里附近另一处城镇连续发生了两起自杀式炸弹袭击，至少造成30人死亡，多人受伤。

10月16日，马来西亚与美国联手，在吉隆坡逮捕了一名通过电脑窃取美军人员的个人资料并泄露给极端组织“伊斯兰国”的黑客。

10月16日，尼日利亚乌马里，4名女性自杀式炸弹袭击者发动袭击，导致22名村民死亡，14人受伤。

10月16日，位于尼日利亚莫莱的一处清真寺遭到敌对派的自杀式炸弹袭击，导致7人死亡，17人受伤。

10月17日，叙利亚首都大马士革当晚发生一起炸弹袭击事件，造成一名平民死亡，至少6人受伤。炸弹袭击发生在大马士革迈宰区，现场附近居民称，袭击者将一辆载有炸弹的摩托车停放在路边，后通过遥控装置引爆。迈宰区居住着许多政府官员和军方人士，袭击者或以他们为暗杀目标。

10 月 18 日，以色列南部贝尔谢巴市中央汽车站发生袭击事件，造成包括袭击者在内的 2 人丧生，另有至少 11 人受伤。

10 月 18 日，两名女性自杀式炸弹袭击者在尼日利亚东北部的阿达马瓦州达尔村居民组建的临时营地发动恐怖袭击，导致至少 11 人死亡。

10 月 18 日，在比利时进行独立调查的联合国工作组负责人卡尔斯卡在公告中称，比利时是加入恐怖组织人口比例最高的欧洲国家。他呼吁比利时政府制订全国性计划以减少赴叙利亚和伊拉克参加恐怖组织的公民数量。

10 月 19 日，英国首相卡梅伦发表演讲，宣布英国打击国民加入极端组织的新对策：没收并取消对青少年发放的护照。

10 月 19 日，巴基斯坦奎达一辆公交遇袭，造成 10 人死亡，22 人受伤。巴士行驶到高架桥附近，炸弹爆炸，巴士上载有近 40 名乘客。激进组织“年轻的俾路支虎”声称对此事负责。

10 月 19 日，尼日利亚达累斯萨拉姆，2 名女性发动自杀式炸弹袭击，导致 11 人死亡，34 人受伤。

10 月 19 日，伊拉克巴格达的一处市场遭到“伊斯兰国”炸弹袭击，导致 3 名店主死亡，6 人受伤。

10 月 20 日，以军和国家安全总局在一次联合行动中，以“煽动恐怖主义”为名，逮捕了巴勒斯坦伊斯兰抵抗运动（哈马斯）在约旦河西岸的领导人哈桑·优素福。

10 月 20 日，俄罗斯内务部宣布，俄警方在莫斯科州一举摧毁了国际恐怖组织“伊扎布特”的一个分支机构，逮捕了包括分支机构头目在内的 20 名恐怖分子。

10 月 21 日，尼日尔迪法东南部的一个小镇，一伙疑似“博科圣地”武装分子引爆了自己。武装分子试图进入城市，但是遭到安全部队的阻止，于是引爆自己的爆炸装置。两名士兵被打死，3 人受伤。

10 月 21 日，阿富汗斯平布尔达克，4 名塔利班自杀式炸弹袭击者发动袭击，导致 2 人死亡，3 人受伤。

10 月 21 日，尼日尔迪法，发生两起自杀式炸弹袭击，导致 2 死 3 伤。

10 月 22 日，乌克兰“复兴”党位于第聂伯罗彼得罗夫斯克州的总部办公大楼遭爆炸袭击，一人受伤。

10 月 22 日，什叶派穆斯林盛大节日阿舒拉节到来之际，巴基斯坦西南部俾路支省一座什叶派清真寺遭自杀式爆炸袭击，造成至少 10 人死亡，12 人受伤。

10 月 22 日，巴基斯坦俾路支省柏兰区的一处什叶派清真寺，一名自杀式袭击者引爆了身上的炸弹，造成 11 人死亡，其中包括 6 名儿童，炸伤 12 人。激进组织坚格维军（LEJ）声称对这次袭击负责。

10 月 23 日，尼日利亚东北部的迈杜古里市一清真寺发生两起炸弹爆炸事件，造成至少 28 人死亡。普遍认为该袭击是博科圣地所为，该极端组织在该地区较为活跃。这也是迈杜古里市在本月发生的第六起袭击事件。

10 月 23 日，尼日利亚阿达马瓦州的首府约拉一座清真寺遭到爆炸袭击，27 人死亡，96 人受伤。

10 月 23 日，巴基斯坦信德省雅各布阿巴德，什叶派宗教游行时发生一起自杀式爆炸袭击，造成 22 人死亡，40 人受伤。该游行行进至奎达路时，爆炸发生了，造成了电力供应中断。坚格维军（LEJ）声称对这次袭击负责。

10 月 23 日，尼日利亚迈杜古里，一名男子高呼赞美真主发动了自杀式爆炸袭击，导致 19 人死亡，60 人受伤，现场一片狼藉。

10 月 23 日，巴基斯坦雅各布阿巴德，一处什叶派清真寺遭到逊尼派自杀式炸弹袭击，导致 22 名信徒死亡，包括 5 名儿童，40 人受伤。

10月23日，尼日利亚约拉，自杀式袭击者袭击了对手的一处清真寺，导致33名信徒死亡，56人受伤。

10月24日，菲律宾反政府武装“新人民军”承认绑架并枪杀了菲南部南阿古桑省洛雷托镇镇长父子。10月19日晚，约有20名武装分子将洛雷托镇镇长奥塔萨及其27岁的儿子从家中带走，菲政府军隔天在100多公里外发现了奥塔萨父子尸体，两人均系身中多枪而死。

10月24日，在埃及北西奈省阿里什市，一辆运载军警的装甲车在阿里什市环路行驶时遭遇路边炸弹袭击，导致1名警官和1名士兵死亡，另有9名士兵受伤。就在前一天，阿里什市刚发生一起炸弹袭击，导致1名警察死亡，3名士兵受伤。

10月24日，尼日利亚迈杜古里一居民区遭到一名女性自杀式炸弹袭击者的袭击，导致3名居民死亡，袭击者也当场死亡，6人受伤。

10月24日，孟加拉国达卡，“伊斯兰国”在什叶派宗教节日上发动炸弹袭击，导致2人死亡，其中包括一名12岁的孩童，87人受伤。

10月24日，埃及埃尔阿里什，原教旨主义者发动路边炸弹袭击，导致3名警察死亡，8人受伤。

10月26日，法国情报部门分析认为，“伊斯兰国”极端组织可能正在利用欧洲各国之间情报共享机制的漏洞，采取“交叉换位”式的新策略，以便在欧洲国家策划恐怖袭击。这项策略是基于一种被反恐专家称为“曲线袭击”的战术，即派遣来自比利时、西班牙等国的恐怖分子在法国境内发动袭击，而法国籍恐怖分子则会奉命到其他欧洲国家行动。

10月26日，沙特奈季兰，一处清真寺发生自杀式炸弹袭击，导致两名信徒死亡，其中一名信徒是一位老人，另有25人受伤。

10月26日，伊拉克巴格达，逊尼派自杀式炸弹袭击了什叶派朝圣者的帐篷，导致7人死亡，23人受伤。

10月27日，美国国防部公布了美军计划打击极端组织“伊斯兰国”

的最新军事战略，称如有需要，美军将对“伊斯兰国”目标实施包括直接发动地面行动在内的突袭。分析人士指出，这一计划可能预示美国将与其此前宣称的“不派地面部队”政策告别。

10月28日，尼日尔阿拉，“博科圣地”杀死了14名村民，3人受伤。

10月28日，土耳其检察官表示，该国首都安卡拉10月10日发生造成102人丧命的连环爆炸案，是受恐怖组织“伊斯兰国”指使。

10月29日，俄罗斯联邦安全局局长波特尼科夫称，转投“伊斯兰国”的阿富汗武装分子对中亚地区构成越来越大的威胁。

10月30日，阿富汗阿钦，伊斯兰教徒袭击一处对手的清真寺，导致6名信徒死亡，4人受伤。

10月31日，一架载有逾200人的俄罗斯客机在埃及西奈半岛坠毁。极端组织“伊斯兰国”称对客机失事事件负责。

11月

11月1日，索马里宗教极端组织“青年党”对该国首都摩加迪沙萨哈非酒店酒店发动自杀式袭击。爆炸发生后，枪手冲入酒店，与安保人员发生交火，导致至少12人丧生，多人受伤。在警方抵达现场并进行紧急处理时，酒店周边再次发生爆炸，导致一名记者遇难。

11月1日，乍得部队位于乍得湖区波阿玛村的指挥所遭3名武装分子自杀式爆炸袭击，造成2名士兵死亡，10名士兵受伤。13名袭击者在爆炸中丧生。

11月2日，巴基斯坦西南部卑路支省地区的一列客运火车在行驶中遭到炸弹攻击，造成至少3人死亡，12人受伤。炸弹是先埋设在铁轨旁，火车经过时炸弹被引爆，部分铁轨被炸毁，造成车厢出轨。

11月2日，美国副国务卿布林肯宣称，美国主导的军事联盟过去一年在对抗极端组织“伊斯兰国”的战斗中取得进展，成功夺回伊拉克和叙利亚境内一些领土。布林肯在巴林首都麦纳麦出席一项活动时表示，由 65 国组成的军事联盟过去一年对“伊斯兰国”组织展开了大约 7700 次空袭，该组织目前在伊叙两国所占据的领土面积比一年前少了 30%。

11 月 2 日，伊拉克马姆迪耶，恐怖分子在一市场引爆了炸弹，导致两名无辜者身亡。

11 月 3 日，“基地”组织头目艾曼·扎瓦希里在发布的一段录音中呼吁，“基地”组织和“伊斯兰国”支持者要团结一致，共同应对来自西方国家和俄罗斯在叙利亚和伊拉克对他们构成的威胁。分析人士认为，扎瓦希里发声，表明恐怖双煞“基地”与“伊斯兰国”在外部压力加大的情况下可能出现合流趋势。

11 月 3 日，马来西亚警方逮捕 8 名涉及恐怖活动的男子，当中有 2 人是向同事宣扬“伊斯兰国”组织极端思想的公务员，另 6 人是坦京“基地”组织（Tanzim Al-Qaeda）成员。

11 月 3 日，土耳其军方发起针对土东南部与伊拉克接壤的哈卡里省的库尔德工人党武装分子的打击行动，打死 15 名武装分子，轰炸 16 个位于哈卡里和伊拉克北部山区的库尔德工人党目标。

11 月 3 日，加拿大安大略和魁北克两省的几十所中学分别收到名为“权杖胭脂”组织的威胁邮件，该组织称已在校内、校车和学生搭乘的公交车内放置炸弹。

11 月 4 日，埃及北西奈半岛省府埃尔阿里什发生一起针对警察局的汽车爆炸案，导致 6 人死亡，10 人受伤。埃及安全部门消息称，“伊斯兰国”在埃及的分支“西奈省”组织声称要对此次“自杀式爆炸”负责。

11 月 4 日，埃及北西奈半岛省府埃尔阿里什一个警察俱乐部遭自杀式汽车炸弹袭击，爆炸造成至少 3 名警察死亡。极端组织“伊斯兰国”宣称对袭击负责。

11月4日，菲律宾南部武装组织“阿布萨耶夫”劫持了3名外国人质，要求6000多万美元赎金，这是当地民间武装至今为止勒索的最大金额。

11月4日，俄罗斯外长拉夫罗夫与联合国秘书长叙利亚问题特使德米斯图拉在莫斯科举行会谈。拉夫罗夫在会谈后对媒体表示，各方在就叙利亚问题举行下一轮多边会谈前，需要就确定在叙境内哪些组织是恐怖组织、哪些组织属于温和反对派达成共识。各方应共同制订出在叙境内恐怖组织和温和反对派清单。

11月4日，澳大利亚金融情报机构公布的一份报告显示，该国2015财年共有500多起金融交易的收款人疑似恐怖组织，总额达到5300万澳元（约合3600万美元），疑似资助恐怖组织的“金主”超过100人。

11月4日，西班牙内政部发布公报说，巴塞罗那警方逮捕了两名涉嫌为极端组织“伊斯兰国”进行宣传并招募人员的嫌疑人。这两名嫌疑人来自摩洛哥，其中一人拥有西班牙国籍。两人通过社交网络与冲突地区的人员联系，并向他们提供支持。两名嫌疑人在巴塞罗那通过组织秘密聚会以及社交网络向他人传播宣传恐怖主义的视频、照片和文档。他们还招募成员并鼓动这些人前往冲突地区加入当地的恐怖组织。

11月4日，据美国有线电视新闻网报道，美国情报分析显示，俄罗斯客机在埃及西奈半岛坠毁极可能是极端组织“伊斯兰国”在机上放置炸弹造成的。

11月4日，巴林内政部宣布，安全机构破获了一个恐怖团伙并逮捕了其47名成员。这个团伙中的有些成员早前在国外接受过武器和爆炸物制作培训，被捕前在距首都麦纳麦不远的乡村居民点内制造和藏匿武器、炸药。这个团伙本来密谋在未来几天实施恐怖袭击，但被安全机构及时破获。

11月5日，黎巴嫩东部边境小镇阿尔萨勒遭遇爆炸袭击，已造成至少5人身亡，6人受伤。据黎巴嫩通讯社报道，一辆汽车式炸弹当日中午在“叙利亚卡拉蒙长老会”办公室前面爆炸。法新社消息则称，爆炸袭击者进入该长老会办公室内，然后引爆身上的炸弹。

11月5日，澳边防队反恐专案组自2014年开始执行任务以来，在澳大利亚主要的国际机场拦截过300余名登机乘客。

11月5日，伊拉克巴格达，一个公交车内放置炸弹造成两名乘客死亡。

11月6日，黎巴嫩政府军巡逻车队在阿尔萨勒地区巡逻时遭到路边炸弹袭击，5名军人受伤。袭击发生后，黎巴嫩军队立即派兵支援，同武装分子展开激战。与此同时，黎巴嫩军队还捣毁了爆炸现场附近被怀疑是武装分子藏身之所的叙利亚难民营。

11月6日，伊拉克巴格达，炸弹袭击者蓄意袭击了一处居民区，造成3人不幸身亡。

11月7日，上百名“伊斯兰国”武装分子突袭了位于伊首都以北约120公里的萨迈拉市附近的一处村庄，驻守在该村庄附近据点的伊军队士兵和民兵与武装分子发生激烈战斗后成功守住了村庄，至少7名“伊斯兰国”武装分子在战斗中被击毙，另有20名武装分子受伤；有2名伊军队士兵在战斗中丧生，另有6人受伤。

11月7日，伊拉克军队士兵与“伊斯兰国”武装分子在伊西部安巴尔省首府拉马迪东郊发生了激烈战斗，至少4名武装分子被击毙。

11月7日，在距巴格达西北约200公里的哈迪赛市附近，一队载有伊拉克士兵的车队遭到多枚路边炸弹爆炸袭击，至少5名士兵在爆炸中丧生，另有12人受伤。

11月8日，伊拉克萨德尔城，什叶派市场发生的一起双人自杀炸弹袭击造成了7名顾客死亡。

11月8日，乍得恩古伯瓦（Ngouboua）地区，两名女自杀式爆炸袭击者在一处渔村里杀害了3名难民。

11月9日，埃及内政部宣布，该国极端组织“耶路撒冷支持者”中“最危险的人物之一”阿什拉夫·阿里·加拉卜利已被埃及安全部队击毙。

11月9日，恐怖组织“基地”分支的头目梅迪乔装成难民，经由地中海潜入欧洲，随后遭到逮捕。

11月9日，土耳其反恐人员拘留了38名试图前往叙利亚并加入极端组织“伊斯兰国”的外国人，其中包括妇女和儿童。

11月10日，土耳其东南部一辆武装警用车辆遭当地库尔德工人党武装分子袭击，造成3名警察和1名平民丧生。2名库尔德工人党武装分子事先在警车经过的道路上安置了遥控炸弹。当警车驶来时，他们引爆了炸弹。

11月11日，阿富汗塔利班武装不仅袭击无辜的平民和在阿富汗境内的外国军队，不同派系之间也经常明争暗斗。两个分属于不同派系的塔利班武装在阿富汗南部发生冲突，导致100人丧生。此次冲突发生在阿富汗南部扎布尔。其中一个派系忠于塔利班新领导人曼苏尔，另一边的武装分子则支持分支派系领导人拉苏尔。

11月11日，尼日尔博萨，“博科圣地”袭击一座村庄，造成至少5名当地村民死亡。

11月11日，伊拉克塔尔米耶，一枚安放在市场的炸弹爆炸造成2人死亡。

11月12日，黎巴嫩首都贝鲁特发生两起自杀式爆炸袭击，极端组织“伊斯兰国”宣称对此事负责。当地时间下午6时许，黎巴嫩首都贝鲁特南郊的一处繁华区域发生自杀式炸弹袭击，时隔五分钟后，在附近150米处又发生一起自杀式爆炸。黎巴嫩卫生部称，袭击至少炸死43人，逾200人受伤。

11 月 12 日，黎巴嫩贝鲁特，两名逊尼派自杀式炸弹袭击者在什叶派居民区的袭击造成超过 40 名居民死亡。

11 月 13 日，伊拉克首都巴格达当天发生一起自杀式爆炸袭击，造成至少 17 人死亡，另有 32 人受伤。爆炸发生在巴格达西南城区的一座什叶派清真寺内，当时有上百人正在为一名死者举行葬礼，一名全身绑满爆炸物的自杀式袭击者潜入该清真寺后引爆了身上的炸药，造成大量人员伤亡。

11 月 13 日，泰国南部北大年府鹊坡县一处检查站发生炸弹爆炸事件，造成 4 人丧生，4 人受伤。

11 月 13 日，法国 BFMTV 电视台报道，下午 2 时，在铁路交通最为繁忙的巴黎里昂火车站内，人们突然被通知紧急疏散。铁路部门和警方的消息显示，有人在社交媒体上留言称在站内放置了可疑包裹。

11 月 13 日，法国巴黎当晚发生系列恐怖袭击。一伙身份不明人士在巴黎第 10 区一处饭店内开枪射击。德国队和法国队举行友谊赛的法兰西体育场附近发生 3 起爆炸，法国总统奥朗德、法国外长法比尤斯和德国外长施泰因迈尔在现场观看了比赛。另外，第 11 区当时正在举行美国摇滚乐演出的巴塔克兰剧院内发生人质劫持事件，有 87 名人质死亡。

11 月 13 日，也门希巴姆，恐怖分子袭击了清真寺，导致 3 死 14 伤。

11 月 14 日，伊拉克首都巴格达一座举行葬礼的什叶派清真寺遭自杀式爆炸袭击，造成至少 21 人死亡，46 人受伤。

11 月 14 日，极端组织“伊斯兰国”现已发布公开声明，宣称对 13 日发生在巴黎的连环恐怖袭击事件负责。“伊斯兰国”在其声明中称，在发动袭击前，该组织已仔细研究过遇袭地点的状况。

11 月 14 日，索马里基斯马尤，“青年党”发动突然袭击导致 15 人死亡，25 人受伤。

11月15日，在震惊世界的巴黎连环恐怖袭击发生两天后，法国出动战机对“伊斯兰国”在叙利亚所谓的“首都”拉卡展开猛烈报复性空袭。

11月15日，喀麦隆军方人士表示，喀麦隆极北大区14—15日接连发生两起疑似“博科圣地”武装分子袭击事件，5名袭击者被击毙，两名平民被劫持为人质。

11月15日，黎巴嫩内政部长马什努克在贝鲁特宣布，黎巴嫩安全部门已破获了12日晚发生在首都贝鲁特南郊的爆炸案，抓捕了7名叙利亚籍和2名黎巴嫩籍嫌疑人。

11月15日，土耳其加济安泰普，“伊斯兰国”自杀式炸弹袭击导致5名警察受伤。

11月16日，英国政府宣布，将向英国三大情报机构额外增拨15%的经费，以应对来自“伊斯兰国”等极端组织的恐怖袭击威胁。

11月16日，据英国《每日电讯报》报道，英国政府将会增聘2000名特工，增聘比例达15%。这将是自2005年“伦敦七七地铁爆炸案”以来，英国特工增聘人数最多的一次。

11月16日，伊拉克巴格达，激进分子在一家汽车配件店外发动炸弹袭击，导致2名路人死亡，8人受伤。

11月16日，也门摩卡，什叶派反政府武装发动伏击，导致44名也门人死亡。

11月17日，经济与和平研究所表示，2014年全球死于恐怖袭击的人数激增80%，创下有史以来最高纪录。根据这份涵盖162国恐怖攻击死伤人数的报告，丧生人数中，超过一半是由尼日利亚“博科圣地”和“伊斯兰国”团体造成的。

11月17日，尼日利亚东北部阿达马瓦州首府约拉一个蔬果市场附近发生一起爆炸事件，导致34人死亡，至少80人受伤。

11 月 17 日，德国汉诺威市举行的德国对阵荷兰的足球赛因受到炸弹威胁而被临时取消。

11 月 17 日，尼日利亚东北部阿达马瓦州首府约拉晚发生爆炸，造成 30 多人死亡，80 多人受伤。

11 月 18 日，澳大利亚总检察长布兰迪斯表示，澳大利亚在极端组织“伊斯兰国”发动战争的目标国之列。

11 月 18 日，法国巴黎发生系列恐怖袭击事件后，韩国政府和执政党新世界党举行会议，商定 2016 年大幅增加反恐领域预算，进一步加强出入境管理工作和外国人管理工作，以防类似恐怖袭击在韩国发生。

11 月 18 日，在巴黎恐怖袭击事件之后，纽约开始建立配有特殊装备的“紧急应对指挥部”，旨在保护城市安全，预防恐怖袭击的发生。

11 月 18 日，“圣战士约翰”的同伙戴维斯在飞往欧洲途中，在土耳其首都伊斯坦布尔被捕，他原本计划去欧洲传达策划恐怖攻击的命令。

11 月 18 日，美国国务院发布声明，悬赏至多 3200 万美元捉拿索马里“青年党”和“伊斯兰国”极端组织的 7 个关键头目。

11 月 18 日，极端恐怖组织“伊斯兰国”发布视频威胁称，将袭击纽约，而纽约时报广场、中央公园等均是其恐吓目标。

11 月 18 日，尼日利亚北部城市卡诺一处手机市场发生两起爆炸，导致至少 15 人死亡。此前一天，该国北部的约拉市也发生爆炸，造成 30 多人遇难。当地警方称，这两个炸弹分别被安置在市场内和市场入口处，是由 2 名女性实施的自杀式爆炸，有至少 53 人在爆炸中受伤。

11 月 18 日，世界黑客组织“匿名者”称，已进入 5000 余个与“伊斯兰国”恐怖组织相关的“推特”账号。

11 月 19 日，法国检方公布声明称，确认巴黎系列恐怖袭击案主谋阿卜杜勒—哈米德·阿巴乌德在法国警方此前实施的突袭行动中死亡。

11 月 19 日，日本中央政府与北海道政府等假设恐怖分子在旭川市内棒球场释放沙林毒气造成多人死伤，开展了伤者救援等实战演练。

11月19日，阿富汗阿尔甘达卜一处检查点遭自杀式汽车炸弹袭击，造成1名政府军士兵身亡，另有4名士兵受伤。

11月20日，马里首都巴马科的丽笙酒店发生枪击和人质劫持事件。数名袭击者劫持了酒店内约170人，至少3人在事件中死亡。“基地”组织分支在社交平台上宣布对此负责。

11月20日，瑞典当局通报称已挫败一起恐怖袭击图谋，逮捕一名疑与“伊斯兰国”有染的伊拉克籍嫌犯。

11月20日，科威特捣毁了一个向极端组织“伊斯兰国”提供资金和武器的团伙，并逮捕了5名涉案人员。

11月20日，马来西亚警察总长卡立阿布巴卡证实，警方接获情报，菲律宾南部恐怖组织“阿布沙耶夫”、摩洛民族解放阵线（MNLF）及极端组织“伊斯兰国”的14名首领，曾在苏禄岛密会及策划在沙巴和吉隆坡发动自杀式炸弹袭击。

11月20日，巴黎连环恐怖袭击发生后，日本政府初步决定把外交部设立“国际反恐情报收集组”的时间提前数月。日本政府在2015年初2名日本人质遭“伊斯兰国”组织杀害后，便决定设立情报收集组。该组织将汇集数十名精通中东、北非等地局势，来自外交部、警察厅、国防部等部门的专家。

11月20日，也门希巴姆，“基地”组织发动自杀式袭击，导致19人死亡，24人受伤。

11月21日，比利时首都布鲁塞尔大区的反恐级别在20日深夜被调至最高级——第四级。21日，布鲁塞尔全城地铁停止运营，官方提醒市民避免前往人群密集场所。

11月21日，喀麦隆极北大区与尼日利亚交界处的福托科尔镇发生连环爆炸袭击，造成至少10人死亡，另有多人受伤。

11 月 22 日，极端组织“伊斯兰国”指示英国极端分子不要前往叙利亚，应该留在英国等候该组织发出攻击指示。

11 月 22 日，俄罗斯国家反恐委员会在莫斯科表示，俄安全部队在北高加索地区消灭了 14 名效忠“伊斯兰国”的武装人员。

11 月 22 日，尼日利亚迈杜古里，一处难民营发生自杀式炸弹袭击，袭击者是一名女性，袭击造成 8 死 7 伤。

11 月 23 日，由 65 国组成的打击“伊斯兰国”国际联盟在美国务院举行闭门会议，就军援伊拉克、加强情报共享、切断“伊斯兰国”石油收入等议题展开讨论。

11 月 23 日，伊拉克巴格达，一家商店附近遭到炸弹袭击，导致 2 死 6 伤，现场一片狼藉。

11 月 24 日，利比亚西部城镇姆萨拉塔一座检查站发生汽车炸弹袭击事件，造成 7 人死亡，至少 9 人受伤。

11 月 24 日，埃及西奈半岛北部城市阿里什的一座酒店附近发生 2 起强烈爆炸，造成 3 名警察死亡，另有 12 人受伤。

11 月 24 日，据当地媒体报道，突尼斯首都突尼斯市中心下午发生汽车爆炸，一辆运送总统卫队士兵的车辆在市中心一条主干道遭遇袭击，导致 12 人死亡，16 人受伤。

11 月 24 日，埃及开罗国际机场检测出两个敦豪速递（DHL）包裹中含有爆炸物，这两个包裹途经伦敦中转，目的地为美国。

11 月 24 日，埃及阿里什，一处宾馆发生两起炸弹爆炸事件，这起自杀式袭击导致 7 人死亡，17 人受伤。

11 月 24 日，突尼斯一辆公共汽车遭到“和平宗教”组织的炸弹袭击，导致车上 15 人死亡，16 人受伤。

11 月 25 日，匈牙利警方在首都布达佩斯郊区逮捕了 4 名“有极端宗教信仰”的恐怖分子，并顺藤摸瓜找到他们的藏身地，在其中找到了一个塞满炸药的灭火器、一根雷管、起爆器以及制造炸药的多种装备。

11月26日，菲律宾政府军在南部击毙8名自称效忠于“伊斯兰国”组织的武装分子，该团伙自称为“伊斯兰国”在菲分支，菲政府军在行动中还缴获了一批枪支弹药、“伊斯兰国”旗帜及文件资料等物品。

11月26日，澳大利亚政府宣布，从即日起，澳大利亚开始实施新的恐怖主义袭击预警制度。

11月27日，巴黎系列恐怖袭击事件发生之后，日本外务省决定提前行动，强化海外200多个驻外公馆的警备力量。这一工作原本定为2016年度进行，现已计划将其写入日本政府2015年度的补充预算案中。日本将建立“国际恐怖活动信息收集单位”，彻底确保海外日本人的安全。

11月27日，尼日利亚达卡索耶（Dakasoye）地区，逊尼派自杀式炸弹袭击者向什叶派游行队伍发动袭击，屠杀了22名朝圣者，包括妇女和儿童。

11月28日，发生在喀麦隆北部小镇达班加的两起自杀式炸弹袭击已至少导致5人死亡和12人受伤。爆炸发生地点是一处商店和一个家庭。两名女性自杀式袭击者以尼日利亚难民身份进入喀麦隆。

11月29日，尼日利亚巴姆，“博科圣地”袭击了一处村庄，杀死4人，绑架了若干少女并强奸了她们。

11月30日，伊拉克巴格达，9名什叶派朝圣者遭到逊尼派的自杀式炸弹袭击，导致9人死亡，21人受伤。

12月

12月1日，黎巴嫩政府释放了包括“伊斯兰国”最高头目巴格达迪前妻杜莱米在内的13名囚犯，作为交换，被极端组织“支持阵线”绑架并扣押一年多的16名黎巴嫩军人获释。2014年8月，“伊斯兰国”和

“支持阵线”等极端组织的武装分子向阿尔萨勒地区的黎政府军发动袭击。其中，“支持阵线”抓获了20多名黎巴嫩军人。

12月1日，巴黎恐怖袭击发生逾两周后，法国一家法庭开庭审理一起组织招募“圣战分子”前往叙利亚的案件。作为该案的被告之一，法籍恐怖分子嫌疑犯萨利姆·班哈勒姆将缺席受审。

12月1日，菲律宾军方高层否认在菲国境内存在为国际恐怖主义组织训练菲籍武装分子的“圣战者”营地。有媒体此前报道指，与“伊斯兰国”组织有联系的外籍“圣战”分子已在菲国南部棉兰老岛上的萨兰加尼、拉瑙、苏禄及苏丹库达拉等省建立四座“圣战者”训练营地。

12月1日，据俄罗斯《论据与事实》报消息，格鲁吉亚首都第比利斯逮捕4名疑似与“伊斯兰国”组织有关的嫌疑人。

12月1月，伊拉克阿布格莱布，伊斯兰武装分子在一处市集安置炸弹，导致2名路人死亡，9人受伤。

12月2日，喀麦隆国防部表示，在最近一次为期3天的行动中，喀麦隆军方对尼日利亚极端组织“博科圣地”发动了攻击，击毙了约100名武装分子，并成功解救了约900名人质。

12月2日，喀麦隆北部省份发生自杀式炸弹袭击，2名女青年突然引爆了身上的炸弹装置，而另有第3名自杀式袭击者在引爆炸弹前被喀麦隆士兵击毙。袭击造成至少6名平民身亡。喀麦隆当局认为，此次袭击是极端组织“博科圣地”所为。

12月2日，美国加州圣伯纳蒂诺郡社会福利机关的假期聚会上爆发枪击案，共造成14死17伤。这是全美近3年来最严重的枪击案。

12月2日，利比亚西迪法拉杰，农业委员会遭到“伊斯兰国”的炸弹袭击，导致1名男子身亡。

12月2日，喀麦隆瓦扎，2名女性自杀式炸弹袭击者屠杀了6人。

12月2日，伊拉克新葛，“伊斯兰国”发动爆炸袭击，导致7名库尔德人死亡，1人受伤。

12月2日，巴基斯坦西北城市白沙瓦一所军人子弟学校遭塔利班武装分子攻击，造成150多人死亡，死者绝大多数是学生。当局2日处死被判处死刑的6名武装分子中的4人，这是巴基斯坦当局首度处决该案遭定罪的囚犯。

12月3日，驻阿富汗的一名美军官员表示，美军在该国南部的赫尔曼德省展开了一项针对塔利班武装的军事行动，并成功营救出至少40名此前被塔利班扣为人质的阿富汗安全人员。

12月4日，一名阿富汗政府官员称，一伙塔利班武装分子与政府军发生交火，造成8人死亡，2人受伤。此次交火发生在阿富汗首都喀布尔东部的一座清真寺前，一伙塔利班武装分子突然对政府军士兵发动袭击。随后，两拨武装人员互相开火。

12月4日，伊拉克拉马迪，5名恐怖分子发动自杀式汽车炸弹袭击，导致25名伊拉克人死亡，23人受伤。

12月4日，"基地"组织叙利亚分支"支持阵线"高级头目阿布·杰莱比卜·奥杜尼在叙南部德拉省被路边炸弹炸死。

12月5日，泰国国家警察总署副发言人颂蓬对媒体表示，根据总理巴育的要求，警方和安全部门已在首都曼谷多地加强安全措施，防范极端组织"伊斯兰国"的渗透。

12月5日，塔吉克斯坦首都杜尚别的一名男性居民因宣传"圣战"和招募"圣战"人员被判处14年有期徒刑，其弟仍在叙参与恐怖活动。

12月5日，乍得发生3起自杀式袭击，造成包括4名袭击者在内的30人死亡，另有130人受伤。袭击发生在乍得湖一个岛上的古勒古阿村，是由极端组织"博科圣地"发起的。

12月5日，英国伦敦的一处地铁站，一名扛着大砍刀的穆斯林袭击站内乘客，导致3人受伤。

12 月 5 日，伊拉克巴格达，一家咖啡馆遭到“伊斯兰国”的炸弹袭击，导致 2 人死亡，8 人受伤。

12 月 6 日，也门亚丁市市长加法尔·萨阿德在他的车中遭火箭弹攻击死亡，还有 6 名保镖也在袭击中丧生。

12 月 6 日，美国总统奥巴马发表电视讲话说，2 日发生的加州枪击案是恐怖主义行为，恐怖主义威胁发展成为更加难以预防的“独狼”式行动。南加州圣贝纳迪诺市枪击案，是“9·11”恐怖袭击后美国遭遇最严重的“恐怖行为”。

12 月 6 日，伊拉克军队和极端组织“伊斯兰国”武装在西部安巴尔省多个地区爆发武装冲突，造成 50 多人伤亡。

12 月 6 日，一名“伊斯兰国”自杀式袭击者驾驶一辆装满炸药的卡车，冲入安巴尔省首府拉马迪北部一处伊军营地后爆炸，造成至少 8 名伊军士兵死亡，另有 15 人受伤。

12 月 6 日，也门亚丁，一名自杀式汽车炸弹袭击者发动袭击，导致 7 名“变节者”死亡，3 人受伤。

12 月 7 日，阿富汗东部发生自杀式炸弹爆炸袭击，导致至少 9 人受伤，其中包括 6 名警察。

12 月 7 日，因遭到炸弹威胁，德国康多尔航空公司一架从柏林飞往埃及胡尔加达的客机紧急降落在匈牙利布达佩斯的李斯特·费伦茨国际机场。

12 月 7 日，伊拉克迈达，“圣战者”在一家医院制造的炸弹袭击，导致 2 死 6 伤。

12 月 8 日，统一收集恐怖主义相关情报的日本政府新组织“国际反恐情报收集组”正式启动。日本政府在首相官邸召开犯罪对策阁僚会议。首相安倍晋三就巴黎恐怖袭击后决定加强反恐对策指出，“今后官邸将成为指挥塔，强力推进反恐防范等各项对策”，要求政府团结一致采取行动。

12月8日，韩国总统朴槿惠出席国务会议，强烈敦促国会尽早通过《反恐法》。

12月8日，一名叙利亚裔美籍公民被控向隶属于“基地”组织的武装分子走私军用装备，其中包括步枪瞄准镜、夜视镜和防弹背心等。美国检方表示他曾计划将价值3万美元的军用装备运至叙利亚，供培训武装分子使用。

12月8日，美国总统奥巴马呼吁硅谷科技企业与执法部门合作，共同解决激进组织利用社交媒体和电子通信来策划和宣扬暴力所构成的威胁。

12月8日，阿富汗坎大哈，穿着自杀式炸弹背心的塔利班原教旨主义者用机枪向拥挤的市场开火，导致50人死亡，35人受伤。

12月8日，伊拉克阿布法拉杰，“伊斯兰国”自杀式炸弹导致7名伊拉克人死亡，12人受伤。

12月8日，埃及西奈，原教旨主义者制造了路边炸弹袭击，导致4名安全人员的死亡，4人受伤。

12月9日，伊拉克首都巴格达东部一座什叶派清真寺发生自杀式爆炸事件，造成至少8人死亡，19人受伤。

12月9日，据阿尔及利亚《消息报》报道，阿警方在东部安纳巴市一处教堂附近挫败一起未遂恐怖袭击。当时，一个参加安纳巴地中海国际电影节的外国艺术家代表团正在参观这处教堂。一名恐怖嫌疑人企图突破警方设立的安全区域冲向参观人群。在被阻拦后，这名嫌疑人与警察发生冲突，并向警察投掷一枚手雷，但手雷没有爆炸。恐怖嫌疑人逃向附近一处树林，目前警方正在追捕。

12月9日，匈牙利首都布达佩斯一所英国国际学校因炸弹威胁疏散师生。

12 月 9 日，阿富汗南部坎大哈市的机场遭塔利班武装分子袭击，造成 46 人死亡，另有 36 人受伤。

12 月 9 日，美国联邦调查局负责人称，“伊斯兰国”正积极试图在得克萨斯州北部招募年轻人。

12 月 9 日，伊拉克巴格达，在一处什叶派清真寺，一名男子穿着自杀式炸弹背心发动袭击，导致 11 名信徒死亡，20 人受伤。

12 月 10 日，澳大利亚悉尼警方反恐部门在一次突袭行动中拘捕两名男子，分别为 15 岁和 20 岁。联邦警察部表示，两人被控“阴谋策划实施恐怖主义行动”。

12 月 10 日，塞浦路斯中央银行发表声明说，中东联邦银行因洗钱和资助恐怖主义被罚款 120 万欧元。

12 月 10 日，美国军方发言人说，“伊斯兰国”金融部长阿布·萨拉赫和另外两个高层领导，在 2015 年 11 月下旬以美国为首的联军空袭中丧生。

12 月 10 日，尼日利亚卡姆亚（Kamuya）地区，“和平宗教”激进分子袭击了一处村庄，屠杀了 14 名平民，其中一些被斩首，另有 6 人受伤。

12 月 10 日，叙利亚塔尔塔姆（Tal Tamr）地区，3 名自杀式汽车炸弹袭击者在一家医院和一处市集发动爆炸袭击，导致 60 人死亡，80 人受伤。

12 月 11 日，摩洛哥内政部宣布，安全部门破获一个与极端组织“伊斯兰国”有密切联系的恐怖分子团伙，抓获该团伙 9 名恐怖分子并缴获一批武器弹药。

12 月 11 日，布隆迪首都布琼布拉市一军营遭武装分子袭击，双方发生交火致数人死亡。

12 月 11 日，喀麦隆极北大区发生一起自杀式爆炸袭击事件，造成至少 11 人死亡，多人受伤。袭击发生在与尼日利亚交界的科洛法塔镇，一名 10 多岁的女孩在当地时间早 6 时左右闯入一所住宅后引爆身上的爆炸物，包括袭击者在内的 6 人当场被炸死，多人受伤，5 名伤势严重者在送到医院后死亡。

12 月 11 日，叙利亚东北部哈塞克省发生三起汽车炸弹爆炸事故，造成 15 人死亡，超过 100 人受伤。爆炸发生在附近的库尔德民兵部队的野战医院和一市集广场，两地成为大多数死亡的发生地。受影响的大多数人都是民众，但其中包含一些库尔德人、亚述人的自卫队员。

12 月 11 日，澳大利亚同意协助菲律宾加强其监察、情报搜集和法证调查工作，以防止类似巴黎恐袭的事件在东南亚重演。

12 月 11 日，美情报显示，“伊斯兰国”现已具备“签发”叙利亚护照的能力，一些持假护照的该组织成员或已潜入美国。美国务院发言人柯比在华盛顿表示，美方对此“高度重视”。

12 月 11 日，阿富汗喀布尔，西班牙驻阿富汗大使馆遭到塔利班自杀式爆炸袭击，导致 7 人死亡，包括 2 名西班牙守卫，7 人受伤。

12 月 11 日，伊拉克拉马迪，“和平宗教”组织在一所国立医院附近发动自杀式爆炸袭击，造成 27 人死亡。

12 月 12 日，叙利亚中部城市霍姆斯市中心地区遭汽车炸弹袭击，造成至少 8 人死亡，25 人受伤。

12 月 12 日，巴基斯坦三军公关部发言人巴杰瓦在其社交媒体账号上发表声明称，自 2014 年 6 月以来，巴基斯坦军方清剿行动已击毙 3400 名武装分子。

12 月 12 日，为期三天的“地中海对话论坛”在意大利罗马闭幕。本次会议主要围绕反恐、非法移民等议题展开。包括意大利总理伦齐、意外长詹蒂洛尼、俄罗斯外长拉夫罗夫等来自 40 个国家和地区的政要、高级代表和专家学者出席了本届论坛。

12 月 12 日，尼日利亚东北部三座村庄遭到恐怖武装分子“博科圣地”袭击，造成至少 30 人丧生，20 人受伤。

12 月 12 日，叙利亚人权观察组织表示，在霍姆斯市的东部铝扎赫拉的阿拉维派居民区接连发生两起爆炸，至少有 16 人死亡，多人受伤。第一起爆炸是由装配 150 公斤炸药的汽车引起，而第二次是煤气罐爆炸。

12 月 12 日，伊拉克艾尔努哈伊伯，自杀式炸弹袭击者发动袭击，导致 8 名伊拉克人死亡，10 人受伤。

12 月 12 日，叙利亚霍姆斯，“伊斯兰国”在一家医院制造两起爆炸，导致 16 名“异教徒”死亡，54 人受伤。

12 月 12 日，尼日利亚不拉什卡，“博科圣地”发动武力袭击，造成 6 人死亡，5 人受伤。

12 月 13 日，巴基斯坦西北部库拉姆部落地区的首府帕拉齐纳的一个集市发生爆炸，导致 25 人死亡，62 人受伤。遭查禁的一个逊尼派伊斯兰极端组织声称对该爆炸案负责。

12 月 13 日，尼日利亚乔斯，伊斯兰极端分子袭击了一处村庄，屠杀了 16 名居民。

12 月 13 日，伊拉克艾斯克摩苏尔，汽车炸弹袭击造成 6 名库尔德人死亡，5 人受伤。

12 月 14 日，伊拉克巴格达，恐怖分子在一处餐馆附近埋设了一枚炸弹，导致 2 死 7 伤。

12 月 15 日，伊拉克记者协会发表报告称，2015 年以来共有至少 29 名记者在伊境内被杀害，其中 20 名记者被极端组织“伊斯兰国”处决。

12 月 15 日，俄联邦安全局局长博尔特尼科夫称，2015 年俄罗斯执法机关阻止 30 起恐怖主义犯罪。

12 月 15 日，巴西天马航空公司称，该公司一架从马德里飞往圣保罗的客机因收到“炸弹威胁”，于晚间返回马德里降落。

12 月 15 日，沙特宣布组建 34 个国家参加的伊斯兰反恐军事联盟，同时强调反恐军事联盟并不专门针对某个恐怖组织。沙特国家通讯社发布的消息显示，已有超过 10 个伊斯兰国家支持该联盟。

12 月 15 日，伊拉克拉马迪发生一起自杀式汽车炸弹袭击，导致 2 名当地人死亡，6 人受伤。

12 月 16 日，奥地利检察部门称，该国警方逮捕了 2 名嫌疑人，怀疑他们与 11 月的巴黎连环恐怖袭击有关。

12 月 16 日，继美国洛杉矶和纽约多个学校收到不明恐袭威胁后，休斯敦和迈阿密的多个校区也表示收到了相同的威胁。

12 月 16 日，尼日利亚玛法，伊斯兰教徒利用 4 名儿童自杀式炸弹袭击者对一处村庄发动炸弹袭击，导致 1 人死亡。

12 月 17 日，联合国安理会召开首次反恐财长会，一致通过第 2253 号决议，决定采取相关措施切断“伊斯兰国”等恐怖组织的资金来源。

12 月 17 日，伊拉克巴格达，“伊斯兰国”制造了两起爆炸袭击，导致 3 死 16 伤。

12 月 17 日，伊拉克阿布格莱布，“伊斯兰国”制造爆炸袭击，导致 6 人死亡，1 人受伤。

12 月 18 日，利比亚艾季达比耶，“基地”组织对平民发起攻击，导致包括儿童在内的 14 人死亡，25 人受伤。

12 月 19 日，索马里首都摩加迪沙市中心一条繁忙道路上发生枪击和自杀式炸弹袭击，已导致两人丧生，10 人受伤。

12 月 19 日，俄罗斯卫星网援引美国媒体报道称，因俄罗斯发动猛烈空袭，“伊斯兰国”因石油贸易而获得的收入减少了一半。

12 月 19 日，索马里摩加迪沙，“基地”组织的汽车炸弹在一条拥挤的街道行驶，随后点火，导致 4 死 9 伤。

12 月 20 日，菲律宾军方证实，菲政府军在南部的巴西兰省击毙 26

名“阿布沙耶夫”团伙武装分子，包括一名马来西亚籍恐怖分子。

12 月 20 日，尼日利亚伯尼希克（Beneshiek）地区，3 名儿童自杀式炸弹袭击者袭击了一个青年团体，导致 9 人死亡，24 人受伤。

12 月 21 日，叙利亚苏克亚拉比亚（Suqaylabiyah）地区，逊尼派武装分子在一处基督教居民区制造了爆炸袭击，导致 2 人死亡，33 人受伤。

12 月 22 日，菲律宾政府高官否认有关在菲境内存在“伊斯兰国”恐怖组织训练营的传闻。

12 月 22 日，叙利亚东部代尔祖尔省一所学校遭“伊斯兰国”武装分子炮击，造成 9 人死亡，15 人受伤。

12 月 22 日，印尼反恐特遣队连日来在中爪哇、东爪哇和西爪哇一带逮捕 7 名嫌犯，成功挫败恐怖爆炸阴谋。

12 月 22 日，受巴黎恐袭影响，营运大力士高速列车的法国国家铁路公司总裁佩皮宣布，巴黎北站及北部城市里尔车站即日起启用安检门及行李扫描系统，往返比利时与荷兰的乘客须接受检查。

12 月 22 日，俄罗斯国家杜马通过一项法案，允许俄联邦安全局在边境处采集疑似恐怖分子的指纹信息。

12 月 22 日，伊拉克埃布迪亚布，自杀式炸弹袭击导致 14 名伊拉克人死亡，17 人受伤。

12 月 22 日，伊拉克摩苏尔，哈里发成员处死 17 名会使用互联网的平民。

12 月 23 日，澳大利亚新南威尔士州警方在悉尼西部逮捕 2 名男子，他们涉嫌在悉尼警察厅大楼以及一处海军基地发起恐怖袭击。据《悉尼先驱晨报》报道，现年 20 岁的阿美欧里与 24 岁的萨里希被警方逮捕，两人是一个 7 人团伙的成员，他们曾在手写材料中称要对包括澳洲联邦警局总部在内的建筑发动恐怖袭击。

12月23日，澳大利亚警告称，伊斯兰极端武装组织“伊斯兰国”正致力于提升其在印度尼西亚的势力，要在这个世界穆斯林人口最多的国家建立一个“远方哈里发”。

12月23日，法国内务部部长卡兹涅夫称，法国警方成功挫败一起恐怖袭击图谋。卡兹涅夫称，法国警方于本月19日逮捕2名预谋犯罪者。该2人本计划在巴黎以南的奥尔良发起恐怖袭击。

12月23日，巴基斯坦莫赫曼德，塔利班炸弹袭击者发动炸弹袭击，导致3死2伤，其中1名8岁和1名10岁的儿童遇难。

12月24日，比利时检方称，该国警方又逮捕一名疑与巴黎恐怖袭击案有关的男子。至此，在比利时落网的巴黎恐袭案嫌犯人数达到9人。

12月26日，土耳其媒体报道说，一个库尔德组织声称制造了伊斯坦布尔萨比哈·格克琴机场23日的爆炸袭击事件。过去几年，“库尔德自由之鹰”多次声称在土耳其各地制造爆炸袭击事件。该组织已被土耳其和美国列为恐怖组织。

12月27日，中国十二届全国人大常委会第十八次会议表决通过《中华人民共和国反恐怖主义法》。法律自2016年1月1日起施行。反恐怖主义法共十章97条，对恐怖活动组织和人员的认定、安全防范、情报信息、调查、应对处置、国际合作、保障措施、法律责任等方面进行了规定。根据该法，国家设立反恐怖主义工作领导机构，统一领导和指挥全国反恐怖主义工作。任何单位和个人都有协助、配合有关部门开展反恐怖主义工作的义务，发现恐怖活动嫌疑或者恐怖活动嫌疑人员的，应当及时向公安机关或者有关部门报告。

12月27日，尼日利亚迈杜古里发生一起自杀式炸弹袭击，导致13人死亡，其中10名是儿童。

12月27日，叙利亚大马士革，逊尼派极端分子向一处难民营发动迫击炮攻击，导致9人死亡，16人受伤。

12月28日，叙利亚扎赫拉，先是发生一起自杀式炸弹袭击，之后又有一辆汽车爆炸，不少到场的援救人员及幸存者在第二次爆炸中丧生，这两起袭击共造成32人死亡，90人受伤。

12月28日，阿富汗喀布尔，一名自杀式袭击者在一所学校附近制造爆炸袭击，导致1人死亡，33人受伤，其中有18名伤者是儿童。

12月28日，尼日利亚马德加里（Madagali）地区，两名自杀式炸弹袭击者在一处贩鱼集市制造了爆炸袭击，导致28人死亡，41人受伤。

12月28日，俄罗斯外交部副部长根纳季·加季洛夫称，俄美两国就中东三大恐怖组织名单达成一致。加季洛夫称："我们就主要恐怖组织的问题达成一致，即确定'伊斯兰国'组织、'基地'组织，以及'努斯拉阵线'是中东地区三大主要恐怖组织。"其中，"努斯拉阵线"是"基地"组织的分支。加季洛夫还提到，有关黎巴嫩真主党和哈马斯组织是否为恐怖组织的问题俄美"尚未讨论"。

12月29日，巴基斯坦西北部马尔丹地区下午发生一起针对政府办公楼的自杀式炸弹爆炸袭击，造成至少18人死亡，47人受伤。警方说，爆炸发生在马尔丹地区国家数据库与注册管理局门口。爆炸发生时，该部门办公楼内有很多人正在排队等候领取身份证，一名20多岁的自杀式袭击者驾驶摩托车试图进入办公楼，遭保安阻止后，袭击者驾车撞在管理局大门上并引爆爆炸物。巴基斯坦塔利班分支组织宣称实施了此次袭击。

12月29日，比利时联邦检察院发布公告说，警方逮捕了两名恐怖主义嫌疑人，挫败了他们企图在新年节庆期间制造袭击的计划。

12月30日，叙东北部哈塞克省卡米什利市夜间发生两起爆炸袭击，造成16人死亡，35人受伤，袭击者相继在卡米什利市中心的两家餐厅内引爆爆炸装置。

12月30日，菲律宾政府军方在菲南部苏禄省击毙10名"阿布沙耶夫”团伙武装分子，菲政府军方面有 1 名士兵阵亡。

12 月 31 日，英国《每日镜报》报道，有“伊斯兰国”支持者在名为“恐怖百科全书”的网站发表利用热气球作为恐怖袭击武器的计划，称“热气球看似毫无杀伤力、成本又低，会成为最出其不意的武器”，而该文件更被点击 2000 多次，表示计划已获得不少“圣战士”的注意。

图书在版编目（CIP）数据

国际恐怖主义与反恐怖斗争年鉴.2015/中国现代国际关系研究院反恐怖研究中心著.—北京：时事出版社，2016.7
ISBN 978-7-5195-0006-1

Ⅰ.①国… Ⅱ.①中… Ⅲ.①恐怖主义—世界—年鉴—2015 ②反恐怖活动—世界—年鉴—2015 Ⅳ.①D588-54②D815.5-54

中国版本图书馆 CIP 数据核字（2016）第 135362 号

出版发行：时事出版社
地　　址：北京市海淀区万寿寺甲 2 号
邮　　编：100081
发行热线：（010）88547590　88547591
读者服务部：（010）88547595
传　　真：（010）88547592
电子邮箱：shishichubanshe@sina.com
网　　址：www.shishishe.com
印　　刷：北京市昌平百善印刷厂

开本：787×1092　1/16　印张：33.5　字数：450 千字
2016 年 7 月第 1 版　2016 年 7 月第 1 次印刷
定价：128.00 元